중국 검찰제도

부산대학교 중국연구소 번역총서 ②

중국 검찰제도

인 쇄: 2013년 5월   9일
발 행: 2013년 5월 15일
지은이: 쑨 치엔(孫 謙)
옮긴이: 정이근·이성연·손한기
발행인: 부성옥
발행처: 도서출판 오름
등록번호: 제2-1548호(1993. 5. 11)
주 소: 서울특별시 서초구 서초동 1420-6
전 화: (02) 585-9122, 9123 / 팩 스: (02) 584-7952
E-mail: oruem9123@naver.com
URL: http://www.oruem.co.kr

ISBN 978-89-7778-401-7   93360

* 잘못된 책은 교환해 드립니다.
* 값은 뒤표지에 있습니다.

이 도서의 국립중앙도서관 출판시도서목록(CIP)은 서지정보유통지원시스템
홈페이지(http://seoji.nl.go.kr)와 국가자료공동목록시스템(http://www.nl.go.
kr/kolisnet)에서 이용하실 수 있습니다. (CIP제어번호: CIP2013005671)

부산대학교 중국연구소 번역총서 2

중국 검찰제도

쑨 치엔(孙 谦) 지음

정이근 · 이성연 · 손한기 옮김

한국어판 지은이 서문

　중국의 검찰제도는 구소련의 법률 감독제도와 외국의 검찰제도 운영에 관한 경험을 참고하고 고대의 어사제도 등 중국의 역사적 경험과 현실 상황을 고려하여 오랜 기간에 걸쳐 점진적으로 형성된 제도로서 중국 사법제도의 중요한 구성 부분이다. 중국의 검찰제도는 나름의 특징이 있는데 이는 크게 다섯 가지 측면에서 구현된다.

　첫째, 인민검찰원은 독립된 헌법적 지위를 가진다. 중국의 근본적인 정치제도는 인민대표대회제도이며 국가 행정기관·심판기관 및 검찰기관은 인민대표대회에 의해 구성되고, 인민대표대회에 책임을 지며 감독을 받는다. 또한 '삼권분립'제도나 '양원제'를 채택하지 않는다. 국가 권력구조에 있어 검찰기관은 행정기관 및 심판기관과 동일한 독립된 국가기관으로서 법률에 따라 독립적으로 검찰권을 행사하며 행정기관과 사회단체 및 개인의 간섭을 받지 않는다. 검찰관 역시 법규에 따라 검찰의 직무를 수행함에 있어 행정기관, 사회단체 또는 개인의 간섭을 받지 않는다.

　둘째, 인민검찰원은 법률감독기관이다. 중국 헌법과 관련 법률의 규정에 따르면, 인민검찰원은 국가의 법률감독기관으로서 전국인민대표대회의 수권에 근거하여 국가 법률의 통일적이고 올바른 시행에 대한 전문적인 감독을 진행한다. 법률감독적 성질과 관련하여 서방국가 특히 대륙법계국가의 검찰제도 또한 일정 정도 법률감독적 성질을 지니고 있다. 그러나 이러한 국가들은 통상 검찰기관을 공소기관으로 파악하고 있어 감독의 정도나 효과가 명확하지 않으며 나아가 헌법상 검찰기관을 법률감독기관으로 명확하게 규정하고 있지 아니한다. 따라서 헌법과 법률에서 명시적으로 검찰기관을 법률감독기관으로 규정하고 있는 것은 중국 검찰제도의 중요한 특징 가운데 하나이다.

셋째, 구체적인 기능에 있어서 검찰권은 다양성을 갖는다. 인민검찰원은 법에 따라 체포의 비준과 결정, 공소의 제기, 직무상 범죄의 수사와 소송활동에 대한 감독을 행하는데, 이러한 기능은 법률감독의 구체적인 실현방식으로서 검찰기관의 법률감독으로 통일되어 있다.

넷째, 조직체계에 있어서 상급 검찰원의 영도 및 인민대표대회와 그 상무위원회의 감독을 병행하고 있다. 중국 헌법은 최고인민검찰원이 지방 각급 인민검찰원과 전문 검찰원의 업무를 영도하며 상급 인민검찰원이 하급 인민검찰원의 업무를 영도한다고 규정하고 있다. 이와 동시에, 각급 검찰기관은 동급 인민대표대회와 그 상무위원회의 감독을 받으며, 각급 인민대표대회와 그 상무위원회는 명령권, 비준권, 인사임면권, 중대한 문제에 대한 결정권, 질의권, 특정문제에 관한 조사권 등의 형식을 통하여 검찰기관과 검찰업무를 감독한다.

다섯째, 내부 영도기제에 있어서 각급 검찰원은 검찰위원회를 설립하여 검찰장의 통일적인 영도와 민주집중제가 상호 결합되도록 한다. 검찰장과 검찰위원회는 모두 검찰기관의 영도기구인 바, 검찰장은 검찰기관의 수장으로서 검찰원의 업무를 통일적으로 영도하며, 검찰위원회는 집단 영도의 형

식을 통하여 중대한 사건과 검찰업무상의 중대한 문제를 토론하여 결정한
다. 중국의 검찰제도에서 검찰위원회제도는 민주집중제를 검찰기관의 영도
체제에 반영하는 것으로, 수장제에 따른 권력 제한기능과 동시에 수장제의
권위를 보증하며 검찰장에게 특정한 문제를 동급 권력기관에게 제청하는 권
한을 부여한다. 이러한 독특한 내부 영도체제는 검찰기관의 일체화와 더불
어 업무효율을 제고시키며, 이로써 국가기관이 보편적으로 적용하는 민주집
중제원칙에 부합하게 된다.

상술한 특징은 중국의 기본적인 국가 상황에 부합하는데, 이러한 특징들
은 이미 중국법제건설에 기반하고 있으며 여타 국가의 검찰제도와 구별되게
한다.

이 책은 중국 검찰제도의 역사적 연원과 발전, 검찰기관의 헌법적 지위,
조직구조, 권한, 검찰권행사의 기본원칙, 검찰업무에 대한 관리기제와 검찰
관제도의 일곱 가지 측면에 대하여 비교 분석적 방법을 통하여 중국 검찰제
도의 특징을 서술하고 있다는 점에서 특별한 의의가 있다.

중국과 한국 양국은 지난 1992년 수교 이래 많은 영역에서 신속한 발전을
이루어 나가고 있다. 최근 들어 양국 간의 법률영역에 관한 교류도 밀접해
지고 있다. 특히 중국 검찰기관과 한국 검찰기관의 실무교류와 협력은 더욱
더 공고해지고 있으며, 중국과 한국의 검찰기관은 이미 형사집행영역에서
양해각서를 체결하였고 이를 통하여 서로에 대한 이해의 깊이를 더해가고
있다. 중국과 한국의 검찰기관은 비록 사회제도나 법률전통 등에서 차이가
있음에도 불구하고 범죄척결, 법제통일 및 사회정의의 수호라는 공통된 목
적을 가지고 있다. 이와 동시에 양국은 비슷한 문화적 배경을 가지며 모두
대륙법계의 영향을 받았으므로 구체적인 법적 기능과 조직 영도체제 등에서

도 많은 공통점을 가지고 있다고 할 수 있다. 이 책을 한국에 출판하는 것은 중국과 한국 양국 검찰기관의 상호이해를 증진시키고 양국의 우호관계를 더욱 발전시켜 나가기 위해서다.

이 책이 한국에서 출판되기까지 한국 영산대학교 법과대학의 정이근 교수님과 인천대학의 이성연 박사님 그리고 중국인민대학의 손한기 박사의 도움을 받았다. 지면을 통하여 깊은 감사의 인사를 전하는 바이다.

쑨 치엔(孙 谦)
2013년 4월 15일

옮긴이 서문

　우리나라와 중국은 1992년 8월 수교 이래 인적·물적 교류가 날로 발전하고 있다. 이와 더불어 한·중 양국의 국가기관 간 상호 교류 및 협조의 필요성도 날로 증대되고 있고, 검찰기관 사이의 협조나 공조 역시 예외가 아니다. 예컨대, 상호 형사사법공조에 대한 양해각서가 이미 교환되었음은 저자가 서문에서 밝히는 바와 같다. 이에 본서의 출간이 중국 검찰제도에 대한 우리의 이해를 증진시키고, 나아가 상호 검찰제도에 대한 이해 및 양국 간의 관계발전에 밑거름이 되기를 간절히 바란다.

　본서는 중국의 법학자이자 실무가인 쑨 치엔(孫 謙) 최고인민검찰원 부검찰장의 저서 『중국특색사회주의검찰제도』(중국검찰출판사, 2011)를 '중국검찰제도'로 명하여 출간한 것이다. 본서는 모두 8개 장으로 구성되어 있다. 제1장을 서론으로 하고, 제2장 중국 검찰제도의 역사와 발전, 제3장 검찰기관의 헌법적 지위, 제4장 검찰기관의 조직, 제5장 검찰기관의 권한, 제6장 검찰권행사의 기본원칙, 제7장 검찰의 업무관리체계, 제8장 검찰관제도이다. 원문 저작은 서론을 별도의 장으로 명명하지 않기 때문에 7개 장으로 구성되어 있다. 또한 번역서의 내용은 원작에 충실하고 있으나 원문 저작의 완전한 분량과 사소한 차이가 있을 수 있다. 이것은 원저자의 번역요청자료에 근거하고 있기 때문이다.

본서의 내용을 통하여 중국 검찰제도의 형성과 발전과정을 비롯하여 현행법에 기초한 중국 검찰제도의 전면적인 내용을 이해할 수 있다. 특히 본서의 원저자가 학자로서뿐만 아니라 최고위급 검찰간부로서 검찰이론 및 실무상의 경험을 체계적이고 상세하게 논술하고 있다는 점에서 중국 검찰제도의 연구와 이해를 위한 귀중한 자료가 될 것이라 생각한다.

본 역서는 중국인민대학 법학원에서 박사과정을 수학한 인연을 가진 세 사람이 분담하여 번역작업을 하였다. 전반부는 손한기 박사가 맡아서 번역하고 후반부는 이성연 교수가 번역하였으며, 정이근 교수는 번역된 초고를 원문과 대조확인 및 수정하고 가독성을 높이기 위한 교정을 맡았다. 원문에 가능한 충실히 하고자 노력하였지만 일부 표현은 독자의 이해를 돕기 위하여 변경을 가한 부분도 있다. 번역의 오류로 인한 책임은 모두 번역자에게 있음을 밝힌다.

번역서의 출판에 앞서 감사의 뜻을 전해야 할 분들이 있다. 우선 한국어판 번역서의 출판을 위하여 물심양면으로 도움을 주신 중국검찰출판사 롼단성(阮丹生) 사장님의 배려와 후의에 감사드린다. 또한 부산대학교 중국연구소 김영재 소장님의 번역총서 출판에 따른 적극적인 지원에 감사드리며, 어려운 여건 속에서도 본서의 출판을 흔쾌히 맡아 주신 도서출판 오름의 부성옥 대표와 관계자 여러분께도 깊은 감사를 드린다.

2013년 4월 20일
번역자를 대표하여
정이근

차례

제1장 서론 _15

제1장

서론

중국의 검찰제도는 역사적 경험과 교훈을 바탕으로 장기간에 걸친 연구와 실천을 통하여 점진적으로 형성된 것으로서, 여러 가지 함축된 의미와 중국적 특색을 지니고 있다. 또한 검찰제도는 중국 사법제도의 중요한 구성 부분으로서 중국 사법제도의 발전과 밀접한 관련을 맺고 있다.

I. 중국 검찰제도의 내용과 특징

다른 나라의 검찰제도와 비교하여 볼 때, 중국의 검찰제도는 여러 가지 특징을 지니고 있는 바, 이는 인민대표대회제도에 기인한 것으로서 중국의 국가적 현실상황에 부합한다.

1. 중국 검찰제도의 내용

중국 검찰제도의 기본적 속성과 공통된 특징은 다음과 같은 몇 가지 측면으로 표현될 수 있다.

⑴ 인민검찰원은 헌법적 지위를 가진 독립적인 법률감독기관이다.

중국의 헌법과 관련 법률은 인민검찰원을 국가의 법률감독기관이라 규정하고 있다. 중국의 헌법과 법률은 검찰기관이 지닌 법률감독적 특징에 근거하여 검찰기관에게 체포, 공소, 직접 수리한 국가공무원의 직무상 범죄사건에 대한 수사권, 형사재판, 형벌집행, 민사재판 및 행정재판에 대한 법률감독권을 부여하고 있다. 헌정체제, 감독체계와 사법체제 등 다양한 측면에서 검찰기관의 성질과 지위를 이해해야 검찰기관의 역할을 정확히 파악할 수 있고, 이를 토대로 검찰기관은 스스로의 기능을 충분히 발휘할 수 있다.

검찰기관이 법률감독권을 행사하는 것은 헌정의 내재적 요구이다. 서방국가는 삼권분립과 양당제 또는 다당제를 실시하고 권력분립에 따른 견제와 균형 및 재판의 독립을 강조한다. 그러나 중국은 인민대표대회제도를 실시하며 민주집중제를 강조하고 국가기관 간의 분공제약(分工制約: 업무의 분담에 의한 제약)과 전문적인 감독시스템을 강조한다. 서방의 '권력분립에 따른 견제와 균형'과 중국의 '분공제약'은 서로 다른 권력적 구조를 의미한다. 서방국가의 권력분립에 따른 견제와 균형의 체계에서는, 각 권력의 범위는 매우 명확하고 어떠한 권력도 다른 권력을 능가하는 절대적인 지위 또는 주도적 지위를 가지지 못한다. 또한 입법권과 행정권 간의 충돌과 상호제약이 비교적 두드러지고 때로는 긴장관계를 형성하기도 한다.

이에 비해 사법부는 상대적으로 위축되며 사법부의 재판상 근거는 법률이며 재판의 집행은 행정에 의지하는 등, 법원이 비교적 중립적 위치에 있기 때문에 독립적으로 재판기능을 발휘할 수 있다. 따라서 사회 및 경제와 관련된 분쟁의 최종적인 재판권은 물론 입법과 행정 사이의 분쟁을 포함한

정치적 분쟁에 대해서도 최종적인 재판권을 가진다. 법관의 선임은 입법, 행정 및 정당의 직접적인 영향을 받지만 법관으로 임명된 이후에는 절대적인 사법 독립을 수행하며, 어떠한 단체나 개인도 법관의 재판에 간섭할 수 없고, 사법적 권위는 보편적으로 존중받는다. 서방국가의 감독 및 견제 시스템은 권력의 분배와 그 행사에 내재되어 있는데, 이는 자본주의 헌정의 토대이자 주요한 특징이다. 하지만 문제는 감독과 견제의 불충분이 아니라 과도한 제약으로 인해 때로는 결정을 내리지 못하거나 이로 인하여 효율성이 저하된다는 점이다. 중국의 정치체제는 인민대표대회이다. 민주집중제는 모든 국가기구의 구성 원칙이며 분공제약은 행정권, 심판권 및 검찰권의 적법성과 효과적인 역할수행을 보장하는 기제이다. 이러한 정치체제는 국가권력의 민주적 집중을 기본적 출발점으로 하고 있으며 내재적으로 권력의 집중과 상호 간의 협력을 중시하는 경향으로 인하여 감독 내지 견제의 부족 또는 제약 시스템의 설계가 효율적이지 못하다는 문제점을 지니고 있다. 그러므로 민주적 정치건설을 강화하는 과정에서 중국은 감독 시스템을 매우 중시하고 있으며 이로 인하여 전문적인 법률감독기관을 설립하였다.

검찰기관은 헌법상 독립적인 지위를 가진다. 서방국가에서 검찰기관은 대부분 정부의 사법행정 관련 부처에 예속되거나 법원에 예속된다. 특히 삼권분립의 헌정제도에서 국가권력은 입법기관, 행정기관, 사법기관이 각각 행사하고 검찰기관은 입법, 행정, 사법기관과 동일한 지위에 있지 않고 행정기관에 예속되거나 국가 헌정구조에 있어서도 독립적인 헌법상 지위를 가지지 않는다. 그러나 중국에서 검찰기관은 국가의 법률감독기관으로서 권력구조상 인민대표대회보다 하위에 있지만 행정기관, 사법기관과 동등한 독립된 국가기관으로서 그 법적 지위는 외국의 검찰기관보다 높다고 할 수 있다. 또한 국가의 법률감독기관으로서 검찰기관은 법률감독을 전적으로 담당한다. 이러한 임무는 인민대표대회의 감독권한에서 파생된 것으로 인민대표대회 감독권의 전문화며 동시에 구체화다. 중국 검찰기관의 독립된 헌법상 지위는 주로 다음과 같은 두 가지 측면에서 구현된다.

첫째, 중국의 검찰기관은 국가조직의 부분으로서 통일적인 기관인 동시에 조직적인 체계를 갖추고 있다. 중국 헌법 제130조는, "중화인민공화국은 최고인민검찰원, 지방 각급 인민검찰원과 군사검찰원 등의 전문 인민검찰원을 설립한다. 인민검찰원의 조직은 법률로써 정한다"고 하고 있다.

둘째, 각급 인민검찰원의 검찰장은 각급 인민대표대회가 선거를 통해 선출하고 검찰원은 각급 인민대표대회 상무위원회가 임명한다. 헌법의 규정에 따르면, 전국인민대표대회(약칭 "전인대"라고 한다)는 최고인민검찰원 검찰장을 선거하고, 전국인민대표대회 상무위원회는 최고인민검찰원 검찰장의 제청에 따라 최고인민검찰원 부검찰장, 검찰원, 검찰위원회 위원과 군사검찰원 검찰장을 임면하고, 성급 인민검찰원 검찰장의 임면을 비준한다. 현급 이상의 지방 각급 인민대표대회는 동급 인민검찰원 검찰장을 선거 또는 파면할 수 있지만, 반드시 직속 상급 인민검찰원 검찰장에게 보고하고 동급 인민대표대회 상무위원회에 비준을 제청하여야 한다. 헌법의 검찰기관 조직에 대한 엄격한 규정은 검찰기관이 법에 따라 독립적으로 권한을 행사할 수 있도록 보장하고 법률의 통일적인 시행을 보장한다. 검찰기관이 법률감독권을 수행하는 과정에서 검찰기관은 재판기관 및 관련 국가행정기관과 상호 협조하고 견제한다.

검찰기관의 법률감독은 감독체계의 중요한 구성부분이다. 중국에서 법률시행에 대한 감독은 다양한 방법을 통해 실현되는데 검찰기관의 법률감독 외에도 인민대표대회의 감독, 행정감찰에 의한 감독, 정당에 의한 감독, 여론 감독, 대중의 감독과 기타 형식의 감독이 있으며 이들 모두가 하나의 감독체계를 구성한다. 검찰기관의 법률감독을 다른 형식의 감독과 비교하면 다음과 같은 특징을 가진다. 첫째, 국가적 성질을 갖는다. 법률감독권은 국가권력의 일부로서 입법의 형식을 통하여 국가 최고권력기관이 인민검찰원에게 수권하여 행사하게 한다. 둘째, 전문성으로서 법률감독은 인민검찰원이 전담한다. 셋째, 규범성으로서 법률감독의 대상, 범위, 절차 및 수단 등은 모두 법률로 규정한다. 넷째, 절차성으로 검찰기관이 법률감독을 행할 때에는 반드시 법정의 절차를 준수해야 하고, 감독의 효과는 주로 상응하는 사법절차의 개시를 통하여 나타난다. 다섯째, 검찰기관의 법률감독은 법적 효력을 가지며 국가강제력에 의하여 보장된다.

이러한 특징은 각기 서로 다른 측면에서 법률감독의 성질, 기능 및 법적 지위를 나타내는 것이다. 또한 이러한 특징은 검찰기관의 법률감독을 여타의 감독형식과 구별되게 하며 다른 감독형식과 서로 대체할 수 없는 역할을 하도록 하고 있다. 그리고 법률감독은 감독체계의 일부분으로서 여타의 감독형식과 일정한 관계를 맺고 있다. 먼저 감독의 권한을 충분히 발휘해야 할 뿐만 아니라 여타의 감독형식과 서로 협력해서 중국의 모든 감독체계가 그 역할을 다 할 수 있도록 한다. 한편, 검찰기관의 법률감독은 중국의 법제에서 없어서는 아니 될 필수적인 것임과 동시에, 이러한 감독은 법규에 따른 제한을 받는다고 할 것이다.

중국의 검찰기관과 검찰제도는 중국 사법기관과 사법제도의 구성부분이다. 현행 법률의 규정에 따르면, 검찰기관의 법률감독 권한은 주로 사법(司法) 영역에서 사법의 방식을 통하여 이루어진다. 법률감독권은 검찰기관의 사법체제에서의 지위를 나타내며 검찰기관의 형사소송, 행정소송 및 민사소송에서의 활동 범위, 활동 방식, 활동 성질을 반영한다. 즉 검찰권의 행사는 사법영역과 소송활동에서 법률감독을 수행하는 구체적인 방법이다.

검찰기관의 권한행사는 사법영역과 사법절차에서 이루어지는데, 검찰제도는 사법제도의 한 부분으로 검찰업무의 중요한 특징이다. 그러나 검찰기관의 법률감독은 사법적 성질과 사법적 권한에 한정되는 것은 아니며 국가의 정체와 감독체계상의 지위와 기능을 결코 무시할 수 없다.

(2) 검찰기관의 근본적 임무는 국가의 법제를 통일하는 것이다.

즉, ① 검찰제도는 검찰기관이 법제통일의 근본적인 사명을 수행토록 한다. ② 검찰기관이 법제의 통일을 수호하는 절차와 방식, 즉 구체적인 권한의 범위는 구소련보다 좁고 일부 감독기능은 축소되었다. 하지만 여전히 범죄의 수사라는 방식을 통하여 일체의 국가기관과 공무원의 법률준수 여부를 감독하고, 이를 통해 국가의 법제통일이라는 근본적인 목표를 실현한다. ③ 검찰기관의 법률감독은 일반적이고 전면적인 감독이 아니라 범위가 특정된 법률감독이며 법률이 규정한 범위 내에서 법정절차를 통하여 구체적인 사건 또는 사건의 적법성과 공정성에 대하여 감독하는 것이다. 주로 구체적인 사건 또는 사건에 대한 법률감독을 통하여 법률의 통일적이고 올바른 시행을 보증하는 것이다. 검찰기관의 법률감독을 위하여 법률은 검찰기관에게 직무상 범죄의 수사권, 체포의 비준 또는 결정권, 공소권, 소송감독권과 기타 권한을 부여하고 있다. 이러한 권한들은 중국 검찰기관이 법률감독의 권한을 수행하기 위한 필요적 수단이자 강력한 보장수단이다.

이처럼 법률감독은 법정절차에 따라 사건의 사실관계를 밝히고 법률을 정확히 적용하여 사건을 처리함으로써 사법공정을 보장하기 때문에 매우 중요한 의의를 지닌다.

(3) 검찰기관 사이에는 상급기관이 하급기관을 영도하는 체제를 시행한다.

상하 검찰기관 사이의 영도관계는 검찰제도의 중요한 특징이 되고 있다. 중국의 헌법과 법률은 최고인민검찰원이 지방 각급 인민검찰원과 전문 인민검찰원의 업무를 영도하고, 상급 인민검찰원이 하급 인민검찰원의 업무를 영도한다고 규정하고 있다. 이러한 영도체제는 전국적인 법률의 통일적이고 올바른 시행을 보장하고, 검찰일체화의 요구를 구현하는 것이다. 이는 다음과 같이 표현된다.

① 지방 각급 인민검찰원 및 전문 인민검찰원은 최고인민검찰원이 법률 적용에 대하여 내린 사법해석 및 관련 법률성 문건을 반드시 집행하여야 한다. 하급 검찰기관은 상급 인민검찰원의 지시, 결정 등을 구체적 상황에 맞추어 집행해야 한다. ② 상급 인민검찰원은 하급 인민검찰원의 업무를 지도한다. 상급 인민검찰원은 하급 인민검찰원의 업무를 조사하거나 사건의 처리를 지도할 수 있으며 필요시 상급 인민검찰원은 하급 인민검찰원이 관할하는 사건을 수리하거나 하급 인민검찰원에게 사건의 처리를 위임할 수 있다. 하급 인민검찰원은 해결하기 어려운 복잡한 문제를 직속 상급 인민검찰원에 대하여 해결해 주도록 요청할 수 있다. 상급 인민검찰원은 하급 인민검찰원의 이러한 요청에 대하여 명확한 답변을 해야 한다. ③ 최고인민검

찰원 및 상급 인민검찰원은 하급 인민검찰원의 직권행사가 부당하거나 또는 사건의 처리에 잘못이 있는 경우 이를 직접 시정하거나 하급 인민법원으로 하여금 잘못된 결정을 취소하게 할 수 있다. 하급 인민검찰원은 상급 인민검찰원의 결정을 반드시 집행하여야 하고, 만약 다른 의견이 있을 경우 상급 검찰원을 거쳐 최고인민검찰원으로 단계적인 보고를 할 수 있다. 그러나 이 경우에도 결정의 집행은 정지되지 않는다. 지방 각급 인민검찰원이 제정한 사무규칙 등 규범성문건은 반드시 최고인민검찰원에 등록하여야 하며, 최고 인민법원이 착오나 오류를 발견했을 경우에는 이를 직접 취소하거나 개정명령을 내릴 수 있다.

2. 검찰제도의 중국적 특징

중국의 검찰제도는 신 중국 성립 이후 장기간에 걸친 연구와 실천을 통해 점진적으로 형성된 것이다. 중국 역사상 존재했던 정치 내지 법제도의 장점을 받아들이고 외국 검찰제도의 경험을 참고하여 중국의 실정에 맞도록 한 것으로서 중국적 특징을 지니고 있다.

⑴ 인민검찰원은 인민법원 및 공안기관과 업무분담(分工責任), 상호협력 및 상호제약을 실행한다.

검찰기관이 수사기관 및 재판기관과 형사사건의 처리에 있어서 업무분담, 상호협력 및 상호제약의 관계에 있다는 것은 중국 헌법이 확립한 원칙으로서 중국 검찰제도의 중요한 내용 중 하나이다. 중국 헌법 제135조는, "인민법원, 인민검찰원 및 공안기관이 형사사건을 처리하는 경우 업무분담, 상호협력 및 상호제약을 통하여 법률의 정확하고 효과적인 시행을 보장해야 한다"고 규정하고 있다. 형사소송법과 인민검찰원조직법도 이와 같이 규정하고 있는데, 여기서 업무분담(分工責任, 업무분담책임)이란 인민검찰원 인민법원과 경찰기관의 법에 따른 명확한 권한 배분을 의미한다. 즉 세 기관이 법정 범위 내에서 직권을 행사하고 각자의 영역에서 책임을 다할 것을 강조하는 것으로, 각자의 업무를 서로 대체하거나 전가할 수 없다. 상호협력이란 세 기관 간 분담책임의 기초위에서 서로 협력하여 사건의 처리가 상하연계 및 협조를 바탕으로 하여 공동으로 사건의 실체적 진실을 밝히고 범죄자를 처벌하며 인권을 보장하는 임무를 말한다. 상호제약이란 세 기관이 소송에서 직능상의 분담과 절차상의 조치를 통해 상호 구속하고 제약을 가함으로써 오류의 발생을 방지하고 신속히 오류를 바로 잡아 법률의 정확한 집행을 보장하는 것이다.

이러한 분담책임, 상호협력 및 상호제약의 원칙은 구소련의 제도나 서방국가의 제도를 참조한 것도 아니며 중국의 법제건설 과정에서 스스로 발전된 것이다. 그동안의 경험이 증명하듯, 이러한 원칙을 통하여 확립한 검찰과 경찰의 관계, 검찰과 재판기관과의 관계는 중국의 현 상황에 적절히 부합하고 있으며 공정한 법 집행뿐 아니라 복잡한 사회문제를 효과적이고 타당하게 처리할 수 있도록 하고 있다.

이러한 분담책임, 상호협력 및 상호제약의 원칙은 중국 검찰제도의 발전에 매우 중요한 의의를 가진다. 이는 형사소송에서 중국의 검찰과 경찰의 관계, 검찰과 재판기관의 관계를 규범화하고 실현한다. 즉 서로 맡은 바 임무에 충실하지만 서로 예속되지 않고 상호 협력하지만 동시에 상호 제약하는 것이다. 이러한 사법체제에서 검경일체(檢警一體)의 방식이 분담책임을 대신할 수 없으며, 또한 편면적으로 재판의 독립을 지나치게 강조해 검찰과 법원 간의 상호제약을 배척할 수 없다. 상호제약은 상호감독과는 다르며 세 기관 간에는 상호 제약의 관계에 있지만 검찰기관은 법에 따라 타 기관을 감독할 수 있는 권한을 가지고 있다. 동시에 법률감독은 제약을 대체할 수 없으며, 이러한 법률감독은 검찰기관의 근본적인 직능으로서 범죄수사, 공소 및 소송감독 등의 권한은 법률감독의 구체적 실현방식이다. 하지만 검찰기관이 행사하는 법률감독의 기능 또한 다른 기관의 제약을 받는다.

(2) 검찰위원회의 민주집중제와 검찰장책임제의 상호결합

각국 검찰기관의 내부적 지도체제 사이에는 많은 차이점이 있다. 일반적으로 서방국가들은 대부분 검찰관 책임제를 실행하는 반면, 구소련에서 독립한 국가들은 검찰장 책임제를 실시한다. 중국 검찰기관의 내부에서는 검찰위원회의 민주집중제와 검찰장 책임제가 상호 결합된 영도체제와 정책결정시스템을 실행하며 검찰위원회와 검찰장은 모두 검찰기관의 영도기구에 해당한다. 검찰위원회는 중대한 사건과 문제의 해결을 위한 정책결정기구로서 민주집중제를 실시하는데 이는 중국 헌법상의 "중화인민공화국의 국가기구는 민주집중제의 원칙을 실행한다"라는 규정이 검찰기관의 영도체제에서 구체화된 것이다. 동시에 검찰장은 검찰기관의 수장으로서 검찰관의 사무를 통일적으로 영도하고, 검찰장이 검찰위원회의 다수위원의 의견에 동의하지 않을 경우 사안을 동급 인민대표대회 상무위원회에 회부하여 그 결정을 요청할 권한을 가진다. 이러한 영도체제는 수장책임제의 장점을 유지하고 검찰장의 권위를 존중하며 업무의 효율을 확보하고 민주적인 발전에 유리하다. 또한 여러 사람의 의견을 집중할 수 있어 수장제(首長制)가 가져올 수 있는 폐단을 피할 수 있기 때문에 검찰권의 법에 따른 행사와 중대한 사건의 해결에 있어 정확성을 보장해 준다.

중국에서는 인민검찰원이 독립적으로 권한을 행사하는 것이며 검찰관이 독립적으로 권한을 행사하는 것이 아니다. 중국 검찰기관은 민주집중제를 조직형식과 정책결정형식으로 구분하는데, 이는 사건처리의 질적 수준을 보장하고 검찰종사자의 조직을 통한 지혜의 발휘에도 도움이 되기 때문이다. 또한 검찰의 민주화를 확보하고 법률집행의 감독을 강화하여 외부의 각종 간섭을 배제하는 데 있어 매우 중요한 역할을 한다.

(3) 검찰권의 독립적인 행사와 감독의 상호결합

중국 헌법의 규정에 따르면 검찰기관은 법에 따라 독립적으로 검찰권을 행사하며 행정기관이나 사회단체 및 개인의 간섭을 받지 않는다. 동시에 법에 의거하여 검찰권을 행사하는 과정에서 인민대표대회, 정치협상회의 또는 여론 및 사회의 감독을 받아야 한다. 이 역시 중국 검찰제도의 중요한 특징이다.

인민대표대회는 국가권력기관으로서 검찰권을 감독하는 바, 주로 검찰기관 업무보고의 심의, 검찰기관 구성원의 임면을 통해 검찰기관의 법 집행을 감독한다. 정치협상회의는 중국의 통일전선조직으로서 검찰권에 대한 감독을 실시하는 바, 주로 검찰기관의 법 집행에 있어서의 공정성 여부 및 그 직무 완수여부에 대한 감독이다. 주로 의안의 제출이나 의견 및 건의 제출을 통하여 이루어진다.

인민검찰원은 전문적인 법률감독기관이며 동시에 외부의 다양한 감독을 받는 국가기관으로서 독립적으로 직권을 행사하며 감독도 받는다. 이는 검찰제도의 중요한 특징으로 인민대표대회제도가 삼권분립제도와 구분되는 중요한 특징이다. 검찰기관이 법에 따라 독립적으로 권한을 행사하는 것과 감독을 받는 것은 목적상 일치한다. 즉 법에 근거하여 독립적으로 권한을 행사한다는 것은 분업적 책임을 강조하는 것으로, 각자 법정절차에 따라 법정 권한을 행사하고 행정기관, 사회단체와 개인의 간섭을 받지 아니하고 권한의 범위를 명확히 하여 각자가 독립적으로 책임을 완수하게 한다는 것이다. 감독을 받는다는 것은 권력의 남용을 방지하는 것을 의미하는 것이지 직능의 대체를 의미하는 것은 아니다. 인민대표대회의 감독 또는 인민검찰원의 감독은 모두 법적 효력을 가지지만 직능 부문의 권한행사를 대체할 수 없으며, 일반적으로 직능부문의 결정을 직접적으로 변경할 수 없고 오직 법에 근거하여 관련 절차의 개시를 독촉하여 잘못을 시정할 수 있을 뿐이다.

검찰기관은 감독자로서 감독을 받아야 한다는 의식도 가져야 하며 감독을 받을 수 있도록 시스템을 개선해 나가야 한다. 그렇지 않으면 자신의 법률감독에 대한 공신력의 저하 내지 검찰권의 남용에 이르게 될 것이다. 검찰기관은 자발적으로 법률감독사항을 인민대표대회의 감독 아래에 두어야 하며 정치협상회의의 민주적 감독, 인민대중의 감독 및 여론의 감독을 받아야 하며 공개적인 방법으로 공정성을 확보하고 공정성을 통해 신뢰를 얻어야 한다.

중국 검찰제도의 제도적 특징은 여러 측면에 걸쳐 있는데 상술한 바의 두드러진 특징 이외에도 검찰권의 구성 및 권한에 있어서도 다양한 특징을 가진다.

II. 중국 검찰제도의 이론 및 정치적 기초

1. 중국 검찰제도의 이론적 기초: 인민대표대회제도 및 민주집중제 이론

각급 정부와 법원 및 검찰원은 인민대표대회에 의해 구성되고 인민대표대회에 대하여 책임을 진다. 이러한 기관들이 엄격하게 법에 따라 직무를 수행하는지 감독하기 위하여 인민대표대회는 반드시 감독체계를 수립해야 한다. 감독체계에는 인민대표대회가 직접 실시하는 감독인 인민대표대회의 감독과 검찰기관의 법률감독이 있다. 인민대표대회는 주로 하급 권력기관이 제정한 법규, 결의와 결정 및 명령 그리고 행정기관이 제정한 법규나 결정 및 명령의 적법성을 감독하고, 인민법원과 인민검찰원이 법에 따라 재판권과 검찰권을 행사하는지 여부를 감독한다. 인민대표대회의 재판기관에 대한 감독은 주로 일반적인 업무감독, 인사 임면과 기타 중대한 문제에 대한 조사이며, 개별 사건에 대한 감독은 인민대표대회의 기능상 어렵다. 감독주체는 소송에 직접적으로 참여할 수 없기 때문에 인민법원의 내부에 감독시스템을 두는 방법 이외에 독립적이고 전문적인 감독기관을 두어 재판에 대한 감독 업무를 수행하게 한다. 검찰기관은 심판사무에 대한 감독 이외에 경찰기관의 수사, 형사적 강제조치 등 법 집행에 관한 사무와 교도소의 형벌집행 사무에 대한 법률감독을 수행한다. 이러한 법률감독의 임무는 인민대표대회의 감독직능에서 파생된 전문적인 감독기능이다.

민주집중제 이론은 중국 검찰기관과 국가권력기관, 행정기관 및 재판기

관 상호 간의 관계를 결정하며 검찰기관을 독립적인 법률감독기관이 되도록
한다. 또한 검찰기관 내부와 검찰체계의 조직형식을 결정하며 검찰기관이
검찰장과 검찰위원회가 상호결합된 정책결정체제를 유지하고 상급기관이
하급기관을 영도하는 체제를 가능하게 한다.

2. 중국 검찰제도의 정치적 기초

인민대표대회는 중국의 기본적인 정치제도이자 국가 최고권력기관이다.
국가 행정기관, 재판기관 및 검찰기관은 모두 인민대표대회가 구성하며, 이
들 기관은 인민대표대회에 대하여 책임을 지고 또한 인민대표대회의 감독을
받아야 한다. 국가권력기관의 사법사무와 행정사무에 대한 감독은 감독의
범위와 절차 및 방식 등에 있어 검찰기관의 법률감독과는 차이가 있다. 국
가권력기관은 법 집행에 대한 조사, 보고의 청취 등을 포함한 일반적 감독을
통하여 사법을 감독하는 것이고 구체적인 소송에 참여하여 개별사건과 소송
과정을 감독할 수는 없다. 따라서 반드시 검찰기관이라는 전문적 법률감독
기관을 통하여 소송절차에 참여하고 감독책임을 이행함으로써 법률의 통일
적이고 올바른 시행을 보장할 수 있다. 그러므로 검찰기관의 법률감독 기능
은 국가권력기관의 감독기능에서 파생된 전문적 감독기능이다. 검찰기관과
재판기관은 공동으로 국가사법권을 행사하는데, 양자는 상호제약과 동시에
검찰기관은 재판활동을 감독할 책임을 진다. 이는 사법의 공정성을 확보하
기 위한 중요한 제도적 조치이다.

중국 검찰기관의 법률감독 전문화는 사법분업의 전문화와 권력의 감독시
스템 강화에 따른 필연적 요구에 부합한다. 세계 각국의 상황을 보면 사법
기능은 전문화 과정을 거치면서 발전해 왔다. 많은 서방국가들이 수사기능
을 재판기능에서 분리시켰으며 검찰기능도 재판기능 또는 수사기능에서 분
리시켰다. 수사기능은 일반적으로 행정기능의 범주에 포함되지만 여전히 논
쟁이 되고 있다. 검찰기관은 준사법기관으로 불려지고, 비록 사법행정기관

에 예속되지만 적지 않은 국가 특히 대륙법계 국가에서 검찰기관은 사법기관과 동일 또는 유사한 기관이다. 중국의 인민대표대회제도는 검찰기관을 법률감독기능을 수행하는 사법기관으로 확정하였는데 이는 사법기능의 전문화라는 요구에도 부합하며 동시에 사법기관 간의 제약기능과 사법기능의 행정기능에 대한 감독에도 유리하다. 검찰기능은 범죄의 수사, 기소와 소송감독 등의 형식을 통하여 심판권에 대해 행하는 전문화된 감독체계이다. 동시에 범죄수사, 형사사법과 법 집행의 연계시스템 등의 경로를 통하여 행정에 대한 감독을 행하는 사법적 과정이며, 사법의 행정에 대한 감독체계를 강화시키고 나아가 행정권과 재판권 등의 국가권력의 행사에 대한 감독과 제약을 강화하는 것이다. 그러므로 검찰기관의 법률감독 전문화는 사법권에 대한 감독과 제약체계를 포함하고 있다. 나아가 사법권의 행정권에 대한 감독과 제약을 포함하고 있어 권력의 남용과 부패를 방지하고 권력의 정확한 행사를 담보하도록 하는 중요한 제도이다.

III. 중국 검찰제도의 문화 및 실천적 기초

1. 중국 검찰제도의 문화적 기초

중국의 검찰제도는 구소련의 검찰제도를 모방한 것이고 서방국가의 검찰제도를 차용한 것은 아니다. 중국 고대의 어사(御史)제도라는 문화적 기초 위에서 중국의 국체와 정체에서 비롯되어 발전한 현대적 검찰제도이다. 어사제도가 갖는 권력 제약의 원리는 중국의 정치적 전통과 정치문화의 중요한 요소로서 검찰제도의 역사적 기원이며 동시에 문화적 기초의 중요한 요소이다.

중국의 어사제도는 순(舜)임금시대에서 기원한다. 진한(秦漢)시대에 처

음으로 제도화되었으며 당송(唐宋)을 거쳐 발전했고 명청(明淸)시기에 가장
홍성했다. 청나라 말기에 현대적 검찰제도가 도입되고 민국(民國)시기에 고
대의 어사제도와 현대적 검찰제도를 결합하여 입법원, 행정원, 사법원 및
고시원과 동일한 지위를 가진 감찰원을 구성했다. 수천 년의 역사를 거치면
서 어사제도는 여러 차례 변화되고 발전되었다. 다양한 시기를 거치면서 다
양한 양상을 보였지만 기본적인 정신과 제도의 기본은 지속적으로 유지되었
다. 먼저 어사제도의 목적은 중앙의 권위를 유지하는 것이다. 어사제도의
발생과 발전은 중앙권력구조의 일원화와 밀접한 관련을 가지는데, 즉 최고
국가권력기구가 여타의 권력기구를 장악하고 통제하는 중요한 방법이다.

둘째, 어사제도의 기본적 기능은 권력에 대한 감독과 제약이다. 어사의
권력이 매우 광범위하였지만 핵심이 되는 것은 당연히 감독과 제약이다. 어
사는 모든 관리를 감독할 수 있을 뿐만 아니라 황제의 언행에 대해 바르게
충고할 수 있고, 또한 황제의 교지를 반박할 수 있었다. 각종 권력에 대한
감독과 제약을 통하여 권력의 남용과 부패를 방지할 수 있으며 법질서와
중앙의 권위를 수호한다. 또한 어사의 주요한 책무는 관리의 범죄를 조사하
여 탄핵할 수 있고 사법과 심판에 참여하는 것이다.

2. 중국 검찰제도의 실천적 기초

법치국가로의 진행과정에서 검찰기관은 다른 기관이 대체할 수 없는 중
요한 법률감독기능을 담당한다. 법치국가로의 이행과정은 완비된 법률체계
와 국민의 수준 높은 법의식을 필요로 할 뿐 아니라 강력한 법률감독을 필
요로 한다. 이를 통해 법률의 통일적이고 정확한 실시와 국가권력의 법에
따른 행사를 보장할 수 있고 국가와 사회 관리의 법치화를 촉진할 수 있다.
검찰기관은 국가 법률감독기관으로서 법치국가의 기본방침을 관철해야 하
는 중요한 사명을 띠고 있다. 중국 헌법과 법률의 규정에 의하면 인민검찰
원의 주요 권한은 다음과 같은 네 가지이다.

첫째, 형사범죄사건에서 체포의 비준과 결정이다. 둘째, 형사범죄사건에 대한 공소이다. 셋째, 직접 수리한 횡령과 독직 등 직무상 범죄에 대한 기소이다. 넷째, 형사소송, 민사소송 및 행정소송과 형벌집행 등에 대한 법률감독이다. 중국의 검찰기관은 법률감독 기능을 전문적으로 수행하는 기관으로서 중국의 정치제도에 부합하며, 법률감독기능은 중국 검찰제도의 중요한 특징이다. 검찰기관은 체포의 승인, 기소권의 수행을 통해 각종 형사범죄 활동을 일소하고 사회의 안녕과 질서를 유지하며 공민, 법인 및 사회단체가 자발적으로 법률을 준수하도록 교육하고 계도한다. 또한 횡령 및 뇌물죄의 수사, 공무원의 직무에 관한 죄 등 직무상 범죄의 수사를 통해 국가공무원의 법률준수 상황에 대한 감독을 실시한다. 이를 통하여 국가공무원이 법률의 범위 내에서 권력을 행사하도록 하고 법에 따른 법치행정 및 청렴정치를 촉진한다. 한편 소송활동에 대한 법률감독을 통하여 소송상 존재하는 위법 상황을 신속히 시정하고 소송활동이 법에 근거하여 이루어지도록 하며 사법의 공정성과 법제통일을 추구한다. 이로써 검찰기관의 법률감독은 법치국가를 추진하는 과정에 있어 대체할 수 없는 중요한 역할을 수행하고 있음을 알 수 있다.

조화로운 사회는 민주 법치, 공평 정의, 신용 우애, 활력이 넘치는 사회, 안정된 질서와 인간과 자연이 서로 조화로운 사회를 말한다. 이와 같은 여섯 가지 사항은 검찰의 업무와 밀접하게 관련되어 있다. 검찰기관은 법률감독기관으로서 사회적 안정의 유지, 공평 정의의 보장 및 사회주의적 조화로운 사회 건설에 중대한 책임을 지고 있다. 이러한 요청은 조화로운 사회의 건설을 요구하고 있으며 검찰업무를 어떻게 개선할 것인가 하는 것과 관련된다. 또한 체포의 승인, 공소, 범죄 수사 등의 업무를 순조롭게 수행하여 법률 감독의 강화, 범죄자의 처벌과 인권의 보장, 모순과 분쟁의 해결, 사회 관계의 조절과 사회적 안정의 촉진, 사회전체의 공평과 정의 실현, 조화로운 사회의 건설 등에 이바지할 수 있어야 한다.

검찰제도는 중국의 현실적 상황을 근거로 삼아 발전해 나가야 하며 시야를 넓혀 많은 것을 연구하여 참고해야 한다. 구체적으로 외국의 검찰제도와 검찰 관련 이론을 비판적으로 검토하는 것은 중국의 검찰 관련 이론을 발전시키는 중요한 수단이다. 세계의 다극화와 경제적 글로벌화의 추세에 따라 세계의 다양한 사상과 문화는 상호영향을 주고 있다. 이러한 상황에 직면하여 스스로의 검찰이론을 발전시키고 개선해 나가야 한다. 또한 주도적으로 세계 각국의 검찰문화와 교류를 확대하고 지속적으로 검찰제도에 관한 이론의 발전방향을 탐구해서 최종적으로 스스로의 장점을 부각시키고 단점은 보완해 나가야 한다. 오직 개방된 환경과 국제적 안목을 가지고 검찰제도와 이론체계를 발전시켜 나가야 세계무대에서 검찰제도와 검찰문화를 주도해 나갈 수 있다.

IV. 법률감독의 법적 성질

중국 헌법 제129조는, "중화인민공화국 인민검찰원은 국가의 법률감독기관이다"라고 규정하고 있는데, 이 규정은 신 중국의 건국헌법인 1954년 헌법이 정한 검찰기관의 헌법적 지위에 관한 규정과 상통한다. 즉 중국의 검찰기관은 법률감독기관으로서, 이는 헌법이 검찰기관에게 검찰권이라는 권력을 부여했음을 의미한다.

1. 법률감독의 기본적 의미

법률감독은 검찰기관과 검찰권의 성질을 나타낸다. 법률감독의 의미를 정확하게 이해해야 검찰기관의 성질과 법적 지위 및 검찰권의 기능과 작용을 정확하게 이해할 수 있고, 나아가 검찰권의 바람직한 행사를 보장할 수 있다.

중국에서 "감독"이라는 용어는 광범위하게 사용되는 전문용어로서 상황에 따라 다른 의미를 가진다. 예를 들면 상급기관의 하급기관에 대한 감독, 평등한 주체 사이의 감독, 외부의 감독, 내부의 감독 등이 그것이다. 감독주체의 차이에 따라 감독의 목적과 기능 또한 다르다.[1] 중국 헌법에서 "인민의 감독을 받는다(제3조)", "인민의 감독을 받는다(제27조)", "헌법의 시행을 감독한다(제62조, 제67조)", "국무원, 중앙군사위원회, 최고인민법원과 최고인민검찰원의 업무를 감독한다(제67조)", "본급 인민정부, 인민법원과 인민검찰원의 업무를 감독한다(제104조)" 등 "감독"이라는 용어를 다수 사용하고 있지만 "법률감독"이라는 용어는 보이지 않는다. 오직 검찰기관의 성질을 규정한 헌법 제129조만이 "법률감독기관"이라는 용어를 사용하고 있다. 즉, 법률감독이라는 용어는 헌법에서 그 사용이 매우 제한적이고, 특히 검찰기관이 법의 적용에 관하여 행사하는 감독을 지칭하는 용어이다.

"법률감독"이라는 용어를 법률을 이용한 감독 또는 법률을 통한 감독 등과 같이 문리해석하는 것은 정확하지 않다. 또한 단순히 법제의 동태적 의의에 따라 입법, 행정 및 사법과 병렬적인 법률감독의 일환으로 이해하는 것도 헌법과 법률의 규정에 맞지 않는다.

따라서 일부 법철학 교재 또는 법학사전은 법률감독의 개념을 정의할 경우 대개 광의와 협의로 구분한다. 광의의 법률감독이란 국가기관, 사회단체와 공민이 법에 따라 국가입법, 법 집행, 사법 및 법 준수 상황에 대하여 실시하는 감독활동을 의미한다. 협의의 법률감독은 검찰기관이 법률의 수권과 법정절차에 따라 위법행위를 조사하고 감독하는 전문적인 활동을 의미한다.

중국에서 광의의 법률감독은 이미 법학이론에서 인정되는 개념이지만 협의의 법률감독은 헌법과 법률의 규정에서 특정한 의미와 외연을 가진 개념으로서 아직 명문으로는 이를 정의하고 있지는 않다. 따라서 광의와 협의의

---

1) 감독은 반드시 위에서 아래로 행해져야 한다고 생각하는 견해, 즉 감독자가 반드시 피감독자보다 높은 지위에 있어야 하는 관점은 감독이라는 의미를 절대화한 결과라고 할 수 있다. 이런 관점은 현실 정치에 다른 형식의 감독이 존재한다는 객관적 사실을 부정한 것으로서 단편적인 생각이라 할 수 있다.

법률감독에 관한 개념의 일치성, 통일성과 공통성을 완전히 부정하여 협의의 개념으로 광의의 개념을 대체하거나 광의의 개념으로 협의의 개념을 대체하는 것은 현실적이지 않다. 학계에서 이를 쉽게 받아들이기도 쉽지 않으며, 법률감독제도와 이론의 진전에도 도움에 되지 않는다. 따라서 검찰기관의 법률감독을 법제의 여러 부분 가운데 중요한 하나의 전문적인 체제라고 생각하며 법률감독개념의 다원화에는 반대하며 또한 법률감독주체의 일원론에도 반대한다.2) 따라서 여기서는 일반적으로 협의의 법률감독 즉 검찰기관의 법률감독을 가리키는 용어로 법률감독을 사용한다.

법률감독의 의미를 좀 더 상세히 파악하기 위하여는 법률감독과 국가기관, 행정기관, 사회단체 및 인민군중의 감독 사이의 공통점과 차이점을 파악해야 하고 법률감독의 특징 즉 국가성, 전문성, 규범성과 절차적 성질을 기초로 한 법률감독의 방식과 효력 등 여러 측면에서도 법률감독을 이해할 수 있다.

1) 법률감독의 대상과 범위

(1) 법률감독의 대상

법률감독의 근본적 목적인 법제통일의 수호라는 의미에서 보면 법률감독

---

2) 왕구이우(王桂五)가 편저한 ≪中华人民共和国检察制度研究≫(中国检察出版社2008年版, 第177一178页)에서 왕구이우는 법률감독 다원화 주장과는 달리 법률감독권의 일원론을 주장하고 있다. 즉, "소위 법률감독권의 일원론이란 두 가지 의미를 내포하고 있다. 첫째, 권력구조에서 즉 국가권력기관의 예속 아래 전문적으로 국가 법률감독권을 행사하는 기관인 검찰만이 감독권을 행사하해 한다는 것이고, 둘째 검찰기관의 각 기능은 법률감독을 중심으로 통일되어야 한다는 것이다." 이와 동시에 왕구이우는 "검찰기관의 법률감독권은 국가권력기관의 법률감독권에서 파생된 것으로서 국가권력기관이 법률감독권을 행사하는 한 형식이다. 국가권력기관은 법률감독권을 직접 행사할 수도 있지만 대부분 검찰기관에게 수권하여 행사하게 한다. 따라서 다른 기관은 법률감독권을 행사할 수 없다." 하지만 저자의 견해는 법률감독권의 주체는 국가권력기관과 검찰기관이며 이와 동시에 검찰기관의 법률감독권은 국가권력기관의 법률감독에 통일되어 있다는 것을 의미한다. 따라서 일원론적 주장은 문제가 있어 보인다. 또한 헌법과 법률은 국가권력기관이 법률감독권을 가진다고 규정하고 있지 않다.

의 대상은 법률의 시행이 된다. 하지만 법률시행의 범위는 매우 광범위해서 헌법의 시행은 물론 각 개별법과 지방법규 등의 시행을 포함한다. 또한 국가기관의 법 적용행위나 사회단체 및 공민의 법률준수행위가 포함되고 적법한 행위는 물론 위법행위와 범죄도 포함된다. 법률시행의 감독은 법률의 통일적이고 정확한 시행의 보장이다. 이는 매우 복잡한 과정으로서 각 주체의 다양한 참여가 필요하다. 검찰기관은 법률감독을 하는 전문기관으로서 모든 주체의 위법행위를 모두 감독하는 것은 현실적으로 불가능하다. 법제의 통일과 관련된 중대한 위법행위에 대해서만 감독하고, 법률시행을 위해 일종의 최저한도의 감독을 하게 된다.[3]

법률상 검찰기관의 법률감독은 내용상 엄격한 제한을 받는다. 즉 법 집행에 대한 감독은 국가공무원의 직무활동 중 범죄를 구성하는 행위에 국한해서 입안과 수사 및 공소를 제기한다. 사법에 대한 감독은 소송과정에서 발생하는 명백히 잘못된 판결, 결정 및 법정절차를 위반한 사항에 대해서만 감독을 한다. 법 준수상황에 대한 감독은 범죄행위에 대한 기소에 한정된다. 민사법률과 행정법률의 시행과 관련된 감독과 비교해 볼 때, 형사법률의 시행에 대한 감독이 법률감독의 주된 임무이며 업무의 중심에 있다.[4] 하지만 이러한 점 때문에 법률감독을 바로 형사감독이라고 단정해서는 아니 되며, 민사법률감독과 행정법률감독의 기능과 책임을 경시해서는 아니 된다.

---

3) 법학에서 위법행위는 일반위법행위와 범죄의 두 가지로 분류된다. 범죄는 엄중한 위법행위에 속하지만, 논리적으로 엄정한 위법행위는 범죄에만 한정되지 않는다. 범죄를 구성하지 않는 엄중한 위법행위에는 무엇이 포함되는가에 대해 아직까지 일치된 견해는 없다. 필자는 법률감독의 범위를 좀 더 명확하게 확정하기 위하여, 국가기관과 공무원의 법률적용 과정에서의 위법행위와 범죄가 엄중한 위법행위에 속한다고 생각한다.

4) 왕구이우(王桂五)는 고대문헌에서 "검찰"이라는 단어의 주요 의미는 법률검찰 또는 법률감독이며, 적어도 법률감독을 포함한다고 생각하였다. 청 말기 사법개혁시기에 검찰이라는 개념을 채용한 것은 우연적인 것이 아니라 중국의 전통법률문화와 밀접한 연관이 있다고 하였다(參见 王桂五主编: ≪中华人民共和国检察制度研究≫, 中国检察出版社2008年版, 第170—173页).

(2) 법률감독의 범위

법치국가의 진전에 따라 법률은 검찰기관 법률감독의 범위를 확대 또는 축소시킨다. 하지만 어떠한 상황에서도 검찰기관은 법률규정의 범위 내에서 법률감독권을 행사하여야 하며 그 범위를 스스로 확대하거나 축소해서는 안 된다. 특히 법률이 규정하지 않은 사항에 대해서는 임의로 법률감독을 실시해서는 아니 된다. 법률감독의 내용상 이와 같은 국한성은 법률감독기관의 특정성 또는 법률실시의 광범성에 의해서 결정된다. 중국은 단일제 국가이며 국가의 최고권력기관이 제정한 법률은 전국적 범위에서 준수되어야 한다. 법률감독은 법률이 전국적 범위에서 통일적으로 시행되는 것을 보장한다. 다른 측면에서 보면, 법제가 건전하고 발전함에 따라 법률조정의 대상이 지속적으로 증가하고 법률 시행의 영역과 범위가 지속적으로 확대되고 있다. 하지만 법률감독기관은 인원상의 원인이든 감독수단이든 간에, 법률시행에 관련된 모든 영역에 대하여 법률감독을 실시할 수도 없고 그럴 필요도 없다. 따라서 법률시행의 최저한도의 보장으로서 일부 중대한 문제를 선택해서 법률감독의 대상으로 삼을 수밖에 없다. 어떠한 문제를 법률감독의 대상으로 할지에 관해서는 법률이 규정해야 하는데, 이는 법률감독의 범위가 임의로 확대되는 것을 방지하기 위한 것이다.

2) 법률감독의 방식과 수단

중국에서 법률시행의 상황에 대한 감독은 다양한 경로를 통해 실현된다. 인민대표대회의 감독, 검찰의 감독, 당의 감독, 사회여론의 감독, 일반대중의 감독 등 다양한 형식의 감독이 사회주의 감독체계를 형성한다. 그중 검찰기관의 법률감독은 가장 중요한 구성부분이다. 다른 각 형식의 감독과 비교해 볼 때 검찰기관의 법률감독이 가장 전문성을 가지는데 그 전문성은 다음과 같은 점에서 두드러진다.

첫째, 법률감독의 유일한 주체는 검찰기관이다. 즉 검찰기관만이 헌법이 규정한 국가의 법률감독기관이며 검찰기관의 감독만이 법률감독으로서의 성질을 가진다. 둘째, 법률감독의 수단이 전문적이다. 헌법과 법률의 규정에 따르면 검찰기관이 법률감독을 행하는 수단은 법률이 특별히 규정한다. 예를 들면 직무상 범죄의 입안수사, 형사범죄의 공소제기, 소송과정에 대한 법 집행, 사법기관의 위법행위에 대한 시정 의견제시 및 검찰의 건의 등은 모두 검찰기관만이 행사할 수 있는 감독수단이다. 셋째, 법률감독권은 일종의 국가권력으로서 검찰기관의 가장 주요한 권한이다. 만약 검찰기관이 법률위반행위에 대한 감독을 포기할 경우 이는 곧 직무유기에 해당한다. 그러나 사회단체 및 공민 개인이 향유하는 감독권은 그 행사 여부를 스스로 결정할 수 있으므로 포기하더라도 의무의 불이행이 아니다.

법률감독의 방식과 수단은 다양하다. 먼저 검찰기관이 법률감독을 행하는 주요 수단은 소송 즉 사법절차를 통하여 감독을 하는 것이다. 예를 들면, 국가의 명의로 공소 또는 항소를 제기하고, 직무상 범죄를 입안해서 수사하고, 체포의 비준과 결정을 심사하며 기타 법 집행 및 사법기관의 수사, 심판, 집행 등 소송활동 과정에 존재하는 위법행위에 대해 시정의견 또는 검찰건의를 하는 것 등이 그것이다. 검찰기관은 소송이 아닌 방식을 통할 수도 있다. 즉 소송 외에도 제안, 건의, 보고 등의 방식을 통하여 법률감독을 할 수 있다. 예를 들면 입법기관에 법률안을 제출하거나 심의 및 입법해석을 제청할 수 있고, 법률의 적용에 대한 사법해석을 할 수 있으며, 행정기관 및 사회단체에 대하여 범죄의 예방에 관한 건의와 보고를 할 수 있고, 공민과 법인에게는 법제 홍보 등을 할 수 있다. 법률감독 방식의 다양성 및 다원화는 법률감독의 본질과 기능 및 통일성과 모순되지 않는다. 소송상의 기능과 소송외적 기능을 포함한 모든 법률감독은 모두 법률감독의 실현 방식이자 절차이다.

검찰기관은 법률감독과 병렬적인 기타 기능을 가지지 않는다. 따라서 필자는 검찰기관의 법적 지위 및 성질의 다원화에 반대한다. 즉 공소기능과 수사기능을 법률감독기능과 병렬적인 것으로 보는 것에 반대한다. 즉 검찰기관을 공소 및 법률감독기관으로 보는 것에 반대한다. 따라서 필자는 법률감독일원론에 동의하며, 그 이유는 일원론이야말로 중국 헌법과 법률이 규정한 "인민검찰원은 국가의 법률감독기관"이라는 규정에 부합하고 각종 검찰기능 간의 내재적 관계를 이해하는 데 도움이 되며, 검찰기능의 전체 기능을 발휘할 수 있게 할 뿐 아니라 검찰개혁의 방향을 견지할 수 있게 해준다.

법률감독은 일반적으로 주도적으로 조사하고 감독하는 법률행위이지만, 법률이 규정한 법률감독의 범위에 속하는 상황이 발생한 이후에야 검찰기관이 법률감독절차를 개시하여 감독을 시작한다. 더욱이 사법, 행정 및 국가공무원의 직무활동 중 발생할 수 있는 각종 위법행위는 그 정도에 있어서 차이가 있지만 일반적으로 위법행위가 일정한 정도에 도달해야 검찰기관이 법률감독의 절차를 개시하여 감독을 한다. 이를 법률감독의 사후성이라고 하는데 이러한 사후성은 법률감독의 주요한 특징이지만 상대적인 것이다. 왜냐하면 이러한 사후성이 검찰기관의 예방적, 사전적 감독활동을 배제하는 것은 아니기 때문이다. 예를 들면 직무상 범죄의 예방업무와 관련하여 검찰기관은 이미 발생한 직무상 범죄의 특징, 원인 등에 근거하여 직무상 범죄의 예방을 위한 선전교육을 하며, 이러한 검찰활동 자체는 법률감독에 속하지만 법률감독의 주요내용은 아니다. 오히려 법률감독의 필요에 따라 합리적으로 확대된 종속적이며 보조적인 법률감독 기능이다. 물론 이는 직무성 범죄의 예방 등 사전적인 법률감독이 중요하지 않다는 것을 의미하는 것이 아니다.

만약 예방적 사전감독을 성공적으로 수행했을 경우 법률감독의 전체 효과를 제고시키고, 국가의 법치질서를 수호하고 범죄를 감소시키는 등 매우 중요한 의의를 가진다. 그리고 검찰기관이 사전에 경찰기관(공안기관)이 행하는 중대한 형사사건의 수사에 개입하는 것은 신속히 사건의 진상을 파악하고 체포의 비준 심사를 통하여 기소의 효율을 높이고 경찰기관이 법에 근거하여 신속하게 중대 형사사건을 수사하여 해결할 수 있도록 하는 데 도움이 된다. 검찰기관의 사전개입 과정이 비록 법률감독의 작용을 하지만 경찰기관의 수사활동에 간섭하는 것은 아니다. 사후성은 법률감독의 주요 특징을 반영하고 또한 법률감독에서 강제력의 범위를 확정한다. 사전 또는 예방성 법률감독은 일반적으로 강제력을 가지지 않으며 일정한 건의, 설득 및 감독작용을 할 뿐이다. 그러므로 사후성 법률감독을 예방성, 감독성의 법률감독과 구분한 필요가 있다. 이는 법률감독의 방식과 수단을 이해하고 파악하는 데 도움이 된다.

3) 법률감독의 절차와 효력

법률감독은 반드시 법률이 규정한 절차를 엄수하여야 한다. 먼저 법률은 검찰기관의 법률감독에 대한 일정한 절차를 규정하고 있는데 이러한 절차는 감독대상에 따라 약간의 차이가 있다. 예를 들면 직무상 범죄의 입안수사와 관련해서는 입안수사의 절차가 있고, 형사범죄의 기소와 관련해서는 기소절차가, 이미 효력을 발한 인민법원의 판결과 결정에 항소를 제기할 때는 항소절차가, 위법의 시정과 관련해서는 위법시정절차가 있다. 법률감독의 효과는 주로 소추절차, 재심절차 또는 법 집행기관 내부의 심의와 정책결정 절차를 개시하는 것이다. 범죄에 해당하는 위법행위에 대한 법률감독의 기능은 소추절차를 개시하는 것이고 관할법원에 심판을 제청하는 것이다. 법 집행 행위가 위법한 경우 법률감독의 기능은 법 집행기관의 위법을 시정하도록 요구하는 것이다.

법률을 위반한 판결, 재정 및 결정에 대한 법률감독의 기능은, 그 기관으로 하여금 재심 등 구제절차를 개시하여 잘못을 시정하게 하는 것이다. 법률감독의 최종적인 결과는 일반적으로 유관기관으로 하여금 법에 근거하여 스스로 결정하게 하는 것이며 검찰기관이 결정을 대신하는 것은 아니다. 결론적으로 법률감독권은 일종의 기소와 감독의 권리이지 실체적 처분의 권력은 아니다. 따라서 검찰기관은 "심판기관 위에 존재하는 심판기관"이 아니며 검찰관도 또한 "법관위의 법관"이 될 수 없다. 법률감독의 절차적 성질은 검찰권에 대한 제한 및 제약이며 동시에 이러한 감독을 받는 국가기관이 권력을 올바르게 행사하도록 하는 것이며 공민과 법인의 권리를 보장하는 것이다. 그러므로 법률감독권과 기타의 국가권력은 서로 모순되거나 충돌되지 않으며, 상호제약하는 체계를 형성한다.

절차적 성질은 주로 법률감독의 실현방식에 관한 특징으로 법률감독이 가지는 최종결정권과 실체적인 위법행위의 감독을 배제하지는 않는다. 예를 들면 검찰기관은 법정권한의 범위 내에서 불기소결정, 체포에 대한 불비준 결정, 사건의 취소 결정 등과 같은 최종결정권을 가진다. 이러한 권력의 감독과 제약에 관해서 형사소송법의 관련규정 이외에도 최근 들어 검찰기관은 인민감찰원제도를 시험적으로 실시하여 효과적인 감독 시스템을 형성해 나가고 있다. 그리고 법률감독의 대상은 실체적 위법행위와 더불어 절차적 위법행위를 포함한다. 예를 들면 검찰기관의 직무상 범죄에 대한 감독과 효력을 가진 판결에 대한 감독 등은 모두 실체적 위법을 감독의 대상으로 한 것이다. 이는 바로 왕구이우(王桂五)가 말한 것처럼, "법률감독은 실체법의 실시에 대한 감독과 더불어 절차법의 집행에 대한 감독을 포함한다. 형사법률의 실시에 대한 감독과 더불어, 민사법률 및 행정법률의 실시에 대한 감독을 포함한다. 형사소송활동의 감독과 더불어 민사소송활동과 행정소송활동에 대한 감독을 포함한다. 소송형식을 통한 감독과 더불어 비소송형식의 감독도 포함한다"[5]와 같다.

위와 같은 분석에서 알 수 있듯이 우리는 법률감독의 기본적인 의미를 좀 더 깊이 있게 이해하고 파악해서 법률감독과 인민대표대회의 감독, 기율검사, 행정감찰, 사회적 감독 등의 감독형식 사이의 경계를 명확하게 해야 한다. 하지만 "법률감독"의 의미를 정확하게 정의하는 것은 쉽지 않다. 중국 검찰이론연구의 선구자인 왕구이우는(王桂五)는, "법률감독은 법정기관이 법률의 준수와 집행상황에 대해 행하는 국가감독이다"라고 간단명료하게 정의하고 있다.[6] 이와 같은 정의는 법률감독을 "국가감독"에 속하는 "감독"이라는 것을 부각시켜 법률감독의 국가성, 전문성과 규범성을 부각시키고 감독의 범위도 "법률의 준수와 집행에 대한 상황"이라고 한정하여, 법률의 시행에 대한 감독이라는 것을 명확하게 하고 있다. 하지만 이와 같은 정의는 감독의 방식과 수단 나아가 그 범위가 명확하지 않다는 문제점이 있다.

장즈후이(张智辉) 연구원은 보다 명확하게 법률감독을 정의하고 있는데

5) 王桂五主編: ≪中華人民共和国検察制度研究≫, 中国検察出版社 2008年版, 第181頁。
6) 王桂五主編: ≪中華人民共和国検察制度研究≫, 中国検察出版社 2008年版, 第167頁。

그에 따르면, "법률감독이란 법률의 수권에 근거하여 법률이 규정한 수단을 통하여 법률시행의 상황에 대해 실시하는 법적 효력을 가진 감독이다"라고 하고 있다.[7] 이러한 정의는 법률감독의 근거, 수단, 범위 및 효력 등을 이해하는 데 도움을 준다.

한따웬(韓大元) 교수는, 현행 헌법상의 법률감독의 의미를 협의로 해석해야 한다고 하면서, 법률감독을 "검찰기관이 법률규정에 근거하여 법 집행과 사법활동의 적법성에 대해 행하는 감독이다"라고 정의하고 있다.[8] 이와 같은 정의는 법률감독의 범위를 법 집행과 사법활동으로 한정시켜 법률감독의 중점을 부각시키고는 있지만 범죄에 대한 감독과 일부 입법에 대한 감독을 배제시키고 있어 이론적으로 문제가 있다.

위와 같은 정의들은 모두 우리가 법률감독의 의미를 이해하는 데 어느 정도 도움을 주지만 모두 나름의 한계를 가지고 있다.

위의 견해들을 종합해서 법률감독을 정의하면 "법률감독이란 용어는 중국 헌법과 법률이 사용하고 있는 전문적인 용어로서 검찰기관이 법정권한과 절차에 근거하여 위법행위에 대해 검사, 감독하거나 또는 재제를 가하는 행위로서, 위법행위와 범죄를 예방하여 법제의 통일과 사법적 공정성을 유지하게 하는 전문성을 지닌 업무다"라고 할 수 있다. 그러나 검찰 관련 이론의 발전과 더불어 법률감독의 개념은 지속적으로 변화 발전되고 있다.

2. 검찰권의 법률감독적 성질과 사법적 성질

검찰권의 성질이란 검찰권이 다른 국가권력과 구별되는 속성이다. 검찰권의 성질에 관해 학계에는 사법권설, 준사법권설, 행정권설, 사법행정이중설, 법률감독권설 등이 주장되고 있다. 필자의 견해는 법률감독은 곧 검찰권

---

7) 张智辉: ≪检察权研究≫, 中国检察出版社 2008年版, 第71页。
8) 韩大元主编: ≪中国检察制度宪法基础研究≫, 中国检察出版社 2007年版, 第60页。

의 근본적 속성이며 사법은 검찰권에 내재된 속성이라고 생각한다.

1) 검찰권의 근본적 속성—법률감독

법률감독은 검찰권이 국가권력구조에서 차지하는 기본적인 지위이며 검찰권의 목적 및 기능과 다른 국가권력 사이의 관계를 반영한다. 먼저 검찰권이 국가권력구조 속에서 차지하는 지위를 보면 검찰권은 국가권력기관에 종속되며 행정권, 사법권 등과 병렬적인 독립된 국가권력이다. 삼권분립을 채택하는 국가에서 검찰권은 이와 같은 독립성을 가지지 못한다. 검찰권을 행정권으로 이해하는 국가에서는 보편적으로 검찰권을 일종의 특수한 행정권으로 보며, 검찰기관의 설치와 검찰권의 관리에 있어서 일반 행정기관 및 행정공무원과는 다른 특수한 대우를 하고 있다.

검찰권을 사법권으로 이해하는 국가에서는 검찰관을 행정공무원이 아닌 사법공무원으로 보고 사법규율을 통해 검찰업무를 관리한다. 검찰권을 사법권으로 보지 않고 일종의 준사법권으로 이해한다. 이러한 이론상의 문제는 삼권분립의 국한성에서 나온 결과이다. 이는 검찰권이 본질적으로 다소의 특수성을 가지고 있지만 삼권분립의 구조 아래에서는 이와 같은 독립성이 발휘되기 힘들기 때문이다. 중국에서는 인민대표대회제도 아래에 행정, 심판, 검찰 등의 국가기관을 설립하고, 민주집중제와 분담책임의 원칙에 따라 국가권력이 행사된다. 이를 통해서 국가권력을 삼권(입법, 행정, 사법) 안에서 분배할 수밖에 없는 폐단을 극복할 수 있고 검찰권을 국가권력 중의 독립된 권력으로 기능하게 할 수 있다. 중국의 국가권력구조에 있어서 헌법의 강성(剛性)규정에서 보든 아니면 권력행사의 현실 상황에서 보든 검찰권은 일종의 독립된 국가권력으로 존재하며, 국가권력기관에 예속되지만 행정권과 심판권과는 독립된 법률감독권이다.

그리고 내용상으로 검찰권은 본질적으로 법률의 시행을 감독하는 특징을 가지고 있다. 검찰권은 그 명칭에서도 드러나듯이 검찰기관이 법에 따라 향유하는 감독권력이다. 법률이 검찰기관에 부여한 권력은 주로 직무상 범죄에 대한 입안수사, 형사사건에 대한 기소, 형사소송과 민사재판 및 행정소송활동을 감독하는 권력이다.

이와 같은 권력을 여타 국가기관이 가진 권력과 비교하는 경우에 가장 근본적인 차이는 법률감독의 성질과 기능을 가졌다는 점이다. 검찰권의 가장 두드러진 특징은 국가권력의 행사를 통해 법 집행과 법률준수의 과정에서 발생하는 위법행위를 감독하고 관계기관이 법에 따라 시정할 것을 요구하고 재판기관으로 하여금 법에 따라 재결하거나 처벌할 것을 제청하는 것이다. 재판권의 수동적 성질과 비교해 볼 때 검찰권은 위법행위에 대해 능동적으로 기소할 수 있는 특징을 지닌다. 그리고 수사권의 단순한 수단적 성질과 비교할 때 검찰권은 기소라는 목적성을 가지고 있다. 이러한 특징으로 인하여 법치건설의 과정에서 다른 국가권력은 검찰권을 대신할 수 없으며 위법행위를 감독하고 헌법과 법률의 통일적이고 올바른 시행을 보장하는 작용을 한다. 이러한 검찰권의 고유한 기능은 법률감독이 검찰권의 본질적 속성이라는 것을 보여준다.

또한 검찰권의 목적이라는 측면에서 살펴보면 검찰권 행사의 목적은 법률의 통일적이고 올바른 시행을 보장하는 것이다. 헌법에서 검찰권을 행정권 및 재판권과 병렬적인 독립된 권력으로 한 것은 검찰기관으로 하여금 행정기관 및 재판기관과 행정권 및 사법권을 함께 행사하라는 의미가 아니라 검찰권을 통해 행정권과 재판권을 감독하고 제약하라는 것이다. 법률상 검찰권의 구체적 권능과 관련한 규정에 따르면 검찰기관의 국가기관 공무원의 직무상 범죄에 대한 입안수사와 재판기관의 재판활동 과정 및 재판결과에 대한 감독은 모두 행정권과 재판권을 감독하고 제약하는 중요한 방법이다.

위와 같은 세 가지 측면을 고려할 때 검찰권은 법률감독의 성질을 가진 권력으로 중국에서 검찰권의 본질은 바로 법률감독권이다.

2) 검찰권의 내재적 속성—사법성

중국의 검찰제도는 국가 정치제도의 구성부분이자 국가 사법제도의 구성부분이다. 검찰권은 법률감독의 성질을 가진 국가권력이며 동시에 사법적

성질을 가진 국가권력이다. 사법권의 하나로서 검찰권은 재판권과 공통점도
있지만 차이점도 있다.

첫째, 재판권이라는 수동적인 사법권과 비교하면 검찰권은 능동적인 사
법권이라고 할 수 있다. 검찰기관은 행정기관, 재판기관, 군사기관과 동등한
국가기관으로서 국가행정권, 재판권 및 군사권의 행사에 대하여 일정한 감
독 및 제약의 권한을 행사한다. 검찰기관은 각 기관의 활동에 대해서 각기
다른 방식과 방법의 법률감독을 하며, 이에 따라 다양한 감독 및 제약시스템
또는 절차를 채택하고 있다.9) 공통점으로는 모두 사법절차를 통한다는 점
과 대부분의 상황에서 검찰기관이 하는 법률감독의 결과에 대하여 재판기관
이 최종적으로 재결한다는 점이다.

둘째, 검찰기관은 법률감독을 주요 임무로 하고 재판기관은 사법재판을
주요 임무로 하는 등 두 기관의 사법권은 차이가 있다. 검찰기관의 법률감
독은 수사, 기소, 소송감독 등의 방식을 통하여 위법적 행위를 적발하고 법
률의 통일적이고 정확한 실시를 보장한다. 재판기관은 사건수리, 심리, 재판
을 포함한 사법재판의 방식을 통하여 공민, 법인과 기타 단체의 적법한 권리
를 보장한다.

셋째, 법률감독과 재판의 법적효과가 다르다. 법률감독의 법적효과는 크
게 두 가지로 강제성과 제약성이다. 강제성은 공민, 법인과 기타 사회단체의
범죄에 대해 수사 및 체포, 기소권을 행사할 수 있음을 의미한다. 제약성은
행정기관, 재판기관과 군사기관의 위법적 행위에 대해 기소, 항소 또는 위법
에 대한 시정의견과 검찰건의 등을 할 수 있는 권력을 의미한다. 그러나
강제성과 제약성에 관한 검찰권의 효력은 기본적으로 절차적인 것이며 실체

---

9) 예를 들면, 검찰기관의 일반 행정권(소송과 관련 없는 행정권)에 대한 감독은 현재
행정공무원의 직무상 범죄에 대한 수사와 기소로 제한되어 있다. 군사권에 대한 감독
은 군사검찰기관의 직무범죄에 대한 수사와 기소에 한정되어 있다. 군사권은 특수성이
있기 때문에 군사권의 검찰감독문제는 현재 법률과 이론에서 비교적 민감한 사안이며
앞으로 좀 더 많은 논의가 필요하다. 그리고 현행 헌법과 법률은 검찰기관의 일반 행정
권과 군사권에 대한 제약과 관련된 권한을 규정하고 있지 않은데 이 또한 연구 과제로
남는다.

적이고 종국적인 성질을 가진 것은 아니다. 이와는 달리 재판의 법적효력은 절차뿐만 아니라 일반적으로 실체성과 종국성을 가진다. 비록 지방 각급 인민법원이 심판권을 행사할 때 당사자, 변호사, 검찰기관, 국가권력기관의 감독과 제약 및 재판체제에 대한 심급 감독이 있지만 구체적 사건의 처리에 관해서는 재판기관이 최종적인 재판권을 행사한다.

넷째, 검찰권은 재판권이라는 핵심적인 사법권과 비교하면 일종의 협조성, 보조성, 보장성의 사법권으로서 검찰기능과 재판기능의 상호결합을 통해 국가 사법기능을 공동으로 실현한다.

검찰권과 재판권은 서로 협력하지만 동시에 서로를 제약하기도 한다. 먼저 검찰기능과 재판기능은 서로 협력하여 범죄를 소탕하고 분쟁을 해결하는 등 범죄자의 처벌하고, 적법한 권익을 수호하는 사법적 구제와 공평하고 정의로운 사회의 형성을 가능케 하는 사법적 보장체계이다. 또한 재판기관은 심판과정에서 주도적이고 결정적인 작용을 하고, 검찰기관은 기소의 심사절차에 있어서 주도적인 작용을 하는 이외에도 소송의 기타 절차에서 감독자의 역할을 하는데, 감독권은 그 자체로서 일종의 협조성, 보조성 및 보장성의 권력이다.

검찰기능과 재판기능은 상호결합하여 행정권 행사에 대한 사법적 감독체계를 형성한다. 현재 검찰기관의 행정기관에 대한 감독 또는 제약은 주로 행정공무원의 직무상 범죄에 대한 수사와 기소 그리고 형사소송에 참여하고 있는 행정기관의 법 집행 행위에 대한 감독과 제약에 그치고, 아직 행정기관의 위법행위에 대하여 행정공소를 제기할 수 있는 제도는 없다. 심판기관의 행정기관에 대한 감독과 제약은 주로 공민, 법인과 기타 단체가 제기한 행정소송을 수리하고 검찰기관이 직무상 범죄에 대해 제기하는 형사공소이다. 만약 검찰기관이 행정소송과 형사공소의 두 가지 권력을 가진다면 이에 상응하는 재판권과 결합하여 행정기관의 위법행위와 행정공무원의 직무상 범죄에 대한 효율적인 사법감독을 진행할 수 있다. 검찰기관과 재판기관이 분담책임, 상호협력, 상호제약을 통하여 국가의 사법기능을 공동으로 행사하는 것은 사법기능의 혼란을 방지하고 상호제약을 통해 사법에서 존재하는 문제를 발견하고 해결하는 데 도움이 되고 사법의 공정성을 보장할 수 있으며 복잡한 사회적 문제를 처리할 수 있게 된다.

검찰기관과 검찰권의 법률감독적 성질과 사법적 성질은 통일적이다. 법률감독적 성질은 검찰기관과 검찰권의 국가기구와 국가권력구조 내에서의 독립적 지위와 기본적 기능을 결정한다. 사법적 성질은 검찰기관과 검찰권의 활동 범위와 활동 방식을 결정한다. 다양한 영역에서 검찰기관과 검찰권의 특징을 규정하고 있다.

3. 법률감독의 역할과 작용

국가의 법제통일을 수호하는 것은 검찰기관의 근본적인 임무이다. 전문적인 국가기능인 법률감독기능은 법률의 통일적이고 올바른 시행을 보장하고 법제통일과 사법의 공정성을 수호하는 것이다. 법률감독의 구체적 기능과 그 실현 방식은 다양한데 크게 세 가지 측면으로 요약될 수 있다. 첫째는 국가안전, 경제안전, 사회 안정을 수호하는 것이다. 검찰기관은 공소 등의 역할수행을 통해 범죄자에 대한 형사책임을 추궁하여 사회의 안녕과 질서를 수호한다. 둘째, 국가권력의 올바른 행사를 보장한다. 검찰기관은 직무상 범죄의 수사와 공소 등을 통하여 국가기관과 공무원의 법률준수 상황을 감독하고 횡령과 뇌물수뢰, 직권남용 등의 범죄행위를 조사하여 그 죄를 추궁한다. 그리고 이를 통하여 국가기관과 공무원이 법률의 범위 내에서 공무를 수행하게 한다. 셋째, 법제의 통일과 사법의 공정성을 수호하고 사회정의의 실현을 보장한다. 검찰기관은 공소, 직무상 범죄의 수사와 소송감독 등의 기능을 통하여 범죄를 수사하고 기소하여 소송에서 위법적 상황이 개선될 수 있도록 하며 공민과 법인의 적법한 권익을 지키고 부패성 범죄를 척결하며 사법의 불공정을 시정한다.

검찰기관의 법률감독작용은 일정한 한계가 있다. 검찰기관의 법률감독의 범위는 법률이 규정한다. 따라서 그 범위를 넘어서는 위법적 현상에 대하여 감독할 수 없다. 동시에 법률감독은 규범성의 특징이 있기 때문에 법률이 규정한 감독절차와 수단이 완비되어 있지 않을 경우 법률감독의 효력에 영향을 미치고 법률감독의 기능을 제약한다. 또한 검찰기관의 소송활동에 대한 법률감독은 기본적으로 일종의 건의 또는 절차권의 개시에 해당한다. 소송 중의 위법적인 상황에 대하여 감독하고 시정의견을 내기 위해서는 오직 상응하는 법적 절차를 개시해서 관련기관으로 하여금 위법을 시정하게 건의하는 것이지만 종국적 또는 실체적인 효력은 없다. 즉, 소송 중의 위법적 상황에 대한 시정여부는 최종적으로 관련기관이 결정한다. 특히 일반 인민 대중의 많은 반발을 사는 사법 불공정의 문제를 해결하기 위해서는 검찰기관이 법에 근거하여 감독직무를 이행해야 할 뿐만 아니라 관련기관이 적극적으로 감독을 받고 스스로 위법적 현상을 시정하려는 노력이 뒷받침되어야 한다.

첫째, 검찰기관의 법률감독적 작용은 한계가 있다. 감독능력의 제한을 받을 뿐만 아니라 기타 조건의 제한도 받는다. 또한 법치원칙에 따라 어떠한 공권력도 법적절차와 기타 권한상의 제한을 받아야 하는 바, 이는 사회주의 법치에서 나타나는 법률감독제도의 중요한 특징이다. 따라서 우리는 전면적이고 객관적으로 법률감독 작용을 인식해야 되고 그 중요성으로 말미암아 그 기능을 지나치게 확대하거나 감독 및 제약 또는 법률의 구속을 받지 않는 절대적인 권력으로 보아서는 안 된다. 동시에 이러한 국한성으로 인해 그 기능을 폄하하거나 법치의 추진과 수호에 대한 중요한 의의를 망각해서도 안 된다. 사회주의 감독체계에 있어서 각종 감독은 비록 대상의 범위와 방식에서 차이가 있지만, 서로 촉진하고 보완해서 유기적이고 통일적인 전체가 되도록 해야 한다. 검찰기관의 법률감독 기능은 기타 방식의 감독으로 대체될 수 없으며 동시에 기타 감독의 작용을 대신할 수도 없다. 각종 형식의 감독이 그 기능을 충분히 발휘해야 법률의 통일적이고 올바른 시행을 보장할 수 있다.

검찰기관의 법률감독기능은 강화되어야 하지만 이와 동시에 효율적인 감독과 제약도 받아야 한다. 국가의 법치발전 또는 법률시행의 전체적인 상황에서 보면, 법률감독의 기능을 충분히 발휘하지 못하고 있으며 감독 또한 아직 충분히 이루어지고 있지 않다. 따라서 법률감독기능과 공신력을 강화하고 관련 법률을 개선해 나가야 한다. 검찰기관의 법 집행 및 사건처리의 수준을 보면 아직 법률감독기능을 충분히 발휘하고 있지 못하며 권력의 남용과 부패의 문제가 여전히 존재하기 때문에 반드시 내부와 외부적 감독을 강화시켜 나가야 한다. 검찰기관 내부의 감독과 제약은 매우 중요한 문제이며 반드시 내부적 시스템의 개혁조치를 통해서 더욱 강화되어야 한다. 외부의 감독 또한 경시되어서는 아니 되며 검찰사무의 특징에 맞게 개선되고 강화되어야 한다.

둘째, 인민대표대회와 그 상무위원회의 감독으로는 업무보고에 대한 심의, 인사임면, 질의, 특정한 문제의 조사와 결정, 인민대표대회 대표의 체포에 대한 허가 등이 있다.

셋째, 인민정치협상회의 민주감독, 여론감독 및 인민군중감독이다.

넷째, 공안기관(경찰기관), 인민법원과 변호사의 절차상의 제약이다. 법률감독적 특징의 측면에서 보면 이는 절차적 감독에 속한다. 즉 주로 법에 따른 절차의 개시 또는 절차적 결정을 통해 감독기능을 발휘하고 일반적으로 실체적 처분 또는 사법재결과 같은 효력을 가지지는 않으며, 반드시 권력기관과 사법기관의 재결을 통해야 한다. 이러한 재결은 그 자체가 법률감독권에 대한 감독과 제약으로 기능한다. 국가감독체계에서 보면 법률감독은 국가감독체계의 구성부분에 속하며, 감독기능을 가진 기관 사이에 일정한 감독 및 제약 관계를 형성하며 이로 인하여 법률감독은 그 차제가 다양한 감독과 제약을 받게 된다. 비록 현행 법률과 제도에서 검찰사무는 다방면에 걸쳐 감독과 제약을 받지만 그 효과는 그다지 만족스럽지 못하다. 문제의 핵심은 관련 제도의 설계가 과학적이지 못하고 효율적으로 집행되지 않고 있다는 것이다. 그래서 우리는 법률감독을 강화함과 동시에 검찰권 운영에 있어서 제약의 중요성을 충분히 인식하여야 한다. 검찰기관은 다양한 방식의 감독을 받아야 하고 그러한 제약을 업무개선의 동력과 계기로 삼아야 한다. 나아가 능동적으로 외부감독의 방식과 방법을 고안하고 제도적으로

제약기제가 효과를 발휘될 수 있도록 해야 한다. 그렇지 않으면 법률감독의
기능이 전면적으로 실현되기 어렵다.

제2장

중국 검찰제도의 역사와 발전

검찰제도는 현대 사법제도의 중요한 구성부분이다. 경찰제도 및 법원제도와 비교하면 검찰제도의 발생은 비교적 늦은 편이지만, 검찰제도는 이들 제도가 대체할 수 없는 기능을 수행하고 있다. 세계 각국의 검찰제도의 형성과 발전의 모습은 각기 양상이 다르지만 공통적인 법치이념과 발전적 요구를 내포하고 있는 바, 이는 현대 검찰제도의 발전에 공통되는 역사적 기반이다. 중국 정치제도와 사법제도의 유기적 구성부분으로서 검찰제도는 중국의 경제, 정치, 사회 및 문화의 발전요구에 부합하며 법률문화의 특징을 반영하고 현대 검찰제도의 발전 규율을 구현하는 독특한 제도적 모델이다. 중국 검찰제도의 역사적 발전과정과 특징을 파악하는 것은 중국 검찰제도의 역사적 필연성과 현실적 합리성을 인식하는 데 매우 중요한 의의를 가진다.

I. 중국 검찰제도의 역사

중국 검찰제도의 역사적 연원은 다양하다. 중국 고대의 어사제도, 대륙법계와 영미법계 국가의 검찰제도 및 구소련의 검찰제도는 문화적 요소로서 중국 검찰제도의 형성과 발전에 영향을 주었다.

1. 어사제도와 중국의 검찰제도

근대 이전 중국에는 현대적 의미의 검찰제도가 존재하지 않았다. 주(周)나라에서 청(淸)나라까지 매우 독특한 정치제도가 존재했는데 그것이 바로 어사제도이다. 어사제도는 모든 관리를 감시 감독하고, 권력을 견제하고 감독하는 등의 역할을 수행하는 등 현대 중국의 검찰제도와 일정한 문화적 전승관계를 가진다. 어사제도를 단순하게 현대 중국 검찰제도의 연원으로 간주할 수는 없지만 그들 상호간의 문화적 연관성을 주의해서 살펴야 한다. 따라서 어사제도를 소개하는 것은 이러한 연관성을 고려한 것이다.

어사제도는 고대의 언관(言官)과 감찰관(監察官) 제도에서 기원한 것이다. 사서(史書)에 의하면 중국은 요순(堯舜)시기에 이미 언관과 감찰관의 직무가 있었다. 그러나 정치 초창기에는 사무가 간단하며 군주가 매사에 직접 나서기 때문에 신하의 간언(諫言)이 더욱 많이 필요하며 감찰관의 필요성은 그다지 크지 않았다. 그 때문에 언관은 감찰관보다 더 일찍 설치되었는데 "언관은 요순시대부터 시작되었고 감찰관은 서주(西周)시대부터 시작되었다"고 한다.[10] 언관과 감찰관 제도는 중국 고대의 어사제도와 밀접한 관계를 갖고 있다. "어사"라는 명칭은 주례(周礼)에서 최초로 사용하였는데

---

10) 参见 監察院監察制度編纂处编: ≪監察制度史要≫, 南京汉文正楷印书局 1935年版, 第3页。

주로 역사적 기록을 담당하는 언관이었다.[11] 춘추전국(春秋戰國)시기에도 "어사가 일을 기록하다"라는 기록이 있었다.[12] 어사라는 명칭은 주나라 관제에 있어 기록과 법령 배포를 담당하였으며 현재의 직무와는 다르다. 진한 시대 이후 어사는 감찰관의 직책을 맡게 되었는데 그 당시 급사중(給事中)과 어사 두 관직을 설치하여 각각 직간(直諫)과 감찰 직책을 맡게 하였다. 어사 조직은 중앙과 지방으로 나누며 각각 중앙과 지방의 관리에 대한 감찰을 행하였다. 진나라 이후에 어사대부(御史大夫) 또는 중승(中丞)은 삼공(三公, 삼공구경의 삼공)의 항열에 속하며 중앙 정권의 중요한 구성부분으로 되었다. 진나라 때 어사대부는 국가에 대한 감독을 행하였으며 그 아래에 어사중승(御史中丞)을 설치하여 조정 내에서 위법한 관리를 감찰하고 검거하는 직책을 도맡았다.

어사대부는 중앙기구뿐만 아니라 지방의 36개 군을 감찰하는 감어사(監御史)를 관리하고 있다. 감어사의 직책은 여러 군을 감독 관리하고 지방의 위법 사건을 감찰하는 것이다. 서한(西漢) 말기부터 어사대가 설립되었으며, 어사중승이 최고장관을 맡아 전문적인 감찰기관을 형성하였다. 단 관리 체제상으로는 소부(少府: 삼공구경의 구경 중의 하나 임)에 예속되었다. 위·진·남북조(魏晉南北朝) 시기에 어사대는 황제가 직접 관리하고 어느 부서에도 속하지 않아 그 지위가 전에 없이 높았으며 "천자의 귀와 눈"이라 일컬어졌다. 어사중승은 "감찰하지 않는 것이 없다"고 할 수 있으며, "모든 관리가 공경하고 두려워하는" 권위를 갖고 있었다.

당나라 시기에 어사제도는 한층 더 발전하여 1대3원제(一台三院制)를 실행하였다. 즉 중앙에 어사대를 설치하고 어사대부가 최고장관을 맡아 형법과 법령를 관리하여 모든 관리의 죄악을 다스렸다. 그 아래에는 3원 즉 대원(台院), 전원(殿院) 및 찰원(察院)을 설치하였는데, 대원은 백관을 탄핵하고 감옥과 소송을 책임지고, 전원은 조정의 예의를 감찰하고 조정과 궁전의 제

---

11) 参见 ≪周礼·春官≫: "御史掌邦国都鄙及万民之治令以赞冢宰。"
12) 参见 ≪史记·廉颇蔺相如列传≫。

사 의식 등을 관리하며, 찰원은 각 주와 현의 지방 관리에 대한 감찰을 담당하였다.

송나라는 당나라의 제도를 거의 답습하였다. 원나라 시기에는 어사대의 지위가 더 높아져 중서성(中书省), 추밀원(枢密院)과 병렬적인 3대 기관의 하나로 발전하였다. 지방에서는 전 중국을 22개 도(道)의 감찰지역으로 구분하여 각 도에 숙정염방사사(肃政廉访史司)를 설치하였으며, 별도로 2개 행어사대(行御史台)를 설치하여 중앙 어사대의 파출기관으로서 각 도의 숙정염방사사에 대한 관리를 강화하여 중앙에서 지방까지의 통일된 봉건적 감찰체제를 구축하였다.

명·청시기에 어사대는 도찰원(都察院)으로 개명하였으며 감찰체제 또한 더욱 개선되었다. 청나라 옹정(雍正)황제 때 도찰원은 초기에는 황제의 명령과 신하가 황제에게 올리는 문서의 잘못을 반박하는 직책을 맡았는데 후에는 정치적 명령의 득실을 판단하는 급사중 제도를 도찰원에 도입하여 역사적으로 과도제도(科道制度)라 불리는 감찰제도를 형성하였다. 이로써 어사가 한층 더 집중적으로 국가에 대한 감찰권을 행사하게 되었다.

어사의 감독권은 입법, 행정 및 사법에 참여 또는 이들 권력을 제약할 수 있는 복합적인 권력으로서 일종의 실체적 결정권이 없는 절차적인 권력이라고 할 수 있다. 이는 과거 유럽과 미국 등의 국가에서는 존재하지 않았던 특수한 제도로 중국 오천 년의 역사에서 발전되고 변화되었다. 과거 이천 년 동안의 군주제 시절에서, 당시의 중국인들은 상당한 정도의 자유를 누릴 수 있었는데 이는 전문적인 감독제도가 권력을 통제한 것에서 기인한다. 즉 정치적으로 혼란하거나 관리가 부패했을 경우 어사가 나서서 이를 처리했다. 따라서 과거 어떤 미국학자는 중국의 어사권을 "중국의 탄핵권은 자유와 정부 간의 일종의 선량한 조화방법"이라고 평가하였다. 손중산(孫中山)도 과거 이와 같은 말을 인용하여 감찰권의 독립적 설치를 주장하였고 이를 통하여 오권분립 헌법을 만들었다.[13] 따라서 정치전통과 정치사상에

---

13) 参见 监察院监察制度编纂处编: ≪监察制度史要≫, 南京汉文正楷印书局 1935年版,

있어서 중국에는 삼권분립의 문화적 배경이 존재하지 않았고 오히려 집중적
이고 통일적인 탄핵권을 통하여 권력의 감독 및 제약 문제를 해결했다.

중국 검찰제도는 국가 법률의 통일적이고 올바른 시행을 수호하고 법률
감독을 실현하는 면에서 어사제도와 밀접한 문화적 관계가 있다. 어사조직
의 직권은 주로 법률감독과 법령의 시행 및 조정의 기강을 어지럽힌 관료에
대한 탄핵인데 실제로는 고발과 기소라고 할 수 있다. 또한 중앙사법기관의
중대 사건에 대한 심판활동에 참여하거나 이를 감독했으며, 전국적인 범위
또는 특정 지역에서 지방의 사법상황에 대한 감독과 조사를 하였다.14) 여기
에는 일반감독권, 범죄소추권 및 감독심판권 등의 권한이 포함되었다. 일부
견해에 따르면 중국의 어사제도는 국가를 대표해서 범죄를 소추하고 사법감
독 또는 법률감독을 실행하는 현대 검찰제도의 기준에 기본적으로 부합하
며, 이로 인하여 고대의 어사제도는 법률감독을 기본직능으로 하는 검찰제
도를 충분히 구현하고 있다고 평가하고 있다.15)

따라서 오늘날 중국 검찰제도의 특수한 구조, 법적 지위, 직능설치 등은
모두 과거 중국의 어사제도에서 그 오랜 문화적 전통을 찾을 수 있는데 현
대 검찰제도와 어사제도는 모두 중앙을 대표하여 법률감독을 통일적으로 실
시하고, 권한을 독립적으로 행사하고, 심판권을 감독하며, 공무원을 감찰하
는 등의 권한을 독립적으로 행사한다는 점에서 공통적이다. 당연히 어사제
도는 행정감찰과 사법탄핵을 분리하지 않고 고발 또는 고소와 심판을 구분
하지 않는다는 한계가 있고 이로 인하여 현대 검찰제도와는 중요한 차이가
있다. 그러나 어사제도의 문화적 전통은 중국에서 검찰제도를 수립하고 검
찰제도의 모델을 선정하는 데 있어서 매우 중요한 역할을 하였다. 중국 검
찰기관의 법적 성질은 법률의 감독기관인 바 이는 어사제도의 전통과 문화
적 관련성을 가지고 있다.

第57页。

14) 参见 陈光中, 沈国锋: ≪中国古代司法制度≫, 群众出版社 1984年版, 第 30页。

15) 参见 王桂五主编: ≪中华人民共和国检察制度研究≫, 法律出版社 1991年版, 第25—
36页。

2. 서구의 검찰제도와 중국의 검찰제도

검찰제도라는 용어는 외래어이다. 감독의 내용면에서 보면, 중국 고대에도 감독적 성질을 가진 국가기관이 존재하였다. 그러나 현대 정치제도의 구성 요소로서 국가기관 가운데 심판권한에 대응하는 것으로 범죄소추권을 기본으로 한 다는 점에서 볼 때 현대 검찰제도는 서방제도의 산물이라고 할 수 있다. 하지만 중국 검찰제도는 어사제도와 서방 검찰제도를 결합한 것이며 그 진화의 결과물이다. 앞에서 말한 바와 같이 어사제도는 권력에 대한 감독제약이라는 점에서 중국 검찰제도의 건립과 발전에 문화적 전통으로서 역할을 했다. 특정한 역사적 조건 아래 서방의 검찰제도는 근대 중국 검찰제도의 수립에 직접적인 참고가 되었다. 서방 검찰제도의 형성과 발전과정을 고찰하는 것은 현대 검찰제도의 내재적 발전규율과 법치기능을 이해하고 파악하는 데 도움을 준다. 또한 현대 서방의 검찰제도가 비록 자산계급혁명의 산물이지만 특정한 문화적 전통과 역사발전을 거친 것이라는 것을 알게 해준다.

1) 대륙법계 국가의 검찰제도와 중국 검찰제도의 관계

대륙법계 국가의 검찰제도는 프랑스에서 시작되었다. 서기 5세기 게르만이 로마제국을 침입하여 여러 왕국을 건립했다. 이때부터 게르만법과 로마법이 융합되기 시작하였다. 게르만법의 전통은 탄핵주의 소송제도를 실시했고 불고불리원칙과 피해자 기소주의를 채택하였다. 따라서 고소의 자격은 피해자에 한정되었다. 만약 피해자가 사망했을 경우 그 가족만이 고소를 할 수 있었다. 9세기 이후 당시 가장 강대한 제국이 3개의 왕국으로 분열되었는데, 그중 프랑크왕국이 오늘날의 프랑스이다. 프랑스는 게르만법의 전통을 계승함과 동시에 로마법과 교회법을 계수(繼受)하였다. 프랑크왕국의 초기 봉건영주의 할거현상은 매우 심각하였고 심판권은 통일되어 있지 않았다. 탄핵주의 소송제도 아래에서는 국왕과 영주만이 대리인으로 하여금 법정에 나가 소송을 하게 할 수 있었다. 당시 모든 장원에 집사를 두었는데,

집사는 영주의 대리인으로서 지세를 징수하고, 장원의 법정에서 영주를 대리할 수 있었다. 또한 몇 개의 장원에는 총관(總管)을 두어 심판을 주재하게 하였다. 국왕은 대리인으로 하여금 소송에 참여하게 하였는데, 이는 한편으로 국왕의 권익 특히 경제적 권익을 대리하게 하였고, 다른 한편으로 법원의 벌금과 재산몰수 등의 형사사건에 대한 심판을 감독하는 것이었다. 이것은 당시 벌금과 몰수가 국왕의 중요한 수입원이었기 때문이다. 국왕의 대리인은 국왕의 권익을 위한 대표자 및 수호자이면서 당시로는 국가이익의 대표자 또는 수호자라고 할 수 있다.

12세기 이후 프랑스의 왕권은 점차 강화되고 왕실의 영토도 지속적으로 확장되었다. 게르만법은 점차 로마법을 대신하였고 법률은 통일되어갔다. 13세기 루이 9세(Louis IX)는 사법개혁을 실행하였다. 대영주의 사법권을 국왕법원의 관할 아래에 두었으며 교회법원과 도시법원의 심판권 또한 일정한 제한을 받게 되었다. 국왕법원은 모든 영주법원의 상소를 수리하였고 중대 사건과 정치적 사건은 오직 왕실법원만이 심리할 수 있었으며 중앙에는 최고심판기관을 설립하였다. 이를 통해 국가의 사법권이 통일되어 갔다. 사법권이 국왕에게 집중됨과 동시에 불고불리의 탄핵주의와 피해자의 소제기로 시작되는 소송방식이 국가가 주도적으로 범죄를 기소하는 방식으로 변화되었다. 교회법정은 9세기부터 적극적이며 능동적인 범죄기소의 방식을 채택하였으며 12세기에 이르러 법관의 규문제도가 전면적으로 확립되었다. 법관은 범죄용의자를 소환하거나 체포할 수 있을 뿐만 아니라 증인을 소환하여 심문하고 죄를 선고하고 형을 확정지었다. 법관은 기소자이면서 심판자라는 이중적 신분을 가지게 되었다. 규문절차가 개시되기 위해서는 특정한 사건이 사회에서 문제시되는 등 외부적인 상황이 필요했다. 이로 인해 교회법정에서는 고발관이라는 직책이 생겨나게 되었다. 고발관의 주요 직책은 교회법정에 범죄를 알려 교회법정이 범죄를 조사하고 그 죄를 추궁하도록 하는 것인데, 이는 현대 검찰관의 주요 권한 중 하나에 해당한다.

13세기 및 14세기 프랑스 탄핵주의의 소송방식은 직권심문을 특징으로 하는 규문제도로 전환하였다. 장원의 집사 또는 국왕대리인이 영주 또는 국왕을 대리하여 재산관련 범죄를 기소하는 제도가 나중에 고발제도로 발전하였다. 14세기 교회법정의 고발관과 유사한 역할을 하는 직책이 보통법정에도 나타났는데, 즉 국왕대리인이 공소관을 담당하였다. 1302년 필리프 4세(Philippe IV)는 칙령을 공포하여 국왕대리인은 총관 및 지방 관리와 동일하게 선서를 하고 국왕의 명의로 국왕의 이익과 관계된 일체의 민 형사소송에 참여할 수 있도록 했다. 국왕의 수입원천인 벌금과 재산몰수에 관계된 모든 소송은 개인이 제소하는 방식을 허용하지 않고 국왕대리인인 국왕대리관이 제기하도록 하였다. 이때에 이르러 장원관리에서 국왕대리인의 제소는 일종의 국가적인 성질을 가지게 되었다. 즉 필리프 4세부터 국왕의 이익은 재산적 이익에서부터 치안이익까지 확장되기 시작했다. 왕권이 신장됨에 따라 국왕대리인의 역할도 고소·고발 및 사회 안녕에 해로운 모든 범죄행위의 소추까지 확대되었다.16) 따라서 필리프 4세 당시의 국왕대리인은 현대적 의미로 검찰관의 초기 형태로 이해된다. 15세기 프랑스 국왕대리인의 직권범위는 소추권에서부터 판결의 집행과 재판관에 대한 감독까지 확장되었다.

1498년 루이 12세가 규문주의 소송제도를 확립할 당시 국왕대리인의 권한은 고소, 고발, 범죄자에 대한 소추, 민중의 고소 고발사건 수리, 범죄의 수사, 법원에 범죄자의 처벌 청구, 형벌의 집행 및 공익의 대표자 자격으로서 민사법정 참석 및 사법행정사무감독 등을 포함하였다. 아울러 법원에 해당 사무처리 관청을 부설하여 검찰기관의 전신이 되었다.17) 1670년 루이 14세는 형사 법률에 관한 칙령을 통해 최고심판기관에 총검찰관을 두었다. 각급 심판기관에는 일정 수의 검찰관과 보조검찰관을 두고 형사사건에 대한 수사와 기소를 담당하게 하여 프랑스 검찰제도는 더욱 내실 있게 확립되었다. 프랑스혁명 이후에는 전제군주제도하에 형성된 검찰관제도를 계승하였다. 1790년 8월 14일부터 동월 16일까지 개최된 국민회의는 법령의 제정을

---

16) 参见 黃东熊: ≪中外检察制度之比较≫, 台湾文物供应社 1986年版, 第6页。
17) 参见 由嵘: ≪外国法制史≫, 北京大学出版社 1987年版, 第101页。

통하여, "검찰관은 행정부가 각급 법원에 파견한 대리인이다"라고 규정하였다.[18] 검찰관은 처음에는 민족국가의 통일과정에서 중앙왕권의 봉건적 사법권의 전횡에 대응하기 위한 산물이었다. 그 후 삼권분립의 원칙하에서 자산계급 내부의 권력 억제와 균형을 조정하는 도구가 되었다. 1808년 프랑스 형사소송법은 검찰관의 형사소송상 지위와 직권을 전면적으로 규정하였고, 공소활동의 기본원칙과 절차를 규정하였다. 이것은 프랑스 검찰제도의 정식적인 확립을 의미한다.

1808년부터 1810년 사이에 프랑스는 검찰제도를 부단히 개혁하고 조정하여 현대적 검찰제도의 기본 골격을 확립하였다. 즉, 검찰관은 사법부장관의 명령에 복종하고 검찰기관은 재판기관과 지위가 대등한 사법행정기관이 된다. 형사소송에서 사법경찰관을 지휘하여 범죄를 수사할 권한, 공소제기와 유지, 예심법관의 감독, 재판의 집행, 공익과 관련된 모든 민사소송의 법정 출석과 의견의 발표, 재판의 감독 및 사법행정상 경찰과 변호사를 감독할 권한 등을 보유한다.[19] 이후 프랑스 검찰제도의 기본구조는 큰 변화가 없었다. 프랑스의 검찰제도와 프랑스형사소송법전은 나폴레옹(Napoleon)의 무력정벌을 통하여 유럽 각국에 전파되었고 다른 국가에도 매우 중요한 영향을 미쳤다.

독일은 형사소송제도 개혁시기인 19세기 초와 중엽에 프랑스의 형사소송제도를 도입하고 기존의 규문주의적인 소송을 폐지하고 새로운 검찰제도를 만들었다. 독일은 검찰제도의 건립과정에서 검찰관의 지위와 권한에 일정한 제한을 두었는데, 형사소송에 있어서 검찰관의 지위를 원고로만 한정하고 검찰관은 오직 기소권한과 재판집행권을 가지며 법원에 대한 감독권은 인정하지 않았다. 또한 검찰관이 객관성을 가질 수 있도록, 프랑스에서 원래 행정관의 성질을 가졌던 검찰관을 비심판관인 사법관으로 분류하고 행정기관이 아닌 법원에 두었다. 그 결과 독일의 검찰관은 프랑스 검찰관의 법원심

---

18) 参见 王桂五主编: 《中华人民共和国检察制度研究》, 法律出版社 1991年版, 第5页。
19) 参见 黄东熊: 《中外检察制度之比较》, 台湾文物供应社 1986年版, 第10页。

판에 대한 감독권과 민사소송의 참여권 및 예심판사를 통제 할 수 있는 권한을 가지지 못했다. 검찰관은 주로 재판권을 제약하는 존재로서 공소와 심판의 분리를 통해 재판의 객관성과 공정성을 확보하였으며, 검찰관의 경찰에 대한 통제를 통해 인권을 보장하였는데, 이러한 독일의 검찰제도는 법치국가를 실현하고 수호하는 데 큰 역할을 하였다.

일본은 메이지유신 직후 프랑스의 검찰제도를 참고하여 1872년 검찰제도를 수립하였고, 1890년 독일의 경험을 참고하여 검찰제도를 더욱 발전시켜 나갔다.[20] 제2차 세계대전 이후 일본의 정치체제는 미국의 삼권분립 모델을 바탕으로 근본적인 변화를 겪었는데, 검찰제도는 대륙법계의 방식을 기초로 독립적인 검찰청을 세우는 등 많이 변화되었다.

핀란드, 이탈리아, 러시아와 프랑스의 식민지였던 몇몇 국가의 검찰제도의 설립에서도 프랑스의 영향을 크게 받아 대부분 비슷한 검찰제도를 두고 있다.[21]

법적 전통에 있어서, 대륙법계와 중화법계 나아가 사회주의 법계는 많은 공통점을 가지고 있다. 청 말에서 민국정부시기, 나아가 신 중국의 건립까지 대륙법계의 국가제도와 검찰이념은 중국 검찰제도의 발생과 발전에 많은 영향을 주었고, 중국의 검찰제도는 많은 면에서 대륙법계 검찰제도와 공통점을 가지고 있다. 대륙법계 검찰제도의 중국 검찰제도에 대한 영향은 주로 다음과 같다.

먼저 대륙법계 검찰제도는 근대 중국 검찰제도의 확립에 직접적인 제도 및 이념적 근원이 되었다. 1905년 청 정부는 예비입헌(豫備立憲)을 선언한 후 5명의 대신을 유럽, 미국, 일본 등에 파견하여 서방의 정치제도를 고찰하도록 하였고, 1906년부터 일련의 조치를 통해 법과 제도를 정비해 나가기 시작했다. 이 과정에서 서방 군주입헌제 아래의 삼권분립 원칙을 모방해서 황권의 제약 아래 행정, 입법, 사법의 권력분립체제를 만들었고, 정식으로

---

20) 参见 黄东熊: ≪中外检察制度之比较≫, 台湾文物供应社 1986年版, 第13页。
21) 参见 王桂五主编: ≪中华人民共和国检察制度研究≫, 法律出版社 1991年版, 第7页。

"검찰"이라는 용어가 사용되었으며 근대적인 형식의 검찰제도가 만들어지게 되었다.

1906년 공포된 대리원심판편제법(大理院審判編制法) 및 1907년 공포된 고등이하각급심판청시판장정(高等以下各級審判厅試辦章程) 등의 법률문건을 통하여, 당시 전체 검찰기관의 설치와 권한에 관한 내용 및 검찰청과 심판기관이 모두 법부의 조직구조에 예속하는 등, 모든 제도가 일본의 사법과 검찰제도의 영향을 크게 받은 것임을 알 수 있다. 이는 당시 법제 정비를 책임지고 있던 선지아번(沈家本), 우팅팡(伍廷芳) 등이 중국과 일본의 국가 상황이 비슷해서 참고하기 편하고 또한 법제정비의 과정에 있어서 초청한 외국의 법률 고문들도 주로 일본인이 중심이 되었기 때문이다. 그래서 근대 중국의 검찰제도는 일본과 매우 비슷한데 당시 일본의 검찰제도는 대륙법계의 영향을 받았으므로 중국의 검찰제도 또한 대륙법계의 영향을 받았다고 할 수 있다. 비록 청 말기의 사법제도는 법전의 형태로만 존재했고 실제로 널리 보급에는 이르지 않았지만 현대 서방의 법률제도와 원칙을 도입했기 때문에 이후 중국의 검찰제도 확립과 발전에 제도 및 이념적 기초를 제공하였다.

일반적으로 대륙법계의 검찰제도가 확립된 목적은 크게 세 가지로 이해된다. 첫째, 당시 소송상의 규문제도를 폐지하고 소송상의 심검분리원칙을 확립하여 법관의 자의를 방지하고자 하였다. 둘째, 법률의 엄격한 구속을 받는 공정하고 객관적인 검찰기관은 경찰활동의 적법성을 보장하고 경찰국가의 공포에서 벗어나게 해 준다. 셋째, 법률의 준수를 통해 인권보장의 정신을 모든 형사소송절차에 관철시킬 수 있다.[22] 이러한 기본 목적은 대륙법계 국가가 검찰제도를 확립하는 과정에서 가장 중요하게 생각한 요소이며 대륙법계 국가검찰제도가 발전하게 된 근본적인 동력으로서 중국 검찰제도의 발전에도 상당한 영향을 미쳤다.

둘째, 대륙법계 검찰제도의 형성과 발전은 중국 검찰제도에도 깊은 영향

---

22) 参见 林钰雄: ≪检察官论≫, (中国台湾)学林文化事业有限公司 1999年版, 第17页。

을 주었다. 대륙법계 각국의 검찰제도의 형성과 발전은 모두 공통적인 규율에 따르고 있다. 한편에서는 대륙법계 검찰제도의 형성과 발전은 소송제도 특히 형사소송제도의 발전과 밀접한 관련이 있다. 즉 소송에 있어서 인권보장과 권력제약의 요구에 부합한다. 그리고 객관적이고 공정하게 활동하는 검찰관을 소송활동의 중심에 두고자 한 것은 유럽에서 거의 반세기 동안 형사소송절차가 정의롭고 인도적인 방향으로 발전하게 된 중요한 원인 중 하나이다. 청말 시기에 현대 검찰제도를 확립하는 과정에서 현대적 소송이념과 원칙을 도입하여 이를 준수하고 형사소송에 있어서 검찰기능에 대하여 명확하게 규정하였는 바, 그 이유는 이를 검찰제도 발전의 기본 출발점으로 삼았기 때문이다. 또한 대륙법계 검찰제도의 발전은 강력한 국가주의의 관념을 구현하고 있었다. 국가주의는 국가권력을 핵심으로 하고, "권력지상(權力至上)"의 가치를 배경으로 한 관념체계이다.

뒤기(Leon Duguit), 루소(Rousseau), 칸트(Kant), 헤겔(Hegel) 등의 법학자 등이 말하고자 한 바는 바로 다음과 같은 관념이다. 즉 "개인은 오직 국가를 통해서만 자신의 도덕적 존재를 실현할 수 있고, 국가권력은 무한하며, 오로지 이러한 무한의 권력만이 개인의 자치성을 보장할 수 있다." 개인의 자유와 권리는 국가에서 도출되고 또한 국가권력을 통해 실현할 수 있다. 이러한 국가지상의 관념은 국가권력이 적극적이고 전면적으로 형사소송과 각종 소송관련 권력기관의 협력관계에 개입하는 정당성의 근거가 되었다. 제도의 설계에 있어서 대륙법계 국가의 검찰제도는 국가권력의 적극적 참여 정신과 발전방향을 강조하고 있는데 이는 중국 검찰제도의 초기 모습과 매우 비슷하다고 할 수 있다.

셋째, 대륙법계 검찰제도는 중국 검찰제도의 구체적 내용과 특징에 일정한 영향을 미쳤다. 먼저 대륙법계 국가의 검찰제도는 다음과 같은 특징을 가지고 있다.

① 검찰기관의 지위 및 검찰관의 권한이 지속적으로 확대되었다. 검찰기관의 지위는 실제에 있어서 당사자보다 우위에 있으며 사회질서의 수호 및 범죄자 처벌의 의무를 부담하고 있다. 대륙법계 국가에서 범죄는 국가와 사

회이익에 대한 침해로 이해되고 국가는 사회질서를 유지하고 범죄자를 징벌할 의무를 부담하고 있다. 범죄용의자를 수사하고 또한 충분한 증거를 확보했을 경우 공소를 제기하는 것이 검찰관의 의무이고 법원 또한 사실을 밝히고 범죄를 처벌해야 할 의무를 지고 있다. 따라서 소송구조에 있어 검찰기관은 수사기관 및 재판기관과 같이 국가권력을 행사하는 기관이다. 검찰관의 지위는 당사자의 지위 보다 높으며 일종의 사법관으로서 형사소송의 일방당사자로만 간주되지 않는다.

② 검찰기관의 기능과 권한은 매우 광범위한데, 특히 객관적이고 공정성에 대한 의무가 중시된다. 검찰기관은 범죄사건에 대한 수사권을 가지며 사법경찰을 지휘하고 경찰을 동원하여 구체적인 수사를 개시한다. 검찰기관의 공소권은 권리적 특성보다는 권력적 특성이 더 부각된다. 검찰관의 처분재량권은 엄격한 제한을 받는다. 예를 들면 독일은 강제기소절차가 있고 일본의 경우에는 검찰심사회제도가 있는데, 이를 통하여 검찰관의 불기소결정을 재심사하여 검찰관의 불기소권의 남용을 방지한다. 대륙법계 국가에서 검찰관의 기소권에 대한 제약은 주로 불기소행위에 집중되어 있는데 이는 미국 검찰제도와는 반대다. 대개 사람들은 검찰기관이 법정의 '객관기소의무'라는 요청에 따라 공정하게 범죄기소활동을 할 것이고, 권력을 남용하지 않을 것이며, 설사 기소권을 남용하여 공소를 잘못 제기하더라도 최후에 법원이 이를 바로잡아 줄 것이라고 생각한다. 검찰관은 수사 및 재판행위에 대한 감독권을 기지고 있고 객관공정의무에 따라 경찰의 수사에 대해 감독권을 행사하며 수사의 적법성에 대한 책임을 진다. 사건의 심리과정에서 검찰관은 증거인정과 판결의 적법성 및 공정성에 대한 감독의무를 지고 있다. 검찰관은 상소권과 이미 효력이 발생한 판결 및 재정에 대한 상소권 또는 항소권을 가진다.

③ 검찰기관의 조직체제와 검찰관제도는 비교적 엄격하다. 검찰기관의 특수한 직무 특히 법률질서와 형사사법에서 검찰기관이 수행하는 중요한 역할로 인하여 검찰기관은 사실상 사법기관으로서 행정기관으로부터는 독립되어 있다. 법원조직 및 기관과 상응한 조직체계를 가지며 일체화된 영도체

제를 형성하고 있다. 따라서 검찰관은 법관과 같이 사법관으로 간주되며 자격, 교육, 임명조건과 신분보장에 있어서 법관과 동일한 대우를 받는다.

상술한 각종 연원에 근거하여 중국의 검찰제도와 대륙법계 국가의 검찰제도는 기본이념, 제도구조 등에서 공통점과 제도적 관련성을 가지고 있다. 20세기 후반 이래 형사소송절차는 범죄에 대한 대응과 처리능력을 확대하고 강화하였다. 소송에서 인권보장을 증진하기 위해 대륙법계 국가의 검찰관에 대한 자유재량권의 범위는 확대되어 갔다. 예를 들면, 이탈리아는 형사소송법의 개혁을 통해 간이절차를 신설하고 검찰관에게 좀 더 융통성 있고 다양한 처리권을 부여하였다. 독일은 검찰기관의 불기소제도를 새롭게 발전시켰다.

소송절차에서는 규문식 심판방식이 대질식 심판방식으로 전환되어갔으며 형사소송에서 검찰관의 지위, 권한 및 활동절차 등은 피고와의 대등 또는 평등성이 강조되었다. 대륙법계 국가의 검찰제도는 영미법계 국가의 당사자주의 감찰제도와 융합되어 발전하기 시작하였다. 이러한 발전과 변화는 중국 검찰제도의 개혁과 발전에 상당한 영향을 미쳤다. 여기서 주의할 것은 상술한 대륙법계의 검찰제도의 실질은 공소제도이다. 공소는 중국 검찰제도의 법률감독기능에 불과하기 때문에 대륙법계 국가의 제도가 중국의 검찰제도에 미친 영향은 기본적으로 공소제도에 국한된다는 것이다.

2) 영미법계 국가의 검찰제도 및 영향

영미법계의 검찰제도는 주로 영국의 소송방식을 기초로 발전해온 검찰제도의 유형이다. 영미법계 검찰제도와 중국의 검찰제도는 문화적으로 큰 차이가 있다. 영미법계 검찰제도는 20세기 80년대 후반부터 중국의 검찰제도에 영향을 미치기 시작하였다. 영미법 국가의 검찰제도의 형성과 발전과정을 고찰해보는 것은 현대적 검찰제도를 이해하고 현대 중국 검찰제도의 발전방향을 파악하는 데 도움이 된다.

영국은 보통법과 형평법의 전통을 가진 국가로서 검찰제도의 기원과 발전에서 고유한 특징을 갖고 있으며, 따라서 영국을 영미법계 검찰제도의 발상지라 할 수 있다. 프랑스와 달리 영국에는 역사상 현대적 의미의 공소제도가 없었고 기소제도는 독특한 발전의 길을 걸었다. 영국 검찰제도의 형성과 발전은 크게 세 단계로 나누어 볼 수 있다.

첫째 단계는, 대배심원단의 기소단계이다. 이 시기에는 검찰제도가 확립되지 않았지만 영국의 검찰제도가 형성되고 발전할 수 있는 역사 및 문화적 배경이 되었다. 노르만 정복 이전 브리튼 섬의 법률은 앵글로색슨법이었다. 그리고 당시 법률의 특징은 바로 분산성(分散性)인데 각 지역마다 각자의 관습법이 있었다. 형사소송에 있어서는 사인 기소주의와 탄핵주의 소송제도를 가지고 있었다. 1066년 노르만 공작 윌리엄(William)이 영국을 정복하고 유럽 대륙에서 어느 정도 성공을 거둔 봉건제도를 영국에 도입하였다. 당시 피정복자의 반항에 수시로 대처하기 위하여 정복자는 단결할 필요성이 있었다. 이러한 이유에서 영국의 왕권은 비교적 강대하게 되었다.

프랑크왕국이 봉건적 집권을 위해 투쟁하고 있을 당시 영국의 봉건 통치자는 경제를 발전시키고 사법개혁을 단행하여 법률의 통일에 힘썼다. 또한 피통치자와의 모순을 완화하기 위해 통치자는 기존의 관습법을 존중한다고 선포함과 동시에 비교적 완화된 개혁조치를 통해 법률을 통일하고 검찰제도를 포함한 사법제도를 수립하고 개선해 나갔다.

11세기 이후 영국 국왕은 사법관할권을 강화하기 위하여 순회법관을 지방으로 파견하여 사건을 심리하게 하였는데 충분한 경찰력이 없었기 때문에 지방의 범죄를 순회법관이 심판하기 어려웠다. 따라서 교회법관의 고발배심제도를 점차적으로 참고하였다.[23] 1164년 헨리 2세(Henry II)는 클라렌든 칙령을 공포하였는데 왕실법원의 순회법관이 지방의 토지분쟁을 심리할 경우 현지 기사와 자유농민 중에서 12명을 증인으로 삼을 수 있었다. 이들 증인은 법원에서 선서 후 증언을 하였고 이러한 과정을 통하여 새로운 심판제도를 건립하였다. 이와 같은 심판제도를 배심제라고 부르며, 여기에 참가하는 자를 배심원이라고 칭했다.

---

23) 参见 龙宗智: ≪检察制度教程≫, 法律出版社 2002年版, 第27页。

1166년 헨리 2세는 재차 클라렌든칙령을 공포하여 암살, 강도, 화폐와 문서위조, 방화 등과 같은 중대 형사사건은 반드시 배심제로 진행한다고 규정했으며 12명의 배심원이 법정에 기소를 제기하였다. 당시의 배심원은 범죄의 존재여부를 실증했을 뿐만 아니라 법정에 대하여 체포와 피고의 재판을 요청할 수 있었다. 이러한 배심원 제도는 당시 영국이 이미 재판 전에 범죄의 증거에 대하여 조사 확인하고 법원에 기소를 제기하는 조직을 갖추었음을 보여준다. 즉 현대적 검찰관과 비슷한 조직이었다.

그러나 당시의 배심원은 순수한 공소인이 아니라 증인과 배심법관의 성질을 동시에 가졌다. 1275년 영국 에드워드 1세(Edward I)는 1352년 '웨스트민스터조례'를 공포하여 헨리2세의 사법개혁의 성과를 인정하였고 배심원 제도를 더욱 공고히 하였다. 형사사건은 반드시 기소배심제를 채택할 것을 명확히 했다. 에드워드 2세는 기소와 재판의 분리를 가속화하기 위하여 칙령을 공포하여 기소배심원단이 판결서의 제작에 참여하는 것을 금지하고 소배심단을 만들어 법정의 심판에 참여할 수 있도록 하였다. 이때부터 대배심단은 기소를 전문적으로 전담하는 기관이 되었으며, 중대 형사사건에 대한 수사를 실시하고, 기소장에 정당소장(正當訴狀)이라고 서명하였으며 피고인은 소배심단에 이송해 심문하게 하였다.

대배심단의 기소제도가 존재한 시기는 영국에 있어 기소제도의 중요한 발전단계이다. 이 제도의 형성은 2가지 요소와 직접적인 관계를 갖는다. 하나는 당시 영국에서 시행된 앵글로색슨법과 그 전통이며, 다른 하나는 순회심판제도로서 영국의 특정한 역사적 조건 아래에서 발생한 산물이다. 국가이익의 수호, 국가의지의 구현 및 국가의 인가라는 측면에서 보면, 대배심단의 기소제도는 사소(私訴)가 아니며 프랑스와 같은 공소도 아니다. 즉 이는 사소의 기초위에서 발전해 온 일종의 공공기소제도로서 현대 영국의 형사기소제도에 큰 영향을 미쳤다. 대배심단 제도는 이후 미국 검찰제도에서 공소권 남용을 제한하는 제도로 발전하게 된다. 19세기 근대적인 경찰제도가 만들어진 이후 사건에 대한 기소업무는 경찰이 담당하지만 이와 동시에 일부 관련 기관도 기소할 수 있었는데, 이와 같은 기소권의 분산은 20세기

80년대까지 지속되었다.

　두 번째 단계는, 검찰관의 출현과 현대적 공소제도의 맹아단계이다. 검찰관의 출현 역시 국왕 개인의 이익을 수호하는 대리인에서 발전한 것이다. 노르만정복 후, 영국 각지의 관습법은 제각기 달랐는데 국왕은 이러한 모순을 완화하기 위하여 각지의 관습법을 인정한 기반 위에서 법률제도에 대한 개혁을 점진적으로 진행하였다. 개혁과정에서 판례법을 중심으로 하는 보통법이 형성되었고, 이는 영국의 법률제도를 더욱 복잡하게 만들었다. 이와 같은 상황은 변호사라는 직업이 초기에 생겨나고 발전하게 하였다. 국왕은 왕실의 이익을 수호하기 위하여 변호사를 법률고문으로 삼았고 이들로부터 법률지식을 강의하게 하거나 소송을 대신하게 하였다. 1243년 영국에는 국왕대리인이 있었는데 이들 대리인은 군주의 소송과 관련된 사건을 대리하여 기소하였다. 1290년부터 국왕대리인이라는 직업은 전문가가 맡게 되었고 1311년부터 국왕대리인은 정식으로 임명되어 정식 국가공무원이 되었다. 1461년 신임 국왕의 대리인을 잉글랜드 검찰총장이라고 불렀으며, 1515년 신임 국왕변호인에게 부검찰총장이라는 직함이 주어졌다. 그들은 모두 황실법정에서 군주의 이익보호를 책임지는 역할을 담당했으며 정부 법률고문으로 일했다. 이것이 바로 영국 검찰제도의 초기 모습이다.

　영국의 검찰제도는 19세기 말에서부터 20세기 초기에 정식으로 확립되었다. 검찰총장과 부검찰총장의 직책은 단지 왕실과 관련된 사건을 책임지고 처리하는 것이었는데 왕실 이외의 소송에는 개입할 수 없었다. 이로 인하여 왕실 이외의 이익에 대한 충분한 보호가 이루어지지 않아 자본주의 상품경제의 발전에 불리하게 작용하였다. 이와 같은 상황에서 공소제도를 채택하고 검찰제도를 창설하자는 의견이 지속적으로 제기되었다. 16세기 헨리 8세는 이미 이와 같은 구상을 하였지만 의회에서 통과되지 못했다. 19세기 근대적 경찰제도가 창립되고 다량의 기소업무를 맡은 이후 경찰의 기소사무에 대한 충분한 성과가 없음을 이유로 하여 검찰제도의 창설에 관한 건의가 재차 제기되었다. 그러나 검찰제도의 창설이 지닌 의미에 대해 영국인들은 의문을 품었고 검찰제도가 정치투쟁의 도구로 이용될 것이라는 염려로 인하여 의회에서 통과되지 못했다.

1879년, 영국은 범죄행위공소법을 공포하였는데, 이 법에는 왕실 이외의 이익을 해치는 사건을 전문적으로 처리하는 검찰기관인 공소처를 설립한다고 규정하였다. 따라서 중앙은 검찰총장과 부검찰총장, 지방은 내정대신의 영도 아래 공소처 검찰관이라는 검찰제도가 형성되게 되었다.[24] 그 후 1884년과 1908년 동일한 명칭의 범죄행위공소법을 공포하였고, 이를 통해 영국은 현대적 검찰제도의 기본 골격을 확립하게 된다. 1884년 범죄행위공소법에 따르면 공소장관은 국가의 공무원으로서 독립적으로 형사기소의 주체가 되었는데, 이는 영국 역사상 검찰관으로 간주되고 있다.[25] 나중에 공소처는 더욱 발전하였지만 중앙에서 지방으로 이어지는 완전한 검찰기관체계로는 발전하지 못했다. 그리고 당시 검찰기관의 권한은 비교적 제한되었고 활동범위도 매우 제한적이었다. 검찰기관의 주요 권한은 크게 두 가지로 하나는 국왕과 정부를 위한 법률서비스를 제공하는 것이고, 다른 하나는 공소를 제기하는 것이지만 실제 공소를 제기한 사건은 적은 편이었다. 따라서 사람들은 영국에 검찰제도가 있는지에 대하여 의문을 가지고 있었는데 적어도 프랑스와 같은 검찰제도가 존재하지 않았다는 것은 확실하다.

세 번째 단계는, 영국의 검찰관 공소제도의 확립이다. 영국의 역사에서 일반 민중은 형벌법규의 집행을 국가기관 또는 공무원이 처리하는 것에 대해 의문과 공포심을 가지고 있다. 이 때문에 공소제도 또는 검찰제도의 건립은 실현되지 못했다. 20세기 이후 경찰기소제도에 대한 검토를 통하여 이와 같은 상황은 중대한 변화를 맞게 된다.

1978년 민중의 형사소송절차에 대한 회의적 태도에 근거하여 영국 내정부장은 형사절차국가위원회의 성립을 선언하고 형사사법절차를 검토하기에 이르렀다. 이것은 영국에서의 현대적 사법개혁을 위한 중요한 시작이 된다. 형사절차국가위원회는 조사를 통해 영국에서 장기간 실행되어온 기소제도

---

24) 參見 王桂五主編: ≪中华人民共和国检察制度研究≫, 法律出版社 1991年版, 第9頁。
25) 參見 黃东熊: ≪中外检察制度之比较≫, 台湾文物供应社 1986年版, 第27頁。

를 비판하였다. 이 비판의 핵심은 바로 수사와 기소가 분리되어 있지 않은 것과 관련된다. 위원회는 경찰이 이미 기소하기로 결정한 사건에 대하여 일종의 독립된 기소조치를 취할 것을 건의하였고, 모든 경찰 관할지역에 법정의 기소기관을 설립하고 지방에서는 황실검찰관이 사건의 기소를 책임질 것을 건의하였다. 경찰기소사건의 증거수사와 기소기준의 통일성을 높이기 위해, 영국은 최종적으로 대륙법계 국가의 보편적인 방법을 참고하여 1985년 범죄기소법을 제정하였고 이를 통해 검찰기관이 소송제기를 하는 제도를 만들었다.

1985년 범죄기소법의 규정에 따라 영국은 1986년부터 잉글랜드와 웨일스에 검찰총장이 영도하는 전국적인 기소기관을 건립했다.[26] 잉글랜드와 웨일스의 기소기관은 황실검찰서로 불리며 각 지역에 설립되었고 여러 등급으로 나뉘어 설치되며 상하 통일의 검찰시스템으로 검찰장을 최고 책임자로 하여 황실검찰관의 기소업무와 기타 소송업무를 지휘하게 하였다.

미국의 검찰제도는 비교적 다양한 문화적 융합성을 가진다. 과거 영국, 프랑스, 네덜란드 법률제도의 영향을 크게 받았고 이로 인하여 미국검찰제도의 기원과 발전은 독자적 특색을 가진다.[27] 미국은 비교적 조기에 지방검찰시스템을 가진 국가로서 북미 식민지 초기에 영국전통의 영향을 받아 사소(私訴)를 형사사건의 기본 기소방식으로 채택했다. 나중에 일부 사건에서는 공소가 사소를 대신하게 되었으며 경찰의 기능이 기소기능과 분리되기 시작했고, 형사사건의 기소를 전문으로 처리하는 공무원이 출현하게 되었다. 1643년 버지니아 식민지에서 미국 역사상 처음으로 검찰장을 임명하여 영국 국왕의 해당 식민지 대표로 삼았다. 주된 임무는 법원심판을 위한 법률자문을 제공하는 것이었다.

그 이후 기타 식민지에도 검찰장을 두었으며 그 중 일부는 기소권을 가지

---

26) 이는 죄행검공법(罪行檢控法), 형사기소법(刑事起诉法), 형사검공법(刑事檢控法)으로 번역되기도 한다.

27) 미국 검찰제도에 대한 소개는 주로 허지아홍(何家弘) 교수가 편저한 최고인민법원 2007년도 검찰기초이론연구인 '검찰제도비교연구'를 참조함.

기도 하였다. 17세기 중엽 네덜란드의 통치로 인하여 네덜란드의 법률전통은 뉴욕식민지에 큰 영향을 미쳤다. 1653년 뉴욕에서 네덜란드 법원을 주된 모델로 한 식민지 법원이 만들어졌는데, 이 법원은 수석법관 1명, 법관 3명 및 사법관 1명으로 구성되었다. 당시 사법관의 주된 직무는 형사사건의 심판과 관련하여 공소를 제기하는 것인데 이는 미국 역사상 가장 초기의 지방검찰관이라고 할 수 있다. 1664년 영국은 뉴욕식민지에 대한 관할권을 획득했는데 이때부터 영국의 관습법과 네덜란드 전통법의 융합이 시작되었다. 원래 법원에 두었던 사법관이라는 직책은 사라지고 영국 전통의 사법행정관이 공소기능을 계승해서 행사하기 시작했다. 1662년 코네티컷 주에서 처음으로 지방검찰관을 두어 형사사건의 기소를 담당하게 하였다. 1704년 코네티컷 주의 법률은 검찰관이 모든 형사사건의 공소사무를 책임진다고 규정하고 있는데, 이로 인하여 코네티컷 주는 북미에서 처음으로 지방법원 차원에서 공소제도를 확립한 식민지가 되었는데, 이는 곧 지방검찰제도의 형성으로 나타났다. 정치상의 지방분권과 지방자치 또한 북미 식민지시기 미국검찰제도의 발전방향을 반영한 것이다.

연방검찰체계는 독립전쟁 이후에 성립되었다. 미합중국의 성립초기 연방대통령은 법률고문이 자신을 도와 각종 법률사무를 처리해 주기를 원했다. 1789년 의회의 첫 번째 회의에서 대통령에게 연방검찰장 1인을 임명할 수 있는 권한을 수여하는 법안을 통과시켰다. 당시 연방검찰장의 권한은 연방최고법원이 심리하는 형사사건에 대한 공소제기, 연방정부가 일방 당사자인 소송의 참여, 연방대통령 또는 각부 장관의 법률문제에 관한 자문의견의 제출 등이었다.

연방지방검찰관의 설립은 1780년 사법법률(The Judiciary Act)이 규정한 것으로 대통령이 연방지방검찰관을 임명하도록 했다. 연방지방검찰관은 연방법원 관할에 속하는 범죄사건을 기소하고, 자신의 사법관할구에서 광범위한 독립적 기소권을 가졌다. 비록 연방검찰장은 연방정부의 수석법률관 또는 수석공소관으로 보이지만 사실상 연방검찰장과 연방지역검찰관은 실질적인 종속관계에 있지 않았다. 연방지역검찰관은 각 주의 지방검찰관을 모

델로 해서 설립된 것이다.[28]

19세기 전반기 미국검찰제도에서 지방검찰관의 권력은 지속적으로 확장되었고 독립성 또한 갈수록 강화되었다. 1832년 미시시피주의 헌법은 처음으로 지방검찰관을 대중이 선거를 통해서 선출하는 공무원으로 규정했다. 이후 일부 새롭게 성립한 주에서도 헌법으로 검찰관, 사법행정관, 검시관을 선거로 선출되는 주행정공무원으로 규정했다. 내전이 끝난 후 연방정부의 중앙권력은 강화되고 검찰제도 또한 새로운 발전을 맞게 되었다. 1861년 법률에서 연방검찰장은 각 연방지역검찰관의 업무를 감독하고 지도할 권한이 있다고 규정하고 있다. 1870년 연방사법원이 성립되고 검찰장은 사법부장의 직책도 겸하게 되었는데 이로 인하여 검찰장은 연방정부의 수석법률고문임과 동시에 연방사법체계에서 행정장관의 역할도 겸하게 되었다. 20세기 초 연방검찰체계의 집중성이 강화되고 이와 같은 체제 아래 각 지역 검찰관은 비록 각 지역 검찰사무에 대해 모든 책임을 지지만 연방정책과 기준을 준수해야 했다.

20세기 이후 미국 지방검찰관의 권력은 안정적으로 확장되었고, 형사사법에 있어서 가장 중요한 공무원이 되었으며 형사소송과정에서 더 많은 결정권을 가지게 되었다. 19세기 말부터 20세기 70년대까지 일련의 사법판례에서는 비록 각 주의 지방검찰제도의 발전이 균형을 이루지는 못하였지만 형사사건에 대한 공소제기에서 검찰관의 독점적 지위를 확인하고 있다.

전반적으로 미국의 검찰제도는 그 체계상 분산을 특징으로 한다. 연방사법체계는 어느 정도 집중이 있지만 94개의 사법관할지역으로 분리되어 있고 모든 지역에는 1개의 연방검찰서를 설립하였다. 그리고 연방검찰서는 연방검찰관 1인과 약간의 보조검찰관으로 구성되는데 그들이 바로 연방검찰사무의 주된 역량이다. 일반사건은 보통 그들이 스스로 수사하고 기소하지만 검찰장이 제정한 방침과 정책을 준수하여야 한다. 국가안전과 관련된 사

---

28) 연방검찰장은 동시에 연방사법부의 수장이며 중국에서는 일반적으로 사법부장으로 번역한다.

건 및 중대한 정부 관료의 부패사건과 같은 일부 특별한 사건은 사법부 형사처의 동의와 반드시 연방검찰장 또는 주관 형사처에서 근무하는 보조검찰장의 비준을 받아야 공소를 제기할 수 있다. 지방검찰체계는 주(州) 검찰기구를 중심으로 하는데 일반적으로 주 검찰장과 주 검찰관으로 구성된다. 주 검찰장은 명의상으로는 한 주의 수석검찰관이지만 공소권이 없고 각 검찰서의 구체적인 업무에도 관여하지 않는다. 각 주에 따라 상황이 다르지만 시 검찰기관은 주 검찰체계와 독립된 지방검찰기관이다. 하지만 미국의 모든 도시가 검찰기관을 가지고 있는 것은 아니다. 연방사법부의 관련부서와 94개의 연방지방검찰서, 2,700여 개의 주 검찰서와 수많은 도시검찰기관이 공동으로 미국의 검찰체계를 구성한다.

미국 검찰기관의 기본적 기능은 형사사건의 수사와 기소 그리고 기타 법률사무의 처리이다. 검찰관은 경찰 또는 법을 집행하는 공무원과 협조하여 범죄사건을 수사하고 공무원의 부패와 같은 범죄에 대해서는 직접 수사를 하기도 한다. 고위 공무원의 범죄사건에 대해서는 연방검찰장이 특별검찰관 또는 독립검찰관을 임명하여 수사를 진행하기도 한다. 기소에 있어서는 비록 일부 주의 법률이 대배심단의 조사 등을 통하여 검찰관의 기소에 대한 제한을 두고 있지만 사실상 검찰관의 권력제약에 그다지 큰 영향을 미치지 못하고 있다. 즉 미국의 검찰관은 기소권의 행사와 관련하여 상당한 재량권을 가지고 있다.

미국의 검찰제도는 초기 대륙법계의 영향을 받아 영국과는 다른 방식으로 발전해 왔으며 자신만의 특색을 가지고 있다. 공소제도의 형성과 검찰관 조직과 경찰기관 및 심판기관과의 분리는 영국에 비해서 조기에 실현되었다. 공소결정과 수사진행 등에 있어서는 미국검찰관의 직권이 영국보다 월등히 많은데 이로 인하여 일부 학자는 미국의 검찰제도가 영국·프랑스·네덜란드와 같은 국가에서 기원하는 것이 아니라 미국사회의 문화적 융합의 과정에서 스스로 형성해온 독특한 검찰제도라고 생각한다.

사실상 영국법률전통의 직접적인 영향을 받은 미국의 검찰제도는 기본적인 측면에서 영국과 일치하는 부분도 있다. 초기의 기소방식에서는 비록 미국이 대륙법의 영향을 받았지만 검찰관 기소제도의 발전과정에서 영국법률의 영향을 상당히 받았다. 예를 들면 검찰기관을 수사기관이 아닌 공소기관으로 한 점, 검찰관의 경찰수사에 대한 주도적 지위와 지휘권이 대륙법계국가와 다른 점, 당사자주의의 전통, 검찰관을 일방당사자로 하여 기소과정에서 광범위한 재량권을 가지는 점 등이 그것이다. 이러한 것은 영미법계검찰제도의 기본적인 특징이다. 따라서 미국 검찰제도는 법률전통에 있어서여전히 영미법계 검찰제도에 속한다고 할 수 있다. 그러나 미국의 검찰제도는 이미 영미법계 검찰제도 중에서 대표성을 가지고 있으며 비교적 성숙된제도모델이라고 할 수 있다. 영국의 법률전통은 과거 영국의 식민지 국가인캐나다, 인도, 오스트레일리아, 뉴질랜드 등의 국가에도 직접적인 영향을 미쳤다.

대략적으로 정리하면 영미법계 검찰제도의 형성과 발전은 자유주의 국가관의 영향을 받았다. 자유주의 국가관은 영미법계 국가의 중심적인 헌정관념으로 개인의 자유와 권리를 강조하고 개인의 권리를 국가권력의 근원으로보며 국가권력을 개인권리를 침해하는 주요 원인으로 본다. 즉 영미법계 국가의 헌정이념은 국가권력을 제한하는 것인데 자유주의 이념에 따라 권력분립을 통한 권력제약을 중시하지만 더욱 중요한 것은 개인의 자유보장을 통해 권리로서 권력을 제약하는 것이다. 소송에서 당사자주의는 헌정이념의구현이며 사법제도의 구성부분인 검찰제도는 개인권리의 우선적 보호와 국민권리를 통한 사법 권력의 제약이라는 가치를 반영하고 있다. 검찰제도는모두 이를 중심으로 발전해 왔는데 구체적으로 영미의 검찰제도는 다음과같은 특징을 가지고 있다.

① 소송에 있어서 검찰기관과 국민의 지위가 대등하다. 행정부에 속하는영국 검찰기관이든 사법부에 속하는 미국 연방검찰기관이든 모두 정부기관에 속하지만 소송상 지위는 당사자주의 원칙에 따라 피고인과 동등한 소송당사자이다.

② 검찰기관의 권한 범위는 제한적이지만 재량권이 매우 크다. 검찰기관의 주된 권한은 정부를 대표하여 공소를 진행하는 것이다. 수사에 대한 지

위 또는 영도권을 가지고 있지 않고 공소권의 행사는 통상적으로 권리를 통한 권력제약의 이념을 구현한다. 예를 들면, 미국의 대배심단의 기소는 법률에 문외한인 국민이 공소권을 분할해서 행사하는 것으로서 검찰이 기소 권한을 남용하여 무고한 국민에게 손해를 주는 것을 방지한다고 이해되고 있다. 또한 검찰관은 당사자의 일방으로서 광범위한 재량권을 가지고 있다.

③ 검찰기관의 조직체계가 비교적 느슨하다. 영국은 1985년 범죄기소법을 공포한 이후 검찰기관의 집중적이고 통일적인 구조에 약간의 변화가 생겼다. 그렇지만 검찰관이 공소권을 행사하거나 검찰관의 관리에 있어서는 상당히 느슨한데 이는 미국 검찰기관의 조직체계의 특징 중 하나이기도 하다.

영미법계 국가의 검찰제도가 형성된 사회, 문화 및 역사적 조건과 이들이 구현하고 있는 법치이념 및 선택한 제도모델 등은 스스로의 특징을 가지고 있다. 현대적 검찰제도의 중요한 모델 가운데 하나이며 다양한 측면에서 현대 검찰제도 발전의 내재적 규율을 구현하였다. 비록 공소와 심판의 분리가 영국검찰제도 발생의 직접적인 원인이 아니고 또한 영국검찰관의 공소제도의 발생이 비교적 늦었지만 국왕의 대리인 또는 국왕의 법률고문으로부터 현대적인 검찰제도로 발전한 흔적을 살펴보면 영국검찰제도의 형성과 발전이 국가이익의 수호와 밀접한 관계가 있다는 것을 알 수 있다. 이는 우리가 현대 검찰제도의 기능과 내재적 규율 및 현대적 검찰제도를 비교 연구함에 있어 시사하는 바가 크다.

또한 20세기 중반 후기 이래 세계적인 사법개혁추세에 따라 영미법국가 검찰제도의 새로운 발전과 변화는 중국 검찰제도의 발전에 중요한 영향을 미쳤다. 하나의 제도적 모델로서 이념과 절차설계에서 영미법계 국가의 검찰제도가 지닌 권리보호의 가치는 중국 검찰제도의 발전에도 영향을 미쳤다. 중국은 1997년 형사소송법을 개정하였는데 그 가운데 공소절차 등 다양한 영역에 걸쳐 개혁이 이루어졌으며, 심지어 사법개혁 과정에서 과거와 같이 대륙법계 제도를 참고하여 검찰제도를 계속 발전시킬 것인가 아니면 영미법계 검찰제도를 새롭게 도입해야 하느냐 등에 대한 논쟁이 있었다. 이는

20세기 세계 검찰제도가 서로 영향을 주고받으면서 발전하고 있다는 것을 보여주고 있다.

3) 소련 및 러시아의 검찰제도와 중국의 검찰제도

(1) 소련 검찰제도의 형성과 발전

소련의 검찰제도는 새로운 검찰제도의 한 모델이었다. 역사상 러시아의 검찰제도는 18세기 제정 러시아 시기에 확립되었는데 기본적으로는 프랑스의 검찰제도를 모방하였다. 당시 검찰기관의 주요 권한은 법제감독의 임무를 담당하는 것이었는데, 이후 제정 러시아 시기에는 탄압의 도구로 이용되기도 하였다. 소련 검찰제도가 최종적으로 통과된 것은 1936년 소련헌법이며 이 헌법을 통하여 기본적인 내용이 정해졌다. 당시 소련헌법은 검찰기관을 국가의 최고 감독기관으로 삼았으며 검찰기관은 일반감독권을 포함한 많은 권한을 가지고 있었고 집중통일의 영도체제를 시행하였다. 이러한 검찰제도는 소련 시절 매우 강력한 법률제도로서 정권을 공고히 하고, 법제의 통일을 수호하는 등 중요한 역할을 하였다.

소비에트정권이 공포한 법원 제1호 법령은 지방법원, 고등법원, 대리원과 그 소속 각 법원, 각종 군사법원, 해사법원, 상사법원 등 현존하는 모든 재판기관을 폐지하고, 민주선거를 통해 성립된 법원이 이를 대신한다고 규정하였다. 또한 현존하는 법원수사원제도, 검찰감독제도, 변호사제도와 사인대리제도를 폐지한다고 규정하였다. 1920년 10월 21일 공포된 소비에트공화국인민법원조례는 지방사법처에 공소인을 두어 공소제기와 공소유지의 임무를 맡게 하였다. 국내 정세의 변화에 따라 법률 감독을 강화하자는 주장이 강조되었고, 법률의 집행을 감독하는 특별기관의 설립이 필요했다. 따라서 형법, 형사소송법, 민법, 민사소송법, 토지법, 노동법을 제정함과 동시에, 1922년 5월 28일 중앙집행위원회 제3차 회의에서 검찰감독조례가 통과되었고, 이를 통하여 러시아에서 처음으로 사회주의 검찰기관이 만들어지게 되었다. 검찰감독조례는 검찰기관을 공소기관이 아니라 법률 감독기관이라고 규정하고 있다. 동 조례 제1조는, "법률의 준수 여부와 범죄와의 투쟁을 올바르게 진행하고 있는지를 감독하기 위해 중앙집행위원회는 특별히 다음과 같은 규정을 둔다"고 규정하고 있다. 검찰감독조례는 또한 검찰기관의 권한 조직 체계, 활동원칙 및 영도원칙을 규정하고 있다. 소련중앙집행위원회와 인민위원회의 '소련검찰원 설립에 관한 결의'에 근거하여 1933년 6월 소련은 소련총검찰서를 설립하여 각 공화국 검찰기관을 통일적으로 지휘하게 하였다. 동년 12월 17일 소련중앙집행위원회와 인민위원회가 소련검찰원조례를 비준하여 소련검찰원의 기본적인 권한과 권한 행사의 방법과 절차에 대해서 더욱 명확하게 규정하여 검찰기관의 국가체제에서의 지위와 기능, 직권범위, 조직원칙과 활동원칙을 규정하여 사회주의 검찰제도의 건설을 새로운 단계로 격상시켰다. 소련헌법은 검찰기관의 감독을 '최고의 감독'이라고 규정하고 검찰기관은 독립적으로 권한을 행사하고 지방기관의 어떠한 간섭도 받지 않는다고 규정하였다.

이를 통하여 알 수 있는 바는 소련의 검찰기관은 하나의 독립된 국가기관이었다. 소련총검찰장은 소련최고소비에트가 임명한다. 공화국의 각 변경지역, 성의 검찰장과 자치공화국 및 자치성의 검찰장은 소련총검찰장이 임명한다. 기타 지방검찰장의 임명은 반드시 검찰장의 비준을 얻어야 한다. 소련헌법 제113조는 검찰기관의 각 부와 각 소속기관, 개별 공무원과 소련 국민이 엄격하게 법률을 준수하는지에 대한 최고감독권은 모두 소련검찰장이 행사한다고 규정하였다. 이로써 1936년 헌법의 규정은 소련의 검찰제도가 정식으로 확립되었음을 보여준다.

1955년 5월 24일 소련은 소련검찰장감독조례를 공포하였는데 이를 통해 사회주의 검찰제도를 더욱 발전시켰다. 1979년 11월 공포된 소련검찰원조직법은 객관적 정세의 변화에 근거하여 검찰기관의 임무, 권한의 범위와 검찰기관의 설치와 관련된 일부 내용을 변경 및 보충하였고 이를 통하여 사회주의검찰제도를 더욱 발전시켰다. 검찰기관은 수직적 영도와 집중영도의 원칙을 중심으로 하여 권력은 검찰장으로 집중되었다. 소련의 검찰기관은 하나의 통일된 체계로서, 즉 소련 총검찰장은 전체 소련검찰을 영도하고 상급 검찰장은 하급 검찰장을 영도한다. 검찰기관은 독립적으로 권한을 행사하고 어떠한 지방정부의 간섭도 받지 않으며 오직 지방 검찰장과 총검찰장에게만 복종한다. 만약 총검찰장의 명령과 지시가 법률에 저촉될 경우 소련최고소비에트 주석은 이를 취소할 수 있다.

법률감독기관으로서 소련 검찰기관의 권한은 일반감독과 사법감독으로 분류할 수 있다. 일반감독은 국가를 대표해서 정부기관, 사회단체, 공무원과 국민의 행위가 법률에 부합하는지에 대한 감독이다. 소련검찰원조직법 제22조는 "소련총검찰장과 그의 영도 아래에 있는 각급 검찰장은 각 부, 국가위원회, 주관부서, 기업, 기관, 단체, 지방 각급 인민대표소비에트 집행 및 관리기구, 집체농장, 합작사 단체와 기타 사회단체, 공무원과 공민의 법률 집행상황에 대해 감독을 한다"고 규정하였다. 사법감독은 경찰기관의 수사와 체포, 법원의 심판과 판결의 집행이 적정한지 또는 법률에 위배되는 상황은 없는지에 대한 감독이다. 소련검찰원조직법은 다음과 같이 규정하였다.

즉, "소련총검찰장과 그의 영도 아래에 있는 각급 검찰장은 조사기관과 수사기관의 수사상 위법행위에 대하여 관할구역 내에서 조치를 통해 직접적으로 시정할 권한이 있다. 수사원과 조사원의 위법 또는 근거 없는 결정에 대해 취소하거나 변경할 수 있다. 직접 범죄를 수사해서 강제조치를 선택, 변경 또는 취소할 수 있고, 죄명을 확정하거나 개별적으로 수사 또는 지명수배 등을 서면으로 지시할 수 있다. 법원의 불법적이거나 근거 없는 판결 및 결정 등에 대하여 그 관할 범위 내에서 상소절차와 감독절차를 통하여 법원에 이의를 제기할 수 있다. 불법적인 감금, 구류, 구금, 강제의료 또는 강제교육을 받고 있는 자를 즉시 석방할 수 있는 권한이 있다. 법률과 저촉되는 각급 기관의 명령과 지시 및 결정을 정지할 수 있고, 이에 대해 항의할 수 있다."

헌정구조에 있어서 소련이 시행한 것은 삼권분립의 헌정제도와는 다른 제도로서 이러한 기초위에서 감독권을 중심으로 하는 검찰제도를 채택했다. 이러한 검찰제도의 주요 특징은 다음과 같다.

① 검찰기관은 국가헌정에서 독립적인 지위를 가진다. 사법기관의 구성부분으로서 검찰기관은 독립적인 법률 감독기관이며, 기본적인 직무는 법제통일을 위해 법률 감독을 행하는 것이다.

② 검찰기관은 사법기관으로서 일반감독권과 사법감독권을 포함한 광범위한 법률감독권을 가진다. 검찰기관은 형사소송에서 수사감독, 심판감독, 집행감독권을 가질 뿐만 아니라 민사소송과 행정소송에서도 감독권을 행사한다.

③ 검찰기관은 독립적인 조직체계를 가지고 있으며 수직적인 영도체제를 실행한다. 검찰관은 법관과 마찬가지로 국가사법관원으로 법관과 동등한 대우와 보장을 받으며 그 임명에 있어서도 법관과 동일한 조건이 요구된다.

20세기 80년대 후반을 시작으로 소련은 전면적인 개혁을 진행하였다. 검찰제도는 정치체제와 사법체제의 중요 부분으로 새로운 변화를 모색했지만, 당시 개혁의 방향이 명확하지 않았기 때문에 소련이 해체되기까지 검찰제도에는 큰 변화가 없었다.

(2) 러시아 연방검찰제도의 발전

구소련이 해체된 이후 러시아는 민주헌정제도로의 개혁을 단행했는데, 당시 검찰제도를 소련시기의 가장 보수적인 국가기관으로 인식하고 중요 개혁대상으로 보았다. 1993년 러시아의 신헌법은 기존의 의행합일의 소비에트국가권력체계를 서구식의 삼권분립체제로 변경하였다. 이와 동시에 "인간과 인간의 권리와 자유는 최고의 가치를 가진다"고 확인하였다. 또한 러시아 국내에서는 어떤 유형의 검찰원을 둘 것인가에 대하여 적지 않은 논쟁이 있었는데, 급진적인 개혁파들은 현행 검찰원의 체계가 20세기 30년대 중기에 형성된 것으로 스탈린 시기의 강력한 권력집중의 산물이라고 생각했다. 따라서 이러한 체제는 국민인권의 우선적 보호에 불리하고, 법치국가에서 법원의 재결 기능을 구현할 수 없고 동시에 불법적으로 이용될 수 있으므로 이러한 체제를 버리고 서구 법치국가의 검찰제도를 참고하여 새로운 검찰원

을 만들어야 한다고 주장했다. 그러나 이러한 주장과 의견은 보수파의 강력
한 반대에 부딪쳤다. 보수파들은 통일적이고 권력집중적인 검찰체계를 러시
아 국민들이 보편적으로 받아들이고 있으며 그동안 이러한 검찰제도가 성공
적이고 효과적으로 운영되어 왔다고 주장했다. 또한 국민의 권리와 자유 보
호, 범죄와의 투쟁, 나아가 검찰원의 감독에 있어서도 중요한 역할을 할 수
있다고 주장했다. 최종적으로 이러한 개혁파와 보수파의 대립은 입법을 통
해 타협을 보았다. 1993년 헌법은 "검찰기관은 통일적이며, 하급 검찰장은
상급 검찰장과 연방 총검찰장에게 복종하는 집중체계이다"라고 규정함과 동
시에 검찰권을 사법권의 구성부분으로 헌법상의 사법기관에 관한 장에 배치
하게 된다. 이로 인해 검찰기관의 지위가 과거에 비해 낮아졌다고도 볼 수
있다.[29] 그 이유는 소련시기 검찰원은 법원과 동일한 지위를 가졌으며 법원
과는 독립적인 체계로서 1977년 헌법은 법원과 다른 장에서 검찰원을 규정
하고 있었기 때문이다. 1993년 헌법의 이러한 타협은 검찰제도와 관련된
문제를 최종적으로 해결하지 못하였는데 이는 검찰제도와 관련된 규정들이
모두 원칙적이거나 또는 일부 여지를 남겨두고 있었기 때문이다. 따라서 검
찰제도의 최종 선택과 현행 검찰제도의 확정은 기본적으로 검찰원법의 개정
을 통해 실현되었다.

　1993년 헌법 규정은 비교적 모호한데 그 이유는 사법기관의 장(章)에서
11개의 조문은 재판기관의 권한, 원칙, 구성, 임면 등의 문제를 규정하고
있는 반면 검찰기관과 관련해서는 오직 1개의 조문만이 존재했기 때문이다.
이 조문은 "러시아 연방검찰기관은 통일적이고, 하급 검찰장은 상급 검찰장
과 러시아 연방총검찰장에 복종하는 집중체계이다"라고 규정하고 있다. 이
조문이 비록 검찰기관의 집중적이고 통일적인 체제 및 검찰장의 임면절차에
대하여 명확하게 규정하고 있지만 "러시아 연방검찰기관의 권한 조직과 활

---

29) 우크라이나에서 검찰기관의 독립적인 지위와 역할은 매우 중시되고 있는데, 1966년
　　통과된 우크라이나헌법은 검찰기관을 단독으로 규정하고 있고, 이는 러시아가 사법기
　　관이라는 장에서 검찰기관을 다루는 것과는 큰 차이가 있다. 參見 任允正, 于洪君:
　　≪独联体国家宪法比较研究≫, 中国社会科学出版社 2001年版, 第295页.

동절차 등은 연방 법률이 규정한다"고 간단하게 규정하고 있을 뿐이다. 그 이후 검찰원법은 여러 번의 개정을 거쳐 그 내용을 보완하였다. 1992년 1월 17일 통과된 검찰원법은 1995년 11월 25일, 1998년 12월 23일 및 1999년 2월 10일에 중요한 개정이 있었다.

1993년 헌법, 1999년 2월 10일 개정된 검찰원법과 2002년 7월 1일 시행된 러시아연방형사소송법전 등의 규정에 따르면 러시아 검찰기관은 여전히 법률 감독의 직무를 수행하는 집중적이고 통일적인 국가기관이다.[30] 이에 근거하여 검찰기관은 다음과 같은 권한을 가지고 있다.

① 일반감독권. 검찰원법 제1조 제2항 제1호는, "검찰기관은 연방의 각 부, 국가 각 위원회와 국, 연방의 기타 권력집행기관과 대표(입법기관), 연방주체의 집행기관, 지방자치기관, 군사지휘기관, 감찰기관과 그 공무원, 기업 사업조직의 관리기관과 관리자가 법률을 집행하고 있는지에 대한 감독을 하고, 위의 기관들이 공포한 법률문건이 적법한지 여부에 대한 감독을 실시한다"고 규정하고 있다.[31] ② 인권, 시민권과 자유의 준수상황에 대한 감독, ③ 수사감독권, ④ 법정에 참가하여 사건을 심리하고 위법한 판결 및 재정에 대하여 재판감독절차에 따라 항소를 제기, ⑤ 민사심판감독권, ⑥ 집행의 감독, ⑦ 일정한 범위에서 위헌심사의 제기, ⑧ 수사기관과 협조하여 범죄와의 투쟁이다.

형사소송에서 법원의 사법심사권을 확립했기 때문에 원래 검찰기관이 행사했던 강제수사의 비준결정과 관련된 권한을 법원에 부여했다. 그러나 수사기관과 조사기관의 강제수사조치의 신청과 관련해서는 검찰장의 비준을 거치고 최종적으로 법관의 결정을 받아야 했다.

---

30) 여기서의 일반감독권은 기타의 권한과 구별하기 위해 사용된 것이다.
31) 參見 刘向文, 宋雅芳: ≪俄罗斯联邦宪政制度≫, 法律出版社 1999年版, 第273—276页。

전반적으로 러시아 검찰제도는 개혁 초기의 많은 어려움에도 불구하고 점진적으로 본래 검찰기관이 행사하던 일부 감독권을 회복해 나갔다. 하지만 완전히 새로운 제도로는 거듭나지 못하였다. 검찰제도의 변화와 관련해서는 주로 아래와 같은 세 가지 측면에서 특색이 있다.

첫째, 최고감독기관으로서의 지위가 더 이상 강조되지 않고, 구체적 감독영역에서 지위가 다소 낮아졌다. 둘째, 검찰기관의 권한이 실질적으로는 약화되지 않았고 일부 감독권은 점진적으로 회복하였으며, 검찰기관에 대하여 헌법 위반사건에 대한 제청심사권 등을 부여했다. 셋째, 검찰권의 행사와 관련하여 사법규율의 준수가 강조되고 검찰기관의 권한 행사는 더 많은 소송상의 제약과 규제를 받게 되었다.

소련시기의 검찰권과 비교해 보면 러시아 검찰기관의 소송상 일부 권한이 축소되었다고 할 수 있다. 예를 들면, 사법심사제도를 도입한 후에는 법원이 강제수사행위의 채택 등에 대한 비준권을 가지게 되었다. 따라서 급격한 사회변혁과 사법개혁을 거친 후 러시아 검찰기관의 법률감독기관으로서의 실질적인 임무와 권한은 여전히 원래의 전통을 계승하고 있으며 현행 러시아 검찰제도가 가진 감독적 성질은 여전히 서구의 검찰제도와 구별된다.

(3) 소련 검찰제도가 신 중국 검찰제도에 미친 영향

구소련의 검찰제도는 신 중국 검찰제도의 창립과 발전에 많은 영향을 미쳤다. 먼저 소련 검찰제도는 신 중국 검찰제도 창립의 사상적 근원이 되었는데 주된 내용은 법률감독에 관한 사상이다. 법률감독에 관한 사상의 창조성은 서방 자본주의 검찰제도와 구별되며 사회주의 검찰제도에서 중요한 이론적 기초가 된다. 또한 소련 검찰제도는 신 중국 검찰제도의 창립에 직접적인 모델을 제공했다.

러시아연방공화국 사법인민위원회는 1921년 처음으로 검찰기관조례 초안을 만들었다. 이 조례에 따르면 앞으로 새로운 소비에트 검찰기관이 구성되는데 새롭게 확립되는 검찰기관은 단순한 공소기관이 아니라 법제를 감독하는 기관이라는 점이 중요하다. 따라서 소비에트검찰기관은 사명, 임무, 조직과 활동원칙에 있어서 참신성을 가진다. 1922년 5월 28일 중앙집행위원회 제3차 회의에서 검찰감독조례가 통과되었고, 1924년 헌법은 처음으로 검찰제도에 대한 규정을 두게 된다. 1933년 공포된 소련검찰원조례는 법원 이외의 독립기관으로 검찰원을 설치한다고 규정하고 있다. 1936년 헌법은 최고소비에트를 국가의 최고권력기관 및 유일한 입법기관으로 확립하였으며 검찰장의 최고감독권을 명확히 하고 동시에 검찰기관 내부의 수직적 영도제의 시행을 확인하였다.

중국은 소련의 검찰제도를 신 중국 검찰제도의 주요 모델로 삼았는데, 이는 다음과 같이 구현되었다.

① 검찰기관의 성질을 법률감독기관으로 확정하였다.
② 행정기관과 독립된 조직기구를 가졌으며 검찰기관의 외부적 독립을 인정하였다.
③ 검찰기관 내부의 집중통일의 활동원칙을 확립하였다.
④ 검찰기관에 대하여 광범위한 법률감독권을 부여하였다.

따라서 중국의 검찰제도는 헌정 의미상의 감독과 제약을 실현하고 사법권력에 대한 제약에 있어 서방의 검찰제도와는 다른 전통과 특징을 가지고 있다.

중국의 검찰제도는 비록 소련의 검찰제도를 참고하여 만들어진 것이지만 소련의 검찰제도를 완전히 도입하거나 그대로 모방한 것이 아니다. 인민대표대회제도 이론, 민주집중제이론, 권력제약 이론, 법제이론 및 중국의 국가적 상황을 고려한 가운데 창조적으로 법률감독제도를 발전시켰다.

법률감독에 관한 사상은 중국 검찰제도의 직접적인 이론적 기초가 되지만 전체 국가권력의 체계 속에서 검찰권을 어떤 형식으로 설치할 것인가는 여전히 인민대표대회제도 이론과 민주집중제이론이 결정적인 작용을 한다. 또한 중국 검찰제도의 구체적인 제도설계에 있어서도 소련의 검찰제도를 그대로 모방한 것이 아니라 국내화의 과정을 거쳤다. 예를 들면, 중국검찰기관의 감독은 최고 감독이 아니라 오직 인민대표대회제도 아래의 전문적인 법률 감독이며 검찰기관은 일반감독권을 가지지 않고 검찰기관 내부의 단순한 수직영도를 실행하지 않는다. 1978년 검찰기관의 재건이래 많은 개혁을 통하여 중국적 특징의 사회주의 검찰제도는 나날이 개선되고 발전되었다.

법률감독에 관한 이론과 소련의 검찰제도는 지속적으로 발전하고 있다. 이러한 발전과정은 기본적으로 역사적 관련성과 사회주의 감찰제도 발전의 내재적 규율을 포함하고 있다. 이러한 역사관계를 분석하고 이해하는 것은 우리가 현대 검찰제도의 과학적 발전을 이해하고 추진하는 기본적 전제가 된다.

II. 중국 검찰제도의 형성과 발전

1. 근대적 중국 검찰제도의 출현

아편전쟁 이후 중국은 반봉건 식민지사회로 전락하게 되었고 국가의 영도와 주권은 심각하게 파괴되었다. 자산계급 민주혁명운동이 거세게 일어나 중국의 수천 년에 걸친 봉건제도는 종언을 고하였다. 1902년 청 정부와 영국은 '중영통상항해조약'을 체결했는데 제1조에서, "중국은 자국의 법제를 정비하고자 하며, 영국은 서방국가와 같은 법제를 만드는 데 있어 중국을 도울 것이다"라고 규정하였다.[32]

청나라 말기의 조정(朝廷)은 사회적 전환기에 처해 있었다. 그 시대에 변법을 통하여 독립자강의 길로 나아간 성공적인 사례가 바로 일본의 메이지

---

32) 转引自 张晋藩: ≪中国法律的传统与近代转型≫, 法律出版社 1997年版, 第437页。

유신이다. 청나라의 주요한 법률안의 작성은 일본 법학전문가의 의견을 채택하였고 검사체제의 선택에서도 일본을 모방하는 경향이 있었다.

광서(光緖) 황제 32년(1906년) 말에 청 정부는 대리원심판편제법(大理院審判編制法)을 반포하여 4급 3심제(四級三審制)의 새로운 심판구조를 채용할 것을 규정하였으며 각 급 심판청(審判厅)에 검사국을 부속으로 설치하고 검사장 1명을 임명하여 형사사건의 공소, 심판 절차에 대한 감독 및 판결의 집행에 대한 감시를 담당하도록 하였다. 광서 황제 33년(1907년)에 반포한 고등이하각급심판청시범장정(高等以下各级審判厅试办章程)은, "법률의 규정으로 피해자가 직접 고소해야 할 사건을 제외한 모든 형사 사건은 피해자의 고소, 타인의 고발, 경찰의 이송 또는 검찰관의 자주적인 발견 등을 막론하고 검사관이 공소를 제기해야 한다"라고 검사제도에 대한 규정을 강화하였으며, 또한 검사관의 권한을 명확히 규정하였다.

선통(宣統) 원년(1909년)에 청 정부는 다시 법원편제법(法院编制法)을 반포하여 검찰제도에 대해 발전된 규범을 제정하였다. 그 후 선통 2년(1910년)에 반포한 검철청사법경찰관리장정(檢察廳调度司法警察章程)은 청나라 말기의 검찰제도가 조사, 범인의 체포와 압송, 보석과 소환 등을 지휘함에 있어 사법경찰에 대한 검찰관의 감독권을 중요시하였다.

이와 동시에 관직개혁에서 청 정부는 중앙관리체계에서의 3법사 ― 형부(刑部), 대리사(大理寺) 및 도찰원(都察院) ― 는 삼권분립의 원칙에 근거하여 새로운 모습으로 나타났는데 바로 법부(法部), 법원(法院)과 검찰청(檢察廳)의 권한이다. 비록 조직구조에 의하면 법원과 검찰청은 법부 소속이며 검찰청은 법원에 부속으로 설치되어 있지만 각 부서의 권한으로 보아 이 시기에 상대적으로 독립된 지위를 갖춘 근대적 사법체계가 형성되었다.[33] 그 가운데 검찰청은 도찰원으로부터 진화되어 발전된 것이다. 도찰원은 그 권한에서 조사와 검사, 소송과 심판에 대한 감독 등 권한을 검찰청에 양도하

---

33) 参见 王桂五主编: ≪中华人民共和国检察制度研究≫, 法律出版社 1991年版, 第44页。

였으며 행정의 결함과 과실을 규찰하고 지체된 사건과 억울한 사건을 처리하는 기능을 유보하여 법률감독기관에서 행정감찰기관으로의 전환과정을 형성하였다.

이러한 법률, 법령의 반포와 법제도의 개혁 등을 통하여 청나라 말기에 초보적이지만 근대적 사법제도를 구축하였는 바, 그중에는 검찰제도가 포함된다. 이 시기의 검찰기관의 설치, 권한의 내용을 보면 일본의 사법과 검찰제도의 영향을 받은 것을 분명히 알 수 있다. 근대 중국 검찰제도의 기본적인 구조는 그 시대의 일본 제도와 유사하며 그 연원을 더 따져보면 대륙법계 국가에 있다.

독일, 일본 등 국가의 검찰제도를 참조하여 삼강오륜과 예절 및 도덕을 유지하는 전제하에 봉건적 전통을 보유한 것은 청나라 말기 검찰제도의 두드러진 특징이다. 청나라가 멸망하면서 청나라의 검찰제도는 보편화되지 못한 채 종결되었다. 그러나 청나라 말기 서방의 선진적인 사법과 검찰제도를 도입한 것은 그 자체가 전통적인 사법감찰의 성격과 완전히 다르기 때문에 최소한 법 이념상 중국의 2천여 년 동안의 봉건 전제적 법제도에 대한 부정을 상징하며 근대 중국 검찰제도의 시작이라 할 수 있다.

청나라 말기에 구축한 검찰제도는 그 후에 한층 더 발전하였다. 신해혁명(辛亥革命)을 통하여 청나라 정권을 전복하고 설립된 남경 임시정부는 청나라 말기에 개혁한 사법체계를 거의 그대로 답습하였다. 북양(北洋)정부 시기 청나라 말기의 4급 3심제를 3급 2심제로 변경하고 각급 심판청 관할 지역 내에 별도로 검찰청을 설치하였다. 또한 일부는 과거의 명칭을 변경하였는데, 총검찰청의 수장을 청승(廳丞)에서 검사장으로 바꾸었고 각급 검찰청의 전부(典簿), 녹사(录事)는 각각 서기관장(书记官长)과 서기관(书记官)으로 바꾸었다. 남경 국민정부와 대만지역의 검찰제도는 여전히 이러한 기반 위에서 발전한 것이다.

2. 신민주주의 혁명시기의 검찰제도

신민주주의 혁명시기에는 인민혁명정권의 건립과 발전에 따라 중국의 인민검찰제도도 점진적으로 발전을 하였다. 제1차 국내 혁명전쟁 시기인 1931년 11월 혁명근거지인 쟝시성(江西省) 서금(瑞金)에서 개최된 중화소비에트 제1차 전국대표대회에서 중화소비에트공화국 임시중앙정부가 성립되었다. 전국소비에트대표대회 폐회 기간 동안의 최고권력기관은 중앙집행위원회였고 그 아래에 인민위원회와 최고법원을 두었다. 인민위원회는 최고행정기관으로서 그 아래에 사법인민위원부를 설치하여 사법행정업무를 주관하게 하였다. 최고법원은 최고심판기관으로서 그 아래에 지방과 군대의 각급 재판부를 설치했고, 소송에 있어서 일련의 현대적 소송원칙과 방식, 예를 들면 합의제, 인민배심원제와 변호제 등을 채택했다.

당시에 검찰제도는 존재하고 있었지만 독립적으로 기관을 설치하지는 않았고 재판기관 내에 검찰을 두는 형식을 취하였다.

1932년의 중화소비에트공화국재판부시행조직및재판조례(中华苏维埃共和国裁判部暂行组织及裁判条例)와 1934년의 중화소비에트공화국중앙소비에트조직법(中华苏维埃共和国中央苏维埃组织法)은 각급 재판기관 내에 검찰원을 둔다고 규정하고 있다. 당시 검찰원은 형사사건에 대한 예심과 공소제기 및 공소유지를 책임지고 관리했다. 하지만 전시상황 및 정치상의 여러 가지 원인으로 인하여 검찰기관의 권한은 제대로 행사되기 어려웠다. 소련의 공농검찰원을 모방하여 설립한 4급 소비에트 공농검찰부가 법률시행의 상황에 대한 감독을 책임졌다.

항일전쟁시기 국공합작이 이뤄졌고 각 혁명근거지의 농민민주정권은 항일민주정권으로 변화했으며 인민사법기관의 조직체계와 명칭 또한 이에 부합하도록 조정되었다. 기존 사법부와 성(省), 현(縣) 구(區)재판부는 폐지되었고 항일근거지에 고등법원, 지방법원을 지속적으로 건립하였다. 명의상으로는 고등법원과 지방법원이 중앙최고법원의 관할 아래 있었지만 실제로는 남경(南京)국민정부의 최고법원과는 어떠한 관계도 없었다. 단지 변경(边

区)지역 참의회와 변경지역 정부에 대해서만 책임을 졌다. 각 변경지역에는 여전히 합서제(合署制) 또는 배치제(配置制)를 실행했기 때문에 모두 전문적인 검찰기관을 설립하지 않았다. 항일근거지 검찰기관의 권한은 기본적으로 사법감독을 실행하는 것이다. 1939년 공포된 '섬서 감숙 영하 변경지역 고등법원조직조례(陝甘宁边区高等法院组织条例)'는 변경지역의 고등법원에 검찰처를 설치하여 검찰장과 검찰원을 두고 독립적으로 검찰권을 행사하게 하였으며, 이와 동시에 검찰원의 구체적인 권한을 규정하고 있었다. 이 시기 검찰제도와 검찰의 권한은 일정 부분 국민정부의 영향을 받았지만 나름대로의 특징도 있었다. 예를 들면, 산동(山東)항일근거지의 각급 사법기관에 검찰원을 설치함과 동시에 각급 검찰위원회를 두었으며 이를 통하여 검찰사무를 기획하고 추진했다. 검찰위원회의 출현은 중국인민검찰제도의 혁신이자 발전이었다.

　　해방전쟁시기에 각 해방군은 대개 과거 근거지의 검찰제도를 그대로 시행하였지만 일부 새로운 진전도 있었다. 또한 각 해방군의 심판기관의 설치와 명칭은 통일되지 않았지만 사법 및 행정합일의 상황은 기층에서 비교적 보편화되었다. 검찰기관은 여전히 독립적으로 설치되지 않았으며, 심검합서(審檢合署) 또는 배치제를 실행했는데 각 심판기관 내부의 검찰공무원은 그 수가 많지 않고 주로 정치보위부서 또는 경찰기관이 검찰직무를 대신 행사하였다. 소련제도의 영향으로 동북 해방구에는, "관동의 모든 기관과 각 사단, 공무원 또는 일반 국민의 법률준수에 대한 최고검찰권은 모두 검찰관이 행사한다"는 규정이 있었다.[34] 이는 인민검찰제도의 내용이 더욱 풍부해지고 법률감독제도로 발전하게 되는 중요한 진전이었고, 신 중국이 검찰기관의 성질을 법률감독기관으로 하게 된 계기가 되었으며 인민검찰제도의 새로운 발전이었다.

　　신민주주의 혁명시기에 근거지검찰제도(根据地检察制度)의 수립과 발전

---

34) 参见 ≪关东地区各级司法机关暂行组织条例草案≫第27条, 最高人民检察院研究室: ≪中国检察制度史料汇编≫, 最高人民检察院研究室 1987年 编印, 第187页.

은 청 말에 도입한 서방검찰제도를 계승한 것이며, 동시에 인민검찰제도의 발전을 본격적으로 모색한 것이었다. 이는 적을 타격하고 인민을 보호하며 혁명정권을 공고히 하는 데 매우 중요한 공헌을 하였다. 또한 신 중국 성립 후의 인민검찰원제도의 창건과 발전에 중요한 역할을 하였다. 근거지 시기의 검찰제도는 신 중국 검찰제도의 중요한 연원 중 하나이다. 당연히 전쟁이라는 외부적 환경과 기타 조건에 따른 제한으로 인하여 근거지의 검찰제도에는 적지 않은 문제도 있었지만 그 중요성과 독립적인 지위에 대해서는 충분한 검토가 이루어지지 않았다.

3. 신 중국 검찰제도의 형성과 발전

신 중국 검찰제도는 중화인민공화국의 탄생과 동시에 만들어진 새로운 검찰제도이다. 1949년 9월 21일 중국인민정치협상회의 제1기 전체회의가 베이징에서 개최되어 중화인민정치협상회의공동강령(中国人民政治协商会议共同纲领)(공동강령이라고 약칭함)과 중화인민공화국중앙인민정부조직법(中华人民共和国中央人民政府组织法)이 통과되었다. 이 두 법률은 중화인민공화국 국가정권의 건설을 위한 중요한 근거가 되었다. 공동강령은 인민사법제도를 건립한다고 규정하고 있다. 중앙인민정부조직법(中央人民政府组织法)은 좀 더 구체적으로 "중앙인민정부위원회는 정무원을 조직하여 국가정무의 최고행정기관으로 한다. 인민혁명군사위원회를 조직하여 국가군사의 최고 통솔기관으로 한다. 최고인민법원과 최고인민검찰서를 조직하여 국가 최고심판기관과 검찰기관으로 한다"고 규정하였다. 또한 "최고인민검찰서는 정부기관 공무원과 전국 국민의 법률준수에 대한 최고의 검찰책임을 진다"고 규정하였다.

1949년 10월 1일 중앙인민정부위원회는 첫 회의를 개최하여 최고인민검찰서의 검찰장을 선출했다. 10월 22일 최고인민검찰서는 첫 검찰위원회회의를 열었고 그 자리에서 최고인민검찰서의 성립을 선포하였다. 동년 11월

2일 최고인민검찰서는 2차 검찰위원회의를 열었고 중앙인민정부최고인민검찰서시행조직조례(中央人民政府最高人民檢察署試行組織條例)를 통과시켜 당시 중앙인민정부 마오쩌둥 주석의 비준을 받아 공포하였다. 이는 검찰제도에 관한 신 중국의 첫 단행법규로서 초기 검찰제도의 기본내용을 확정하고 검찰제도를 전면적으로 수립하는 데 있어 중요한 법적 기반이 되었다. 이 조직조례가 규정한 기본내용은 다음과 같다.

① 검찰기관의 직권은 다음과 같다. 전국 각급 정부기관과 공무원 및 전국 국민이 엄격하게 인민정치협상회의 공통강령과 인민정부의 정책방침 및 법률 및 법령을 준수하는지에 대한 검찰; 위법판결에 대한 항소제기; 형사사건에 대한 수사와 공소제기; 전국 사법 및 경찰기관의 교도소 및 감독의 위법적 조치에 대한 감찰; 사회 및 노동인민의 이익과 관련된 민사사건과 모든 행정소송에서 국가를 대표하여 참가; 인민이 하급검찰서의 불기소처분에 대해 제기한 재의사건의 처리, ② 전국 검찰기관과 재판기관의 분리 및 검찰기관의 국가기구체계에 있어서의 수직적 영도체제에 대한 규정, ③ 검찰기관 내부에 검찰위원회회의와 결합된 검찰장 책임제라는 영도체제의 실시 등이다.[35]

중국 검찰제도의 초기 모습은 소련 검찰제도를 많이 참고하였다. 당시 법률감독이라는 개념을 직접적으로 제시하지는 않았지만 검찰기관의 권한을 통하여 보면, 검찰기관은 국가의 법제통일을 보장하고 법률감독권을 행사하는 기관이라는 것을 알 수 있다. 검찰기관의 영도체제는 주로 소련의 검찰제도를 많이 참고하였는데, 신민주주의 혁명시기 근거지와 해방구검찰기관에서 심판기관 내부에 설치한 심검합서의 체제는 변경되었다. 또한 내부 영도제도에 있어서 단순한 검찰장책임제를 실시하지 않았는데, 이것이 바로 신 중국 검찰제도의 시작이다. 그 후 정치경제의 발전에 따라 특히

---

35) 參見 王桂五主編: ≪中華人民共和國檢察制度研究≫, 法律出版社 1991年版, 第57—59頁。

민주와 법제건설의 발전과 더불어 검찰제도는 질곡의 과정과 발전 과정을 거쳤다. 이를 크게 4가지 단계로 구분할 수 있다. 즉 창립, 발전과 풍파, 중단과 재건 및 발전이 그것이다.

① 1949년 10월 1일 중화인민공화국이 성립된 후부터 1953년까지는 인민검찰제도의 초창기이다. 이 시기에 있어 검찰제도의 발전은 다음과 같이 요약될 수 있다. 첫째 검찰기관 설치 방침에 따라 자체적인 설치와 지방각급 검찰기관의 설치를 강화하였다. 따라서 1953년 말까지 전국 검찰기관의 설치는 대강의 모습을 갖추었다. 1951년 9월 3일 중앙인민정부는 최고인민검찰서잠행조직조례(最高人民检察署暂行组织条例)와 각급지방인민검찰서조직통칙(各级地方人民检察署组织通则)을 심의 통과시켜 검찰기관의 설치와 권한 등에 대하여 규정하였다. 수직적 영도체제는 각 영역의 조건이 성숙되지 않았기 때문에 실제에 있어서 많은 장애와 어려움이 있었다. 따라서 이 두 법률은 검찰기관의 수직적 영도체제를 이중적 영도체제로 변경하였다. 둘째, 이 시기에 있어 검찰기관은 정치투쟁과 사회개혁운동으로 인하여 형사사건과 중대한 민사사건에 대한 기소와 수사 및 재판에 대한 감독업무를 실시하지 못하였다.

② 1954년부터 1966년 기간은 검찰제도의 발전 및 풍파를 겪은 시기이다. 1953년부터 중국은 대규모의 경제건설시기로 접어들었고 국가건설 제1차 5개년 계획을 실시했다. 이러한 시대적 상황에 맞추어 1954년 3월 제2기 전국 검찰업무회의가 개최되었고, 여기서 검찰기관의 조직과 업무제도의 확립에 대한 중요성이 강조되었다.

1954년 9월 20일 제1기 전국인민대표대회 제1차 회의에서 중화인민공화국헌법(中华人民共和国宪法)이 통과되었는데 헌법에서는 인민검찰원의 설치, 권한, 영도관계와 활동원칙에 대한 원칙적 규정이 포함되어 있다. 9월 21일 전국인민대표대회에서 중화인민공화국인민검찰원조직법(中华人民共和国人民检察院组织法)이 통과되었고, 이 법률은 더욱 체계적이며 구체적으로 검찰제도의 내용을 규정하고 있다. 이 법률은 모두 중국의 검찰제도를 더욱 발전시킨 바 그 주된 내용은 다음과 같다.

   a. 검찰기관의 명칭을 변경했다. 즉 각급 인민검찰서를 각급 인민검찰원으로 변경하였고 이를 통하여 삼원(三院)체제를 형성하였다.

   b. 검찰기구의 설치를 조정했다. 대행정구에서 당정기구가 이미 폐지된 것을 참조하여 최고인민검찰서의 각 대 행정구 분서를 폐지하고 전문 인민검찰원의 설치를 늘렸다.

   c. 검찰기관의 수직적 영도체제를 재차 규정하였다.

   d. 검찰원 내부의 영도체제를 조율하였는 바, 즉 검찰위원회의를 검찰위원회로 변경했다. 검찰위원회는 검찰장이 영도하고 민주집중제와 합의제를 실행하였다.

   e. 검찰기관의 권한을 조정하였다. 당시 행정심판기구가 설치되지 않았기 때문에 검찰기관의 행정소송참여 권한을 폐지했다. 인민의 하급 검찰서 불기소처분에 대한 이의제기의 처리에 관한 권한을 삭제했다. 형사판결집행의 감독권과 수사기관의 수사활동이 적법한지에 대한 감독권을 부여하였다.

이 두 법이 제정된 후 검찰제도는 전례가 없는 발전을 이루어 검찰업무가 전면적이고 신속하게 전개되었다. 1955년 말 전국 각급 검찰기관은 기본적으로 설립이 마무리되었고 1956년 상반기에는 각급 철도 및 군사법원 등 전문 인민검찰원의 설립이 마무리되었다. 따라서 1954년에서 1957년 상반기까지의 기간은 중국 검찰제도 발전사에서 최초의 '황금기'라고 불려진다.

1957년 하반기부터 1966년에 이르기까지 검찰제도의 발전은 심한 좌절을 겪었다. 검찰기관의 법률감독기능과 수직적 영도체제 등 검찰제도의 일부 원칙적 문제에 대한 혼란이 일어났고 일시적으로 검찰기관과 최고인민법원 그리고 공안부가 한곳에서 일하게 되었다. 이는 검찰제도의 발전에 상당이 부정적인 영향을 미쳤다. 따라서 이시기는 중국 검찰제도사에 있어서 최초의 좌절기라고 할 수 있다.

③ 1967년에서 1977년은 중국 검찰제도 발전의 중단기이다. 1968년 12월 최고인민검찰원, 군사검찰원 및 지방 각급 인민검찰원이 폐지되었고 인민검찰제도는 이로써 중단되었다. 1975년 1월 17일 제4기 전국인민대표대회 제1차 회의에서 두 번째 중화인민공화국헌법이 통과되었다. 동 헌법 제25조는, "검찰기관의 권한은 각급 경찰기관이 대신 행사한다"고 규정하였고 이로 인하여 검찰기관의 폐지가 기정사실화되었다.[36]

④ 1978년 중국공산당 제11기 제3차 회의 이후 검찰제도는 재건과 발전의 시기에 들어섰다. 1978년 3월 제5기 전국인민대표대회는 세 번째 중화인민공화국헌법을 통과시켰다. 동 헌법은 인민검찰원의 설치를 재차 규정하였고, 인민검찰원의 성질과 권한 및 영도관계에 대한 원칙적 규정을 두었다. 또한 동 헌법은 검찰기관의 성질과 역할에 대해 "최고인민검찰원은 국무원 소속의 각 부서, 지방 각급 국가기관, 국가기관의 공무원과 국민이 헌법과 법률을 준수하는지에 대해서 검찰권을 행사한다. 지방 각급 인민검찰원과 전문 인민검찰원은 법률규정의 범위에서 검찰권을 행사한다"고 규정하였다. 또한 검찰기관의 상 하급 "영도"관계를 "감독"관계로 개정했다. 하지만 1979년 헌법개정시 "감독"관계를 다시 "영도"관계로 개정하였다.

1979년 7월 제5기 전국인민대표대회 제2차 회의에서 중화인민공화국검찰원조직법과 중화인민공화국형법 및 중화인민공화국형사소송법 등 6개의 법률이 통과되어 검찰제도의 발전을 포함한 중국의 법제 건설은 새로운 전기를 맞이하게 되었다. 1979년 인민검찰원조직법은 1954년 인민검찰원조직법의 내용과 기본적으로 비슷하나 새롭게 변화된 부분도 있다.

첫째, 최초로 인민검찰원이 중국의 법률감독기관이라는 것을 명확히 규정했다. 둘째, 영도체제에 있어서 상급 인민검찰원은 하급 인민검찰원의 업무를 영도하고 하급 인민검찰원은 동급 인민대표대회와 그 상무위원회

---

36) 1979년 7월 1일 제5기 전국인민대표대회 제2차 회의에서 통과된 '중화인민공화국헌법 개정에 관한 약간 규정에 관한 결의'에서는 "최고인민검찰원은 지방 각급 인민검찰원과 전문 인민검찰원의 업무를 영도하고, 상급 인민검찰원은 하급 인민검찰원의 업무를 영도한다"고 규정하고 있다.

에 책임을 지고 업무를 보고하여야 한다. 셋째, 일반감독기능을 폐지하였다. 넷째, 검찰기관내부의 민주집중제를 더욱 완비하였다. 즉 "검찰원장이 검찰위원회의 업무를 영도한다"는 내용을 "검찰장이 그 업무를 주재한다"로 변경했고, 검찰위원회의 내부에서 다수결의 민주집중제 원칙을 명확히 하였다. 그 외에도 검찰기관의 권한, 내부기구의 설치 등에 대해 상응하는 조정과 보완을 하였다.

1982년의 중화인민공화국헌법은, "국가행정기관, 심판기관, 검찰기관은 전국인민대표대회가 구성하고, 이들 기관은 전국인민대표대회에 책임을 져야 하며, 감독을 받아야 한다"라고 규정하여 중국 검찰기관의 국가기구 내에서의 법적 지위와 권력기관과의 관계를 명확히 하였다.

1996년 3월 17일 전국인민대표대회는 '중화인민공화국형사소송법 개정에 관한 결정(关于修改中华人民共和国刑事诉讼法的决定)'을 통과시켜 중국 형사소송제도를 상당 부분 개정하였다. 그중 검찰제도의 내용 특히 형사소송에서의 권한과 역할에 대한 중요한 조정이 이루어졌다. 신 형사소송법은, "인민검찰원은 법에 근거하여 형사소송에 대한 법률감독을 실시한다"라는 기본원칙을 규정하고 검찰기관의 법률감독 범위와 수단 및 절차를 강화했으며, 검찰기관의 수사사건의 범위를 조정하고 기소면제제도를 폐지하고 참작불기소제도를 신설하여 검찰기관의 형사소송상 공소권을 강화했다. 이러한 개정은 검찰권의 내용과 그 운영절차를 포함한 검찰제도를 현대적 법치이념과 사법규율에 더욱 부합하게 하였으며 검찰기관의 법률감독제도를 더욱 발전시키는 계기가 되었다.

50여 년의 발전 과정을 거쳐 중국의 검찰제도는 기본적인 완성에 이르게 되었으며, 현행의 검찰제도는 중국 정부의 성격과 정치체제에 부합하며, 국가의 법제통일의 필요에 부응하고 사법의 공정성을 보장한다. 또한 신민주주의 혁명시기 검찰업무의 우수한 전통을 계승했으며 중국 역사상 정치 법률제도의 정수(精髓)를 수용함과 동시에 외국 검찰제도의 경험을 참고한 바탕 위에서 중국의 현실상황과 결합하여 확립되고 발전하였다.

검찰기관의 헌법적 지위

검찰기관의 헌법적 지위는 검찰권의 성질을 반영할 뿐만 아니라 검찰기관의 권한범위를 결정한다. 중국 헌법은 검찰기관을 국가의 법률감독기관으로 규정하고 있으며, 국가행정기관 및 재판기관과 같이 인민대표대회가 구성하고 인민대표대회에 책임을 지고 감독을 받는다. 또한 검찰기관의 조직체계와 법에 따라 독립적으로 검찰권을 행사한다는 원칙을 규정하고 있다. 이는 중국의 검찰기관이 국가권력구조에 있어 독립적인 권력을 향유하는 헌정제도의 중요한 구성부분이라는 것을 나타낸다.

I. 검찰기관의 헌법상 필요성

검찰기관을 국가의 법률감독기관으로 하는 것은 중국 검찰제도의 기본적 특징이다. 이러한 특징은 중국의 국가적 상황을 반영한 것으로 법치국가원칙의 필연적 요청에 따른 것이다.

1. 헌정 실행상의 필요성

중국 헌법 제2조는, "인민이 국가권력을 행사하는 기관은 전국인민대표대회와 지방 각급 인민대표대회이다." 제3조는, "국가행정기관, 재판기관 및 검찰기관은 모두 인민대표대회에 의해 구성되고, 인민대표대회에 책임을 지며 감독을 받는다"라고 규정하고 있다. 즉, 인민대표대회제도는 중국의 근본적인 정치제도로서 인민대표대회가 모든 국가권력을 행사하며 국가행정기관, 재판기관 및 검찰기관은 모두 인민대표대회가 구성하고, 또한 이들 기관은 인민대표대회에 대하여 책임을 지며 인민대표대회의 수권에 의해 일부 국가권력을 행사한다. 이러한 헌정제도는 법률감독기관의 존재에 대한 필연성을 나타낸다. 즉,

첫째, 전국인민대표대회('전인대'라 약칭함)는 통일적인 최고의 국가권력기관으로 광범위한 권력을 가진다. 중국 헌법 제62조와 제67조는 전인대와 그 상무위원회가 다양한 권한을 가진다고 규정하고 있다. 이러한 광범위한 권한은 단지 거시적인 감독으로서 중대한 사항의 감독에 그치며 일상적인 업무, 법률준수 및 집행의 구체적 상황에 대한 감독은 불가능하다. 만약 인민대표대회로 하여금 구체적인 법 집행활동 및 위법사건에 대한 감독권을 행사하게 한다면 이는 국가권력기관을 구체적인 업무처리부서로 격하시키는 것이 되며 국가기관에서 인민대표대회의 국가권력기관이라는 헌법적 지위를 약화시킨다. 즉 국가정권과 법치건설에 해로울 뿐만 아니라 법률감독권의 행사에도 이롭지 못하다. 이러한 상황 아래에서 행정기관과 심판기관의 일상적 사무인 구체적 법 집행, 사법적 활동에 대한 감독은 형식적인 것이 되고 만다. 즉 권력에 대한 필요한 제약이 부재할 경우 권력 남용이 발생될 수 있는 바, 여타 국가기관의 권력 남용을 방지하기 위해서는 반드시 전

문기관을 설치하여 상설적인 감독을 수행하게 해야 하고, 이를 통해 전인대가 제정한 법률을 다른 국가기관이 성실히 이행하는 것을 감독해야 한다.

둘째, 중국의 기타 국가기관은 모두 전인대가 구성하고 전인대에 대하여 책임을 져야 한다. 이러한 국가기관 간의 관계는 종속관계가 아닌 독립적인 관계로서 서방국가와 같은 권력통제관계와는 큰 차이가 있다. 따라서 이러한 국가구조에 있어서 기타 국가기관의 법률 집행상황을 감독하기 위해서 전문기관을 설치하는 것이 필수적이며, 이를 통해 권력제약의 역할을 할 수 있다. 즉 법률감독기관의 설치는 민주집중제의 업무분담과 제약의 원리가 인민대표대회라는 제도에서 구체적으로 구현된 것이며 국가최고권력기관의 수권에 근거하여 행정권과 심판권에 대해 감독 및 제약을 가하는 것이다. 그러나 국가최고권력에 대한 감독과 제약은 이루어질 수 없다.

셋째, 중국의 법률감독기관은 인민대표대회가 구성하고 직접 인민대표대회에 책임을 지는 국가기관이다. 따라서 법률감독기관의 법률감독권은 인민대표대회가 통일적으로 행사하는 국가권력의 일부분에 지나지 않는다. 즉 인민대표대회의 수권에 근거해서 부분적인 감독권을 행사하는 것이다. 법률감독기관이 법률감독권을 행사함에 있어 인민대표대회의 감독을 받을 뿐만 아니라 법률감독권행사의 범위와 절차는 모두 인민대표대회가 법률을 통해서 규정한다.

즉, 인민대표대회제도에서 법률감독기관의 법률감독권은 합리적 필요성이 인정되고 있으며, 이는 권력의 감독과 제약의 필연적인 요청이며 권력행사의 보편적인 규율에도 부합한다.[37] 그러나 이러한 권력은 그 자체가 감독과 제약을 받지 않는 권력이 아니라 국가 최고권력기관과 독립해서 행사할 수 있는 권력이다. 따라서 헌법 제도상 법률감독기관의 설치는 중국의 권력구조에 있어서 그 존재의 필연성과 합리성이 있다. 이는 행정기관과 심판기관이 국가권력기관이 제정한 헌법과 법률에 따라 행정권과 재판권을 행사하

---

37) 검찰기능은 법률감독의 형식으로서 법률감독은 검찰기능의 실질적 내용이다. 검찰기능과 법률감독 사이에는 형식과 내용 및 현상과 본질의 관계에 있다.

게 하는 효과적인 조치이다. 특히 법치국가로의 나아감에 있어서 법률감독
기관의 독립적 설치와 법률감독권의 효율적인 행사는 국가기관이 법률의 규
정에 근거하여 공공사무를 관리하고 권력의 남용과 부패를 방지하는 데 있
어서 매우 중요한 작용을 한다.

중국에서 검찰기관을 법률감독기관으로 한 것은 검찰기능과 법률감독기
능 사이에 밀접한 관련성이 존재하기 때문이다. 따라서 검찰기관을 법률감
독기관으로 설정한 것은 매우 합리적이다. 먼저 검찰기관의 형사공소는 법
률감독적 속성을 가진다. 형사공소는 기소의 심사, 기소 및 불기소, 공소의
변경, 공소유지 및 항소를 포함한다.

이 가운데 기소의 심사는 수사기관이 이송한 사건이 기소조건에 부합하
는지, 범죄용의자의 행위가 범죄를 구성하는지, 죄명이 올바른지, 다른 죄행
및 기타 형사책임을 질 자가 있는지, 수사활동이 적법한지 등의 여부를 심사
한다. 그리고 이러한 심사활동은 수사활동에 대한 감독으로서의 기능을 한
다. 검찰기관이 심사 후에 불기소의 결정을 내렸다면 이것은 곧 수사기관의
수사결과에 대한 부정과 수사절차에 대한 통제이며, 또한 수사기관의 수사
활동에 대한 감독이다. 항소는 검찰원이 법원의 잘못된 재판에 대해 이의를
제기하여, 직속 상급 법원이 이를 수정할 것을 요구하는 활동으로 법원에
대한 법률 감독이다. 그리고 검찰기관의 공소 이외의 기능도 대부분 법률
감독적인 속성을 가지고 있다.

법률은 검찰기관에 대하여 형사공소기능 이외에도 체포의 승인에 대한
심사, 직무상 범죄의 수사, 소송감독기능을 부여하고 있다. 체포의 승인에
대한 심사란 검찰기관이 경찰기관의 범죄혐의자에 대한 체포 신청에 대하여
심사하는 것으로 경찰기관의 수사활동에 대한 법률감독이다. 직무상 범죄의
수사는 검찰기관이 국가공무원이 권한을 이용하여 저지른 범죄에 대해 수사
하는 것으로서 국가공무원의 법 집행 활동에 대한 법률감독이다. 소송감독
이란 검찰기관의 민사소송, 행정소송, 형사소송에 대한 법률감독으로서 항
소제기, 위법사항에 대한 시정의견의 제출, 위법사항에 대한 시정의 통지
및 검찰건의 등을 포함한다. 검찰기관의 이러한 기능은 모두 법률감독적 속

성을 가지고 있음을 알 수 있다. 따라서 중국 헌법이 검찰기관을 법률감독 기관이라고 규정한 것은 합리적이다.

2. 법률의 통일적인 시행을 위한 필요성

법제건설의 지속적인 발전과 더불어 중국은 많은 법률을 제정하고 있다. 법률의 구체적 실현은 공민과 법인의 자발적 준수와 행정기관의 엄격한 법 집행 및 사법기관의 공정한 법 적용에 달려 있다. 법의 준수, 법의 집행 및 사법에 대한 효과적인 감독을 필요로 한다. 이들에 대한 감독이 제대로 실 시되지 않는다면 법률이 전면적으로 시행되기 어렵다. 검찰기관의 법률감독 은 바로 전문적인 감독체계로서 법률시행의 중요한 보장 수단이다. 그리고 중국의 법치 현상에서 보면 과거의 전통과 경험의 부족으로 인하여 입법이 정밀하지 못하고 법의 집행과 사법 또한 많은 결함이 노출되었고, 법 집행의 여건과 환경 또한 여전히 부족하기 때문에 법 집행에 있어서 통일성이 결여되 는 등 많은 문제가 남아 있다. 따라서 전문적인 법률 감독기관이 법률의 통일 적이고 올바른 시행을 보장하는 것이 필요하다. 이와 관련하여, 법률의 시행 에 있어 통일성이 결여되는 현상에 대하여 원인을 살펴보면 다음과 같다.

첫째 법률의 의미가 불명확하다. 법률의 기본적인 기능은 인간의 행위를 규제하는 것이므로 법률의 의미는 반드시 명확해야 하고 사회구성원이 올바 르게 이해할 수 있고 이를 통하여 행동의 지침으로 삼을 수 있어야 한다. 법률의 규정이 명확하지 않으면 그 의미를 파악하기가 쉽지 않고 그 결과로 서 법률의 준수도 기대하기 어렵다. 따라서 법률은 구체적인 사항에 대하여 규정하기 전에 먼저 법률이 사용하는 중요 용어에 대한 정의를 내려 그 뜻 을 명확하게 하여야 한다. 예를 들면, 캐나다 형법 제1조는 법전의 명칭이고 제2조는 용어의 정의인데 법전에서 사용하고 있는 56개의 전문용어에 대한 정의를 내리고 있다. 유엔(UN)이 제정한 모든 국제형법조약의 제1조도 모 두 용어의 정의이다. 하지만 중국의 법률은 정의에 관한 규정이 존재하지 않는 바 이는 법률해석에서 자의성을 유발시킬 수 있다.

둘째, 법률 조문의 신축성이 매우 크다. 중국의 많은 법률 규범들이 대부분 해석자의 주관에 따라 달리 해석될 수 있는 조항들로 이루어져 있다. 따라서 동일한 문제에 대하여 내린 서로 다른 결정이라 해도 법률의 규정에는 위배되지 않는 상황이 나타나고 있다. 형사 법률과 같은 제재적 성질을 가진 조항들도 범죄의 구성요건에 대한 기준을 법 집행자에게 일임하고 있는 경우가 있다. 예를 들면 형법 각칙에서, "사안이 심각하거나", "사안이 특별히 심각하거나", "죄질이 나쁘거나", "죄질이 특별히 나쁘거나", "금액이 비교적 많거나", "금액이 상당히 많거나" 등 쉽게 그 의미와 기준을 파악할 수 없는 용어들을 사용하고 있다.

셋째, 법률의 집행체계가 완전하지 않다. 법률문화의 차이로 인하여 중국에는 서방국가의 배심원제도가 없고 죄의 확정과 양형을 서로 다른 주체가 결정하는 심판방식을 채택하지 않는 등 증거에 대한 심사와 인정이나 죄의 확정과 양형 등은 모두 법관이 한다. 그리고 중국은 아직 판결이유의 공개 제도를 실시하지 않고 있기 때문에 법관이 내린 판결의 이유를 알 수 없고, 이것은 결국 법관에게 과도한 재량권을 부여한 것과 다름이 없다. 비록 형식상으로는 엄격한 법률에 의하여 내린 판결이지만 사건처리의 결과에 있어서 실질적인 공정을 담보하기 어려운 판결도 자주 나타나고 있다.

따라서 법치의 진전과 발전은 검찰기관의 법률감독을 필요로 한다. 나아가 법제발전 과정에서 존재했던 이러한 문제를 객관적이고 전문적인 법률감독기관으로 하여금 감독하고 제약토록 함으로써 사법권의 남용을 방지하고 법률의 통일적이고 올바른 시행을 보장할 수 있다. 이러한 상황이 바로 중국에서 검찰기관을 법률감독기관으로 설정하게 된 기본 배경이다.

3. 시장경제의 발전에 따른 객관적 필요성

중국은 20여 년의 기간을 통하여 계획경제에서 시장경제로 전환되었고 현재 사회주의 시장경제체제가 기본적으로 형성되었다. 시장경제는 법치경제로서 법률을 통해 경제주체의 활동을 규제할 것이 요구된다. 시장에서의 경영활동, 시장질서의 유지, 국가의 경제활동에 대한 거시적 조정과 관리 및 생산·교환·분배·소비 등 각 단계에서는 모두 법률의 규제를 필요로 한다. 국제적인 경제교류에서는 국제관례와 국가 사이에 약정된 규범을 통하여 사무를 처리해야 한다. 이러한 것은 모두 시장경제의 내재적 요구이다. 우리의 경제체제와 경제성장방식을 근본적으로 전환시키기 위해서는 반드시 시장에 대한 규율방식과 국가적 상황에 근거하여 각종 법제를 개선해야 하고 시장경제와 집약형 경제가 필요로 하는 법률체계를 전면적으로 형성시켜야 한다. 법치국가는 바로 시장경제의 필요성에 의해 제기된 것이다.[38]

시장경제가 필요로 하는 법률체계는 통일된 법률체계로서 법제의 통일은 시장경제 일체화의 기초가 된다. 시장경제는 지역적 한계를 초월하고 전국적으로 시장의 통일을 실현하며 보다 더 넓은 범위의 자원배치를 요구한다. 특히 경제글로벌화의 추세에 맞추어 시장경제는 경제주체가 통일적인 거래규칙을 준수할 것을 요구한다. 시장경제는 경제행위를 규제하는 법률규범이 전국에서 통일적으로 시행되기를 요구한다. 특히 중국과 같이 지역이 광활하고 각 지역의 경제발전이 불균형을 이루고 있고 경제주체가 시장경제 관련 규범을 자발적으로 준수하지 않는 국가일수록 법제통일에 대한 요구는 더욱 강렬하다. 그러나 각 지역은 독립적인 경제적 이익이 존재하고 있고 이는 객관적으로 통일된 법제의 시행에 장애가 된다. 그러므로 법률감독기관이 법률의 준수를 감독하지 않거나 법제의 통일적 시행을 보장하지 못한다면 시장경제가 요구하는 통일된 시장규범을 형성시킬 수 없고 결국에는 시장경제체제의 확립과 개선은 불가능하게 된다.

---

38) 中共中央文献研究室编: ≪江泽民论有中国特色社会主义≫, 中央文献出版社 2002年版, 第331页。

4. 인치문화의 극복을 위한 필요성

수천 년 동안 중국은 권력본위의 국가로서 권력은 사회자원의 배분을 지배할 뿐만 아니라 사회주체의 실천적 활동을 지배하였다. 이러한 현상은 사람들로 하여금 권력을 법률의 근원으로 인식하고 법률을 권력자의 도구로 보게 한다. 이로써 사람들은 법률보다 개인의 권력과 그 영향력을 더욱 중시하는 경향을 보이게 된다.

또한 사람들의 권력에 대한 기대는 상당한 반면 법률에 대한 기대는 비교적 낮게 된다. 적지 않은 사람들이 권력을 가진 자는 하지 못할 일이 없다고 생각하는 등 인치의 전통은 국민의 의식 속에 뿌리깊이 자리 잡고 있다. 이와 같은 사회에서 공무원과 공민, 문화적 소양이 높은 지식인과 문화적 소양이 낮은 기타 노동자들을 포함한 많은 사람들은 어떠한 일을 겪든 먼저 "꽌시(關系)"를 생각하되 법 규범을 생각하지 않는다. 또한 꽌시를 통하여 권력 있는 사람들을 찾기 희망하며 법률에 명백히 반한다는 것을 알면서도 권력 있는 사람이 영향력을 행사하여 자신이 이루고 싶은 것을 이루게 해 주거나 자신에게 불리한 일이 발생하지 않게 해 주기를 희망한다. 국가가 법치국가적 환경 조성을 강력하게 추진하고 있는 오늘날에도 적지 않은 국민들 그리고 일부 지도자들은 법치국가란 법률을 통해 사회와 타인을 관리하는 것이라고 인식하며 법률을 통해 자신 스스로를 관리하는 것은 아니라고 생각한다. 법률에 대한 이와 같은 인식은 법률의 준수와 집행에 상당한 장애가 된다. 따라서 필연적으로 강력한 법률감독체계에 의존할 수밖에 없다.

이러한 권력에 대한 추구는 오히려 권력의 팽창을 가져오고 권력의 남용을 부추긴다. 현대생활에서도 일부 권력을 가진 자들의 능력은 막강하여 법률이 규정하지 않은 많은 일을 해 낸다. 법률이 금지하는 방식으로 일을 하거나 해서는 안 되는 일을 하며 처벌을 받아야 할 사람이 처벌되지 않거나 감경되기도 한다. 이러한 사회적 현실은 권력을 가진 자가 그 권력의 중요성을 더 절실히 인식하도록 하여 권력만 있으면 법률의 구속을 받지 않는다고 생각하게 하거나, 권력이 없거나 약한 권력을 가진 자로 하여금 타인 수중의 권력을 흠모하게 만든다.

법치의 전통이 결여된 사회에서 법치를 추진하고 법치국가를 실현하기 위해서는 단순히 사람들의 자발적인 법률 준수 또는 법제홍보와 법률지식의 보급에만 의존하는 것으로는 부족하다. 이와 같은 사회현실에 직면하여 국가가 법치를 실행하기 위해서는 불가피하게 전문적인 법률감독기관을 설치하여 법률의 시행을 감독하고 보장하여 권력의 법제에 대한 훼손을 방지하여야 한다.

II. 헌정구조와 검찰기관의 지위

삼권분립의 헌정구조에서 국가권력은 입법권, 행정권 및 사법권으로 구분된다. 그러나 검찰권이 행정권에 속하는지 사법권에 속하는지에 대하여는 이론상 논쟁이 지속되고 있다. 실제에 있어 검찰권은 일반적으로 행정기관에 예속된다. 대륙법계에서는 검찰권의 준사법성을 특히 강조하여 "준사법기관"이라 불리고 있으며 결론적으로 삼권분립의 헌정구조에서 검찰기관은 독립적인 헌법지위를 가지지 못한다.

인민대표대회제도는 중국의 근본적인 정치제도이다. 인민대표대회제도에서 인민대표대회라는 국가권력기관은 전체 국가기구체계에 있어서 주도적이며 지배적인 지위를 차지하며 국가행정기관, 심판기관 및 검찰기관은 모두 인민대표대회가 구성하고 이들 기관들은 모두 인민대표대회에 대하여 책임을 지며 감독을 받는다. 삼권분립의 헌정구조에서 국가권력이 평면적인 삼각구조를 보여준다고 한다면, 인민대표대회제도의 헌정구조에서 국가권력은 입체적인 삼각형의 모습을 보여준다. 그중 인민대표대회는 삼각형의 가장 정점에 자리하는데 국가권력을 통일적으로 행사하여 국가권력의 완전성을 보장한다. 인민대표대회 아래에 국가행정기관, 심판기관 및 검찰기관을 독립적으로 설치하고 이들 기관이 행정권, 심판권 및 법률감독권을 행사하게 한다. 이와 같은 헌정구조에서 검찰기관은 독립된 헌법상의 지위를 가진다. 즉, 검찰기관은 국가의 법률감독기관으로서 인민대표대회에는 종속되지만 국가행정기관과 심판기관과는 병렬적인 국가기관으로 독립적인 법적 지위를 가진다.

인민대표대회제도에서 행정기관, 심판기관 및 검찰기관은 모두 국가권력기관을 구성하고 이들 기관은 모두 인민대표대회에 책임을 지고 인민대표대회의 감독을 받는다. 이는 필수적인 감독체계이다. 그러나 하나의 감독체계만으로는 불충분하다. 그 이유로서 인민대표대회는 국가의 권력기관으로서 과중한 임무를 부담하고 있고 인민대표대회의 행정권과 심판권에 대한 감독은 주로 인사에 대한 임면, 공청회와 업무보고의 심의 및 중대 사항에 대한 결정 등을 통해서 이루어진다. 따라서 전면적이지 않을뿐더러 일상적인 감독을 구체적으로 진행하기 힘들며 직접적으로 행정처벌 또는 사법심사절차에 개입하거나 이와 같은 절차를 개시하기 힘들다. 따라서 행정기관 및 심판기관과 병렬적인 검찰기관을 설치하여 법률감독권을 전문적으로 행사하게 하는 것은, 국가권력기관의 감독기능을 강화하는 필수적인 제도 배치라 할 것이다. 법률감독기능은 국가권력기관의 감독기능의 연장이며 집행력을 가진 감독기능이다. 바꾸어 말하면 중국 검찰기관의 법률감독기능은 인민대표대회의 감독기능에서 파생된 것으로 검찰기관과 국가권력기관의 관계를 결정하며 이러한 관계의 주요한 내용은 다음과 같이 표현된다.

1. 인민대표대회가 구성한 법률감독기관

헌법 제3조에 따르면 검찰기관은 인민대표대회가 구성한다. 이는 검찰기관의 설치와 권한은 반드시 인민대표대회가 법률을 통해서 규정한다는 것을 의미한다. 검찰기관의 주요 간부들은 반드시 인민대표대회 및 그 상무위원회가 선거 또는 임명의 방식으로 구성하며 검찰기관의 권한행사는 반드시 인민대표대회와 그 상무위원회가 제정한 실체법과 절차법을 근거로 하여야 한다. 즉, 헌법의 규정과 같이 전인대는 최고인민검찰원 검찰장을 선거하고 전인대 상무위원회는 최고인민검찰원 검찰장의 제청에 따라 최고인민검찰원 부검찰장, 검찰원, 검찰위원회 위원과 군사검찰원 검찰장을 임면하고 성, 자치구, 직할시 인민검찰원 검찰장의 임면을 비준한다. 현급 이상의 지방 각급 인민대표대회는 해당 인민검찰원 검찰장을 선거하며 또한 파면할 수 있는 바, 현급 이상 지방 각급 인민검찰원 검찰장을 선거하거나 파면할 경우에는 반드시 상급 인민검찰원 검찰장에게 보고하고 해당 인민대표대회 상무위원회에 제청하도록 하여 상무위원회의 비준을 받아야 한다. 검찰기관의 이와 같은 구성 체계는 검찰기관과 국가권력기관의 관계 및 검찰기관의 헌정구조에 있어서의 지위를 결정한다. 즉, 검찰기관은 국가권력기관에 종속되는 국가기관으로서 법적 지위는 인민대표대회 아래에 있으며 그 권한과 활동은 인민대표대회의 수권범위를 넘어설 수 없다.

2. 인민대표대회에 대한 책임과 인민대표대회의 감독

검찰기관은 인민대표대회가 구성하기 때문에 당연히 인민대표대회에 대하여 책임을 지고 인민대표대회의 감독을 받아야 한다. 중국 헌법은 검찰기관이 법에 근거하여 독립적으로 검찰권을 행사한다고 규정함과 동시에 전인대 상무위원회의 권한과 관련하여 "국무원, 중앙군사위원회, 최고인민법원과 최고인민검찰원의 사무를 감독한다"고 규정하고 있다. 따라서 인민대표대회와 그 상무위원회가 검찰기관의 사무에 대한 감독권을 갖는 것은 의문의 여지가 없는 헌법원칙이다. 전국 각급 검찰기관과 전체 검찰원은 인민대표대회의 감독을 받으며 자발적으로 인민대표대회의 감독하에 있어야 한다.

인민대표대회가 검찰기관의 사무를 감독하는 방법은 검찰기관의 업무보고에 대한 심의, 검찰기관 구성원의 임면, 검찰기관이 내린 사법해석에 대한 심사이다. 또한 검찰기관이 처리한 사건에 대하여 질의하거나 또는 구체적 사건의 처리를 위임하는 것인데 이러한 질의 또는 사건처리의 위임은 검찰기관에 대한 간섭이 아니며 또한 검찰기관이 반드시 인민대표대회의 의견에 따라 구체적 사건을 처리해야하는 것도 아니라는 점에 주의할 필요가 있다.

3. 국가기관으로서 독립적인 검찰권의 행사

검찰기관이 비록 국가권력기관에 종속되지만 이와 동시에 일정한 독립성도 가진다. 이러한 독립성은 두 가지 측면을 통해 구현되는데 기구설치상의 독립성과 직권행사에 있어서의 독립성이다.

검찰기관은 헌정구조상 독립적인 지위를 향유하기 때문에 독립적이고 통일적으로 기관을 설치함과 동시에 완전한 조직체계를 가지고 있다. 헌법 제130조는, "중화인민공화국은 최고인민검찰원, 지방 각급 인민검찰원과 군사인민검찰원 등의 전문 인민검찰원을 설립한다. 인민검찰원의 조직은 법률로 규정한다"고 규정하고 있다. 이는 검찰기관의 기관설치상의 독립성을 보장하는 것이다.

기관설치상의 독립성 이외에도 헌법은 검찰기관이 법에 근거하여 독립적으로 검찰권을 행사한다는 원칙을 정하여 검찰권 행사의 독립성을 강조하고 있다. 1954년 9월 20일 제1기 전인대에서 통과된 중화인민공화국헌법 제83조는, "지방 각급 인민검찰원은 독립적으로 권한을 행사하며, 지방 국가기관의 간섭을 받지 않는다"라고 규정하고 있다. 1982년 12월 4일 제5기 전인대에서 통과된 중화인민공화국헌법 제131조는, "인민검찰원은 법률규정에 근거하여 독립적으로 검찰권을 행사하며 행정기관, 사회단체와 개인의 간섭을 받지 않는다"라고 규정하고 있는데 이러한 규정은 국가 근본법의 형식으로 인민검찰원이 법에 근거하여 독립적으로 검찰권을 행사한다는 헌법원칙을 확인한 것이다.

검찰기관의 독립적인 검찰권 행사의 중요성을 강조하기 위하여 1954년
인민검찰원조직법과 1979년 공포되어 1983년 개정된 인민검찰원조직법,
1979년 공포되어 1996년 개정된 형사소송법, 1995년에 공포되어 2001년
개정된 검찰관법은 모두 독립적으로 검찰권을 행사한다는 헌법원칙을 거듭
천명하고 있다.

다만 주의할 것은, "법에 근거하여 독립적으로 검찰권을 행사한다"는 것
의 의미가 검찰기관이 감독과 제약을 받지 않는다는 것을 의미하는 것이
아니며, 더 나아가 검찰기관이 자의적으로 활동할 수 있다는 것을 의미하지
않는다는 점이다. 따라서 독립적으로 직권을 행사하기 위해서는 반드시 법
률이 규정한 절차에 근거하여 법률규정의 범위 내에서 활동해야 한다. 그리
고 검찰권을 독립적으로 행사한다는 것이 심판기관, 행정기관, 사회단체와
개인과의 관계에서 이와 같다는 것을 의미할 뿐이지 검찰기관이 검찰권의
독립적인 행사를 이유로 공산당의 영도와 인민대표대회의 감독을 거부하거
나 배척할 수 있다는 것을 의미하지는 않는다.

III. 소송구조상 검찰기관의 지위

검찰기관의 법률 감독기관으로서의 지위는 정치체제에서뿐만 아니라 사
법체제와 각종 소송절차에서도 구현된다. 검찰기관은 국가정치체제상 전문
적이고 독립적인 법률 감독기관이며 사법체제와 소송절차에서 법률 감독기
능을 수행하는 사법기관이다.[39] 검찰기관의 사법체제와 소송절차상의 지위

---

39) 정치제도 및 사법제도상으로 검찰기관은 법률감독기관인 바, 이는 법률감독 일원론의
　　필연적인 요청이다. 그러나 검찰기관의 정치제도와 사법제도에서의 역할과 기능은
　　반드시 그 구체적인 환경 및 조건에 상호 부합되어야 하며 정치 및 사법적 규율에
　　기속되어야 한다.

는 검찰기관의 국가 정치체제상 지위의 반영이자 구현이며 검찰기관의 사법 기능 또는 소송기능은 법률 감독기능의 중요한 실현방식이다. 중국의 정치 체제 특히 당의 영도와 인민대표대회는 중국의 사법체제와 소송절차의 특징을 결정한다. 경찰기관, 검찰기관 및 심판기관은 당의 영도와 전인대의 감독 아래 특히 형사사건의 처리에서는 분업책임을 실시하고 상호협력 및 통제하며 각 기관의 내부적으로는 민주집중제를 실행한다.

검찰기관의 소송구조상 지위는 바로 법률감독기능을 수행하는 사법기관이다. 형사소송에서 검찰기관은 직무상 범죄에 대한 입안수사, 경찰기관의 수사활동에 대한 감독, 체포의 심사, 공소의 제기와 공소유지, 잘못된 판결 및 재정에 대한 항소, 형벌의 집행 등의 직무를 수행한다. 현행 법률의 규정에 따르면 검찰기관은 민사소송과 행정소송에서 민사재판활동과 행정소송 활동에 대한 법률감독과 효력을 가진 잘못된 인민법원의 판결 및 결정에 대하여 항소할 수 있는 권한을 가진다. 사회주의 시장경제의 발전과 법제건설의 진전에 따라 검찰기관의 민사소송과 행정소송에서의 역할은 앞으로 더 강화될 것으로 보인다.

주의할 필요가 있는 것은, 소송절차는 사법의 범주에 속하며 사회주의법제의 중요한 부분이라는 것이다. 검찰기관의 소송절차상의 기능과 지위는 오직 검찰기관의 국가정치체제상의 지위를 나타낼 뿐만 아니라 검찰기관의 정치체제상의 지위와 일정한 관련성 나아가 내적 관련성을 가진다. 하지만 검찰기관의 소송에서의 구체적인 역할은 어느 정도 특수성을 가진다. 즉 첫째, 검찰기관의 소송절차상 지위는 소송구조의 합리화에 부합하여야 하며 사법규율을 존중한다는 전제 아래에서 검찰기관은 그 역할을 더욱 잘 발휘할 수 있다. 둘째, 정치체제의 구조와 소송구조가 서로 다른 측면의 문제라는 것을 인식해야 한다. 왜냐하면 소송제도는 사법제도에 속하지만 사법제도는 정치제도에 속하기 때문이다. 이들 상호간에는 일정한 공통점 즉 소송구조는 정치구조의 파생물로서 정치체제구조에 속한다는 점이 그 것이다. 하지만 차이점도 있다. 즉, 소송구조와 정치체제구조는 서로 다른 성질과 내용의 권력관계를 각각 조정하고, 따라서 서로 다른 규율과 요청에 부합해야 한다는 점이다. 그러므로 우리는 검찰기관의 정치체제구조상 지위로써 검찰기관의 각종 소송절차에서의 지위를 부정하거나, 검찰기관의 소송절차에서의 지위로써 검찰기관의 국가정치체제에서의 지위를 대체하거나 부정할 수 없다. 동시에 검찰기관의 정체구조상의 지위와 소송절차에서의 지위의 내재적 관계도 고려해야 한다. 즉 법률감독은 검찰기관의 모든 활동에 있어 공통적 특징이자 기본적 지위이다.

검찰기관의 소송구조상 지위를 정확하게 인식해야 한다. 관건은 바로 검찰과 공안(경찰)의 관계 및 검찰과 재판의 관계를 정확하게 인식하는 것이다. 최근 학계에서는 검찰과 공안의 관계 및 검찰과 법원 사이의 관계에 대하여 많은 연구가 진행되었다. 그 출발점은 검, 경, 법의 세 기관 사이의 소송상의 관계이며 그 목적은 사법의 공정성을 실현하기 위함이다.

그런데 검찰과 공안의 관계 및 검찰과 법원의 관계를 논할 때에는 중국의 근본적인 정치제도와 법치건설의 실제상황 및 헌법의 규정에 위반하면 아니 된다. 그중 헌법상 검찰기관의 법적지위에 관한 규정과 인민법원, 인민검찰원 및 공안기관이 형사사건을 처리할 때 반드시 분공책임, 상호협력 및 상호제약을 해야 하며 이를 통해 정확하고 효율적인 법률의 집행을 보장해야 한다는 헌법 규정은 검경관계(검찰과 공안의 관계)와 검법관계를 파악하는 헌법적 기초이다. 헌법 규정과 정신을 반드시 준수하고 국가정체의 특징에 근거하여 검경관계와 검법관계에 존재하는 문제를 연구하고 해결하여야 한다.

1. 검찰과 공안의 관계

검찰과 공안(경찰)의 관계란 검찰기관과 공안기관(경찰기관)의 형사소송 절차에 있어서의 관계이다. 검경관계를 논할 때 그 핵심은 형사소송 이전의 단계에서 공안기관의 수사활동과 검찰기관의 체포에 대한 비준 및 공소활동 간의 관계를 어떻게 설정할 것인가 하는 것이다.

외국의 관련 제도를 살펴보면 검찰기관과 경찰(공안)기관의 관계는 크게 두 가지로 정리될 수 있다. 첫째, 검경분리방식으로 검찰기관과 경찰기관이 각자 독립되어 있고, 분업하여 상호 간섭하지 않으며 경찰기관이 형사사건의 수사를 전담하되 검찰기관은 수사에 간섭할 수 없다. 경찰기관은 수사가 종료된 이후에 사건을 검찰기관에 이송하고 검찰기관은 이를 심사 후 기소한다. 둘째, 검경통일방식은 경찰기관의 수사활동을 검찰기관의 공소활동으로 간주하며 경찰의 수사활동은 법률상 검찰관의 명령에 복종하여야 하며, 수사활동의 모든 단계에서 검찰관은 경찰을 지휘할 수 있다.

중국에서는 헌법 제135조의 규정과 형사소송법 제7조의 규정에 따라 인민검찰원과 공안기관(경찰기관)의 형사소송상 관계를 크게 세 가지로 정리할 수 있다.

1) 분업책임

검경관계의 기초는 분업(分工)책임이다. 검찰기관과 경찰기관은 서로 독립된 기관으로 각자의 권한과 업무가 명확하게 분리되어 있다. 특히 형사소송과 관련하여 법률은 검찰기관과 공안기관의 직무와 권한에 대해서 명확하게 규정하고 있다. 검찰과 공안은 법률규정에 따라 각자의 직무 이행과 권한을 행사하고 각자의 형사소송상 역할과 지위를 망각해서는 아니 된다. 만약 일방이 자신의 법정직무를 다하지 않아 소송에서 문제가 발생한 경우 검경관계는 적법성의 기초를 상실하게 된다.

2) 상호협력과 목표의 일치

형사소송에 있어서 공안기관의 수사활동과 검찰기관의 공소활동은 동일한 목적을 가진다. 두 기관 모두 효과적으로 범죄를 발견하고 사실관계를 증명하며, 범인을 체포하는 등 사회적 안정을 수호하고 법적 정의를 보호하는 것이다. 그러므로 검찰과 공안은 서로 협력하여 공동으로 형사소송을 완성해야 할 임무가 있다. 이러한 협력은 분업책임을 전제로 한다. 즉 서로가 하나가 되어 검찰기관이 수사기관을 지휘할 수 없다.

3) 감독과 오류의 방지

법률의 규정에 따라 검찰기관은 공안기관의 수사활동에 대한 법률감독의 책임을 진다. 형사소송에서 검찰기관은 공안기관의 수사활동에 대해 감독과 제약(통제)의 역할을 하는 바, 검찰기관의 공안 수사활동에 대한 감독은 주로 공안기관의 수사활동 과정에 존재하는 법률의 위반상황 특히 범죄용의자의 적법한 권익이 침해되는 상황을 발견했을 경우 시정의견을 내어 오류의 발생과 지속을 방지하는 것이다. 그리고 공안기관의 수사활동에 대한 검찰기관의 통제는 주로 소송절차상의 제약으로 나타난다. 예를 들면 체포의 비준에 관한 심사가 그것이다. 검찰기관은 반드시 법률의 규정에 근거하여 경찰기관의 수사활동에 대한 감독과 제약의 기능을 수행하여 수사활동에서 오류가 없도록 해야 한다.

공안기관도 검찰기관의 감독행위와 소송활동에 대해 일정 정도 제약작용을 한다. 수사활동의 질적 수준은 검찰기관의 공소활동과에 직접적인 관련을 맺고 있을 뿐 아니라 공안기관은 검찰기관의 수사활동과 관련된 결정에 대하여 그 결정을 내린 검찰기관 또는 상급기관에 결정의 정당성에 대한 심사를 제정할 수 있다. 예를 들면, 공안기관이 검찰기관이 내린 체포불승인 결정에 잘못이 있다고 판단할 경우 재심사를 요구할 수 있다. 만약 요구가 받아들여지지 않을 경우 직속 상급 검찰기관에 재심사를 제정할 수 있다. 직속 상급 검찰기관은 즉시 이를 재심사하고 그 변경 여부에 대한 결정을 내린 후 하급 검찰기관과 공안기관에 통지하여야 한다.

제도의 설계상으로 보면 중국의 검경관계는 두 가지 특징이 있다. 첫째 검경분리방식의 장점을 살려 검찰기관과 공안기관은 일정한 거리를 유지하고 업무가 분리되고 상호 독립되어 있다. 이는 수사기관이 적극성을 발휘하도록 하는 데 도움이 된다. 검찰기관은 공안기관의 수사활동에 대한 감독을 통하여 수사권의 남용을 방지한다.

그러나 중국은 소위 '검경일체화'라는 체제를 시행하고 있지는 않은 바, 그 주된 이유는 (1) 중국의 헌정체제에 부합하지 않는다. 검경일체화는 검찰기관이 공안기관을 영도하는 체제의 실행을 요하는데, 중국에서 검찰기관과 공안기관은 서로 다른 조직체계에 속하는 기관으로서, 두 기관 간에는 영도와 피영도의 관계가 아니다. (2) 이는 검찰기관의 성질에 부합하지 않는다. 검경일체화체제는 검찰기관과 공안기관의 관계가 영도와 피영도의 행정관계일 것을 요구하므로 감독관계가 될 수 없고, 중국에서 검찰기관은 국가의 법률감독기관으로서 검찰기관과 경찰기관 간에는 감독과 피감독의 관계이다. (3) 검찰기관은 공안기관을 영도할 역량을 가지고 있지 않다. 중국에서 보통 형사사건에 대한 수사는 지금까지 공안기관이 담당하였는데 이와 같은 수사는 거대한 인력자원이 필요할 뿐만 아니라 전문기술과 경험 및 능력이 필요하다. 그러나 검찰기관은 지금까지 사건의 수사를 담당하지 않았기 때문에 공안기관을 영도하면서 수사할 능력을 갖고 있지 않다.

2. 검찰기관과 재판기관 사이의 관계

검찰기관과 재판기관 사이의 관계에 대하여 중국의 법률은 명문의 규정을 두고 있다. 인민검찰원과 인민법원의 형사소송절차상의 기본적인 관계는 분업과 상호협력 및 제약의 관계이다. 그러나 수사, 검찰, 재판의 세 가지 기능은 각기 성질과 내용 및 소송상의 역할이 다르기 때문에 검찰과 법원의 관계 및 검찰과 공안의 관계는 각각 분업책임, 상호협력 및 제약의 기본관계를 전제로 하여 각기 다른 내용과 특징을 가진다.

형사소송에서 검찰은 수사의 후속절차로서 체포의 비준, 수사의 감독 및 기소에 대한 심사 등을 통해 수사활동을 감독하고 제약한다. 공안기관은 구류, 체포 등 강제조치를 할 수 있는 행정권을 가지며 결정권과 집행권의 분리를 통해 검찰권을 제약한다. 또한, 재판기관은 공소사건의 자료에 대한 심사와 재판을 통해 검찰기관이 제기한 공소에 대하여 재결을 하며 검찰기관은 기소, 항소 및 검찰건의 등의 방식을 통하여 재판권에 대한 감독과 제약을 한다.

검찰기관은 형사소송에서 공소권을 행사하는 것 이외에도 형사소송, 민사소송 및 행정소송에서 인민법원의 심판활동이 적법한지 여부에 대해 법률감독책임을 이행한다. 소송감독에 있어서 검찰기관과 인민법원의 관계는 공소활동에 있어서의 검법관계와는 다른 일종의 감독과 피감독의 관계이다. 검찰기관의 심판활동에 대한 감독은 법원의 결정에 대한 재심으로 이어진다. 예를 들면, 검찰기관이 효력 있는 법원의 재판에 대해 항소를 하면 법원은 재심을 하게 되고, 이러한 과정을 통하여 검찰기관은 인민법원의 재판활동에 대한 감독을 실현한다.

검찰기관의 법률감독권에 대하여 최근 일부 학자들은 견해의 대립을 보이고 있다. 일부는 현재의 검법관계를 반드시 변화시켜야 한다는 이유로 검찰기관의 재판감독권을 없애야 한다고 주장한다. 즉, 공소권과 일부 사건에 대한 수사권을 가진 검찰기관이 법률감독권까지 가진다면 당연히 법률감독권은 인민법원의 재판활동을 겨냥할 것이고 그 결과 재판권의 독립적인 행사 및 사법권위의 유지에 해가 될 것이라는 점이다. 그 결과로써 재판권이 가진 종국적 성질은 위협을 받거나 훼손될 것이다. 일부 학자에 따르면, 비록 현재의 검법관계를 변경할 필요는 없지만 검찰기관의 재판감독에 대해서는 제한이 필요하다고 주장한다. 즉, 법원의 권위를 수호하기 위해서는 반드시 재판의 안정성을 보장해야 하고, 따라서 검찰기관의 재판감독범위에 대해서는 일정한 제한이 필요하다는 것이다.

구체적으로는 첫째, 일사부재리원칙의 제한을 받아야 하는 바, 즉 재심이유, 시효, 재심과 항소의 횟수 등에 관하여 제한을 받아야 한다. 둘째, 재판감독의 대상에 대한 제한이 필요한 바, 즉 검찰기관은 오직 법관 개인의 위법행위에 대해서만 감독해야 한다. 셋째, 재판감독의 방식에 대한 제한으로서 검찰기관은 재판활동에 대해 사후적 감독만을 할 수 있고 중간 과정에서 감독할 수 없다는 것이다. 하지만 검찰기관의 재판활동에 대한 감독은 축소 또는 제한되어서는 아니 되며 오히려 더 강화해야 된다고 생각한다. 그 이유는 다음과 같다.

첫째, 소송상으로는 사법부가 사건을 처리하는 과정은 일종의 사건의 사실관계에 대한 인정의 과정이다. 사건의 사실관계는 복잡하며 과거에 발생한 것이기 때문에 그 인정에 적지 않은 주객관적 영향을 받게 된다. 그 결과 인식과정의 오류가 발생할 가능성이 크며 동시에 이러한 인식상의 오류는 재판상의 오류로 연결될 가능성이 크다. 따라서 잘못된 판결과 결정의 출현을 막기 위하여 형사소송에서 재판감독제도를 도입하여 심판기관의 잘못을 수정할 수 있도록 해야 한다. 둘째, 권력제약의 측면에서 보면 모든 권력은 선과 악이라는 양면성을 가지고 있다. 권력 남용 즉 악의 성향을 방지하기 위해서는 반드시 권력에 대한 감독과 제약이 필요하다. 이것은 역사적으로 증명된 객관적 법칙이다. 형사소송활동의 측면에서 보면 국가재판권의 올바른 행사를 보장하고 그 남용을 막기 위해서는 반드시 재판권에 대한 효과적인 감독시스템을 필요로 한다. 셋째 중국의 사법현실에서 보면, 재판활동에서 발생하는 위법적 현상은 비교적 심각하며 사법부패와 사법의 불공정성은 여전히 일반 대중의 불만이 되고 있다. 이는 일반 대중의 법률에 대한 인식과 재판권의 권위를 실추시키고, 공평과 정의로운 사법보장을 실현하는 데 장애가 된다. 이러한 객관적인 사실은 소송절차에서 반드시 효과적인 규제장치를 통하여 불공정한 재판이 시정되기를 요구한다. 이때 검찰기관의 항소제기는 그 어떠한 감독절차보다 더욱 효과적이다.

그러므로 재판활동에 대하여 법률감독을 강화하는 것은 곧 재판의 공정성을 보장하고 나아가 재판권의 남용을 방지하기 위한 현실적 필요인 동시에 사법의 권위를 수호하기 위한 객관적 필요에 부합한다. 검찰기관의 재판기관에 대한 감독과 제약은 당연히 공안기관에 대한 감독 및 제약과는 다르다. 검찰기관은 반드시 재판의 권위를 존중하고 법제통일과 사법공정을 수호한다는 전제 아래에서 필요한 범위 내에서만 그 권한을 행사해야 한다.

제4장

검찰기관의 조직

검찰권은 국가권력으로서 일정한 매개체를 통해서 실현되는 바, 검찰기관의 조직은 바로 검찰권이 효율적으로 작동되기 위한 매개체이자 검찰제도의 핵심내용이다. 검찰기관의 조직은 검찰계통에서 각급 인민검찰원 사이의 관계, 인민검찰원 내부기관 사이의 관계 및 검찰공무원 사이의 기본관계에 관련된다. 이는 검찰기관으로 하여금 유기적인 조직체가 되도록 하고 검찰권의 효율적인 역할수행을 보장한다.

I. 검찰기관의 설치

1. 검찰기관설치의 기본원칙

각국의 헌정체제와 문화전통의 차이는 각국의 검찰조직체계의 차이로 나타난다. 검경일체의 원칙 등 많은 국가들이 공통적으로 채택하고 있는 원칙도 있지만 검찰기관의 설치원칙은 각국의 상황에 따라 많은 차이가 있다. 중국의 인민검찰원조직법(人民檢察院組織法) 제2조와 제3조는 인민검찰원의 설치방식을 규정하고 있지만 그 원칙에 대해서는 규정하지 않고 있다. 그러나 검찰기관설치의 원칙을 크게 세 가지로 구분할 수 있다.

1) 법정설치원칙

법치는 현대국가에서 권력기관 형성의 기본적인 준칙으로서 국가권력기관의 설치와 행사는 모두 법에 근거해야 한다. 각국 검찰기관의 설치 또한 모두 법률규범에 따라야 하고, 통상적으로 헌법의 국가기구에 관한 규정을 기본으로 한다. 그리고 검찰원조직법(檢察院組織法), 사법조직법(司法組織法), 법원조직법(法院組織法) 및 정부조직법(政府組織法) 등을 통하여 검찰기관의 조직구성에 대해여 명확하게 규정한다. 검찰기관의 조직체계는 법에 근거하여 설치하고 반드시 법에 근거하여 변경하거나 취소하며 법률의 규정을 위반하는 변경 및 취소는 허용되지 않는다. 각종 전문검찰원, 검찰원파출기구를 포함한 모든 검찰조직의 설치와 변경 또한 반드시 법률과 법령의 명문규정에 근거하여야 한다. 검찰기관의 조직에서 법정성과 규범성은 법치국가의 요청임과 더불어 법에 의한 국가권력 행사의 구현이다.

2) 재판기관과 대응설치의 원칙

검찰기관의 직무를 보면 검찰활동은 소송과정에서 주로 공소기능과 감독기능 위주로 되기 때문에 반드시 재판기관과 대응관계에 있기 마련이다. 그래서 각국은 일반적으로 검찰기관과 재판기관의 대응설치 원칙을 실행한다. 하지만 이러한 대응설치에는 다양한 형식이 있는 바 대다수의 경우는 검법분리와 대응설치이다.

3) 구역설치와 실제수요원칙

검찰기관은 일반적으로 행정구역 또는 사법구역에 따라 설치된다. 이러한 방식은 형사사건의 지역관할과 서로 상응하는 바 검찰기관의 수직 및 수평적 관할의 확정에 이롭고 적시에 사건을 효율적으로 처리하는 데에도 유리하다. 동시에 일부 지방선거 또는 임명의 방식을 통해 검찰장이나 검찰관을 선출하는 국가 또는 지역에서 구역설치는 검찰장과 검찰관의 선출에도 편리하다. 행정구역에 따라 검찰기관을 설치하는 것은 러시아와 일본의 검찰제도 등 적지 않은 국가들이 이러한 방식을 선호하고 있다. 그러나 미국 연방검찰관과 같이 사법구역에 따라 설치되는 경우도 있는데 이와 같은 경우 행정구역을 초월하거나 하나의 행정구역에 다수의 검찰기관이 설치되기도 한다.

일반적으로 구역설치를 기본원칙으로 하지만 사회적 변화와 검찰사무의 수요에 따라 검찰기관의 설치 형식에 변화를 주거나 특별한 검찰기구를 설치하기도 한다. 예를 들면 전문검찰원, 임시검찰기관 및 파출검찰기관 등이 그것이다.

2. 검찰기관의 설치

중국 헌정제도의 특수성은 중국 검찰기관의 조직과 설치상의 특징과 관련된다. 중국 검찰기관의 설치원칙에 관하여 일부 견해의 차이가 있지만,[40]

---

40) 参见 孙谦主编: ≪检察理论研究综述(1979—1989)≫, 中国检察出版社 2000年版, 第141页。

여전히 각 국가가 일반적으로 준수하는 원칙들 예를 들면 법에 따른 설치, 행정구역에 따른 설치, 심판기관과 대응한 설치 및 업무의 필요성에 의한 설치 등의 원칙이 있다. 이러한 원칙에 근거하여 각급 검찰기관은 최고인민검찰원, 지방 각급 인민검찰원과 전문 인민검찰원으로 분류되고 각자의 관할구역을 중심으로 업무를 수행한다. 인민검찰원과 인민법원의 대응적인 설치는 중국 사법제도의 특징에도 부합하며 소송활동의 원활한 진행에도 이롭다. 헌법과 인민검찰원조직법에 의하면 검찰기관은 다음과 같이 구분된다.

1) 최고인민검찰원

최고인민검찰원은 중화인민공화국의 최고검찰기관으로서 최고국가권력기관인 전인대에 의하여 구성하며 전인대와 그 상무위원회에 대하여 책임을 지고, 그에 대하여 업무를 보고한다. 최고인민검찰원이 행사하는 권한은 다음과 같다.

(1) 영도권

최고인민검찰원은 지방 각급 인민검찰원과 전문 인민검찰원의 사무를 영도하며 지방 각급 인민검찰원의 사무를 지도 및 검사할 권리가 있고 검찰업무조례와 규칙 및 규범성 문건을 제정할 수 있다.

(2) 사법해석권

법률의 수권에 따라 최고인민검찰원은 검찰사무에 관한 법률의 구체적 적용에 대하여 사법해석권을 행사할 수 있다. 이러한 사법해석은 각급 인민검찰원에 대하여 일반적 구속력을 가진다.

(3) 검찰권

최고인민검찰원은 법률이 검찰기관에게 수여한 각종 검찰권을 행사하는데 그 주요 내용은 다음과 같다.

① 관할권에 따라 직접 수리한 형사사건에 대한 수사
② 경찰기관 및 안전기관의 수사활동이 적법한지 여부에 대한 감독
③ 전국적인 또는 그 사안이 매우 중대한 형사사건의 공소제기
④ 법원의 재판활동이 적법한지 여부의 감독
⑤ 각급 인민법원이 내린 효력 있는 판결과 결정에 잘못이 있는 경우 심
　판감독절차에 따라 항소를 제기
⑥ 형사재판의 집행에 대한 감독
⑦ 교도소, 구치소와 노동개조기관의 활동이 적법한지 여부의 감독

(4) 간부관리권

최고인민검찰원은 법정권한에 따라 검찰기관의 간부를 선임 관리하고 검찰공무원을 임면하며 국가편제위원회와 함께 전국검찰기관의 인원편제 및 검찰관 고과평정 등의 업무를 처리한다.

(5) 위헌 또는 위법한 행정법규와 지방성법규 등에 대한 심사제청권

최고인민검찰원은 검찰장 1명과 부검찰장 및 약간명의 검찰원으로 구성되며, 검찰위원회와 기타 업무기관을 설치한다.

2) 지방 각급 인민검찰원

지방 각급 인민검찰원은 다음과 같다.

(1) 성, 자치구, 직할시의 인민검찰원
(2) 성, 자치구, 직할시 인민검찰원의 분원 및 자치주 성할시(省轄市)의
　　인민검찰원
(3) 현, 시, 자치현과 시할구(市轄區)의 인민검찰원

성급 인민검찰원과 현급 인민검찰원은 업무상 필요에 따라 동급 인민대표대회 상무위원회의 비준을 얻어 광산구역, 개간지, 삼림지역에 인민검찰

원을 설립하여 파출기구로 삼을 수 있다. 지방 각급 인민검찰원은 동급 인민대표대회에 의하여 구성되며 동급 인민대표대회와 그 상무위원회에 대하여 책임을 지고, 업무를 보고하여야 한다. 지방 각급 인민검찰원은 최고인민검찰원의 영도를 받아야 하며 하급 인민검찰원은 상급 인민검찰원의 영도를 받아야 한다. 지방 각급 인민검찰원과 지방 각급 심판기관의 설치는 서로 대응한다. 지방 각급 인민검찰원은 법률이 규정한 관할범위와 권한에 근거하여, 다음과 같은 검찰권을 행사한다.

직접 수리한 형사사건의 수사, 수사기관의 수사활동이 적법한지 여부에 대한 감독, 동급 인민법원에 공소제기, 인민법원의 심판활동이 적법한지에 대한 감독, 형사소송에서 동급 인민법원의 제1심사건 판결이나 결정에 잘못이 있는 경우 상소절차를 통한 항소제기, 상급 인민검찰원은 하급 인민법원의 효력 있는 판결과 결정에 오류가 있는 경우 심판감독절차에 근거하여 항소를 제기하고, 인민법원의 판결과 결정의 집행에 대한 감독, 교도소와 구치소 및 노동개조기관의 활동이 적법한지 여부에 대한 감독을 한다.

이외에도 상급 인민검찰원은 하급 인민검찰원에 대한 영도권을 가지고 있다.

지방각급 인민검찰원은, 검찰장 1명과 부검찰장 및 검찰원 약간 명을 두며 검찰위원회와 검찰업무기구를 설립한다.

3) 전문 인민검찰원과 파출 인민검찰원

(1) 전문 인민검찰원

전문 인민검찰원은 특정한 계통 내부에 설치된 검찰기관으로서 전속적 관할권과 등의 차이로 인하여 다른 검찰기관과는 구별된다. 중국의 전문 인민검찰원은 군사검찰원이다. 군사검찰원은 인민해방군 내에 설치한 법률감독기관이지만 중국 검찰기관의 구성부분으로서 최고인민검찰원과 해방군총정치부의 영도를 받는다. 군사검찰원의 권한은 군인범죄사건에 대한 검찰권의 행사인데 전속관할의 원칙에 따라 현역 군인과 군 소속 직원들의 범죄사건을 관할한다. 그리고 형사소송법과 군사위원회의 관련 규정에 따라 이들의 횡령과 뇌물에 관한 범죄, 불법행위, 독직범죄와 직권을 이용하여 행한 군인의 신분에 위배되는 범죄에 대한 수사, 군대보위부서가 수사한 형사사건에 대한 심사비준과 기소의 심사, 군대보위부서와 군사재판기관에 대한 수사의 감독, 재판감독과 형벌집행의 감독을 그 권한으로 한다.

구역설치와 상호결합의 원칙에 근거하여 군사검찰원은 3급으로 분류된다. 즉 중국인민해방군군사검찰원; 대군구, 공군, 해군군사검찰원; 지구군사검찰원, 공군일급군사검찰원, 해군함대군사검찰원이 그것이다. 각 급 군사검찰원의 검찰위원회는 동급 정치부의 비준을 거쳐 설립된다.

(2) 파출 인민검찰원

파출 인민검찰원은 성급(省一級) 및 현급(縣一級) 인민검찰원이 인민검찰원조직법 및 필요에 따라 특수지역 또는 장소에 설치한 파출기구로서 예를 들면 교도소, 노동교육장소, 삼림구와 광산지역에 설치한 인민검찰원이다. 파출기관의 설치는 성과 현급 인민검찰원이 동급 인민대표대회 상무위원회에 제청하여 비준을 받아야만 설립이 가능하다. 인민검찰원은 그 파출기관을 영도하고 법정절차에 따라 검찰공무원을 임면한다.

철도운수검찰원은 철도운수계통에 설치한 검찰기관으로 중국검찰기관의 구성부분이다. 철도운수검찰원은 철도운수검찰분원 및 기층 철도운수검찰원으로 구성되며 소재한 성, 자치구 및 직할시 인민검찰원의 영도를 받는다. 기본임무는 법률의 규정에 따라 검찰권을 행사하며 철도운수와 관련된 지역에서 발생한 각종 범죄활동과 철도공무원의 교통운수에 관한 범죄 활동을 제거하고 예방하며 국가의 법률과 법령이 철도 운수업에서 통일적으로 실시될 수 있도록 하고 철도 운수질서, 생산 질서 및 업무질서를 수호하며 철로재산과 철로운수물자가 불법적인 침해를 받지 않도록 하며 여행객과 철도직원의 신체적 권리, 민주적 권리 및 기타 권익이 침해되지 않도록 보호한다.

1954년과 1979년의 인민검찰원조직법은 철도검찰원을 전문 검찰기관으로 규정하고 있다. 1983년 인민검찰원조직법을 개정할 당시에는 철로계통이 점차 기업계통으로 그 편제가 변경됨에 따라 철로운수검찰원을 전문검찰원으로 규정한 규정을 삭제하였다. 그 후 철로운수검찰원은 파출검찰원으로 관리되고 있다.

II. 검찰기관의 영도체제

1. 국외 검찰기관의 영도체제

검찰기관의 영도체제란 상하급 검찰기관 사이와 검찰기관과 타 국가기관 사이에 형성된 조직상의 관계로 검찰권이 효율적으로 행사될 수 있도록 하는 조직상의 보장이다. 검찰업무와 검찰기관이 갖는 일부 행정적 성질로 인하여 검찰기관의 종속적 체제는 검찰제도에서 대체로 일상적인 형태이다. 하지만 각국 검찰기관의 영도체제는 성질, 법적 지위, 정체 및 사법제도 등의 차이로 인하여 영향을 받는다. 따라서 각 국가의 검찰기관에 대한 영도체제는 나름의 차이가 있지만 다음과 같이 몇 가지 유형으로 구분할 수 있다.[41)]

1) 행정기관과 분리된 수직적 영도체제
이러한 영도체제의 특징은 다음과 같다. 상급 검찰기관이 하급 검찰기관을 영도하고 최고검찰기관이 각급 검찰기관을 영도한다. 검찰기관은 정부와 지방권력기관의 영도를 받지 않으며 오직 최고검찰기관 만이 국가권력기관에 대하여 책임을 진다. 예를 들면 영국, 이탈리아 및 일부 대륙법계에 속하는 검찰기관이 그러하다. 사회주의 검찰제도의 유형에 속하는 구소련, 동유

럽의 대다수 국가들과 베트남, 북한 등의 국가도 이러한 유형에 속한다.

2) 행정기관에 일정 정도 종속된 수직영도체제

대다수 대륙법계 검찰기관과 영미법계의 일부 검찰기관은 행정기관 체제 내에서 수직적 영도체제를 시행한다. 이러한 체제는 크게 두 가지 부분으로 분류된다. 첫째, 검찰기관 내부와 상·하급 기관 사이에 영도관계가 있다. 둘째, 최고검찰기관과 상급 행정기관과의 관계에서는 감독 및 지휘를 받는 관계에 있다. 검찰기관과 그 상급 행정기관의 관계는 검찰활동에 대하여 국가의지를 반영토록 하고 검찰권 행사상의 실수를 방지하기 위한 것이다. 일본은 이러한 체제를 채택하고 있는 대표적인 국가이다.

3) 이중영도와 감독체제

이러한 체제의 특징은 검찰기관이 동급 국가기관 또는 정부의 영도와 감독을 받으며 동시에 상급 검찰기관의 영도를 받는다는 것이다. 예를 들면, 프랑스 검찰기관은 정부계통에 속하고 행정적 성격의 권력을 행사하지만, 법원 내에 파견되어 근무하고 검찰관은 상급 검찰기관과 동급 사법행정장관의 이중적 영도를 받는다.

유고슬라비아의 연방검찰장과 기타 검찰장 사이의 관계는 연방제원칙과 자치분권의 원칙에 근거하여 확정된다. 각급 검찰원의 정·부검찰장은 각급에 상응하는 의회가 임면하고, 업무상으로 의회에 대하여 책임을 지는 이외에도 상급 검찰장은 권한의 행사와 관련하여 하급 검찰장에게 구속력 있는 훈령을 발할 수 있다. 또한 상급 검찰장은 하급 검찰장의 사무를 감독하거나 조사할 수 있으며 하급 검찰장이 수리한 특정한 사건을 자신이 직접 처리할 수도 있다.

4) 다원화체제

미국의 경우에는 연방과 주가 독립적으로 검찰기관을 설립하며, 연방과 주 검찰기관 사이의 관계는 독립적이다. 연방사법부장 즉 총검찰장은 각 사법 관할구역 내에서 직무를 행하는 연방검찰관에 대하여 지휘권을 행사하지만 지방검찰관을 지휘할 수는 없다. 주와 시의 검찰관 집무실은 각자 독립되어 있고 검찰관은 보통선거 또는 임명의 방식을 통하여 선출되며 당해 지역의 유권자 또는 임명기관에 대하여 책임을 진다. 그러나 당해 지역의 행정당국 및 의회에 종속되어 있는 것은 아니다. 이러한 체제는 미국 특유의 권력분립제도로 인하여 형성된 것으로 일반적인 것은 아니다.

2. 중국 검찰기관의 영도체제

중국 검찰기관의 영도체제는 신 중국 성립 이래 여러 차례 변화를 겪었다. 1949년 12월 중앙인민정부최고인민검찰서시행조직조례 제2조는, "전국 각급 검찰서는 모두 독립적으로 권한을 행사하며 지방기관의 간섭을 받지 않고 오직 최고인민검찰서의 지휘를 받는다"라고 규정하였는데, 이는 검찰기관이 건립될 초기에 수직적 영도체제를 채택하였음을 나타낸다.

1951년 9월에 공포된 각급지방인민검찰서조직통칙은 검찰기관의 영도체제를 수직적 영도형에서 이중적 영도형으로 변경하였다. 즉 각급 지방 인민검찰서는 상급 인민검찰서의 영도를 받음과 동시에 각급 지방 인민검찰서를 동급 인민정부의 구성부분으로 보았으며 동급 인민정부위원회의 영도를 받는다고 하였다. 1954년 9월 통과된 중화인민공화국헌법과 중화인민공화국인민검찰원조직법은 검찰기관의 영도체제를 다시 수직적 영도체제로 전환하였고, 지방 각급 인민검찰원은 독립적으로 권한을 행사하고 지방 국가기관의 간섭을 받지 않는다고 규정하였다. 또한 지방 각급 인민검찰원과 전문 인민검찰원은 상급 인민검찰원의 영도를 받음과 동시에 최고인민검찰원의 통일적인 영도하에 있다고 규정하였다.

1966년 5월부터 시작된 '문화대혁명'은 국가의 법제를 심각하게 훼손하였다. 이 시기에는 검찰제도의 발전이 중단되었고 검찰기관은 폐지되었으며 검찰관은 완전히 해산되었다. 1975년 1월 17일 제4기 전인대 제1차 회의에서 개정 통과된 중화인민공화국헌법 제25조는, "각급 경찰기관이 검찰기관의 권한을 행사한다"고 규정하여 검찰기관의 폐지를 근본법인 헌법이 확인하였다.

1976년 10월 문화대혁명이 끝나고 중국의 역사는 중대한 전환기를 맞이했다. 이때부터 중국은 민주와 법제건설에 박차를 가하였고 인민검찰원제도는 새롭게 탄생하게 된다. 1978년 3월 제5기 전인대 제1차 회의는 중화인민공화국헌법을 다시 개정하여 공포하였는 바, 제43조에 검찰기관의 권한과 영도관계에 대한 원칙적인 규정을 두었다. 1978년 헌법은 1954년 헌법이 확립한 법원과 검찰(法檢)의 병렬적 체제와 더불어 검찰기관의 국가기관, 공무원, 공민에 대한 헌법 및 법률의 준수 여부에 대한 검찰권 행사를 인정하였지만 영도체제에 있어서는 1954년 헌법의 수직적 영도제를 채택하지 않고 상급 검찰원의 감독과 지방 권력기관의 영도가 결합된 형식을 채택하였다.

1979년 7월 제정된 중화인민공화국인민검찰원조직법은 검찰기관 상하간의 감독관계를 영도관계로 규정하였는 바 동법 제10조는, "최고인민검찰원은 전국인민대표대회와 전국인민대표대회 상무위원회에 대하여 책임을 지고 업무를 보고한다. 지방 각급 인민검찰원은 동급 인민대표대회와 동급 인민대표대회 상무위원회에 책임을 지고 업무를 보고한다. 최고인민검찰원은 지방 각급 인민검찰원과 전문 검찰원의 업무를 영도하고 상급 인민검찰원은 하급 인민검찰원의 업무를 영도한다"고 규정하고 있다.

검찰기관이 이와 같은 영도체제를 시행하게 되면 검찰원이 전국적으로 통일적인 법률감독을 시행하는 데 도움이 된다. 1982년 헌법은 이와 같은 영도체제를 확인하고 있다.

(1) 검찰기관은 반드시 권력기관의 감독을 받아야 한다.

중국에서 모든 권력은 인민에 속하며, 인민이 국가권력을 행사하는 기관은 전인대와 지방 각급 인민대표대회이다. 검찰기관은 인민대표대회가 구성하며 인민대표대회에 대하여 책임을 지고 그의 감독을 받는다. 국가권력기관과 검찰기관 관계의 핵심은 바로 감독관계이다. 인민대표대회가 검찰기관과 검찰사무를 감독하는 방법으로는 주로 기관의 설치권, 명령권, 감독권, 비준권, 인사임면권, 중대문제의 결정권, 질의권, 특정문제의 조사권 등을 통해서 이루어진다.

　(2) 검찰계통 내부에서는 최고인민검찰원이 지방 각급 인민검찰원과 전문 인민검찰원의 업무를 영도하며 상급 인민검찰원이 하급 인민검찰원의 업무를 영도하는 체제이다.

　현행 헌법 제132조 제2항, 인민검찰원조직법 제10조 제2항 및 검찰관법 제5조에서는 모두 "최고인민검찰원은 지방 각급 인민검찰원과 전문 인민검찰원의 업무를 영도하고, 상급 인민검찰원은 하급 인민검찰원의 업무를 영도한다"고 규정하고 있다. 이와 같은 체제는 전국적 범위에서 검찰기관의 집중적이고 통일적인 검찰권 행사를 보장하고 국가의 법제통일을 수호하는 데 있어 중요한 의미를 가진다. 상급 인민검찰원이 하급 인민검찰원의 업무를 영도하는 방식은 주로 다음과 같다.

　① 조사연구를 포함한 업무현황의 파악, ② 지시, 회답, 규범성문건을 통한 업무지도, ③ 업무현황과 지시 관련사항의 이행여부에 대한 검사, ④ 사건이송, 관할 및 지휘의 결정, 협조 등을 포함한 사건처리에 관한 영도, ⑤ 하급 인민검찰원의 잘못된 결정에 대한 변경 및 취소명령, ⑥ 검찰원이 중대사건을 조사 처리할 경우 반드시 규정에 따라 상급 검찰원에 보고 등록하고, 상급 인민검찰원은 지도 및 변경의견을 낼 수 있다. 하급 검찰원은 상급 검찰원이 비준한 체포조치를 변경하거나 취소할 경우 반드시 체포의 비준을 내린 인민검찰원의 동의를 얻어야 한다. ⑦ 동급 인민대표대회 상무위원회는 건의를 통해 하급 인민검찰원 검찰장, 부검찰장과 검찰위원회 위원을 변경할 수 있다. 최고인민검찰원은 전국 검찰기관의 편제 정원을 정할 수 있는 권한 이외에도 사법해석권을 통하여 하급 검찰원을 영도하는 권한을 갖는다. 최고인민검찰원이 검찰사무의 집행과 관련하여, 법률의 구체적 적용에 관하여 내린 해석은 전국 각급 인민검찰원에 대하여 구속력을 가진다.

중국 검찰기관의 영도체제 확립과정에서 얻은 귀중한 경험을 통하여 발전된 현행의 영도체제는 국가상황에 부합하며 사회주의 검찰제도의 중요한 구성부분으로서 현실적 수요에 부합한다. 그러나 이러한 영도체제는 문제점도 안고 있다. 예를 들면 검찰일체화의 정도가 비교적 이완되어 있고 인원, 재정적 또는 물적 시설의 측면에서 부족한 점이 많다. 이와 같은 문제는 향후 조속히 개선되어야 한다.

III. 검찰기관의 내부기구

1. 국외 검찰기관의 내부기구 설치방식

검찰기관의 내부기구는 검찰기관의 성질과 기능, 인원 및 업무량의 정도에 따라 설립된 내부조직이다. 이들은 청(廳), 처(處), 과(科) 등의 내부기구로 불리며 내부직능기구라고 불리기도 한다. 이러한 내부기구는 권한 또는 업무의 관할 범위에서 검찰기관의 임무를 완성한다. 검찰기관 내부기구의 설치가 합리적인지 각 기구 사이의 직무구분이 과학적인지 여부는 검찰기관의 기능과 업무상 효율에 직접적인 영향을 미친다.

각국 검찰기관의 내부기구 설치는 각국의 상황에 따라 차이가 있지만 개괄하면 다음과 같다.

1) 영도 또는 정책결정기구

각국 검찰기관의 내부에서 업무를 영도하고 검찰권을 행사하는 기구는 총검찰장, 검찰장 및 검찰관이다. 그중 각급 검찰장은 영도 또는 정책결정기구이다. 예를 들면, 영국의 1985년 범죄기소법은, "잉글랜드와 웨일스에서 황족검찰기관이라고 불리는 검찰기구의 구성은 다음과 같다.

① 검찰기관의 수장인 검찰장, ② 법에 의거하여 지정되고 검찰기관의 관할지구에서의 활동하고 검찰장에 대해 책임을 지는 수석검찰관, ③ 검찰장이 지정한 자"로 규정하였다.

소련 헌법과 검찰원조직법은 모두 총검찰장과 그 소속 각급 검찰장이 검찰권을 행사한다고 규정하였다. 총검찰장이 각급 검찰기관을 영도하는 권한은 각급 검찰기관의 활동과 그 수행 업무에 대한 감독이다. 총검찰장은 법률에 근거하여 검찰기관을 구속하는 명령과 지령을 내리며 모든 수사기관은 그의 수사업무에 관한 지시를 준수하고 집행하여야 한다. 또한 각급 검찰장과 검찰원을 비롯하여 수사원의 임면을 결정하는 영도기능을 한다.

2) 검찰업무와 업무기구

각국의 검찰기관은 행하는 업무의 차이에 따라 다양한 내부기구를 두고 있다. 세계 각국 검찰기관의 내부 업무기구는 다음과 같이 몇 가지 유형으로 분류할 수 있다.

첫째, 법률감독을 중심으로 내부기구를 설치하는 방식이다. 주로 구소련 동유럽과 베트남, 몽골, 쿠바 등 국가의 검찰기관이 그러한 바 내부 검찰직능의 기구는 일반적으로 검찰기관의 법률감독기능의 차이에 따라 설치한다. 즉 국가관리기관, 기업사업단위, 공무원과 공민의 법률준수 여부에 대한 감독을 하는 곳은 일반적으로 감독기구이고 수사기관과 기타 조사기관의 법집행에 대한 감독을 시행하는 기관은 수사감독기구이며 법원의 재판활동에 대한 감독은 재판감독기구가 담당하며 구류소, 구치소와 형벌집행의 장소 및 기타 강제조치에 대한 감독은 집행감독기구가 실시한다.

둘째, 공소를 중심으로 내부기구를 설치하는 방식이다. 일본 법무성이 발표한 검찰청사무장정(檢察厅事務章程)에 따르면 일본 최고검찰청, 고등검찰청 및 지방검찰청은 각기 3개소에서 6개소의 부를 둘 수 있다. 그중 일본 최고검찰청과 도쿄고등검찰청 내부에는 형사부, 공안부, 공판부를 설치했다. 도쿄 및 오사카 지방검찰청은 가장 많은 부를 설치한 검찰기관으로 각

각 총무, 형사, 교통, 공안, 특별수사와 공판부(公判部) 등 6개소의 부를 설치했다. 타 지역 검찰청은 일반적으로 형사, 교통 공안, 공판 및 총무부를 설치하였지만 특별수사부는 설치하지 않았다. 일본 검찰청사무장정의 규정에 따르면 각 부의 역할은 다음과 같다.

① 총무부는 각 부와 국 사이의 업무를 책임지고 조정하고, 다른 부처가 관할하지 않는 검찰사무를 관리한다.
② 형사부는 형사사건의 수사와 처분을 주관한다.
③ 교통부는 교통사건에 대한 수사와 처분을 주관한다.
④ 공안부는 공공안전과 노동쟁의사건을 주관하고 이들 사건에 대한 수사와 처분을 결정한다.
⑤ 특별수사부는 지정된 사건에 대한 수사를 주관하고 그 처리를 결정한다.
⑥ 공판부는 공판활동에 관한 사항과 공판종결 및 관련 사항을 주관하고 특별상고된 사항을 처리한다.
　이외에도 최고, 고등 및 지방의 삼급 검찰청은 사무국, 회계, 인사, 문서, 보수, 직원복지 등의 사항을 관리하는 기구를 둔다.

셋째, 형사경찰조직을 내부기구로 하는 방식인데, 이탈리아 검찰기관은 주로 내부에 3개소의 기구를 두는데 다음과 같다.

① 서기처로 서기장이 책임자이며 주로 검찰기관 내부의 사법문건의 정리, 재물, 회계, 결산 등의 업무를 담당한다.
② 사법경찰처로 소속부서로 헌병경찰처, 국가경찰처 및 재정경찰처를 둔다.
③ 검찰관사무처로서 이탈리아에는 현재 약 3,000여 명의 검찰관이 있는데 비서(사무원)와 검찰관의 비율은 일반적으로 3:1 이상이다.

넷째, 신축적인 조직의 설치방식으로 미국의 검찰기관이 이러한 특징을 가지고 있다. 미국의 검찰기구는 분산성을 특징으로 하는데 각 검찰기관은 신축적인 내부조직의 설치와 조직의 다양성을 특징으로 한다.

2. 중국 검찰기관 내부의 조직설립 원칙과 기구

1) 중국 검찰기관 내부의 조직설립 원칙

2000년 최고인민검찰원이 제정한 검찰개혁3개년실시의견(檢察改革三年實施意见) 제8조는, "중앙정부의 기구개혁에 관한 전반적인 계획에 근거하고 '권력과 책임의 일치 원칙'에 따라 법의 공정한 집행 및 법률감독기능의 수행을 보다 효율적으로 보장하기 위하여 검찰기관의 내설(內設)기구를 과학적으로 조정하고 업무기구를 강화시킨다. 또한 비업무 기구와 하급 검찰원의 내부기구를 간소화하고 업무귀속의 원칙에 따라 검찰기관 업무기구의 직무범위를 조정해야 한다"고 규정하였다. 2001년 중앙정부가 비준한 '지방 각급 인민검찰원의 기구개혁에 관한 의견'에서는 인민검찰원의 기구개혁 원칙에 대하여 비교적 구체적으로 규정하고 있으며, 아래 네 가지 원칙을 제시하고 있다.

즉, ① 법에 따라 독립적으로 검찰권을 행사하는 원칙, ② 간결, 통일, 고 효율의 원칙, ③ 단체의 구성을 최적화 하고 인원(人員)의 자질을 향상시키는 원칙, ④ 실사구시(實事求是)하고 지역상황에 맞는 적절한 대책을 취하는 원칙이다.

'검찰개혁 3개년 실시의견'과 '지방 각급 인민검찰원 기구개혁 의견' 및 이와 관련된 연구성과를 종합하고 중국의 정체(政體)와 검찰기관의 기능 및 그 현실적 상황에 근거하여 검찰기관 내부조직의 설치는 다음과 같은 원칙에 따라야 한다.

(1) 법정직무의 전면적 이행원칙

헌법과 법률은 검찰기관의 전문적인 법률감독책임을 규정하고 있다. 법률감독은 구체적인 직능을 통해 나타나며 모든 직능은 상응하는 기구와 인원이 행사하게 된다.

(2) 상대적 통일의 원칙

상급 검찰기관의 하급 검찰기관 업무에 대한 영도의 편리를 위해, 검찰기관은 최고인민검찰원부터 지방 각급 인민검찰원까지 모든 기구의 설립은 서로 대응되어야 한다. 하지만 중국의 경우 국가면적이 매우 방대하기 때문에 서로 대응되고 통일적으로 설립된 내부기구의 설치는 상대적일 수밖에 없으며 기층 검찰기관 내부의 직능기구 설립은 현지 상황을 종합적 고려하여 설치여부를 결정하고, 다만 이때에도 해당업무를 전문적으로 책임지는 인원은 배치해야 한다.

(3) 내부분업과 제약원칙

검찰기관의 법률감독권은 검찰기관이 통일적으로 행사하는 권리지만 검찰기관 내부에서 실행하는 직무상 분업을 배제하지 않는다. 왜냐하면 법률감독의 구체적인 기능은 모두 전문화된 업무이기 때문에 명확한 업무분장과 그에 따른 직무수행을 통하여 관리수준을 향상시킬 수 있다. 또한 내부직능의 적절한 분업만이 내부적 제약을 효과적으로 실행할 수 있도록 하며 검찰권의 남용 또한 막을 수 있다. 검찰기관은 국가의 법률감독기관인 동시에 감독을 받는 기관이기도 하다. 검찰기관은 검찰기능을 올바르게 수행하기 위하여 내부조직기구의 설립에 있어서 내부제약의 원칙을 자발적으로 관철할 필요가 있다.

(4) 간소화와 효율성의 원칙

검찰자원의 유한성은 내부분업 및 제약원칙의 관철을 요구함과 동시에 간소화와 효율성의 원칙도 고려해야 한다. 간소화의 원칙은 내부기구의 설립상 완전성에 대한 요구가 아니라 업무가 교차되는 부분에서의 통합 또는 합병을 의미한다. 효율성의 원칙은 내부적 분업이 적정할 것을 요구하며, 내부적 분업과 기구의 설치가 검찰사무의 효율을 제고시킬 수 있도록 할 것을 요한다.

2) 검찰기관 내부조직의 구조

상술한 원칙을 근거로 하여 중국 검찰원은 법률감독기능을 효율적으로 수행하기 위하여 내부기구를 설립하였다. 이러한 내부기구는 수행하는 직능에 따라 세 가지로 분류할 수 있다. 첫째로, 정책결정기구가 있으며 검찰장 및 검찰위원회가 이에 포함된다. 두 번째는, 업무기구로서 검찰업무를 수행하는 각각의 직능부문이 포함된다. 세 번째는, 행정서비스 및 보장기구로서 정치업무, 비서 및 종합적인 협조, 재무장비, 교육훈련, 외부사무 등의 업무기구를 포함한다. 인민검찰원의 기구설립은 인민검찰원조직법에 따라 결정된다. 각급 인민검찰원이 일반적으로 설립하는 검찰업무기구와 종합업무기구에는 공소기구(기소심사기구), 수사감독기구(체포비준기구), 뇌물·횡령의 조사기구, 독직 및 불법행위의 조사기구, 민사 및 행정 감독기구, 교도소 감독기구, 기소 및 제소 기구 및 기술기구가 있다.

(1) 정책결정기구

검찰장과 검찰위원회는 검찰기관의 정책결정기구이다. 세계적으로 각국 검찰기관 내부의 정책결정체제는 일반적으로 검찰장책임제이다. 즉 검찰장이 통일적으로 검찰기관의 업무를 영도하며 결정권을 가진다. 이는 다시 두 가지 유형으로 나뉜다. 하나는 검찰장책임제이고 다른 하나는 검찰장책임과 집단의 영도가 상호 결합된 정책결정체제이다.

검찰장책임제는 총검찰장 또는 검찰장이 통일적으로 검찰기관의 업무를 책임지고 총검찰장 또는 검찰장의 명의로 결정을 내린다. 중대한 문제에 대해 다수가 토론하는 제도가 있다 해도 다수의 의견은 검찰장의 자문 역할을 할 뿐 여전히 문제의 최종 결정권은 검찰장이 행사한다. 이러한 체제는 다수의 국가들이 채택하고 있다. 제도의 장점으로는 권력의 집중, 명확한 권한과 책임, 신속한 행동, 효율의 향상 등이 제시되고 있고 제도의 폐단으로는 독단적인 결정을 초래할 수 있다는 것이다.

검찰장책임과 집단영도를 상호 결합시킨 체제라 함은, 검찰기관은 검찰장이 영도하지만 검찰업무 가운데 중대한 사항에 관하여는 검찰기관의 집단영도기구로 하여금 토론하고 결정할 수 있도록 하는 것이다. 하지만 이런 결정은 검찰장이 조직하고 관철시키는 것이다. 다만 검찰장이 집단영도체제에서의 다수의 의견에 동의하지 않으면 다수결의 원칙에 따라 해결하는 것이 아니라 상급 감독기관이 결정을 내리도록 한다. 이러한 체제는 다수의 지혜를 발휘하게 함으로써 검찰장의 독단적인 결정을 방지할 수 있다는 장점이 있다. 그러나 업무의 효율성에 있어서는 부정적인 영향을 끼칠 수 있다.

중국이 실행하는 내부 정책결정의 체제는 후자에 속한다. 그 특징은 검찰장책임제와 집단이 영도하는 민주적 정책결정체제를 상호 결합하여 이 두 제도의 장점을 발휘하게 함과 동시에 서로를 상호 제약할 수 있도록 하는 것이다. 현행 인민검찰원조직법 제3조에서는, "검찰장이 통일적으로 검찰원의 업무를 영도한다"고 규정하고 있다. 동시에, "각급 인민검찰원은 검찰위원회를 설립한다. 검찰위원회는 민주집중제를 실행하며, 검찰장의 주재하에 중대 사건과 기타 중대 문제에 대하여 토론을 거쳐 결정한다. 만약 중대 문제에 있어서 검찰장이 다수의 의견에 동의하지 않을 경우 동급 인민대표대회 상무위원회에 제청하여 결정하도록 할 수 있다"고 규정하고 있다. 2008년 2월에 통과된 인민검찰원검찰위원회조직조례 제14조는, "지방 각급 인민검찰원의 검찰장이 중대한 사건에 관한 토론에서 검찰위원회의 다수의견에 동의하지 않을 경우 상급 인민검찰원에 제청하여 결정하도록 한다. 또한 중대한 문제에 관한 토론에 있어 검찰위원회 다수의견에 동의하지 않으면 상급 인민검찰원 또는 동급 인민대표대회 상무위원회에 제청하여 결정하도록 한다. 동급 인민대표대회 상무위원회에 제청하여 결정하도록 할 경우에는 상급 인민검찰원에 보고해야 한다"고 규정하고 있다. 이로써 검찰위원회제도는 검찰장책임제에 대한 일종의 제한이다. 그러나 상급 검찰원과 동급 인민대표대회 상무위원회에 문제를 제기하는 권력을 포함한 검찰장의 특수한 지위는 검찰위원회제도상 소수가 다수에 복종하는 민주집중제의 원칙이 일정한 제한을 받는다는 것을 의미한다. 검찰장은 검찰기관의 수장으로서 그 영도적 지위 등을 고려할 때 인민검찰원의 정책결정기구는 검찰장이라는 것을 알 수 있다. 검찰장의 기본적 권한은 다음과 같다.

① 조직영도권: 인민검찰원조직법은, "검찰장이 통일적으로 검찰원의 업무를 영도한다. 검찰장은 검찰기관의 업무에 대해 전면적인 영도책임이 있으며 검찰위원회 회의를 주관하고 회의에서 결정된 사항을 집행한다"고 규정하고 있다.

② 결정권: 검찰장은 각종 업무와 관련하여 직권을 행사할 경우 결정권을 향유한다. 예를 들어 인민검찰원의 범죄용의자에 대한 체포 비준에 대하여 검찰장이 결정권을 갖는다. 또한 검찰장은 소송에 참여한 검찰인원의 회피 여부 등에 대하여도 결정권을 갖는다.

③ 임면권: 법률의 규정에 따라 검찰장은 검찰인원을 임면하거나 임면을 제청할 수 있으며 하급 인민검찰원의 검찰장, 부검찰장과 검찰위원회 위원의 교체를 건의할 수 있다.

④ 대표권: 검찰장은 대외적으로 인민검찰원을 대표하며, 각급 인민검찰원 검찰장은 검찰원을 대표하여 동급 인민대표대회에 업무를 보고한다.

⑤ 사건처리권: 검찰장은 직접 사건을 처리할 수 있다.

인민검찰원은 부검찰장을 두어 검찰장의 업무에 협조하도록 한다. 부검찰장은 일부 검찰업무를 주관하거나 또는 검찰원의 일상적인 사무를 관장한다.

인민검찰원조직법에 근거하여 설립된 검찰위원회는 각급 검찰기관이 실행하는 집단영도제이며 중대 사건과 검찰업무상의 기타 중대 문제에 대해 토론하고 결정하는 기구이다. 현재 중국 검찰기관의 검찰위원회는 인민검찰원 내부에서 집단 영도적 정책결정을 실행하는 가장 중요한 조직 형태로서 중국적 특색을 지닌 검찰제도라고 할 수 있다. 검찰위원회의 권한은 다음과 같다.

① 검찰업무상 관철 및 집행된 국가의 법률 또는 정책과 동급 인민대표대회 및 상무위원회가 결의한 중대한 문제에 관하여 심의한다.
② 동급 인민대표대회 및 그 상무위원회에서 심의된 업무의 보고 및 특정한 문제에 관한 보고와 관련 의안을 심의하고 통과시킨다.
③ 검찰업무상의 경험을 종합하여 검찰업무에서 발생한 새로운 상황과 문제를 연구한다.
④ 최고인민검찰원 검찰위원회는 검찰업무상의 구체적인 법률적용에 대한 해석 및 검찰업무에 관련된 조례, 규정, 규칙, 방법 등을 심의하고 통과시킨다. 성급 이하 인민검찰원 검찰위원회는 해당지역의 검찰업무 및 관리에 관한 규범성문건을 심의하고 통과시킨다.
⑤ 중대하고 복잡한 사건 등을 심의 결정한다.
⑥ 하급 인민검찰원이 재심의를 요청한 사건 또는 사항에 대한 심의와 결정을 한다.
⑦ 동급 인민검찰원 검찰장과 경찰기관책임자의 회피를 결정한다.
⑧ 기타 검찰위원회의 심의가 필요한 안건 및 사항을 심의한다.

검찰위원회 위원의 신분은 이중성을 지니고 있다. 먼저 검찰위원회 위원은 통상적으로 일정한 검찰직무 또는 행정직무를 담당하는 검찰관이다. 예를 들면 해당 검찰원의 검찰장, 부검찰장과 일부 중간간부 및 검찰관이 겸직하고 있는 직무이다. 동시에 검찰위원회 위원은 직무상의 독립성을 가지는 바, 그 이유는 다음과 같다. 첫째, 검찰위원회 위원은 검찰관법에서 명확하게 규정한 검찰관 직무의 한 유형으로서, "법률에 의거하여 국가검찰권을 행사하는 검찰인원"에 속한다. 따라서 검찰위원회 위원은 겸직이 가능하다. 둘째, 검찰위원회 위원은 보통의 검찰관에 비해 까다로운 절차를 통해 관리되는데 검찰관법 제7조 따르면 검찰위원회 위원은 검찰장, 부검찰장과 같이 검찰직무를 행해야 할 뿐만 아니라 그 직무와 관련된 권한을 행사해야 한다.

검찰위원회제도는 일종의 집단적 정책결정 및 집단적 영도제도로서 검찰장 개인책임제와 유기적으로 결합하여 중국적 특색을 지닌 검찰기관 내부 영도와 정책결정체제를 형성한다. 이러한 정책결정체제의 의의는 다음과 같다.

우선, 이러한 체제는 집단영도의 결정과정에서 나타날 수 있는 오류를 방지할 뿐만 아니라 집단적 정책결정을 통하여 개인적 행위를 효과적으로 제약하는 동시에 검찰장의 권위를 존중할 수 있게 한다. 비록 검찰장이 직접적으로 다수의 의견을 부정할 순 없지만 동급 인민대표상무위원회에 제청을 함으로써 다수 위원의 의견을 부정할 수 있다. 따라서 이러한 제도는 단일 수장제도의 독단적인 결정과 중대한 정책결정에서의 경솔함을 예방함과 동시에 민주성을 강조하고 검찰일체제도가 요구하는 검찰장의 권위를 보호할 수 있게 한다.

이러한 체제는 국가기관의 전반적인 활동방식과 서로 조화를 이룬다. 국가기관의 활동상 특징은 민주집중제와 개인책임제의 결합이라고 할 수 있다. 그리하여 서방에서 채택하고 있는 다원적 균형체제와 구별된다. 또한 검찰체제상의 단일수장제도는 중국 검찰기관의 성질과 체제적 배경에 부합하지 않기 때문에 검찰장책임제와 검찰위원회제도의 결합이 비교적 적합하다고 할 수 있다.

검찰위원회제도가 제한적인 상황에서 개별사건을 의결하는 것은 법리적으로나 실무상으로도 합리성을 지니고 있다. 왜냐하면, 첫째 검찰활동은 행정적 성질도 가진 활동이기 때문이다. 따라서 행정적 성질을 가진 활동, 예를 들면 형사사건에서 수사 중의 문제를 행정상 상급기관이 결정하거나 다수가 의결하는 것은 행정활동의 특징과 규율에 부합한다. 둘째, 검찰활동은 정책성이 비교적 뚜렷한 활동으로서 재판이 강조하는 법에 의거한 판결과는 다르기 때문이다. 기소편의주의는 검찰장 또는 검찰위원회에 대하여 고도로 통일된 기준을 요구한다. 셋째, 검찰체제상의 일체화 특징을 들 수 있다.

검찰활동상의 일체화 정신을 관철하기 위해서는 검찰관의 상대적 독립성을 존중하는 동시에 검찰기관의 수장 또는 지휘부가 일부 사건을 결정토록 해야 한다.

중국의 검찰위원회제도는 검찰제도의 설립과정에서 중요한 역할을 하였다. 다년간에 걸쳐 검찰위원회제도가 발휘한 성과는 충분히 긍정할 수 있다. 그러나 검찰위원회제도의 현존하는 문제점 또한 제대로 인식되어야 할 것이다. 그 예로서는 검찰위원회 구성원의 전문화 정도가 높지 못한 점, 검찰위원회의 의사결정 과정과 관련하여 절차화 및 규범화가 부족하다는 점, 공개성의 부족으로 인하여 감독이 부실하다는 점 및 책임제도가 관철되기 힘들다는 점 등이다. 의법치국(依法治國)방침의 실시에 따라 검찰업무가 새로운 환경에 적응할 수 있도록 좀 더 차원 높은 변화가 필요하다. 검찰위원회제도를 더욱 발전시켜 나가야 할 것이다.

(2) 업무부문

검찰기관 내부에 설치된 업무기구는 검찰기관의 업무 수행을 위한 주체적 기구이며 검찰기관의 관련 기능을 분담한다. 업무기구의 설립을 통해 검찰기능을 구체화하고 검찰기능을 활성화시킨다. 1983년 인민검찰원조직법을 개정할 당시에 내부업무를 위한 기구에 대해서는 원칙적 규정만을 두었을 뿐 업무기구의 구체적인 명칭과 기능에 대해서는 규정하지 않았다. 따라서 검찰기관의 내부기구 개혁에 공백을 초래하였고 내부업무기구 역시 검찰기관의 직무를 중심으로 끊임없는 변화를 겪었다. 예를 들면 직무상 범죄를 예방하는 것은 인민검찰원의 중요한 직무이며 또한 각 검찰기관이 중시하는 부분이다. 1992년 최고인민검찰원은 검찰청 내부에 횡령·뇌물범죄예방처를 설립하였고, 1995년에는 그 명칭을 횡령·뇌물금지총국 횡령·뇌물범죄예방센터로 변경하였다. 그 후 각지 검찰기관은 횡령·뇌물금지국 내부에 예방기구를 설립하였다. 1998년 하북성, 흑룡강성 및 해남성 검찰기관은 예방기구를 횡령·뇌물금지국에서 분리시켜 독립적인 직무상 범죄예방기구를 설립하였다. 최근의 횡령·뇌물사건의 상황으로 볼 때 탐리성(貪利性) 직무

범죄와 독직성 직무범죄가 서로 중첩되어 가고 있으므로 횡령·뇌물범죄의 징벌과 예방은 독직성 직무범죄의 징벌 및 예방과 반드시 결합되어야 한다. 이에 중화인민공화국 국가편제위원회의 비준을 받아 2000년 8월 최고인민검찰원에는 독립적인 직무범죄예방전문기구인 직무범죄예방청을 설립하였으며 각 성, 자치구 및 직할시 검찰원 또한 이에 상응하는 전문기구를 설립하여 직무상 범죄의 예방을 더욱 강화시켰다.

현행 내부적인 업무기구의 설치는 일반적으로 검찰기관의 구체적인 기능 및 임무와 대응된다. 이러한 기구의 설치는 검찰기관이 권한을 효율적으로 행사하는 데 이롭고 검찰기관의 역할이라는 측면에서도 매우 합리적이다.

먼저 검찰기관의 기능은 다양성을 그 특징으로 하기 때문에 직무상 범죄의 수사기능뿐만 아니라 공소기능과 감독기능 등도 있다. 이러한 기능들은 각기 서로 다른 특징을 가지기 때문에 동일한 주체가 이러한 기능들을 모두 행하게 되면 직능의 교차와 충돌이 발생할 수 있다. 이러한 상황하에 기관 내부에 서로 다른 기구 또는 부서를 설립하여 직능을 구별하면 기능의 중복을 피할 수 있고 충돌을 줄일 수 있다. 또한 검찰기관이 행사하는 서로 다른 기능 간에도 감독과 제약의 문제가 존재한다. 예를 들면 직접 수리한 사건의 수사 역시 감독과 제한을 받게 되는데, 이러한 내부적 감독기제는 다양한 기구를 설립하는 방법을 통해서만 실행 가능하다. 지난 수년간의 개혁을 통하여 각급 인민검찰원은 일반적으로 다음과 같은 검찰업무기구와 종합업무기구를 설립하였다.

① 수사감독기구: 경찰기관, 국가안전기관과 인민검찰원 수사기구가 체포의 비준을 요청한 사건에 대해 체포 여부를 심사 또는 결정하거나 경찰기관, 국가안전기관 및 인민검찰원 수사기구가 수사를 위해 구금의 연장을 요청한 사건에 대하여 그 연장 여부를 결정하며, 경찰기관이 입안하여 수사해야 하지만 입안을 하지 않는 경우 또는 입안하지 않아야 했으나 입안을 한 경우에 대해 감독하고 수사활동의 적법여부에 대한 감독을 행한다.

② 공소기구: 경찰기관과 국가안전기관, 인민검찰원의 수사기구가 기소 또

는 불기소한 사건에 대하여 적법성 여부를 심사하고, 법정에 나가 공소를 유지한다. 또한 수사활동과 인민법원의 재판활동에 대해 감독을 실시하며 명백한 오류가 있는 형사판결 및 재정에 대해서는 항소를 제기하고 사형집행에 대한 현장감독을 실시한다.

③ 횡령 및 뇌물수수 검찰기구: 횡령·뇌물금지국은 인민검찰원이 직접 수리한 횡령 및 뇌물수수 관련 범죄사건에 대한 수사를 전개한다.

④ 독직 및 불법행위 검찰기구: 국가공무원의 독직범죄를 비롯하여 국가공무원이 권한을 이용하여 행한 불법구금, 고문에 의한 강제성 자백, 보복성 모함, 불법적인 수색, 폭력을 수반한 취조, 선거의 방해 등과 같이 공민의 신체적 권리와 민주적 권리를 침해하는 범죄를 입안하여 수사한다.

⑤ 감호소 검찰기구: 집행기관의 형 집행 활동과 감형, 가석방, 병보석 등의 변경집행 및 교도소, 감호소, 노동개조기관의 활동이 적법한지 여부와 구금 일수의 초과에 대하여 감독한다. 형의 집행 과정에서 발생한 피감시자의 학대사건, 구금자를 은밀히 석방한 사건, 직무상의 과실로 구금자가 도주한 사건을 비롯하여 사리사욕으로 인해 불법적으로 이루어진 감형 및 가석방, 임시외부감호 등에 대한 사전조사를 행한다.

⑥ 민사 및 행정 검찰기구: 민사소송과 행정소송에 대해 감독을 행하며 효력은 발생했지만 명확한 오류가 있는 민사, 경제, 행정판결 및 결정에 대하여 재판감독절차에 따라 항소를 제기한다. 또한 인민검찰원이 항소한 민사, 경제, 행정사건에 대하여 인민법원의 심리과정 참여하여 관련 직무를 이행한다. 또한 사건의 처리과정에서 발견한 법관의 뇌물수수와 법률을 왜곡하여 재판한 민사 및 행정사건을 비롯하여 판결과 결정에 심각한 문제가 있는 사건을 수사한다.

⑦ 고소, 제소관련 검찰기구: 주요 업무는 고소와 제소사건의 수리와 우편으로 보내온 고소 및 제보 등을 처리하고 신고와 고소 고발 등에 대하여 수리 및 접견하고 범죄자의 자수를 받으며 인민검찰원이 비준하지 않은 체포와 불기소, 사건의 철회 및 기타 처리의 결정에 불복하거나 이미 발효한 형사판결 및 재정에 불복하는 상소를 수리한다. 또한 인민검찰원이 배상의 의무를

지는 형사배상사건 등의 업무를 처리한다. 2000년 최고인민검찰원은 기소와 상소를 분리시켰고 그 결과 형사기소청과 형사상소청이 각기 책임을 맡게 되었다.

⑧ 법률정책 연구기구: 주요 업무는 입법 및 법률개정에 참여하는 것이며 검찰기관의 법률적용과 관련하여 사법해석에 관한 초안을 마련한다. 또한 검찰장과 검찰위원회가 정책의 적용과정에서 발생한 중대한 의문 및 난제사건을 해결할 수 있도록 협조한다.

⑨ 기술기구: 기술기구의 주요업무는 사건과 관련된 증거에 대한 기술적 검증, 감정 및 대조 등이다. 사건현장에 대한 현장검증을 진행하며 사건과 관련된 물증을 수집, 고정 또는 채취하고 이에 대한 과학적 감정을 진행한다. 또한 관련 업무기구가 사건을 처리하는 과정에서 발생된 기술적 문제의 증거에 대해서도 조사하거나 감정을 실시한다.

최고인민검찰원은 상술한 각각의 기구 이외에도 철도운송검찰청을 설립하여 철도운송검찰분원과 기층철도운송검찰원에 대한 업무지도를 행한다. 철도운송검찰청은 법률에 의거하여 철도운송과 관련된 사건을 처리한다.

3) 행정 서비스 보장기구

검찰기관은 헌법상 규정된 검찰직무를 이행함과 동시에 내부관리를 위한 행정직무를 수행하고 있다. 검찰원 내부에 설립된 기구에는 업무기구 외에도 전문적인 행정 서비스 보장기구가 있다. 각급 인민검찰원이 설립한 내부 행정서비스 보장기구는 일반적으로 다음과 같은 부서를 포함한다.

(1) 행정관리부서

주요 직무는 검찰원 고위간부를 도와 검찰행정업무를 처리하고 검찰원의 중요활동을 조직하고 배치하는 것이다. 또한 검찰원의 종합자료를 책임지고 초안하고 검찰사무와 관련된 정보 및 소식 등을 편집하여 배포한다. 공문처리와 기밀서류 및 정보의 처리, 감독, 통계, 기록 등 검찰원의 행정사무와 대외적인 교류를 담당한다.

(2) 정치부서와 당무부서

검찰원 내부의 사상정치교육, 간부교육, 기강감찰, 인사임면, 임금, 복리와 당무 등의 업무를 담당한다.

(3) 서비스 보장부서

주요 직책은 검찰원의 재무계획, 물자, 기술 장비, 교통수단, 사무시설, 통신설비, 검찰 또는 사법경찰의 제복관리 및 관련 물품의 구입과 관리업무를 담당하는 것이다. 또한 각종 경비의 신청과 정산 등 재무관리를 담당하며 검찰원 소유의 부동산과 고정자산, 의료보험, 차량의 관리 등에 관한 사무를 책임진다.

행정기능은 검찰기관 내부관리의 필요에 의해 생긴 것이므로 이에 상응하는 사법행정부서를 설립해야 하며 사법행정인원 역시 배치해야 한다. 하지만 검찰관은 법에 따라 검찰권을 행사하는 사법공무원이다. 따라서 검찰관의 지위는 행정권을 행사하는 행정공무원 또는 심판권을 행사하는 법관과 구별된다.

제5장

검찰기관의 권한

I. 검찰기관의 권한 배분

검찰기관의 권한, 즉 검찰권은 검찰기능을 실현하기 위하여 국가의 법률이 검찰기관에게 부여한 권능이다. 검찰권은 국가권력의 중요한 구성부분이며 검찰제도의 핵심이다. 각국의 법률은 검찰기관의 권한에 대하여 명확하고 구체적인 규정을 두고 있다. 이러한 규정은 검찰권의 법적 연원이며 동시에 검찰기관의 권한수행을 위한 법적 근거가 된다.

세계적으로 각국의 검찰기관은 국가 정치체제상의 지위, 기능적 속성 및 역사적 전통의 차이로 인하여 구체적인 권한에는 차이가 있다. 영미법계 국가의 검찰기관의 권한은 기본적으로 공소에 국한된다. 검찰기관은 형사사건의 공소 이외에 공공의 이익과 연관된 민사, 행정소송에 참여할 수 있다. 예를 들어 영국의 검찰장은 황실의 권익과 공공이익을 침해하는 행위에 대하여 법원에 소송을 제기할 수 있는 권한이 있으며, 미국의 검찰관은 연방이익과 관련된 민사사건에 대하여 소송을 제기하거나 법정에 나가 연방정부를 위해 변호할 수 있는 권한이 있다.[42] 물론 일부 영미법계 국가의 검찰기관 은 일정한 수사권을 가지고 있다.

대륙법계 국가 검찰기관의 주요 권한 역시 공소권이지만 영미법계 국가 와 비교하면 그 범위가 더 넓다. 즉 기소권과 더불어 광범위한 수사권과 일정한 재판감독권 및 판결의 집행에 대한 지휘 및 감독권 등의 권한을 가 진다. 또한 공익의 대표로서 민사 또는 행정소송에 참가할 수 있다. 사회주 의국가의 검찰기관은 법률감독기관으로서 수사, 기소, 항소, 민사 또는 행정 소송의 참여하며 광범위한 법률감독권을 가진다. 나아가 구소련 및 동유럽 사회주의 국가의 검찰기관은 국가기관이나 기업 사업단위, 공무원과 전체 국민의 행위에 대하여 포괄적인 감독을 할 권한을 가지고 있다. 결론적으로 형사사건에 대한 공소권을 갖는 것은 각국 검찰기관이 지닌 공통점이며 경 찰기관의 수사 활동에 대한 감독과 법원의 재판에 대하여 일정 정도의 감독 권을 행사한다는 점 또한 대다수 국가의 검찰기관이 갖는 공통된 특징이다.

신 중국 검찰기관은 그 설립일로부터 시작하여 법률감독권을 부여받았지 만, 그 권한의 구체적인 내용은 사회주의 법제건설의 진전에 따라 변화되었 다. 건국 초기인 1949년 12월 중앙인민정부 주석이 비준한 중앙인민정부최 고인민검찰서시행조직조례의 규정에 따르면 검찰기관은 다음과 같은 권한 을 행사할 수 있었다.

① 전국 각급 정부기관 및 공무원과 전 국민이 인민정치협상회의공동강 령 및 인민정부의 정책, 법률, 법령을 준수하는지에 대한 감찰
② 각급 사법기관의 위법한 판결에 대한 이의 제기
③ 형사사건에 대한 수사와 공소의 제기
④ 전국 사법 및 경찰기관의 교도소 및 구치소의 위법한 조치에 대한 감독

---

42) 参见 李忠芳等主编: ≪民事检察学≫, 中国检察出版社 1996年版, 第29页。

⑤ 사회 전체와 노동인민의 이익과 연관된 민사사건 및 행정소송상 국가 공익을 대표한 소송참가
⑥ 인민이 하급검찰서의 불기소처분에 불복하여 재심사를 신청한 사건에 대한 처리

이상 6가지 항목의 권한은 다음의 세 가지로 요약할 수 있다

① 일반감독권으로서 정부기관과 공무원 및 기타 인원의 법률준수 여부 에 대한 감독권
② 형사소송의 제기 및 참여와 검찰권, 즉 형사소송을 제기하여 소송에 참여하고 형사소송활동에 대하여 감독을 행하는 권한
③ 민사 및 행정소송의 참여권, 즉 국가공익의 대표자로서 민사소송과 행 정소송에 참여하는 권한이다.

1951년 9월 중앙인민정부가 통과시킨 최고인민검찰서잠행조직조례와 각 급지방인민검찰서조직통칙은 검찰기관의 권한에 대하여 상술한 중앙인민정 부최고인민검찰서시행조직조례와 대체적으로 동일한 규정을 두었다. 다만 아래와 같은 두 가지 측면에서는 구체적인 개정이 있었다.
첫째, 상황변화에 따른 필요와 사법기관의 분업과 관련하여, "형사사건에 대한 수사 및 공소제기" 부분을 "반혁명 및 기타 형사사건에 대하여 감찰하 고 공소를 제기한다"라고 수정하였다. 둘째, "각급 사법기관의 위법한 판결 에 대하여 항소를 제기한다"라는 부분을 "각급 심판기관의 위법하거나 부당 한 재판에 대하여 항소를 제기한다"라고 개정하여 부당한 판결과 위법 부당 한 재정에 대한 항소권을 추가 하였다.
1954년 공포된 중화인민공화국헌법 제81조는 검찰기관의 권한에 대하여, "중화인민공화국 최고인민검찰원은 국무원 소속의 각부, 지방 각급 국가기 관, 국가기관의 공무원과 공민의 법률준수 여부에 대한 검찰권을 행사한다. 지방 각급 인민검찰원과 전문 인민검찰원은 법률이 규정한 범위 내에서 검찰

권을 행사한다"고 규정하여 검찰기관의 권한에 대해 원칙적인 규정을 두었다. 이와 동시에 공포된 중화인민공화국인민검찰원조직법의 규정에 의하면 지방 각급 인민검찰원의 권한은 모두 6가지로 아래와 같은 사항을 포함한다.

① 지방 국가기관의 결의, 명령 및 조치의 적법 여부와 공무원 및 공민의 법률준수여부에 대한 감독을 실시한다.
② 형사사건에 대한 수사를 진행하고 공소를 제기한다.
③ 수사기관의 수사활동이 적법한지 여부에 대한 감독을 실행한다.
④ 인민법원의 심리가 적법한지에 대한 감독을 실행한다.
⑤ 형사사건 판결의 집행과 노동개조기관의 활동이 적법한지에 대한 감독을 실행한다.
⑥ 국가와 인민의 이익에 관련된 중요 민사사건에 대하여 소송을 제기하거나 소송에 참여 할 수 있는 권리가 있다.

건국 초기의 검찰기관의 권한에 관한 규정과 비교할 때, 헌법과 인민검찰원조직법은 일반감독의 내용에 대해 일부 변경을 가하였다. 즉 최고인민검찰원의 국무원 소속 각 부처와 지방 각급 국가기관의 법률준수 여부에 대한 심사권과 지방 각급 인민검찰원의 지방 국가기관의 결의와 명령 또는 조치가 합법적인지 여부에 대한 감독권을 명확히 하였다. 또한 검찰기관이 국가 공익을 대표하여 행정소송에 참여하는 권한과 인민이 하급 검찰기관의 불기소처분에 불복하여 제기한 재심사건의 처리에 관한 권한을 폐지하였다. 그리고 수사감독권을 명확히 하였고 심판감독권의 적용범위를 확대했으며 형사판결의 집행에 대한 감독권을 보완하였다.

1978년 공포한 중화인민공화국헌법에서는 문화대혁명 시기에 폐지된 검찰기관을 다시 규정하였는 바 동법 제43조는, "최고인민검찰원은 국무원 소속의 각 부처, 지방 각급 국가기관, 국가기관 공무원 및 공민의 법률준수 여부에 대한 검찰권을 행사한다. 지방 각급 인민검찰원과 전문 인민검찰원은 법률규정의 범위 내에서 검찰권을 행사한다"고 규정하고 있다.

1954년의 헌법 규정과 비교할 때 1978년 헌법은 최고인민검찰원의 일반 감독권과 관련된 규정을 계승하였을 뿐만 아니라 그 감독범위를 위헌행위까지 확대하였다.

1979년에 공포되어 1983년에 개정된 인민검찰원조직법은 신 시기(新時期: 1978년 중국이 네 가지 현대화 실현을 중심 과업으로 삼은 새로운 시기) 중국 법제건설의 객관적 필요와 검찰제도의 발전방향에 근거하여 중국 검찰기관의 기본적 권한의 범위를 규정하였다. 동법 제5조에서는 각급 인민검찰원이 다음과 같은 권한을 행사함을 규정한다.

① 국가모반 사건(叛国案), 국가분열 사건(分裂国家案) 및 국가의 정책, 법률, 법령을 심각하게 훼손하는 중대한 범죄사건에 대하여 검찰권을 행사한다.
② 직접 수리한 형사사건에 대한 수사를 진행한다.
③ 공안기관이 수사한 사건에 대한 심사를 행하여 체포와 기소 여부를 결정한다. 또한 공안기관의 수사활동이 적법한지 여부에 대하여 감독을 실행한다.
④ 형사사건에 대하여 공소를 제기한다. 또한 인민검찰원의 심판활동이 적법한지 여부에 대하여 감독을 실행한다.
⑤ 형사사건의 판결과 결정의 집행 및 교도소, 구치소, 노동개조기관의 활동이 적법한지 여부에 대하여 감독을 실행한다.

이전의 헌법과 법률 특히 1954년의 인민검찰원조직법이 규정한 검찰기관의 권한과 비교해 보면, 현행의 인민검찰원조직법은 검찰기관의 일반감독권을 폐지하고 국가모반사건(叛国案), 국가분열사건(分裂国家案) 및 국가의 정책, 법률 및 법령을 심각하게 해치는 중대한 범죄사건에 대하여 검찰권을 행사한다는 규정을 추가하였으며, 검찰기관의 형사사건 수사범위는 직접적으로 수리한 형사사건으로 제한하였다. 또한 검찰기관의 체포에 관한 비준 심사권을 명확히 하였고, "형사판결의 집행과 노동개조기관의 활동에 대한 감독"을 "형사판결과 결정의 집행 및 교도소, 구치소, 노동개조기관의 활동이 적법한지 여부에 대한 감독"으로 그 범위를 확대시켰다. 그리고 검찰기관이 민사소송을 제기하거나 이에 참여한다는 내용의 규정은 더 이상 찾아볼 수 없다. 형사소송법에 이어서 공포된 행정소송법 및 민사소송법등의 법률에서는 검찰기관의 권한을 더욱 개선하였다.

1979년 공포된 형사소송법은 소송절차에서 검찰기관의 수사, 심판, 집행 등 형사소송활동에 대한 감독권을 더욱 구체적으로 규정하였다. 1996년 개정된 형사소송법 제8조는, "인민검찰원은 법에 의거하여 형사소송에 대한 법률감독을 실행한다"고 명확하게 규정하였으며 검찰기관의 형사소송상 구체적인 권한에 대하여 조정하고 개선하였다. 1989년 통과된 행정소송법 제10조는, "인민검찰원은 행정소송에 대한 법률감독을 실행할 권한이 있다"고 규정하고 있으며, 1991년 제정되어 2001년 개정된 민사소송법 제14조는, "인민검찰원은 민사심판활동에 대한 법률감독을 할 권리가 있다"라고 규정하여 검찰기관에게 행정소송과 민사심판활동에 대한 법률감독을 실행할 수 있는 권한을 부여하였다.

소송법 이외의 기타 관련 법률과 조례에서도 검찰기관의 법률감독권에 대해 보충하거나 구체적 규정을 두고 있는데 그 예로 1979년 제5기 전인대 상무위원회 제12차 회의에서 비준한 '국무원의 노동교양에 대한 보충규정' 제5조는, "인민검찰원은 노동교양기관의 활동에 대하여 감독을 실행한다"고 규정하고 있으며, 1990년 공포된 구치소조례 제8조는, "구치소의 감시 관리 활동은 인민검찰원의 법률감독을 받는다"고 규정하고 있다. 또한 1994년 통과된 교도소법 제6조는, "인민검찰원은 교도소의 형벌집행의 적법 여부에 대하여 법률에 근거하여 감독을 한다"고 규정하고 있고, 1995년 통과된 인민경찰법 제42조는, "인민경찰의 직무수행은 법률에 의하여 인민검찰원과 행정감찰기관의 감독을 받는다"고 규정하였다. 이로써 중국의 현행법률은 검찰기관의 권한에 대하여 명확하고 구체적으로 규정하고 있다.

상술한 검찰기관의 각 직무의 성질과 특징에 근거하여 중국검찰기관의 기본적인 권한은 다음과 같이 크게 다섯 가지로 분류할 수 있다.

① 직무상 범죄의 수사권

② 체포에 대한 비준과 결정권

③ 형사공소권

④ 형사소송, 민사심판 및 행정소송에 대한 감독권

⑤ 법률이 부여한 기타 권한

위와 같은 검찰권의 다섯 가지 내용은 모두 법률감독의 구체적인 실현방식이며 각각의 권한은 상호 관련이 있을 뿐만 아니라 상호 보완관계에 있는 등 유기적 체계를 구성한다. 검찰원의 설치는 검찰기관이 국가의 법률감독기관으로서 갖는 성질과 지위를 구현함과 동시에 검찰기관의 인민대표대회제도 아래서의 지위 및 기능과 서로 부합한다. 또한 검찰기관은 반드시 법률의 수권과 법정절차에 따라서 이러한 권한을 행사해야 한다. 검찰기관 내부에서는 검찰업무의 필요에 의해 약간의 부처를 설치할 수 있으며 이러한 권한에 관해서는 과학적인 배치와 합리적인 분업이 필수적이다. 대외적으로는 위의 다섯 가지 권한은 모두 검찰권한의 유기적인 구성부분이며 그 행사에 있어서도 통일성과 규범성을 유지해야 한다. 검찰기관은 법에 따라 이러한 권한을 행사하며 이를 통하여 국가법률의 통일적이고 올바른 시행을 보장한다.

II. 직무상 범죄의 수사

1. 직무상 범죄에 관한 수사의 개념과 범위

형사소송법에서 말하는 수사란 공안기관(경찰기관)과 인민검찰원 및 기타 수사기관이 사건을 처리하는 과정에서 법률에 따라 행하는 전문적인 수사업무와 이에 따른 강제성 조치를 가리킨다. 수사권이라 함은 법률이 공안기관과 인민검찰원 및 기타 수사기관에 부여한 형사사건에 대한 입안 및 전문적인 조사활동 및 강제조치를 할 수 있는 권한을 말한다. 각 기관이 행사하는 조사권의 범위는 법률로 명확히 규정되었다. 직무상 범죄의 수사란 검찰기관이 법률에 따라 국가공무원이 그 직무와 관련하여 범한 범죄행위에 대하여 입안하여 수사할 수 있는 권한을 말한다.

인민검찰원조직법 제5조 제2항은, "직접 수리한 형사사건에 대하여 수사한다"라고 규정하고 있는데, 이는 법률이 검찰기관에게 부여한 수사권에 대한 기본적인 규정이다. 한편, 형사소송법 제18조 제2항은 검찰기관이 행사하는 직무상 범죄에 관한 조사권의 범위에 관하여 구체적인 규정을 두고 있다. 이 조항에 따르면 뇌물수수 및 횡령죄, 국가공무원의 독직죄, 국가기관의 공무원이 권한을 이용하여 행한 불법구금, 고문에 의한 강제성 자백, 보복성 모함, 불법수색 등 공민의 신체적 권리와 민주적 권리를 침해하는 범죄는 인민검찰원이 입안하여 수사한다. 국가기관의 공무원이 권한을 이용하여 행한 기타 중대한 범죄사건도 인민검찰원이 직접 수리해야 할 필요가 있을 경우에는 성급 이상 인민검찰원의 결정을 거쳐 인민검찰원이 입안하여 수사할 수 있다.

형사소송법의 상술한 규정과 형법의 관련 규정 및1997년 최고인민검찰원이 제정한 인민검찰원형사소송규칙은 검찰기관의 직무상 범죄에 대한 수사권의 범위를 구체적으로 규정하고 있는 데, 즉 검찰기관이 직접 수리해 수사하는 사건의 관할범위는 다음과 같은 사건을 포함한다.

① 형법 각칙 제8장에서 규정한 뇌물수수 및 횡령범죄와 제8장 이외의 장에서 명문으로 제8장의 관련 조문에 따라 죄를 확정하고 처벌하도록 한 범죄 사건으로서 횡령, 공금유용, 뇌물수수, 기관의 뇌물수수, 뇌물공여, 기관에 대한 뇌물공여, 뇌물수수의 중개, 기관의 뇌물공여, 출처가 불분명한 거액의 자산, 해외계좌를 통한 재산의 은폐, 국유자산을 사적으로 분배하는 행위, 몰수한 재물의 사적인 분배 등 총 12가지의 범죄유형이다.

② 형법 각칙 제9장 및 형법개정안에서 규정한 국가기관 공무원의 독직 범죄 사건으로는 직권남용, 직무유기, 사리사욕, 국가기밀누설, 법을 위반한 기소·재판·판결의 집행, 직권을 남용한 재판, 법을 위반한 중재행위, 구류 또는 호송 중인 자를 사적으로 석방하는 행위 등 35가지의 범죄유형이 있다.

③ 형법 각칙 제4장이 규정한 공무원이 직권을 이용하여 공민의 신체적 권리와 민주적 권리를 침해한 범죄사건으로 불법구금, 고문에 의한 강제자백, 보복성 모함, 불법수색, 폭력을 수반한 취조, 체벌, 감독자에 의한 학대, 선거의 방해 등 총 7가지 범죄유형이 있다.

④ 검찰기관이 직접 수리할 필요가 있고 성급 이상 인민검찰원의 결정을 거쳐 검찰기관이 입안 및 수사하는 기타 중대한 범죄사건이 있다. 현재 검찰기관이 직접 수리하여 입안과 조사를 진행하는 범죄사건은 50여 개의 죄명에 달한다.

따라서 검찰기관이 형사사건을 직접 수리하고 수사하는 권한은 직무상 범죄의 조사권으로서 이는 앞서 말한 권한의 법률적 속성을 비교적 잘 반영하고 있다.

2. 검찰기관의 직무상 범죄 수사권행사의 합리성과 필요성

검찰기관이 직무상 범죄에 대한 수사권을 행사한다고 법률이 규정하는 것은 검찰기관의 법률감독적 성질과 범죄의 직무성에 따른 것이다. 검찰기관은 법률감독기관으로서 법률의 통일적이고 올바른 시행을 보장해야 하며 법 집행자인 국가공무원이 법에 따라 직무를 수행하는지 여부에 대한 감독권도 가져야 함이 마땅하다. 국가공무원은 법에 따른 공공사무를 처리하는 권한을 가지며 이러한 권한은 국가 법률제도의 구성부분이다. 이러한 권한을 이용해 범죄를 저지르는 것은 법률의 통일적이고 올바른 시행을 방해하는 것이라 할 수 있다. 따라서 이러한 범죄를 징벌하고 법제통일을 수호하는 것이 법률감독권을 갖는 검찰권의 당연한 의무이다.

직무상 범죄의 수사를 검찰기관이 하는 것은 다음과 같은 점에서 합리성이 인정된다.

첫째, 직무상 범죄의 수사권은 성질상 법률감독에 속하며, 법률감독권의 중요한 구성부분이다. 법치국가의 핵심은 법에 따라 권력과 공무원을 규제하는 것이다. 국가공무원의 직무상 범죄는 직무를 심각하게 위반한 행위이며 국가 법률의 올바른 실시를 방해한다. 또한 이는 국가공무원이 법정권한을 행사하는 과정에서 인민이 부여한 국가권력을 이용, 남용 및 오용한 것으로서 권력 남용과 권력부패의 한 현상이다. 국가재산을 횡령하거나 국가이익에 손해를 가하는 행위, 법률이 부여한 권한의 범위를 초월하여 공민의 적법한 권리를 침해하는 행위 등은 국가의 정상적인 관리질서에 대한 직접적인 위해행위이다. 그러므로 직무상 범죄를 수사하는 것은 국가공무원이 법에 따라 직권을 수행하는지에 대한 감독행위이며 이는 법치국가의 근본적 요구에 해당한다. 검찰기관은 법률감독기관으로서 공무원이 직무활동 과정에서 권력을 올바르게 행사하였는지에 대해 감독할 책임이 있으며 공무원으로 하여금 법을 엄격하게 집행하고 청렴하고 성실한 행정활동을 하도록 촉구해야 한다. 감독의 방식으로는 국가공무원의 직무상 범죄를 입안하여 수사하고 또한 기소하는 것이다. 이러한 범죄사건에 대한 수사는 공안기관의 보통 형사사건에 대한 수사와는 다르다. 전자는 국가권력에 대한 제약과 감독이며 후자는 사회질서를 수호하기 위한 국가 관리행위이다. 직무상 범죄사건에 대한 수사는 권력으로써 권력을 제약하고 법으로써 권력을 제약하는 과정이며 법 집행을 감독하고 사법적 탄핵의 성질을 갖는 바, 이는 검찰기관의 법률감독을 통하여 해결할 문제이다.

직무상 범죄에 대한 검찰기관의 수사는 수사대상이 국가공무원 신분이라는 관점에서 보든 범죄사건이 지닌 "직무상"이라는 특징의 관점에서 보든 모두 국가기관과 국가공무원이 법에 따라 권한을 행사하였는지 여부에 대한 감독이라는 공통점이 있다. 이는 경찰기관의 일반 형사사건에 대한 수사와 본질적으로 다르다. 1979년 중국의 혁명가이자 정치가였던 펑쩐(彭真)은, '7가지 법률초안에 관한 설명(关于七个法律草案的说明)'에서, "검찰원의 국가기관과 국가공무원에 대한 감독은 오직 형법에 위반하여 형사책임을 추궁할 필요가 있는 사건으로 제한된다. 당의 기율 또는 공무원의 기율위반 사건은 당의 기율검사부문과 정부기관이 처리해야 한다"고 지적하였다.[43] 당시에 검찰기관이 국가공무원의 직무상 범죄에 대한 수사권을 행사하도록 규정한 것은 이러한 업무가 갖는 감독적 성질을 때문이다.

여기서 주의할 점은 사법공무원의 직무상 범죄에 대한 수사는 검찰기관의 국가공무원의 직무활동의 적법성에 대한 감독이며 이것은 소송활동에 대하여 법률감독을 하기 위한 중요한 수단이라는 것이다. 사법실무에 있어서 법 집행의 완화 또는 사법의 불공정과 관련된 현상은 대부분 직무상 범죄와 관련이 있었다. 이는 인민의 중요 관심대상이다. 검찰기관이 형식적으로만 소송상의 위법현상을 바로 잡는 것으로는 불충분하고 배후에 숨어 있을 직무상 범죄의 가능성을 고려하면서 위법적 행위에 대한 추궁을 해야 할 것이다.

둘째, 검찰기관이 직무상 범죄에 대한 수사권을 행사하는 것은 중국의 헌정체제에 부합할 뿐 아니라 직무상 범죄에 대한 수사나 조사에도 이롭다. 일찍이 민주혁명시기의 혁명근거지 법률은 검찰기관에게 광범위한 수사권을 부여하였고 검찰기관은 뇌물수수, 독직 등의 범죄에 대한 수사권을 갖게 되었다. 예를 들면, 항일전쟁시기의 '섬서(陕西)감숙(甘肃)영하(宁夏)의변경지역고등법원조직조례(陕甘宁边区高等法院组织条例)' 제14조(검찰관의 직권) 제1항에서 규정한 내용이 바로 "사건에 대한 수사권"이다.[44] 산서(山西)차하얼(察哈尔)하북(河北)의변경지역법원조직조례(晋察冀边区法院组织条例) 제18조가 규정한 검찰관의 권한에는 "수사의 진행" 등의 권한이 포함된다.[45] 그리고 해방전쟁시기의 관동각급사법기관잠행조직조례(초안)(关东各

---

43) ≪彭真文选≫, 人民出版社 1991年版, 第378页.

44) 最高人民检察院研究室编: ≪检察制度参考资料≫(第一编新中国部分), 第4页.

级司法机关暂行组织条例(草案)) 제26조 또한 검찰관의 수사권에 관한 규정이 있다.[46) 신 중국 성립 이후의 법률 역시 검찰기관에 수사권을 부여하였으나 형사사건의 수사범위는 점차 직무상 범죄사건으로 축소되고 집중되었다. 그 예로 1949년 제정된 중앙인민정부최고인민검찰서시행조직조례 제3조 제1항 제3호는, "검찰기관이 형사사건에 대한 수사를 실시하고 공소를 제기한다"고 규정하고 있었다. 1979년의 인민검찰원조직법과 형사소송법은 검찰기관의 수사권을 직무상 범죄사건 중심으로 제한한 바 이를 통하여 알 수 있듯 국가공무원의 직무상 범죄의 수사는 검찰기관의 중요한 권한이었다.[47) 법률이 검찰기관으로 하여금 직무상 범죄사건의 수사를 책임지게 한 것은 이들 범죄의 주체가 국가기관의 공무원이기 때문이다. 또한 이러한 범죄행위는 공무원이 직무를 수행하는 과정에서 발생하는 것인 바, 범죄용의자의 사회적 지위가 높고 사회적 연고 등으로 사건처리에 많은 저항과 간섭도 있기 때문이다. 이러한 특징은 직무상 범죄를 수사하는 기관이 법률감독권능과 더불어 상대적으로 독립된 지위 및 외부의 압력을 배제할 수 있는 능력을 갖출 것을 요구한다. 검찰기관은 법률감독기관으로서 독립된 지위를 가진다. 헌법은 검찰기관이 법에 따라 독립적으로 검찰권을 행사하며 행정기관, 사회단체 및 개인의 간섭을 받지 않는다고 규정하고 있다. 또한 상급인민검찰원이 하급 인민검찰원을 영도하는 체제를 채택하고 있는 바, 이러한 것은 모두 각종 압력과 간섭을 배제하고 직무상 범죄의 수사권을 효과적으로 행사하는 데 도움이 된다.

셋째, 외국의 입법례와 사법실무를 보면 적지 않은 국가 또는 지역의 검

---

45) 最高人民检察院研究室编: ≪检察制度参考资料≫(第一编新中国部分), 第6页。

46) 最高人民检察院研究室编: ≪检察制度参考资料≫(第一编新中国部分), 第8页。

47) 당시 최고인민검찰원, 최고인민법원 및 공안부가 연합하여 공포한 문건에 따르면 다음과 같은 범죄를 포함한다. 재산침범죄(횡령죄), 공민의 신체적 권리와 민주적 권리를 침해한 죄(고문을 통한 자백죄 등 10가지), 독직죄(수뢰죄 등 뇌물에 관한 죄), 공공안전위해죄(중대책임사고죄), 사회주의경제질서파괴죄(탈세죄 등 4가지) 등이 포함된다.

찰기관이 직무상 범죄의 수사를 책임지고 있음을 알 수 있다. 형사소송이론에 따르면, 수사는 기소의 준비단계이고 수사기능은 공소기능에 종속된다. 또한 형사공소권의 원활한 행사를 보장하기 위해서 공소기관이 수사권을 가져야 함이 마땅하다. 따라서 수사 또는 수사의 지휘는 각국의 검찰기관이 갖는 보편적인 권력이다. 하지만 각국 검찰기관의 지위가 모두 동일한 것은 아니다. 예를 들어 일본, 프랑스, 독일, 이탈리아, 한국 등의 국가에서는 검찰기관이 모든 범죄에 대한 수사권과 수사지휘권을 갖는 데 비하여, 러시아와 베트남 등의 국가에서는 검찰기관의 수사범위를 명확히 한정하고 있다. 미국의 경우 경찰기관과의 관계에 비추어 법률상 검찰기관의 수사범위를 명확히 규정하고 있지 않지만 사실상 검찰기관은 직접적인 수사가 가능하다.[48] 국제법에서도 검찰기관의 수사권에 대한 규정을 찾아볼 수 있다. 1998년의 UN국제형사재판소에 관한 로마규정(Rome Statute of the International Criminal Court) 제54조 검찰관의 수사상 의무와 권한에서는, "검찰관은 사건의 진상을 밝히기 위하여 해당 사건과 관련된 모든 사실과 증거를 조사해야 하며 동 조약에서 규정한 형사책임의 존재 여부를 판단해야 한다"고 규정하고 있다. 각국의 정치체제나 정권구조가 정도의 차이가 있음에도 불구하고 많은 국가에서 고위공무원의 부패와 관련된 수사권은 검찰기관에 부여하고 있다. 즉 경찰기관이 모든 사건에 대하여 통일적으로 수사권을 행사하는 것이 아니다. 일본, 러시아, 영국, 미국, 루마니아, 남아프리카, 한국, 핀란드 등의 국가에서는 관련 법률규정에 따라 검찰기관이 뇌물수수와 경찰부패 등의 직무상 범죄에 대한 수사권을 갖는다.

2001년의 러시아 연방형사소송법전 제151조 제2항 제1호는, 검찰원의 수사원이 수사하는 사건에는 직권남용과 뇌물수수, 직무유기, 불공정한 재판 등이 포함된다고 규정하고 있다. 한국의 검찰청법은 대검찰청 및 지방검찰청 내부에 부정부패사범특별수사본부와 특별수사반을 설립하여 공무원의

---

48) 参见 刘立宪, 张智辉等: "检察机关职权研究," 载 孙谦, 刘立宪主编: ≪检察论丛≫ 第二卷, 法律出版社 2001年版, 第112—113页。

횡령 또는 뇌물수수 등 중대 사건에 대하여 수사하고 기소할 수 있도록 하였다. 루마니아에서는 총검찰원에 반횡령 및 형사수사청을 설립하였으며, 핀란드의 법률은 경찰과 관련된 범죄사건을 검찰관이 직접 수사할 수 있도록 규정하였다. 헝가리 법률에 따르면 위증과 명예훼손, 경찰범죄 및 외교관을 포함한 고위공무원의 범죄사건을 비롯하여 검찰관과 법관의 교통사고사건도 검찰기관이 맡아 수사하게 하고 있다. 인도네시아 법률은 검찰기관이 경제범죄와 횡령 및 뇌물수수, 국가전복을 기도하는 활동에 대한 수사를 한다고 규정하고 있다. 1990년 9월 제8차 범죄예방 및 범죄인의 취급에 관한 유엔 회의에서 결정된 '검찰관의 역할에 관한 준칙'에서도 공무원범죄에 대한 검찰관의 수사권을 규정하고 있다. 동 준칙 제15조는, "검찰관은 공무원이 저지른 범죄에 대하여 주의할 필요가 있으며, 특히 횡령과 부패, 권력의 남용, 심각한 인권침해행위, 국제법이 공인하는 기타 범죄행위를 기소하거나 법률의 수권 또는 해당지역 관례에 따른 이와 같은 범죄를 조사해야 한다"고 규정하고 있다. 이로써 중국의 검찰기관이 직무상 범죄에 대하여 수사권을 행사하는 것은 대다수 국가들이 채택하는 방식에 따른 것이며 국제적인 관례와도 일치함을 알 수 있다.

넷째, 공안, 감찰 등의 행정기관 또는 별도로 설립된 기관이 직무상 범죄의 수사권을 행사하게 된다면 그에 따른 폐단이 뒤따르게 될 것이다. 범죄의 특징상, 국가공무원의 직무상 범죄는 치안상의 질서를 위협하는 범죄보다도 심각한 범죄에 속하며 대개 비교적 높은 사회적 지위를 이용하여 공권력을 장악하거나 사회자원의 배분에서 우위를 차지하는 이들에 의하여 행해진다. 또한 이러한 범죄는 지능화와 전문화 및 엄폐특성을 가진다. 또한 직접적인 신체적 위협은 적지만 국가와 사회에 대한 위협이 비교적 큰 특징이 있다. 이러한 범죄사건의 수사는 일반적인 형사범죄사건의 수사와는 구별되기 때문에, 과학적 수준과 법 정책적 수준 및 공적 업무의 내용을 충분히 숙지할 것이 요구된다. 따라서 20세기 50년대부터 오늘날에 이르기까지 각국은 지속적으로 직무상 범죄 및 경제범죄에 대한 수사와 치안 관련 범죄의 수사를 분리시켰다. 직무상 범죄 및 경제범죄에 대한 수사권은 경찰기관으

로부터 분리시켜 검찰기관이 행사하도록 했다.[49]

중국의 직무상 범죄 관련 현황으로부터 볼 때 행정기관 소속 공무원이 관련된 사건이 비교적 많은 부분을 차지하고 있음을 알 수 있다. 공안기관과 행정감찰기관이 행정공무원의 직무상 범죄를 수사하는 과정에서는 항상 행정적 개입이 존재하며 이를 배제하기란 쉽지 않은 일이다. 이것은 또한 검찰기관이 직무상 범죄의 수사권을 행사할 때보다도 더 많은 문제를 야기할 수 있다. 행정기관은 공공사무의 관리권을 장악하고 있을 뿐만 아니라 행정수장책임제를 실행하고 있기 때문에 이러한 행정계통에 종속된 공안기관과 감찰기관이 직무상 범죄의 수사기능을 수행하게 되면 행정권의 감독과 제약에 불리한 영향을 줄 수 있다. 이 외에도 공안기관의 주요임무는 사회 치안의 유지이기 때문에 그 성질과 기능상 직무상 범죄의 수사와 부합되지 않는다. 행정감찰기관의 주요 직권은 행정공무원의 위법행위에 대한 조사 및 감독이고 그 감찰대상 역시 행정기관 및 해당공무원에 한하기 때문에 기타 공무원의 직무상 범죄에 대한 조사는 행정감찰감독의 범위를 벗어나게 된다. 만약 행정감찰기관에 형사사건에 대한 수사기능을 부여하게 되면 행정처분과 사법적 책임 추궁 사이의 경계가 모호해질 뿐만 아니라 사법수단과 행정수단의 혼동을 가져올 수 있고 형사 사법적 수단으로 행정상 위법의 문제를 해결하거나 행정처분으로써 형사제재를 대신하게 될 수 있다. 또한 별도로 전문적인 직무상 범죄에 관한 수사기관을 설립하게 되면 국가기구의 설치 및 헌정체제의 조정 등으로 인해 적지 않은 제도적 비용이 발생하므로 이러한 방안은 타당성이 없다. 싱가포르와 같이 전문적인 반 부정부패 기구를 설립하고 행정수장에게 직접 보고하는 방법은 일부 작은 나라나 지역에 국한되며, 제도의 주된 취지는 반부정부패기구를 경찰기관에서부터 분리시키는 것인데 이것은 중국의 국가 실정과 부합하지 않는다.

상술한 내용을 종합하면 검찰기관이 직무상 범죄의 수사권을 행사하는

---

49) 参见 张智辉, 杨诚主编: ≪检察官作用与准则比较研究≫, 中国检察出版社 2002年版, 第99页。

것은 법리적 근거가 충분할 뿐만 아니라 중국의 의법치국(依法治國) 및 반
부패투쟁의 객관적 필요 및 국제형사사법제도의 발전 추세와도 부합된다.
그러므로 검찰기관이 직무상 범죄의 수사권을 갖도록 하는 체제를 견지하는
것이 타당하다. 이와 동시에 그동안 제도운영의 과정에서 제기된 문제에 대
해서는, 관련 입법의 지속적인 개선과 아울러 직무상 범죄의 수사활동에 관
한 절차적 규제와 외부감독 및 내부제약시스템 등을 개선하여 검찰기관이
법에 따라 공정하고 독립적인 법률감독권을 행사할 수 있도록 해야 한다.

3. 검찰기관의 직무상 범죄에 대한 수사권행사 절차

직무상 범죄와 관련된 수사는 일종의 강제성을 갖는 형사소송활동으로서
법률이 규정하는 소송절차에 따라 진행되어야 한다. 절차에 위배된 수사는
인권을 침해하거나 범죄를 조장하는 등의 결과를 초래하는데, 이는 곧 위법
행위가 되며 범죄를 구성하기도 한다. 따라서 검찰기관은 법률감독기관으로
서 법정절차에 따라 직무상 범죄에 대한 수사권을 행사해야 한다.

형사소송법에 따르면 검찰기관이 직접 수리한 직무상 범죄사건의 수사절
차는 크게 입안(立案)과 수사(搜査)로 나눌 수 있다. 입안이란 형사소송절
차의 첫 단계로서 수사권을 행사하는 기관이 해당 형사사건의 관할범위에
따라 접수된 신고, 고소, 고발, 자수 등의 자료에 대한 심사를 진행하여 범죄
사실과 형사책임 추궁의 필요성 여부에 대하여 판단하며, 법규에 의거하여
형사사건으로 인정하고 수사를 진행할 것인지 여부를 결정하는 소송활동이
다. 인민검찰원형사소송규칙 등의 규정에 따르면 검찰기관은 법규에 따라
관할하는 직무상 범죄사건에 대한 신고, 고소, 고발과 범죄용의자의 자수사
건을 즉시 수리하여 수사해야 한다. 또한 초동수사가 필요한 경우에는 검찰
장 및 검찰위원회에 보고한 후 동의를 얻어 질의와 조사, 현장 검증, 감정,
증거 채집 등 조사대상자의 신체권과 재산권을 침해하지 않는 범위에서 초
동수사를 할 수 있다. 또한 초동수사 단계에서는 피조사자에게 강제조치를

취할 수 없고 피조사자의 재산에 대한 차압, 압류 및 동결도 할 수 없다. 초동수사를 통해 범죄사실이 확인되어 형사책임을 추궁해야 할 경우 검찰장의 허락을 얻어 입안결정서를 작성한 후 입안한다. 범죄혐의가 없다고 판단되거나 사실여부가 확실치 않은 경우, 또는 증거가 불충분하거나 형사소송법 제15조의 규정에 해당하는 경우에는 검찰장의 결정을 거쳐 입안하지 아니 한다.50) 피해자가 고소를 한 경우에는 고소인에게 불입안통지서를 송달해야 하며 이에 불복하는 고소인은 재심을 신청할 수 있다.

입안을 한 후에는 바로 수사단계로 진입하게 된다. 검찰기관은 입안을 결정한 사건에 대하여 즉시 수사활동을 시작해야 한다. 검찰기관은 수사과정에서 범죄용의자를 취조하거나 증인과 피해자의 진술을 확보할 수 있고 현장검증과 검사, 서면자료와 영상자료 및 물증의 채집과 압류, 예금과 송금에 대한 조회 및 동결, 감정과 식별 등의 각종 수사수단을 취할 수 있을 뿐만 아니라 구류와 체포를 비롯한 구인, 주거감시, 보석 등의 강제조치를 취할 수 있다. 범죄용의자를 수배할 필요가 있는 경우에 공안기관은 검찰기관의 결정을 거쳐 지명수배령을 내릴 수 있다. 이때 강제조치의 조건과 사건처리상의 법정기한은 엄격히 준수되어야 하며 구금기한을 초과해서는 아니 된다.

검찰기관의 수사기구가 수사를 통하여 범죄사실이 확인되고 증거가 충분하여 형사책임을 추궁해야 한다고 판단하면 수사종결보고서를 작성한 후 기소의견서를 작성해야 한다. 만약 범죄사실이 경미하여 형법에 의거한 형벌이 불필요하거나 형벌의 면제의 조건에 해당하는 경우에는 수사종결보고서를 작성한 후 불기소의견서를 작성한다. 기소의견서와 불기소의견서 및 관

---

50) 형사소송법 제15조는 다음과 같이 규정하고 있다. 다음과 같은 상황에서는 형사책임을 추궁하지 않으며 이미 추궁했을 경우에는 반드시 사건을 철회하거나 불기소 또는 심리를 중지하거나 무죄를 선고해야 한다. 즉, ① 범죄정황이 경미해 위해가 크지 않아 범죄라고 할 수 없을 경우, ② 범죄의 공소시효가 완성된 경우, ③ 사면을 통해 형벌을 면제한 경우, ④ 친고죄의 경우 고소가 없거나 고소를 철회한 경우, ⑤ 범죄혐의자와 피고인이 사망한 경우, ⑥ 기타 법률 규정의 형사책임추궁을 면제할 사유가 있는 경우이다.

런문서는 공소부서에 이송하여 심사하게 하고 기소여부를 결정하게 한다. 수사를 진행하는 과정에서 다음과 같은 상황에 직면한 경우에는 검찰장 또는 검찰위원회의 결정을 통하여 직 상급 인민검찰원에 보고하여 심사비준을 받고 난 후 사건에 대한 수사를 철회한다. ① 형사소송법 제15조에서 규정하는 경우에 해당하는 경우, ② 범죄사실이 없거나 형법규정상 형사책임을 지지 않는 경우 및 범죄가 성립 되지 않는 경우, ③ 범죄 사실은 존재하지만 범죄용의자가 범죄를 행한 경우가 아닌 경우가 해당된다. 공동범죄사건에 대해서는 범죄용의자가 상술한 경우에 부합하면 해당 용의자에 대한 입안을 철회해야 한다. 또한 검찰기관이 직접 수리하여 수사하는 직무상 범죄사건의 용의자가 검찰기관의 체포에 불복하거나 검찰기관이 사건의 철회 또는 불기소결정을 내릴 경우에는 인민검찰원의 감독을 받아야 한다.

4. 검찰기관의 직무상 범죄수사에 대한 감독과 제약

중국의 검찰기관은 법률감독기관으로서 법에 의거하여 수사와 재판, 형벌의 집행 등 소송 관련 활동에 대한 법률감독권을 가지며 불공정한 사법현상을 방지하고 시정해야 할 의무가 있다. 또한 검찰기관은 외부 및 내부의 감독제약을 받지만 무엇보다 검찰기관 스스로 엄격하게 법을 집행해야 한다. 법에 의거하여 직접 직무상 범죄사건을 수리하고 수사하는 것은 국가공무원의 직무상 범죄에 대한 법률감독의 중요한 수단이다. 따라서 사법체제개혁의 과정에서 검찰기관의 직무상 범죄에 대한 수사기능을 더욱 강화해야 하고 사건의 조사와 관련한 업무의 정당성과 권한을 보장해야 한다.

중국은 검찰권에 대한 감독 및 통제 체계를 비교적 완벽히 갖추었다고 할 수 있다. 그 예로 각급 당위원회의 영도와 감독, 인민대표대회의 감독, 정치협상회의의 민주적 감독, 대중과 신문매체의 감독을 비롯하여 사법기관, 법 집행기관, 소송당사자 및 변호사 등에 의한 절차상 제약이 그것이다. 최근에는 최고인민검찰원이 중앙정부의 비준을 거쳐 전국적 범위에서 인민감독원(人民監督員)제도를 시행하고 있다. 인민감독원제도란 사회 각계의 인사들 가운데 선출된 인민감독원이 검찰기관의 직무상 범죄에 대한 수사를 비롯한 각종 수사활동에 대하여 감독하는 제도를 말한다.

이러한 제도는 최고인민검찰원이 검찰기관의 직무상 범죄의 수사활동상 존재하는 문제를 해결하기 위해 만들어진 것이다. 즉, 검찰기관의 직무상 범죄의 수사에 대한 외부감독을 강화하고 제도적으로 검찰권의 올바른 행사를 보장하기 위함이다. 인민감독원제도의 실행과 관련된 규정에 따르면 그 감독범위는 다음 세 가지로 나눌 수 있다.

① 직접적인 감독범위에 포함되는 세 가지 직무상 범죄사건으로 체포된 범죄용의자가 체포결정에 불복하는 경우, 검찰기관이 사건의 철회를 결정하는 경우 및 불기소결정을 내리는 경우가 그것이다. ② 인민검찰원이 발견하여 검찰기관에 수정의견을 내릴 수 있는 다섯 가지 경우로는 반드시 입안하였어야 함에도 입안하지 않은 경우, 구금기한을 초과한 경우, 위법한 수사 압류 동결의 경우, 형사배상을 해야 하지만 하지 않은 경우, 사건처리 담당자가 사리사욕에 따라 불법행위를 저지르거나 뇌물을 받은 경우, ③ 기타 감독활동으로서 인민감독원이 검찰기관의 기타 법 집행의 감사활동에 참여하여 위법한 상황을 발견한 경우에는 건의 및 의견을 제기할 수 있다. 인민감독원제도의 시행은 직무상 범죄 관련 수사권의 올바른 행사와 사법공정을 수호하는 데 도움이 되며 검찰집단의 법치관념 및 법 집행방식의 변화를 촉진한다. 또한 검찰기관의 업무에서 외부의 압력과 간섭을 배제하는 데에도 이롭다. 마지막으로 검찰업무의 투명도를 높일 수 있고 인민의 검찰업무에 대한 이해와 지지를 확산하는 등 사법의 공정성과 법치국가의 건설에 도움이 된다.

III. 체포의 비준과 결정

체포는 법 집행기구가 적법한 절차에 의거하여 심사 결정하고 사법기관이 집행을 하는 것으로서 일정한 형벌이 가해질 수 있는 범죄용의자 및 피고인을 대상으로 하며 일정한 기간 구금하거나 신체의 자유를 박탈하는 엄중한 형사적 강제조치이다. 체포는 형사소송상 강제조치의 하나로서 형사소송의 목적과도 관련성을 가진다. 즉, 형법의 올바른 시행을 보장하고 범죄자에 대한 징벌을 통해 인민을 보호하고 국가안전과 사회공공안전을 보장하며 사회주의 사회질서를 수호하기 위함이다. 체포의 비준은 형사소송과정에서 공안기관 또는 국가안전기관이 수사과정상 체포를 필요로 하는 경우 인민검찰원에 대하여 청구한 체포청구에 대하여 심사하고 동시에 체포 여부에 대한 비준을 결정할 수 있는 권한을 말한다. 체포의 결정은 인민검찰원이 자체 수사한 직무상 범죄사건에 한하여 수사과정상 범죄용의자에 대한 체포가 필요할 경우 적법절차에 따라 체포할 수 있는 권한을 말한다. 중국 헌법 제37조 제2항은, 모든 공민은 검찰원의 비준, 결정 또는 사법기관의 결정에 따른 공안기관의 집행에 의하지 않고는 체포되지 않는다고 정한다. 또 형사소송법 제3조는, 체포의 비준, 검찰기관이 직접 수리한 사건에 대한 수사 및 공소의 제기는 인민검찰원이 책임을 진다고 정하고 있다. 검찰기관이 체포의 비준권과 체포결정권을 가진다는 헌법 및 법률상의 근거다. 이와 동시에 형사소송법은 체포의 조건, 체포의 비준 및 체포결정의 심사절차 등에 대해서도 명확하게 규정하고 있다.

1. 검찰기관의 체포비준권과 체포결정권 행사의 합리성

중국의 헌법과 형사소송법에 의하면 인민검찰원은 체포비준권과 체포결정권을 가진다. 법률이 이 두 권한을 인민검찰원에게 부여한 것은 합리적인 이론적 근거가 있을 뿐 아니라 현실적인 배경도 있다.

첫째, 중국의 검찰기관이 법률감독기관으로서의 성격을 가지기 때문이다. 중국의 헌정체제는 삼권분립체제와는 달리 인민대표대회를 국가권력기관으로 하고 기타 국가기관들은 모두 인민대표대회에 의해 구성되고, 인민대표대회에 대하여 책임을 지며, 인민대표대회의 감독을 받아야 한다. 따라서 이와 같은 정치체제는 전문적인 법률감독기관의 설치를 필요로 하며 법률감독이라는 형식을 통하여 행정권, 재판권 등 국가권력에 대한 감독과 제한을 가한다. 이는 중국의 정치체제및 사법체제의 주요한 특색 가운데 하나이며, 인민대표대회제도가 삼권분립제도와 구별되는 중요 특징이라 할 수 있다. 그래서 법률은 인민검찰원을 국가의 법률감독기관으로 규정하고 체포의 비준과 체포의 결정에 대한 심사를 법률감독의 구체적인 실현수단으로 하며 이를 통하여 수사기관의 수사활동에 대한 감독과 제약을 행하며 검찰기관의 법률감독기능을 실현토록 한다.

둘째, 형사소송상 검찰기관의 법적 지위가 결정한 것이다. 검찰기관은 전문성을 가진 법률감독기관으로서 형사소송상 국가공무원의 직무상 범죄에 대한 감독뿐만 아니라 구체적인 사건의 다양한 소송단계에서 감독의무를 이행한다. 또한 모든 사건의 처리에 있어 최대한 공평하고 사회적 정의가 유지되도록 해야 한다. 체포는 중대한 강제조치로서 당사자의 신체적 자유에 그치지 아니하고 인민의 생활과도 밀접히 관련되어 있다. 따라서 체포에 대한 제약과 감독을 강화하고 수사활동의 적법성을 보장하는 것은 당사자의 적법한 권익을 보장하는 데 있어 매우 중요한 의미를 가진다. 형사소송상 검찰기관의 특수한 지위로 인하여 검찰기관이 체포의 비준에 관한 심사하고 수사활동을 감독하는 것은 필요성과 적정성에 부합한다. 중국에서 검찰기관은 법률감독기관으로서의 성질을 가질 뿐만 아니라 사법기관으로서의 성질도 있는데 검찰기관이 체포의 비준에 관한 심사를 하는 그 자체가 사법심사의 성질을 가진다.

셋째, 검찰기관, 공안 등 수사기관 및 재판기관 사이의 업무분담 때문이다. 인민법원, 인민검찰원 및 공안기관은 형사사건을 처리할 경우 서로 분업책임을 지며 협력하고 제약한다. 형사소송법 제3조 제1항은, "형사사건에 대한 수사, 구류, 체포의 집행 및 예심은 공안기관이 책임을 진다. 체포의 비준, 검찰기관이 직접 수리한 사건에 대한 수사, 공소의 제기는 인민검찰원이 책임을 진다. 재판은 인민법원이 책임을 진다"고 규정하고 있다. 즉 형사소송에서 검찰기관, 공안기관 및 인민법원은 서로 다른 법 집행기구로서 각각의 권한을 행사한다. 즉 세 기관의 법적 지위, 성질 및 역할의 분담은 현저한 차이가 있다. 검찰기관이 체포에 관한 심사를 하는 것은 공안기관의 수사활동에 대한 효과적인 제약 및 감독수단이다.

넷째, 인민검찰원이 체포비준권과 체포결정권을 행사하는 것은 풍부한 실무경험과 현실적 배경을 기초로 한 것이다. 사법실무의 측면에서 보면 체포비준권과 체포결정권의 올바른 행사를 위해서는 구체적인 법률규정뿐만 아니라 체포를 비준하고 결정할 수 있는 전문적인 인력을 필요로 한다. 중국 검찰기관은 이러한 점에서 유리한 지위를 갖고 있는데, 이는 중국의 검찰기관이 이미 수십 년 동안 축적한 경험을 가지고 있고 이와 동시에 그동안 다수의 우수한 검찰인재를 배양했기 때문이다.

다섯째, 다른 국가의 경우에는 일반적으로 법관이 체포의 비준에 관한 심사를 행하는 체제를 채택하고 있지만, 이는 특정한 정치체제와 사법체제가 결정한 것이므로 중국의 국가적 상황에는 적합하지 않는 것이다. 검찰과 경찰이 분리되어 있는 국가에서 검찰기관은 성질상 정부에 속하고 검찰관은 정부의 공소변호사 또는 왕실법률고문 등이다. 또한 형사소송에서 검찰관과 경찰은 모두 "일방 당사자"의 역할을 담당한다. 이러한 체제에서는 검찰관이 수사기관의 행위가 상대방 당사자 즉 범죄용의자 또는 피고인의 권익을 침해하였는지에 대한 감시를 할 수 없고, 법관이 체포조치를 포함한 수사기관의 행위에 대한 감독권을 행사한다. 또한 검찰관이 수사기관을 지휘하는 국가에서 경찰은 검찰관의 영도를 받는다. 하지만 이러한 관계는 검찰관의 경찰감독에 대한 한계를 보인다. 즉 검찰관과 경찰 사이는 감독관계에 있지 않고 오히려 협력관계로서 존재한다. 따라서 경찰 수사활동상의 불법행위를 방지하고 검찰관의 수사과정상 불법행위를 방지하기 위해서는 법원을 중심으로 한 사법심사체계가 이루어져야 한다.

체포를 포함한 강제성 수사행위에 대한 법원의 심사를 통해 수사의 정당성과 적법성을 보장할 수 있다. 이는 삼권분립의 헌정체제, 검찰기관의 지위와 성질 및 검찰과 경찰의 관계로 인하여 결정된 것이다. 그러나 검경분리형 국가든 또는 검찰이 경찰을 지휘하는 국가든 수사행위를 통제하고 감독하는 법원(법관)과 해당 사건에 대한 실체적 재판을 담당하는 법원(법관)은 모두 분리되어 있다. 즉 예심법원(법관) 또는 치안법원(법관), 수사법원(법관)이 체포 등 강제조치의 심사를 담당하며 형사재판법원(법관)이 사건의 재판을 담당하는데 이 두 기관의 권한은 엄격히 분리되어 있다. 이는 형사재판의 법관이 수사 및 예심의 영향으로부터 벗어나 재판에서의 중립성을 유지하고 재판의 공정성을 유지하도록 하기 위해서다. 중국의 인민법원은 형사재판법원과 다른 치안법원 또는 예심법원 내지 수사법원을 따로 설치하지 않는다. 현행 중국의 법원체제에서 법원이 체포 등 강제성 수사행위에 대한 심사비준권을 갖고 이와 동시에 형사 재판권을 행사한다면 판결의 공정성에 영향을 줄 것이다. 위의 내용을 종합해 볼 때 중국의 정치체제와 사법체제, 특히 중국 특색의 검경(檢警)관계를 고려할 때 검찰기관이 체포에 관한 심사권을 행사하는 것은 합리적이다.

2. 체포의 비준과 결정의 조건

형사소송법이 규정한 체포요건을 정확하게 이해하는 것은 매우 중요하다. 형사소송법 제60조에 따르면 범죄용의자, 피고인에 대한 체포의 비준과 결정을 위해서는 반드시 다음 세 가지 조건에 부합해야 한다.

첫째, 범죄사실을 증명할 증거가 필요하다. 즉, 아래의 조건을 갖추어야 한다. ① 범죄사실이 발생했다고 증명할 증거가 있어야 한다. ② 범죄사실이 체포하려는 범죄용의자가 행하였음을 증명할 수 있어야 한다. ③ 범죄용의자가 범죄를 저질렀다는 증거가 조사 등을 통해 이미 사실임이 증명되어야 한다. 범죄사실은 범죄용의자가 저지른 수개의 범죄사실 가운데 하나이면 된다. 즉 범죄사실이란 주요 범죄사실 또는 범죄사실의 전부가 아니라도 하나의 범죄사실이 성립했음을 증명할 수 있으면 족하다.

둘째, 유기징역 이상의 형벌에 처할 범죄에 해당하여야 한다. 왜냐하면 체포는 가장 엄중한 강제조치이기 때문에 이를 최소화 할 필요가 있기 때문이다. 이와 관련하여 특히 다음 사항에 주의해야 한다. ① 여기서 유기징역 이상의 형벌이라 함은 사법기관이 범죄용의자와 피고인에 대한 체포비준과 체포결정을 심사할 당시 이미 증명된 범죄사실로 인하여 처벌가능성이 존재한다는 것을 의미하는 것이다. ② 이미 증명된 범죄사실이 최소 유기징역 이상의 형에 해당해야 한다. 따라서 범죄사실이 확인된 범죄용의자 및 피고인이 유기징역 이상의 형벌을 받게 되면 이 조건에 부합하게 된다.

셋째, 보석, 주거감시 등의 방법만으로는 사회적 위험성을 방지하기에 충분하지 않을 경우이다. 체포의 필요성은 두 가지 의미를 가지는데 하나는 사회적 위험성이고, 다른 하나는 보석과 주거감시만으로는 사회적 위험성을 충분히 방지할 수 없다는 것이다. 그리고 이 두 가지가 결합되어야 체포의 필요성이 충족된다.

위의 세 가지 내용은 서로 연관되어 분리할 수 없다. 사법실무에서는 반드시 이 세 가지 내용을 서로 결합하여 체포조건의 개념과 및 인권개념을 견지해야 한다.

3. 체포의 비준과 결정절차

형사소송법과 인민검찰원형사소송규칙에 의하면, 인민검찰원이 체포비준을 결정할 경우 준수하여야 할 절차는 다음과 같다.

공안기관이 범죄용의자에 대한 체포를 신청할 경우 반드시 체포비준신청서를 작성해야 하며, 이와 함께 관련 자료와 증거를 동급 인민검찰원에 이송하여 비준을 받아야 한다. 인민검찰원이 직접 입안하여 수사한 사건에서 범죄용의자의 체포가 필요할 경우 인민검찰원의 수사부서가 범죄용의자체포 의견서를 작성해야 하고, 이와 동시에 관련 자료를 수사감독부서에 이송하여 심사를 받아야 한다. 인민검찰원의 범죄용의자에 대한 체포의 비준 또는 체포의 결정에 대한 심사는 수사감독부서가 담당한다. 인민검찰원의 수사감독부서는 동급 공안기관의 체포비준신청 및 해당 검찰원의 수사부서가 이송한 체포심사사건에 대해서는 반드시 체포비준신청서와 관련 자료가 완비되었는지를 확인해야 한다.

인민검찰원의 수사감독부서가 체포사건을 심사할 경우 반드시 책임자를 지정해서 심사하게 해야 한다. 책임자는 관련 자료의 내용을 상세히 파악해야 하고 범죄용의자가 수감되어 있을 경우에는 반드시 범죄용의자를 조사해야 한다.

인민검찰원의 수사감독부서가 체포사건을 심사할 때에는 독립적으로 수사를 진행하지 않으며 체포심사 중에 이송된 증거에 대해 의문이 있는 경우에는 증인을 신문하거나 또는 관련 증거에 대한 재조사를 할 수 있다. 강제조치를 취하지 않은 범죄용의자를 신문할 경우에는 신문 전에 공안기관 또는 검찰원 수사부서의 의견을 구해야 한다. 이를 바탕으로 체포의 비준 및 체포의 결정에 관한 의견을 제출한다. 공안기관이 체포의 비준을 신청한 범죄용의자가 이미 구금상태에 있을 경우 인민검찰원은 체포비준신청서를 수리한 날로부터 7일 이내에 체포의 비준의 여부를 결정해야 한다. 범죄용의자가 구금상태에 있지 않을 경우에는 체포비준신청서를 수리한 날로부터 15일 이내에 체포비준 여부를 결정해야 하며 중대하고 복잡한 사건은 20일 이내에 체포비준 여부를 결정해야 한다. 해당 검찰원의 수사부서가 이송한 체포심사사건에 대하여도 상술한 기간 내에 결정을 내려야 한다. 인민검찰원이 체포의 비준을 결정하거나 그 반대의 경우에는 반드시 책임자의 심사를 거쳐야 하며, 즉 검찰장에 보고하여 비준 또는 결정을 받아야 한다. 중대한 사건의 경우 검찰위원회의 토론을 통해 결정한다.

인민검찰원이 체포사건을 심사 및 처리하는 과정에서 범죄용의자의 체포가 필요하다고 판단하였지만 공안기관이 체포의 비준을 신청하지 않은 경우에는 공안기관에 대하여 체포의 비준을 신청하도록 제의해야 한다. 만약 공안기관의 체포비준을 신청하지 않은 이유가 합리적이지 않을 경우에는 인민검찰원이 직접 체포결정을 내려 공안기관으로 하여금 집행하도록 한다. 체포를 해야 하나 해당 검찰원의 수사부서가 범죄용의자를 이송하지 않을 경우 수사감독부서는 반드시 수사부서에 대하여 범죄용의자를 이송할 것을 건의해야 하고, 만약 이 건의가 채택되지 않으면 체포심사부서는 검찰장에 보고하여 검찰위원회의 결정을 요구해야 한다.

인민검찰원이 이미 체포결정을 내린 사건에 오류가 있음을 발견한 경우에는 그 체포비준의 결정은 취소해야 하며 공안기관이 이를 집행하게 한다. 체포불가결정을 내린 사건에서 오류가 발견되어 체포비준이 필요하면 인민검찰원은 그 체포불가결정을 취소하고 다시 체포비준결정을 내려야 하며 공안기관이 집행하도록 한다. 체포비준결정이 취소되어 석방된 범죄용의자 또는 체포 후 경찰기관이 보석, 거주감시로 처리한 범죄용의자 중에서 재차 체포의 필요성이 있는 경우, 또는 인민검찰원이 직접 수리한 사건에서 이미 불체포결정이 내려졌지만 재차 체포의 필요성이 있는 경우에는 인민검찰원이 체포절차를 다시 진행하여야 한다.

인민검찰원이 내린 체포비준 불가결정에 대하여 오류가 있다고 판단하는 경우, 공안기관은 인민검찰원에 재심사를 요구할 수 있지만 구류된 범죄용의자는 즉시 석방해야 한다. 공안기관이 재심사를 요청한 사건에 대하여 인민검찰원의 수사감독부서는 재심사를 해야 하며, 7일 이내에 검찰장 또는 검찰위원회에 보고하여 변경결정을 내리고 그 결과를 공안기관에 통지해야 한다. 만약 공안기관이 검찰기관의 재심결과에 불복한 경우 상급 검찰기관에 재심사를 청구할 수 있다. 상급 검찰기관은 이를 즉시 심사해야 하며, 15일 이내에 검찰장 또는 검찰위원회는 변경 여부에 대한 결정을 내려 하급 인민검찰원에 통지하고 공안기관으로 하여금 집행하게 한다.

만약 원래의 결정을 변경하면 체포비준 불가결정을 한 인민검찰원에 원래의 결정을 취소한다는 통지를 해야 하며 체포결정서를 별도로 만들어야 한다. 필요에 따라 상급 인민검찰원은 직접 체포비준결정을 내린 후 하급 검찰원에 알리고 공안기관이 집행하도록 한다. 인민검찰원이 체포불가결정을 내리고 공안기관에 보충수사를 지시한 사건에 대하여 공안기관이 보충수사한 후 재심사를 요청할 경우 인민검찰원은 공안기관으로 하여금 새로운 체포의 비준을 신청하도록 해야 한다. 공안기관이 재심사를 계속하여 요구하는 경우 인민검찰원은 이를 거절할 수 있다.

IV. 형사공소

형사공소란 검찰기관이 국가를 대표하여 소송을 제기하고 법원의 심판을 요구하는 것을 가리키며, 국가형벌권의 실현이라는 목적을 가진다. 심사를 통해 기소를 결정하고 공소를 제기하고 공소를 유지하며 법에 따라 형사공소권을 행사하는 것은 검찰기관의 중요한 역할로서 법에 따른 법률감독권 행사의 중요한 수단이 된다.

1. 검찰기관의 형사공소권의 성질

중국의 법률 규정에 따르면 형사공소는 검찰기관이 범죄를 징벌하는 권능이며, 또한 공안기관의 수사활동과 인민법원의 심판활동에 대한 법률감독 기능이다. 따라서 검찰기관의 형사공소권은 다음과 같은 두 가지 성질을 가지고 있다.

1) 형사공소는 국가가 주도적으로 범죄를 소추하는 권력이다.

모든 범죄는 통치계급의 이익과 사회공공질서에 대한 침해이며 특히 형사범죄가 국가와 사회에 미치는 해악은 매우 광범위하다. 만약 범죄에 대한

소추권을 개인이 행사하게 되면 여러 가지 원인으로 인하여 국가는 범죄에
대한 소추의 임무와 목적을 달성하기 어렵다. 그러므로 각국은 국가가 범죄
를 소추하는 공소형식을 채택하고 있다. 이는 인류가 범죄와의 투쟁을 위한
필요에 따른 것이며 동시에 사회발전의 요구이자 사회발전의 지표이다. 중
국에서 각종 범죄활동은 그 표현형식을 불문하고 국가안전, 사회공공질서,
또는 공민 개인의 신체적 권리, 재산권리 등 모두 국가와 인민의 이익을 침
해하는 것이다. 따라서 형사소송법 은 공소가 필요한 사건은 일률적으로 인
민검찰원이 심사하여 결정한다고 규정하고 있다.

2) 형사공소의 본질은 법률감독이다.

중국의 헌법과 법률은 검찰기관을 국가의 법률감독기관이라고 규정하고
있으며, 검찰권은 법률감독을 실현하기 위한 구체적인 형식이다. 구체적인
검찰권은 법률감독기능으로 통일되고 법률감독기능에 종속된다.

첫째, 형사공소는 검찰기관이 법률감독을 행하는 중요한 수단이다. 중국
에서 인민검찰원은 국가의 전문 법률감독기관으로서 법률감독은 검찰권의
국가권력적 성질을 나타내는 것이다. 즉 검찰기관이 행사하는 모든 권력은
법률감독적인 성질을 가지며 국가법률감독권의 표현형식이다.

법률감독권과 검찰권은 서로 일체를 이루는데 검찰권은 법률감독권의 구
체적인 구현이자 표현 형식이고 법률감독은 검찰권의 본질과 속성이다. 또
한 검찰기관의 법률감독은 구체적인 검찰권능을 벗어날 수 없다. 검찰기관
이 실행하는 법률감독상의 권한 중에서 형사공소는 기타 권한과는 다른 특
징을 지니고 있다.

① 형사공소는 검찰기관의 기본적인 감독수단이다. 형사공소권은 가장
　전형적인 검찰기관의 권한으로서 검찰기관이 가장 빈번히 행사하는
　권한이다. 따라서 검찰기관이 법률감독을 실행하는 가장 기본적인 수
　단이다.
② 형사공소는 국가가 범죄행위를 추궁하는 중요한 수단이다. 소송활동

에서 공소는 소송의 중간단계이다. 공소의 전 단계는 수사권행사에 대한 제약과 감독이며, 그 다음 단계는 심판권의 행사에 대한 제약과 감독이다. 따라서 형사공소는 국가가 범죄행위를 추궁함에 있어 매우 중요한 역할을 한다.

③ 형사공소권은 다양한 내용을 가지고 있다. 형사공소권은 기소심사, 기소결정과 불기소, 공소제기, 공소유지, 기소변경 및 항소 등의 권한을 포함한다. 이러한 권한은 모두 검찰기관이 법률감독권을 이행하는 데 필요한 수단이다.

둘째, 형사공소는 법률감독의 성질을 결정한다. 공소의 대상은 범죄이다. 범죄는 두 가지로 분류되는 바, 하나는 사회활동의 주체가 저지를 수 있는 범죄이고 다른 하나는 법정 권한에 따라 국가권력을 행사하거나 공무를 수행하는 국가공무원의 직무활동으로 인한 범죄이다. 검찰기관이 어떠한 범죄에 대하여 공소를 제기하든 범죄의 소추기능과 절차적 제약기능을 함께 가지고 있다. 범죄의 소추기능은 검찰기관의 형사공소권의 실현이다. 검찰기관은 국가의 명의로 법원에 공소를 제기하고 범죄행위를 한 피고인에 대하여 형사책임을 추궁하도록 요구할 수 있다. 절차적 제약기능이란 형사공소권이 소송활동의 정상적인 진행을 유지하는 데 필요한 역할을 하고, 수사에 대한 제약과 수사결과에 대한 심사 및 재판절차의 개시 등을 제한하는 역할을 하고 있음을 의미한다. 이러한 역할은 법제건설의 시각에서 볼 때 법률의 통일적이고 올바른 시행을 위한 것이며 법률감독의 근본적인 내용에 해당한다.

범죄의 소추기능상 검찰기관의 형사공소와 피해자의 고소는 모두 소추기능을 하지만 본질상 검찰기관의 형사공소는 고소에는 없는 법률감독적 성질을 지니고 있다. 즉, 형사공소와 고소는 다음과 같은 차이가 있다.

① 기소의 목적이 다르다: 중국의 법률규정에 따르면 형사사건의 기소는 공소와 고소 두 가지를 포함한다. 그러나 공소와 고소의 목적이 다른 바 그 이유는 법률규정의 고소사건은 피해자가 법원에 범죄자의 처벌을 청구해서

자신의 적법한 권리를 수호하기 위해서다. 그러나 검찰기관의 형사공소권 행사는 자신의 이익을 수호하기 위한 소송목적이 아니며 공소사건 또한 검찰기관과 검찰관 개인의 이익과 관련되어 있지 않다. 공소제기의 목적은 법원에 범죄자의 처벌을 요구하고 이를 통하여 법률의 존엄과 권위를 수호하는 것이다. 형사공소권과 고소권의 목적상 차이에서 형사공소권의 법률수호라는 정의가치를 확인할 수 있고, 나아가 법률감독의 속성을 확인할 수 있다.

② 기소의 원인이 다르다: 피해자가 고소를 하는 주된 이유는 자신의 적법한 권익이 범죄행위로 인하여 침해를 받았기 때문이다. 따라서 자신의 적법한 권익을 수호하기 위해 고소를 한 것이다. 만약 범죄행위가 발생하였으나 범죄행위가 자신의 적법한 권익을 침해하지 않았다면 고소하지 않을 것이다. 그러나 검찰기관이 공소를 제기하는 주된 원인은 국가이익이 손해를 입거나 또는 사회질서를 파괴하는 범죄행위가 발생하기 때문이다.

다시 말하면 누군가 국가의 법률이 금지한 행위를 함으로써 형사책임을 추궁해야 할 필요가 있는 경우에 검찰기관은 의무적으로 법원에 공소를 제기해야 하고 법원으로 하여금 범죄자에 대한 형사책임의 추궁을 요구한다. 기소원인의 차이로 인하여 검찰기관은 형사공소권의 행사에 따른 의무를 부담한다. 형사공소권을 행사함으로써 국가의 법률이 침해되지 않도록 해야 한다.

③ 소송상의 입장이 다르다: 형사공소권과 고소권의 목적상 차이는 양자의 입장을 결정한다. 고소권자는 자신의 적법한 권익을 수호하기 위하여, 일반적으로 개인의 입장에서 피고인이 유죄라는 증거를 수집하여 제공하며 피고인의 무죄 또는 죄의 경감을 위한 증거는 수집하지 않거나 또는 제공하지 않는다. 그러나 검찰기관은 법률의 존엄을 수호하고 파괴된 법률질서를 회복시켜야 하고, 한편으로 법률은 검찰기관이 국가의 입장에서 형사공소권을 행사하도록 요구한다. 따라서 검찰기관은 소송에서 반드시 중립성을 지켜야 하고, 증거를 수집할 때에는 피고인의 유죄와 무죄를 증명할 증거뿐만 아니라 증거를 전면적으로 수집하고 심사한 후 범죄사실의 존재를 확인하는 동

시에 형사책임을 추궁할 필요성이 있을 때 비로소 법원에 공소를 제기한다.

④ 추구하는 소송결과가 다르다: 고소권자가 고소권을 행사하는 것은 자신에게 공정한 평가 또는 상대방에게 보복하거나 배상을 구하기 위함이다. 따라서 고소권자가 지향하는 소송결과는 승소이며 법정에서 피고인이 유죄로 판결되기를 희망한다. 그러나 검찰기관이 형사공소권을 행사하는 것은 법적 정의의 구현이기 때문에 검찰기관이 소송과정에서 추구하는 소송결과는 사법의 공정성이다. 즉, 한편으로는 범죄자가 법적책임 또는 처벌을 받아야 하며 다른 한편으로는 죄 없는 사람이 처벌을 받지 않도록 노력함으로써 피고인의 적법한 권리를 보호해야 한다. 검찰기관이 공소활동 과정에서 중시해야 할 것은 법률질서의 수호와 법적 정의의 실현이다.[51] 형사공소권은 고소권과 같이 형사심판절차를 개시하는 역할 외에도 고소권이 갖지 않는 법률의 수호와 법률의 시행을 보장하는 기능을 하고 있다. 따라서 형사공소권은 고소권과 달리 법률감독적 성질을 가진다.

절차적 측면에서 형사공소, 수사 및 재판은 형사소송에서 일정한 소송상 기능을 하고 있다. 그러나 이들의 소송상 기능은 각기 구현하는 내용이 다르다. 형사공소와 수사의 경우, 수사와 형사공소 모두 일종의 절차적 권력으로서 소송절차를 개시토록 하는 역할을 한다. 수사는 단지 수단적인 권력으로서 관련 증거를 수집하고 사건의 실제상황을 규명하고 공소를 위한 구비조건을 제공할 뿐이며 사건에 대한 실질적 처분은 할 수 없다. 따라서 수사의 소송기능은 증거수집, 범죄용의자의 수색, 범죄사실의 검증 등을 통해서 형사공소를 위한 조건을 마련하는 데 있다. 따라서 수사는 형사공소에 부속하며 형사공소권을 위해 존재한다고 할 수 있다. 또한 형사공소는 일종의 국가기소권으로서 기본적 소송기능은 범죄사실의 철저한 조사를 바탕으로 국가를 대표하여 검찰기관이 법원에 범죄자의 형사책임추궁을 제청하는 것이다. 이러한 형사책임의 추궁에 관한 제청은 그 자체로 법적 효력을 지닌 감독이며 법률의 불가침성에 대한 표현이다.

---

51) 参见 张智辉: "论刑事公诉权的法治意义," 载 ≪人民检察≫ 2003年 第8期。

형사공소가 지닌 이와 같은 소송기능은 국민의 법률에 대한 존중심을 고양시키며 위법한 범죄행위를 일으키는 내심의 충동을 억제토록 하여 법률존엄의 수호와 준법정신의 함양에 도움이 된다. 형사공소가 이와 같은 기능을 가지고 있기 때문에 성질상 형사공소는 오직 사건의 사실관계를 밝히는 수사와 구별되고, 법률의 통일을 수호하는 사명을 담당하며 법률감독적 성질을 가지고 있다.

형사공소와 재판의 관계에서 재판은 일종의 수동적인 재판권의 행사로서 검찰기관의 공소제기를 전제로 하여 행사될 수 있을 뿐이다. 즉, 형사공소가 없으면 재판을 통하여 범죄자에 대한 법적 제재를 가할 수 없다. 게다가 재판권의 행사 범위 또한 형사공소에 의해 제한을 받는 바, 재판기관은 오직 공소기관이 제시한 피고인과 그의 범죄사실에 대해서만 재판할 수 있다. 재판기관은 심판의 대상을 스스로 결정 할 수 없을 뿐만 아니라 재판의 범위 또한 스스로 선택 할 수 없다. 그러므로 재판권은 소송에서 법률감독의 기능을 갖지 못한다. 재판권의 수동적 성질과는 반대로 형사공소는 일종의 능동적인 국가권력이다. 검찰기관은 법을 위반되는 모든 범죄행위와 그 행위자에 대하여 기소할 수 있다. 즉 형사공소는 모든 사람의 범죄행위와 관련된다. 범죄가 발생하면 검찰기관은 사건의 진상조사를 바탕으로 공소를 제기할 수 있는 권한을 행사한다. 또한 형사책임의 추궁을 통해 범죄행위의 지속과 범죄의 만연을 억제할 수 있고, 이를 통해 법률의 존엄을 수호하고 정상적인 법률질서를 회복시킨다. 그러므로 형사공소의 이러한 능동적 소송기능을 재판권은 가지지 못하며, 이는 법률감독적 기능의 기본적인 표현이다.

셋째, 형사공소의 내용은 그 자체로서 법률감독적 성질을 결정한다. 법률의 규정에 따르면 형사공소는 기소심사, 기소결정, 불기소, 공소유지, 공소변경 및 항소 등 다섯 가지 내용을 포함한다.[52] 이러한 내용은 모두 법률의 통일적이고 올바른 시행을 수호하는 역할을 하며 법률감독적 성질을 가지고

---

52) 参见 张穹主编: ≪公诉问题研究≫, 中国人民公安大学出版社 2000年版, 第77—78页。

있다. 그중 가장 직접적으로 법률감독적 성질을 구현하는 것이 기소심사와 항소이다. 기소심사는 검찰기관의 중요한 권력으로서 법률감독적 성질을 가장 잘 나타낸다. 왜냐하면 중국의 형사소송법 규정에 따르면 보통형사사건의 수사는 공안기관이 전담하며, 사건에 대한 일련의 조사활동을 거친 후 공소제기의 필요성이 있을 경우에는 반드시 검찰기관에 제청하여 심사를 받아야 한다. 검찰기관은 공안기관이 공소제기를 요청한 사건에 대해 반드시 심사를 거친 후 공소제기 여부를 결정해야 한다. 검찰기관은 공안기관이 이송한 사건에 대하여 반드시 다음과 같은 내용을 심사해야 한다. 즉 범죄용의자의 행위가 범죄를 구성하는지 여부, 행위의 위법성 정도, 수집된 증거의 적법성 여부, 법정기소조건에 부합하는지 여부(사실관계가 명확하고, 증거가 충분해야 함), 인정한 범죄의 성격과 죄명이 정확한지 여부 등이다.

이러한 심사활동은 그 자체로 공안기관의 수사행위에 대한 법률감독이다. 또한 검찰기관이 심사 후에 불기소결정을 내리면 그 결정은 공안기관의 수사결과에 대한 명백한 부인이며 공안기관이 행사하는 수사권에 대한 법률감독이 된다. 검찰기관의 불기소결정은 범죄용의자의 행위가 범죄를 구성하지 않거나 범죄용의자의 행위가 경미하여 형사책임을 추궁해서는 아니 되거나 또는 증거가 범죄를 충분히 입증할 수 없다는 것을 말한다. 따라서 불기소결정은 범죄용의자의 적법한 권리에 대한 보호일 뿐만 아니라 검찰기관이 법적 시각에서 내린 수사행위에 대한 심사의 결과로서 통일적이고 올바른 법률의 시행을 위한 법률감독적 성질을 구현한다.

또한 검찰기관이 기소결정을 하는 것도 법원의 재판에 대한 법률감독을 의미한다. 왜냐하면 각국의 제도에서 공소와 심판을 분리하는 것은 형사소송의 기본원칙으로서 이러한 원칙은 재판권의 피동성을 요구한다. 공소가 없다면 법원은 재판을 할 수 없다. 즉 서방국가에서 흔히 말하는 "공소(控訴) 없으면 법관도 없다"는 것을 의미한다. 검찰기관의 이러한 공소기능은 재판권이 법률의 범위를 일탈하여 자의적으로 확장되는 것을 효과적으로 방지하는 동시에 공민의 적법한 권리 침해를 방지하는 등 재판권에 대한 법률감독적 기능을 구현한다.

검찰기관이 기소를 결정한 후에는 그 공소내용이 법원의 심판범위를 제한하는 역할을 한다. 예를 들면 검찰기관이 공소를 제기한 후에야 법원이 재판을 할 수 있고, 법원은 오직 검찰기관이 공소한 피고인 또는 범죄사실, 죄명 및 관련 증거에 대해서만 심리할 수 있다. 검찰기관의 공소내용이 법원의 심판범위를 제한하는 기능을 하는 것은 재판권의 남용을 방지하는 데 도움이 되고, 공민의 적법한 권리의 침해를 방지할 수 있으며, 법률의 시행을 보장하는 등 법률감독적 성질을 구현한다.

현대적 형사소송에서 항소는 법원이 사건에 관한 판결을 내린 후 검찰기관이 법원의 판결 결과에 대해 재심사를 요청할 것인지 여부에 따라 항소제기 여부를 결정한다. 심사의 결과 검찰기관이 법원의 재판결과에 오류가 있거나 법률규정을 위반하였다고 판단할 경우에는 반드시 상급 법원에 항소를 제출해야 하고 시정을 요구해야 한다. 따라서 항소를 통해 법원의 재판을 시정하는 목적을 달성할 수 있으며, 이로써 법률의 올바른 시행을 보장할 수 있다. 검찰기관을 법률감독기관으로 정한 중국과 러시아의 경우는 항소권의 법률감독적 성질이 명확하며 여타 국가의 제도에서도 검찰기관의 상소권이 법률감독적 성질을 가지고 있음을 확인할 수 있다. 예를 들면, 프랑스에서는 비록 검찰관과 피고인 모두 법원의 재판에 대한 상소권을 가지고 있다. 다만, 검찰관의 상소권과 피고인의 상소권을 비교하면 다음과 같은 특징이 있다.

① 상소의 대상이 광범위하다. 프랑스 형사소송법의 규정에 따르면 검찰관은 법률의 올바른 시행을 보장하기 위하여 법관이 내린 모든 판결에 대하여 상소를 제기할 수 있을 뿐만 아니라 예심법관이 내린 모든 결정에 대해서도 상소를 제기할 수 있다. 그러나 예심법관이 내린 재정에 대한 피고인의 상소는 제한적이다. 따라서 프랑스학자들은, "검찰관은 예심판사의 모든 심판에 대해 상소를 제기할 수 있다. 이와 반대로 당사자 개인은 법률이 규정한 몇 가지의 상황에서만 상소를 제기할 수 있다. 또한 법률이 제한적 열거방식으로 명확히 규정한 내용에 대해서는 어떠한 확대해석도 허락하지 않는다"고 표현한다.

② 상소의 이유에 대한 제한이 없다. 다시 말해 검찰관은 사실관계의 오류를 이유로 상소를 제기 할 수 있고 법률상 이익을 위해서도 상소를 제기할 수 있다. 또한 피고인에게 불리한 상소를 제기할 수 있으며 피고인에게 유리한 상소도 제기할 수 있다. 하지만 피고인은 자기의 이익을 위해서만 상소를 제기할 수 있다. 프랑스 법률이 검찰관에게 피고인에 비하여 관대한 상소 이유를 규정한 것은 검찰관의 상소와 피고인의 상소에는 일정한 차이가 있음을 보여 주는 것이며, 이는 검찰관으로 하여금 법률의 올바른 시행을 감독토록 하는 중요한 임무를 부여하는 것이다. 따라서 검찰관의 상소는 피고인의 상소가 갖지 못하는 법률감독적 성질을 가지고 있다. 이로써 검찰관이 가지는 항소권(또는 상소권)과 피고인의 상소권은 구별된다. 형식상으로 양자의 항소(또는 상소)는 범위와 대상이 다르고 실질적으로도 양자가 구현하는 성질이 다르다. 피고인의 상소는 개인의 권리 즉 사권을 수호하기 위한 성질을 구현하고 있지만 검찰관의 항소(또는 상소)는 법률감독으로서의 성질을 구현하고 있는데 그 목적은 법률의 올바른 시행이다. 특히 검찰기관이 피고인의 이익을 위해 제기한 항소(또는 상소)와 법률상 이익(예를 들어 프랑스의 "법률상 이익을 위한 상소," 일본의 "비상상고" 등)을 위해 제기한 상소 또는 항소는 법원의 재판에 대한 법률감독적 성질을 명확하게 나타낸다. 이 때문에 프랑스 학자들은 "법률상 이익을 위하여 제기한 상소의 목적은 재판에서 드러난 법률상의 오류를 시정하는 것이며 이를 통하여 법원판결의 통일성을 보장하며 법률의 존엄을 보증하는 것이다"라고 한다. 일본 학자들 또한 "비상상고의 목적은 통일적으로 법령을 해석하고 추상적인 법규의 적용상의 오류를 시정하기 위한 것이며, 모든 구체적인 사건에 존재하는 사실관계의 오류 등을 시정하는 것이 아니다"라고 표현한다.

　형사소송은 법률감독적 성질을 가지고 있는데, 이는 과학적이고 합리적인 소송구조의 유지와 모순되지 않는다. 형사공소권의 행사가 법률감독적 성질을 가지고 있다는 것은 검찰기관이 형사소송에서 우월적 지위에서 독립적인 감독자로서의 지위를 가지고 공소, 변호, 재판 등 기본적인 소송구조에 영향을 미칠 수 있다는 것을 의미하는 것은 아니다. 검찰기관의 법률감독은

"위에서 아래로의" 감독이 아니라, 동등한 지위에 있는 기관 사이에 존재하는 서로 다른 직능 간의 감독이다. 이러한 감독은 형사소송절차 내의 감독으로서 공소제기와 공소유지 등 구체적인 법정권한을 통하여 실현하는 것이며 형사소송의 기본구조에 영향을 미치지 않는다.

형사소송권의 감독적 성질은 형사공소권에 내재되어 있는 속성이지 형사공소권과 병렬적인 권능은 아니다. 즉, 공소는 국가의 범죄소추활동에 대한 외적 형식의 표현이고 법률감독은 그 본질적 속성에 대한 표현으로서 공소와 법률감독은 일체적이며 공생관계에 있다. 형사공소권은 단지 법률감독권의 실현을 위한 형식일 뿐이다. 형사소송에서 공소권자가 재판에 참가하여 범죄를 고발하고 공소를 유지하는 것은 그 자체로 법률감독적 성질을 가지고 있으며 법률감독권의 행사에 속한다. 재판상 존재하는 위법행위에 대해 시정의견을 제시하거나 명확히 오류가 있는 판결 등에 대해서 항소를 제기하는 것은 공소권자가 법률감독을 행하는 또 다른 형식이다.

검찰관은 국가이익과 공공이익의 대표자로서 국가를 대표하여 범죄를 고발하고 인권을 보호하며, 당사자의 적법한 권익을 수호하고 사법공정의 직무를 이행한다. 피고인의 적법한 권익을 침해하는 행위를 포함한 소송과정에 존재하는 위법행위를 감독하고 시정하는 것은 검찰관의 당연한 직무에 속하고 검찰관의 객관공정의무에 따른 필연적 요청이다. 검찰관은 오로지 승소를 추구하는 일방당사자가 아니라 객관적이고 공정한 법을 수호하는 자이다. 그러므로 형사공소권 행사의 법률감독적 성질은 변호인측의 소송상 권리행사를 방해하지 않을 뿐만 아니라 피고인의 적법한 권리의 보호에도 도움이 된다.

형사공소권을 행사하는 과정에서 재판권에 대한 제약과 감독의 기능이 필요하다. 이는 재판의 권위에 악영향을 주지 않으며 오히려 감독을 통해 사법공정과 사법권위를 수호할 수 있다. 형사공소권의 행사는 재판을 통해 공평 정의를 실현하는 것과 일맥상통한다. 검찰관은 공소를 통하여 법관의 재판범위를 제약하고 법관의 재판활동을 감독하는데, 이는 법관의 권력 남용과 자의를 방지하는데 있어서 중요한 의의를 가진다. 즉 형사공소권의 행

사는 공평 정의의 실현을 위한 제도 및 절차적인 보장이다. 덧붙여서, 형사
공소권의 감독적 성질은 본래의 소송기능을 변경시키지 않으며 재판권의 권
위와 지위를 해치지 않는다. 형사소송권은 본질상 일종의 공소청구권으로서
법원에 대하여 절차적 제약기능을 하기 때문에 그 법률감독적 성질로 인하
여 실체적인 처분권을 증감시키지는 못한다.

　법원의 심리활동이 법률규정의 소송절차에 위반한 경우 검찰관은 법원에
시정의견을 내거나 판결 또는 결정에 명백한 오류가 존재하는 경우에는 항
소를 제기한다. 이는 모두 법원의 시정을 구하는 절차를 위한 것으로서 재
판권의 측면에서 보면 일종의 절차적 권력에 불과하다. 그러므로 형사공소
권의 법률감독적 성질과 재판기관의 종국적 재판은 서로 모순되지 않는다.
오히려 형사공소권의 법률감독적 성질은 일정한 정도에서 재판의 권위를 강
화한다. 사법권위의 보호는 실질적으로 재판의 공정성을 보호하는 것이고
공정성은 사법권위의 근원이다. 공정한 판결은 사법의 공정성과 사법권위를
구현한다. 불공정한 판결은 사법의 공정성과 사법권위를 파괴한다. 불공정
한 판결에 대하여 검찰관은 형사공소권의 행사와 항소 등의 수단을 통해
시정하도록 하는데 이를 통하여 사법의 공정성과 사법권위를 수호할 수 있
다. 사법의 공정성과 사법권위를 수호하고 법률의 통일적이고 올바른 시행
을 보장하는 것은 검찰기관이 가진 형사공소권 행사의 최종적인 목표이다.

2. 형사공소의 주요내용

　형사소송법과 인민검찰원형사소송규칙에 따르면 검찰기관의 형사공소는
기소의 심사, 공소의 제기(또는 기소), 불기소, 공소의 유지, 공소변경(공소
내용의 변경, 철회 및 추가 등을 포함)과 항소 등 6가지 권한을 포함한다.

1) 기소의 심사
　기소의 심사는 인민검찰원이 수사가 종결된 사건에 대하여 진행하는 전

면적인 심사로서 공소제기 또는 불기소 결정을 내리는 권능이다. 중국의 법률 규정에 따르면 인민검찰원이 행하는 기소심사의 기본적 임무는 다음과 같다. 실사구시적인 공소원칙에 근거하여 사건의 사실관계와 법률의 적용을 심사하고, 사건에 대한 기소와 불기소를 결정하기 위하여 사건에 영향을 미치는 각종 사항을 심사한다. 수사의 과정과 결과에 대해 심사하며 증거의 수집과 활용 등에 대한 적법성 여부와 조사활동 과정의 위법행위를 시정하고 조사에서 누락된 부분을 보충한다. 사건의 전면적인 상황을 파악하고 기소가 결정된 사건에 대하여 출정(出庭)을 위한 준비를 한다.

중국에서는 수사의 종결 후 공소제기가 필요한 사건은 모두 검찰기관의 심사를 통하여 결정된다. 검찰기관은 공안기관이 이송한 사건과 자체적으로 수사를 종결한 사건에 대하여 기소심사를 하며, 이때 다음과 같은 내용을 심사해야 한다. ① 소추의 조건을 갖추었는지 여부, ② 형사책임 추궁의 필요성 여부, ③ 수사활동의 적법성 여부이다. 구체적으로는 검찰기관이 소추의 법정 조건 구비여부를 결정 할 때에는 유죄판결에 필요한 조건들이 갖추어졌는지를 확인해야 한다. 즉 법률상 범죄가 확실히 성립하는지 또는 범죄용의자의 형사책임이 명확한지를 확인해야 한다. 그러므로 검찰관은 제출된 증거가 범죄구성을 위한 요건에 적합한 것인지를 조사해야 한다. 즉, 형사소송법 제141조에 따라 증거는 확실하고 충분해야 한다. 다음은 형사책임을 추궁하지 말아야 하는 법정사유에 해당하는지 여부이다. 예를 들어 범죄용의자가 이미 사망하거나 소추기한이 경과한 경우 등이다. 만약 이러한 조건을 갖추지 못한다면 검찰기관은 범죄용의자의 형사책임 추궁에 관한 심사를 해야 한다. 이때는 다음과 같은 사항을 고려하여야 한다. ① 범죄용의자의 개인적 상황(연령, 성격, 경력, 신체상황, 직업, 전과 등을 포함)과 그 신변상의 위험성을 중점적으로 고려해야 한다. ② 일반적으로 처벌을 감경 또는 면제하는 조건을 갖추고 있을 경우 불기소를 고려할 수 있다. ③ 범행 후의 태도에는 반성하는 경우, 도망치거나 행방을 감추거나 증거를 인멸하는 등의 행위가 있다.

검찰기관은 상술한 요소를 종합적으로 고려한 후 범죄용의자의 범죄가 경미하고 형법의 규정에 따라 처벌이 불필요하거나 면제가 필요한 사안에 대하여 불기소 결정을 할 수 있다. 그렇지 아니하면 공소를 제기해야 한다. 그밖에 검찰기관은 감독기관으로서 경찰기관의 수사활동과 강제조치 등의 적법성 여부에 대하여 감독해야 한다. 위법행위가 발견될 경우에는 즉시 시정의견을 제시해야 한다. 중국 검찰기관의 형사사건에 대한 심사범위는 서방국가의 그것에 비해 광범위하며 증거, 범죄용의자의 개인적 성향, 경찰기관 수사활동의 적법성 여부 및 강제적 조치에 대한 적법성 여부 등도 심사해야 한다.

형사소송법과 인민검찰원형사소송규칙의 규정에 의하면, 인민검찰원의 기소심사에 관한 절차는 다음과 같다.

(1) 수리(受理)

수리는 공안기관이 수사를 종결한 후 기소여부를 심사하도록 인민검찰원에 이송한 사건을 예비적으로 심사함과 동시에 그 수리여부를 결정하는 행위를 말한다. 인민검찰원이 기소사건을 수리할 때에는 사건이 관할범위에 속하는지 여부, 기소의견서 및 관련 자료를 갖추었는지 여부, 문건의 제본과 이송이 관련규정에 부합하는지 여부, 소송문서와 기술적 감정자료가 단독으로 제본되었는지 여부, 증거에 사용된 물건이 사건별로 이관되고 이관된 물건과 목록이 일치하는지 여부, 범죄용의자가 문건에 기록되어 있거나 강제조치를 취한 상황 등을 심사하여야 한다. 심사를 거친 후 수리조건이 충족되면 사건을 수리하여야 한다.

(2) 심사(審査)

인민검찰원이 기소사건을 수리한 후에는 다음과 같은 내용을 심사하여야 한다. 범죄사실이 명확한지 여부, 범죄의 유형과 죄명이 부합하는지 여부, 법정의 가중처벌, 감경처벌 또는 처벌면제 상황의 유무, 공동정범 사건의 경우 책임확정의 적정성 여부, 증거자료가 사건별로 이송되었는지 여부, 증거가 확실하고 충분한 지 여부, 범행의 누락과 기타 형사책임을 추궁할 필요가 있는 사람의 존부, 부대민사소송의 유무, 국가나 단체에 물질적 손해를 입힐 경우 인민검찰원의 부대민사소송 제기의 필요성 여부, 조사활동의 적법성 여부, 강제조치의 적법성 여부, 심사과정에서 범죄용의자를 심문하고 피해자나 범죄용의자 및 사건대리인의 의견청취 등이다. 필요시 직접 증인을 신문하거나 감정, 현장검증 및 검사를 할 수 있다. 보충수사가 필요할 경우에는 공안기관에 보충수사를 하도록 반송할 수 있다.

(3) 조사결정(調査決定)

이송된 기소심사사건에 대하여 인민검찰원은 한 달 이내로 기소 여부의 결정을 내려야 한다. 중대하고 복잡한 사건의 경우 결정기한을 15일 연장할 수 있다. 조사 후 사건의 책임자는 처리의견을 제시하고 사건심사의견서를 작성하며 검찰장이나 검찰위원회에 보고하고 기소여부를 결정한다.

2) 기소

기소는 인민검찰원이 사건에 대한 심사를 한 후 법정 기소조건에 부합하고 용의자에 대한 형사책임의 추궁이 필요하다고 판단하여 해당사건을 법원에 제출하여 재판을 요구하는 것이다. 기소는 형사공소권의 중요한 내용이다.

(1) 기소의 범위

인민검찰원이 어떠한 사건에 대하여 기소할 수 있는가 하는 것이다. 형사소송법 규정에 따르면 인민검찰원은 대부분의 형사사건에 대하여 기소권을 행사하고 일부 경미한 범죄사건은 피해자가 기소한다. 중국의 문화적 전통과 현실상황에 근거하여 개인의 이익과 관련된 일부 경미한 형사사건에 대하여 자소(自訴)제도를 허용한 것은 국민의 정서에 부합하며 합리적이다.

(2) 기소의 조건

인민검찰원의 기소에 대하여 법률이 요구하는 조건이다. 형사소송법 제

141조에 의하면 인민검찰원의 기소는 다음 조건에 부합해야 한다.[53] 첫째, 범죄용의자의 범죄사실에 대한 조사가 완료되어야 한다. 즉 확보한 증거는 범죄용의자의 행위가 범죄를 구성한다는 것을 증명을 할 수 있어야 한다. 구체적으로 말하면 인민검찰원이 범죄사실을 규명하여 확정할 경우에는 다음과 같은 사항에 주의해야 한다. 범죄용의자의 행위가 확실히 범죄를 구성하가의 여부, 범죄용의자의 행위가 모종의 범죄사실을 확정할 수 있는가의 여부, 범죄용의자에 대한 감경처벌 또는 가중처벌의 필요성 여부 등이다. 둘째, 증거가 확실하고 충분해야 한다. 범죄용의자의 범죄사실과 경위에 대하여 충분한 증거로 입증해야 할 뿐만 아니라 의심의 정도를 합리적으로 배제할 정도에 도달해야 한다. 이것은 기소에 관한 증거상의 요구이다. 중국은 기소단계의 증거기준과 유죄판결에서의 증거기준에 대하여 구별이 없다.

(3) 기소의 구체적 절차

형사소송법의 규정에 따르면 인민검찰원의 기소는 다음 절차에 따라 진행해야 한다. 첫째, 기소장을 작성한다. 기소장은 인민검찰원이 법률규정에 따라 피고인을 법원의 재판에 회부하는 법률문서이다. 기소장은 인민검찰원이 범죄를 주장하는 중요한 법률문서이며 법원이 사건의 재판권을 가지게 되는 중요한 근거이다. 법률규정에 따라 인민검찰원은 기소를 결정한 사건에 대하여 기소장을 작성해야 한다. 기소장은 다음과 같은 내용을 포함하고 있다. 첫째 피고인의 기본상황, 사건의 개요, 사건의 사실관계, 기소의 근거와 이유, 죄명과 적용한 법률조항도 포함된다. 둘째, 관할권이 있는 인민법원에 공소를 제기한다. 형사소송법의 규정에 따라 인민검찰원은 인민법원에 공소를 제기하고 기소장, 증거목록, 증인명단 및 주요 증거의 복사본 또는 사진을 이송해야 한다. 이송한 증거목록은 기소 전에 수집된 증거자료의 목

---

53) 인민검찰원은 범죄용의자의 범행사실을 조사하여 증거가 충분하다고 판단되면 형사책임을 추궁하기 위하여 관할 인민법원에 공소를 제기할 수 있다.

록을 포함한다. 증인명단은 기소 전에 증언했던 증인의 명단을 포함한다. 구체적 사건의 주요 증거에 대해서는 인민검찰원이 법률의 규정에 따라 확정한다.

3) 불기소

불기소는 인민검찰원이 이송된 사건에 대하여 기소여부의 심사를 한 후 범죄를 구성하지 않거나 기소조건에 부합하지 않는다고 판단하여 법원에 사건을 기소하지 않고 종료시키는 것을 말한다. 형사소송법에 의하면 검찰기관의 불기소는 절대적 불기소, 참작(酌定)불기소 및 의문의 존재로 인한 불기소(증거부족으로 인한 불기소)로 나눈다.

(1) 절대적 불기소

인민검찰원은 범죄용의자의 행위가 범죄를 구성하지 않거나 형사책임을 추궁할 수 없는 사건에 대해서는 불기소결정을 내려야 한다. 이는 법정불기소 또는 법규에 의거하여 형사책임을 추궁할 수 없는 불기소라 부르기도 한다. 중국의 형사소송법 제142조 제1항은 인민검찰원의 절대적 불기소에 대하여, "범죄용의자가 본법 제15조에서 규정한 사항의 하나에 해당하면 인민검찰원은 불기소결정을 내려야 한다"고 명확하게 규정하고 있다. 형사소송법 제15조는, "다음과 같은 상황에 해당하면 형사책임을 추궁할 수 없고 반드시 사건의 철회, 불기소 또는 심리를 중지하거나 무죄를 선고해야 한다. ① 범죄행위가 매우 경미하고, 위해가 경미하여 범죄라고 할 수 없을 경우, ② 범죄행위의 공소시효가 완성된 경우, ③ 사면을 통해 형벌을 면제한 경우, ④ 친고죄의 경우 고소가 없거나 고소가 철회된 경우, ⑤ 범죄용의자와 피고인이 사망한 경우, ⑥ 기타 법률 규정에 따라 형사책임을 면제할 사유가 있는 경우"로 규정하고 있다. 절대적 불기소의 핵심은 "범죄행위가 매우 경미하여 범죄라고 할 수 없는 경우"와 "기타 법률의 규정에 따라 형사책임을 면제할 사유가 있는 경우"로서, 이러한 조건을 명확히 이해하여야 한다. "범죄행위가 매우 경미하여 범죄라고 할 수 없는 경우"라는 법정조건을 정확히 이해하고 적용하려면 그 행위의 사회적 위험성 여부를 우선적으로 고려해야 한다. 즉 행위와 결과 사이에 직접적인 인과관계가 있는지, 행위의 결과 및 위험의 정도를 법률규정과 비교하여 위험성의 정도를 판단한다.

그 다음에는 행위로 인해 침해된 객체, 행위의 수단과 방법, 행위가 실행된 시간과 장소, 액수 및 행위자의 주관적 요인 등에 의해 상황이 현저히 경미한지 여부를 판단한다. 구체적인 사건을 분석 판단할 때에는 다음 사항에 주의하여야 한다. 즉, 범죄행위와 치안관리법규를 위반하는 행위 사이의 한계를 구분하고 범죄행위와 민사권리 침해행위를 구분하는 것이다. "기타 법률의 규정에 따라 형사책임을 면제할 사유가 있는 경우"는 주로 다음과 같은 내용을 가리킨다. 형법 제16조에서 규정한 항거불능 또는 예견 불가능한 원인으로 발생된 손해의 경우; 제17조에서 규정한 만 14세 미만자의 범죄 또는 만 14세 이상 16세 미만자의 고의적인 살인, 고의적인 상해로 인한 중상해 또는 치사, 강간, 강도, 마약판매, 방화, 폭발, 마약복용 이외의 죄; 제18조에서 규정한 정신병자의 범죄; 제20조 제1항과 제3항에서 규정한 정당방위의 경우; 제21조 제1항에서 규정한 긴급피난의 경우; 제24조에서 규정한 결과를 발생시키지 않은 중지범(中止犯)의 경우 등이다.

(2) 참작(酌定)불기소

인민검찰원은 범죄행위가 경미하여 형법에 따른 처벌이 불필요거나 형벌을 면제해야 할 필요가 있는 경우에는 불기소를 결정할 수 있다. 이를 상대적 불기소, 법에 의한 처벌의 면제 또는 형사처벌이 불필요한 불기소라고 한다. 형사소송법 제142조 제2항은 검찰기관의 참작불기소권에 대하여 규정하고 있다. 즉, "범죄행위가 경미하고 형법규정에 의해 형벌이 불필요하거나 형벌을 면제해야 하는 경우에 인민검찰원은 불기소를 결정할 수 있다." 따라서 검찰기관이 참작불기소를 할 경우에는 다음과 같은 조건에 부합해야 한다.

첫째, 범죄용의자의 행위가 범죄를 구성하고 당연히 행사책임을 져야 하는 것으로 판단되는 경우로서 형사소송법 제15조(절대적 불기소)의 사유에 해당하지 않을 것. 둘째, 경미한 범죄행위이다. 인민검찰원이 범죄행위가 경미한지 여부를 판단할 때에는 범행의 목적, 범행의 수단 및 손해의 정도 등을 참작해야 할 뿐만 아니라 행위자의 범행 전후의 태도도 함께 고려해야 한다. 셋째, 형법규정에 비추어 처벌이 불필요하거나 형벌을 면제해야 하는 경우이다. "처벌이 불필요하다는 것"과 형법 제37조에서 규정한 "범죄행위가 경미하여 처벌이 필요하지 않은 경우에 형사처벌을 면제한다"는 규정의 내용은 동일한 것이다. 즉 처벌의 면제는 형법에서 규정한 형벌을 면제할 수 있는 상황을 가리킨다. 참작불기소의 "처벌면제"와 절대적 불기소에서의 "기타 법률의 규정에 따라 형사책임을 면제할 사유가 있는 경우"는 내용상 차이가 있다. 전자는 범죄를 구성하지만 법률규정의 사유로 인하여 형사처벌을 면제하는 것이고, 후자는 범죄자체가 성립되지 않기 때문에 형사책임을 부담시키지 않는 경우이다.

구체적으로 중국 형법의 규정에 의하여 형벌이 불필요한 경우와 형벌을 면제하는 경우는 다음과 같은 상황에 해당하여야 한다. 범죄용의자가 중화인민공화국 영역 외에서 범죄를 저지른 경우에도 당연히 중국 형법에 따라 형사책임을 져야 하지만 외국에서 이미 형사처벌을 받은 경우; 범죄용의자가 청각장애인이면서 언어장애인이거나 맹인인 경우; 범죄용의자의 과잉방위로 인해 범죄가 성립한 경우; 과잉피난으로 범죄가 성립한 경우; 범죄가 예비에 머문 경우; 범죄의 실행과정에서 자발적으로 중지하거나 자발적으로 범죄결과를 방지한 경우; 협박, 유인에 의하여 범죄에 참가한 경우; 범죄 후 자발적으로 자수하고 자신의 범행을 사실대로 진술한 경우; 범죄 후 중대한 공을 세운 자 등이다.

(3) 의문의 존재로 인한 불기소(증거 부족으로 인한 불기소)

인민검찰원은 증거가 부족한 사건에 대하여 보충심사를 거쳤음에도 불구하고 여전히 증거가 부족하여 기소요건에 부합하지 않을 경우에는 불기소 결정을 내린다. 이는 증거 부족으로 인한 불기소라고도 부른다. 중국 형사소송법 제140조 제4항에서는 검찰기관의 증거 부족으로 인한 불기소에 대하여 명확히 규정하고 있다. 즉, 인민검찰원이 보충심사를 했지만 여전히 증거가 부족하여 기소요건을 충족하지 못할 경우에 인민검찰원은 불기소 결정을 할 수 있다. 이 규정에 의하면, 검찰기관이 불기소권을 행사할 때에는 두 가지 요건 즉 실체적 요건과 절차적 요건을 갖추어야 한다.

첫째, 실체적 요건이다. 즉, 인민검찰원이 증거가 부족하여 기소요건에 부합하지 않는다고 판단하는 것을 말한다. 증거의 부족에 관한 것은 간단한 문제로 볼 수 있지만 사실상 매우 복잡한 문제이다. 중국의 형사소송법에서 증거의 증명기준에 대한 요구는 "확실"과 "충분"이다. 따라서 증거가 확실하고 충분하다고 인정되기 위해서는 다음과 같은 조건을 갖추어야 한다. ① 증거가 모두 사실이어야 한다. ② 사건의 사실관계를 증거로써 증명할 수 있어야 한다. ③ 증거와 증거 사이, 증거와 사건의 사실관계 사이의 모순이 합리적으로 배제되어야 한다. ④ 사건에 대한 결론이 하나이어야 하며 기타 가능성이 없어야 한다. 만약 인민검찰원형사소송규칙 제286조에서 규정한 사항의 하나에 해당하면 증거불충분에 속한다. 즉, ① 증거에 의문이 존재하여 사실관계의 확인이 어렵다. ② 범죄의 구성요건을 증명할 증거가 부족하다. ③ 증거 사이의 모순이 합리적으로 배제되지 않는다. ④ 증거에서 나온 결론에 근거할 때 다른 가능성을 갖고 있다.

둘째, 절차적 요건이다. 즉, 보충심사절차를 거쳐야 한다. 형사소송법 제140조 규정에 근거하여 인민검찰원은 기소심사 과정에서 사건에 관한 증거가 불충분하더라도 바로 불기소 결정을 내리지 못한다. 반드시 불기소 결정을 하기 전에 공안기관에 반송하여 보충수사를 하도록 해야 한다. 또한 스스로 보충수사를 할 수 있다. 공안기관으로 돌려보내는 보충수사는 2회를 초과하지 못한다. 보충수사는 증거 부족으로 인한 불기소를 위한 법정조건이다. 검찰기관이 스스로 보충수사를 한다는 것은 이차적인 범죄사실, 정황이 뚜렷하지 않은 경우, 증거가 부족한 경우, 일반적인 수사수단으로는 밝혀낼 수 없는 상황을 의미한다. 주요 범죄사실의 불명확함, 증거부족, 범죄누락, 공동용의자 등에 대한 보충수사는 업무 부담이 따르거나 전문기술이 요구되는 수사 수단을 통해서 사건의 진상을 밝힐 수 있다. 그러므로 반드시 공안기관에 돌려보내 보충수사를 하도록 해야 한다. 반송하는 횟수는 검찰기관이 사건의 구체적인 상황에 근거하여 결정한다. 이 밖에, 인민검찰원형사소송규칙의 규정에 의하면 증거 부족으로 인한 불기소 결정은 반드시 검찰위원회의 토론을 거친 후에 내릴 수 있다. 이것은 증거 부족으로 인한 불기소의 성질에 의하여 결정된 것이다. 물론 증거의 부족으로 인한 불기소 결정을 내린 후 새로운 증거가 발견되어 기소조건에 부합되면 범죄가 구성되므로 당연히 소추할 수 있다.

4) 출정(出庭)공소유지

출정공소유지는 공소 제기 후 검찰장 또는 기타 검찰관이 국가공소인의 신분으로 법정에 출석하여 사실관계와 법률에 근거하여 피고인에 대한 공소를 유지하며 법원으로 하여금 법에 따라 피고인에게 형벌을 내릴 것을 요청하는 일종의 소송권능이다. 형사공소법과 인민검찰원형사공소규정에 따라 인민법원이 공소사건을 심판할 경우, 간이절차를 적용하는 경우를 제외하고 인민검찰원은 국가공소인 신분의 검찰관을 파견하여 법정에 출석하여 공소를 유지한다. 국가공소인은 검찰장, 검찰관, 검찰장이 비준한 검찰원의 검찰관 일인 또는 다수가 담당한다. 국가공소인이 법정에서 담당하는 주요 임무는 국가를 대표하여 범죄자의 죄상을 추궁하고 인민법원에 피고인에 관한 재판을 요구하는 것이다. 피고인 신문, 증인신문 및 법정조사의 참여 등을 통하여 범죄에 관한 사실관계를 증명해야 한다. 법정변론을 통하여 소송상 주장을 진술하여 법원이 판결을 내리도록 한다. 동시에 피고인을 포함한 소송참여인의 적법한 권익을 보호한다.

위에서 서술한 임무를 실현하기 위하여 공소인은 출석 전에 준비를 철저히 해야 하며, 나아가 사건의 경위와 증거를 파악해야 한다. 또한 사건에 관련된 상황에 근거하여 출석의견서, 답변요점의 초안 등을 준비한다. 법정에 출석하여 법정 권한을 행사하는데 주로 공소장의 낭독, 재판장 주관 하에 진행되는 증거조사의 참여, 법정에서의 의견발표 및 변론의 진행 등이 포함된다.

공소인은 법정에서 공소를 유지하기 전에 다음과 같은 준비 작업을 해야 한다. ①사건의 경위와 증거를 파악한다. ② 본 사건과 관련된 법 정책적 문제를 심층 연구한다. ③ 재판과 관련된 전문지식을 보강한다. ④ 피고인, 증인 및 감정인의 신문을 위한 질의서 초안을 작성하고 증거계획을 낭독, 제시 및 방영하며 대질심문의 방안을 세운다. ⑤ 공소의견서의 초안을 작성하고 변론요지를 준비한다.

이를 종합하면 공소인은 법정에 출석하여 다음과 같은 공소유지활동을 진행해야 한다. 공소장의 낭독, 피고인에 대한 심문, 증인과 피해자 및 감정인에 대한 질문, 물증의 제시, 사실관계를 증명하는 서면자료의 낭독, 법정에 출석하지 못한 증인의 증언기록, 감정인의 감정결론, 현장검증, 조사기록과 기타 증거가 되는 문서 및 시청각 증거 등을 법원에 제출해야 한다. 조사 중인 증거와 사건의 상황에 대한 의견의 발표, 증거조사를 종결하는 경우 종결성 의견 등을 발표해야 한다. 피고인과 변호인의 변론의견에 대해 답변하며, 공소의견을 상세히 서술하고 부정확한 변호의견에 반박하며 피고인 및 변호인과의 변론을 진행한다.

5) 공소변경

공소변경이란 검찰기관이 이미 공소를 제기한 사건에 대해 법원의 재판이 종료되기 전에 사건의 사실관계, 범죄의 성질이나 피고인 등 내용상의 변화가 있거나 누락된 점이 있을 경우 공소를 변경, 철회 및 추가하는 것을 말한다. 공소변경은 공소의 변경, 공소의 철회 및 공소의 추가라는 세 가지의 내용을 포함한다. 공소변경은 검찰기관이 사건의 실체적 진실을 추구하기 위한 객관적 필요에 따른 것이며 검찰기관의 객관의무이자 기소편의주의의 필연적 요청이다. 따라서 공소변경은 형사공소의 중요한 내용이 된다.

사실 중국의 형사소송법은 공소변경을 명문으로 규정하고 있지 않지만, 실무상의 필요에 근거하여 사법해석이 검찰기관의 공소변경에 대하여 체계적으로 규정하고 있다. 예를 들면, 인민검찰원형사소송규칙 제351조는, "인민법원에서 판결을 선고하기 전에 인민검찰원은 피고인의 신분과 범죄사실이 공소장에 서술된 신분 및 범죄사실과 부합하지 않는다고 판단하는 경우에는 공소변경을 할 수 있다. 누락된 범죄용의자의 범죄행위에 대해서 추가기소를 할 수 있다. 또한 범죄사실이 존재하지 않거나 범죄사실이 피고인의 소행이 아닌 경우, 또는 피고인에게 형사책임을 묻지 말아야 할 경우에는 공소철회를 할 수 있다"고 정하고 있다. 즉, 중국에서 공소변경과 관련된 직접적인 근거는 바로 인민검찰원형사소송규칙 제351조이다.

동 규칙 제352조는, "법정심리 과정에서 인민법원이 인민검찰원에 대하여 보충수사와 공소보충 또는 공소변경을 건의할 경우 인민검찰원은 관련 이유를 심리하여 보충수사와 공소보충 또는 공소변경 여부를 결정하여야 한다. 인민검찰원이 동의하지 않을 경우 인민법원으로 하여금 공소된 범죄사실에 대해서만 재판할 것을 요구할 수 있다"고 정한다. 이 조항에서 보는 바와 같이 인민법원은 공소변경권이 아닌 건의권만 가지고 있다. 동 규칙 제353조에서는, "공소변경, 공소추가 및 공소철회는 검찰장 또는 검찰위원회의 결정을 통하여 결정되며, 서면의 방식으로 인민법원의 판결 선고 전에 인민법원에 제출해야 한다. 법정심리 과정에서 공소권자는 공소의 변경, 추가 또는 철회가 필요하다고 판단할 경우에는 휴정을 요구해야 하며, 해당 사실을 기록으로 남겨야 한다. 공소변경과 공소추가의 경우에는 필요시 피고인과 변호인에게 변호준비를 위한 시간을 부여해야 하며 공소자는 법정심리의 연기를 건의할 수 있다. 공소철회 후에 새로운 사실 또는 증거가 없을 경우에는 재차 기소할 수 없다"고 정한다.

동 규칙 제348조에 의하면 법정심리 과정에서 다음과 같은 상황이 발생한 경우 공소권자는 법정에 심리의 연기를 요구하여야 한다. ① 사실관계의 불명, 증거의 부족, 범죄행위 및 동일사건의 범죄용의자를 누락하여 보충수사 또는 증거제출을 보충해야 할 경우, ② 범죄행위 및 동일사건의 범죄용의자가 누락되었지만 보충수사와 증거를 보충할 필요가 없고, 다만 공소추가 또는 공소변경이 필요한 경우, ③ 개정심리 전에 인민법원에 명단을 제출하지 않은 증인, 감정인 또는 인민법원의 통지를 받고 아직 출정하지 않은 증인에게 출정하여 진술하도록 할 필요가 있는 경우이다.

제349조 제1항은, "법정에서 심리의 연기를 선언한 후, 인민검찰원은 보충수사 기한 내에 인민법원에 대하여 법정심리의 재개를 제청하거나 공소를 철회해야 한다"고 정하고 있다. 상술한 3개 조문은 검찰기관의 공소변경권의 행사에 관한 절차 및 변경 후의 처리절차에 대하여 규정하고 있다. 최고인민법원이 1998년 6월 29일 공포 및 시행한 '중화인민공화국형사소송법의 집행에 관한 몇 가지 문제에 대한 해석'(이하 '고법해석'으로 약함) 제177조는, "판결의 선고 전에 인민검찰원이 공소의 철회를 요구한 경우 인민법원은 인민검찰원의 철회이유를 심사하고 허가 여부를 결정해야 한다"고 규정하고 있다. 제178조는, "인민법원이 심리 과정에서 발견한 새로운 사실이 판결에 영향을 미칠 경우, 인민검찰원에 대하여 공소의 보충 또는 변경을 건의해야 한다. 인민검찰원이 동의하지 않을 경우 인민법원은 기소된 범죄사실에 대해서 동 해석 제176조에 따라 재판한다"고 규정하고 있다. 제157조는, "법정심문 과정에서 공소인이 사건의 보충적 수사가 필요하다고 판단하여 심리의 연기를 건의할 경우 합의법정은 동의하여야 한다. 그러나 심리연기를 위한 건의는 2회를 초과할 수 없다. 법정에서 심리의 연기를 선고 한 후 인민검찰원이 보충수사 기한 내에 법원에 법정심리의 회복을 제청하지 않을 경우, 인민법원은 인민검찰원의 공소철회에 따라 처리한다." 이처럼, '고법해석'은 검찰기관의 공소변경권 및 법원의 공소변경건의권에 대하여 규정하고 있다.

상술한 사법해석 규정에 의하면 공소변경 시에는 다음과 같은 조건을 준수해야 한다.

첫째, 시간적 조건이다. 즉 검찰기관은 반드시 공소제기 이후 인민법원의 제1심 판결의 선고 전에 공소변경을 해야 한다.

둘째, 사실적 조건이다. 검찰기관의 다양한 공소변경권능의 행사는 그에 부합하는 사실적 조건을 갖추어야 한다. 부언하면 검찰기관이 공소를 철회할 경우에는 다음과 같은 실체적 조건의 하나에 부합하여야 한다. ① 기소된 범죄사실의 부존재, ② 기소된 범죄사실이 피고인의 소행이 아닌 경우, ③ 사건의 정황을 고려할 때 피고인에 대하여 형사책임을 추궁하지 않아야 할 경우이다. 검찰기관의 공소추가는 다음과 같은 조건 중 하나에 부합하여야 한다. ① 동일사건의 범죄용의자 누락, ② 피고인에 관한 기타 범죄사실의 누락과 누락된 범죄사실의 병합심리가 가능한 경우이다. 검찰기관의 공소내용 변경은 다음과 같은 실체적 조건에 부합하여야 한다. ① 피고인의 진정한 신분과 기소장 상의 신분이 다른 경우, ② 범죄사실과 기소장 상의 범죄사실이 다른 경우이다.

셋째, 절차적 조건이다. 즉, 검찰기관이 공소변경권을 행사할 때에는 반드시 일정한 공소절차에 부합해야 한다. 인민검찰원형사소송규칙 제353조에 따르면, 검찰기관이 공소를 변경할 경우 다음과 같은 절차를 따라야 한다. ① 공소인이 공소변경의 필요성이 있다고 판단할 경우에, 사건이 법정에서 심리 중이면 공소인은 즉시 법정에 휴정 또는 심리의 연기를 요구해야 하며, 그 내용을 기록해야 한다. ② 공소인은 공소의 변경이 필요한 경우, 반드시 검찰장 또는 검찰위원회에 보고하여 심사 및 결정하도록 한다. ③ 서면의 방식을 통해 인민법원에 구체적인 변경을 요구해야 한다. 이외에도 검찰기관이 휴정된 상황에서 기소를 변경하거나 추가할 경우로 피고인과 변호인에게 변호를 위한 시간을 부여할 필요성이 있다고 판단하면, 공소인은 합의법정에 심리의 연기를 건의할 수 있다. 검찰기관이 공소를 철회한 경우로, 새로운 사실관계 또는 새로운 증거가 없을 경우에는 다시 기소할 수 없다.

6) 형사항소

형사항소는 검찰기관이 법원의 형사판결 또는 결정에 대하여 확실한 오류가 있다고 판단할 경우 상급 법원으로 하여금 다시 재판할 것을 요구할 수 있는 권능이다. 먼저 형사항소권은 형사기소권에서 기인하고, 소권(訴權)행사의 성질을 가지며 원래의 공소결정에 대한 지속적인 지지이자 공소활동의 연장이다. 또한 법원의 재판절차를 개시하는 기능도 갖고 있다. 그리고 형사항소는 재판감독의 성질도 지니고 있는데, 인민검찰원은 인민법원의 재판활동에 대한 적법성과 재판결과의 공정성을 감독한다. 검찰기관의 법률감독권과 비교하면 검찰기관의 항소는 피고인의 상소와는 다른 특수성이 있다. 첫째, 검찰기관의 항소는 반드시 법원의 원 판결과 결정에 문제가 있어야 하고 이러한 문제는 피고인에게 유리할 수도 있고 불리할 수도 있다. 이러한 객관적 소송의 입장은 소송당사자의 입장과는 차이가 있고, 이는 검찰기관의 법률감독권의 요청이기도 하다. 둘째, 검찰기관의 항소는 특수한 법적 효력을 지니고 있다. 인민검찰원이 항소한 사건은 제2심 인민법원에서 개정하여 심리해야 한다. 이와 달리 피고인이 상소한 사건에 대해서는 인민법원이 개정 심리를 하지 않을 수 있다. 법원의 최종판결에 대한 검찰기관의 항소는 인민법원의 재심절차와 관련된다. 그러나 피고인의 재심청구는 인민법원의 심사를 통하여 명확한 이유가 있는 경우에만 수리된다.

　인민검찰원이 형사항소를 제기하는 이유는 인민검찰원이 인민법원에 대하여 사건의 재심을 요구하는 근거를 의미한다. 형사소송법 제181조는, "지방 각급 인민검찰원은 동급 인민법원의 판결 및 결정에 오류가 있는 경우 상급 인민법원에 항소를 제기한다"고 규정하고 있다. 동법 제205조 제3항은, "최고인민검찰원은 각급 인민법원의 효력 있는 판결 및 결정에 대하여, 상급 인민검찰원은 하급 인민검찰원의 효력 있는 판결 및 결정에 대하여 문제가 있다고 판단하는 경우 재판감독절차에 의거하여 동급 인민법원에 항소할 수 있다"고 정한다. 위 규정에 따라 인민검찰원이 형사항소를 하기 위해서는 인민법원의 형사판결 또는 결정에 오류가 있어야 한다. 오류가 있다는 것은 일반적으로 실질적인 오류를 가리키고, 그 오류로 인하여 판결과 결정의 객관성 및 공정성이 상실되는 경우이다. 형사소송법 제189조, 제191조 및 제204조와 인민검찰원형사소송규칙 제397조 및 제406조에 따르면, 법원의 판결과 결정에 오류가 존재하는 경우는 주로 다음과 같은 경우이다. ① 원 판결 및 결정 시 인정한 사실관계가 불명확하고 증거가 불충분한 경우, ② 원 판결 및 결정 시 사건의 성질에 대한 확정에 오류가 있는 경우, ③ 원 판결 및 결정 시 적용한 법률에 오류가 있는 경우, ④ 원 판결 및 결정의 양형이 명백히 부당한 경우, ⑤ 원 판결 및 결정이 소송절차를 심각하게 위반한 경우 ⑥ 법관이 사건을 심리하면서 독직, 뇌물수수 및 법을 왜곡하여 소송을 진행한 경우이다.

형사소송법의 규정에 의하면 인민검찰원의 형사항소권은 두 가지 유형을 포함한다.

① 효력이 발생되지 않은 형사판결 및 결정에 대한 항소이다. 즉 인민검찰원은 효력이 발생되지 않은 인민법원의 제1심 형사판결과 결정에 대하여 항소할 수 있다. 이러한 유형의 항소는 형사상소심항소 또는 형사 2심항소라고 부르기도 한다. 관련 규정에 따르면 인민검찰원이 형사 2심항소를 제기하는 절차는 다음과 같다. 먼저 인민검찰원이 인민법원의 제1심 형사판결과 결정을 받은 후, 또는 피해자 및 그의 법정대리인의 항소청구를 받은 후에는 반드시 전담자를 지정해서 당해 판결과 결정을 즉시 심사해야 한다. 만약 항소조건에 부합하면 전담자는 '형사항소사건심사보고서'를 작성하고 검찰장 또는 검찰위원회에 보고하여 결정하도록 한다. 피해자 및 법정대리인이 청구한 항소는 심사를 통하여 결정 한 후 '항소청구답변서'를 작성하여 5일 이내에 청구인에게 답변해야 한다. 항소를 결정한 경우에는 반드시 정해진 기한 내에 형사항소서를 작성하고 1심 법원을 통하여 상급 인민법원에 항소를 제출한다. 상급 인민검찰원은 항소기간 내에 하급 인민검찰원이 항소를 해야 함에도 불구하고 항소를 제기하지 않는 경우, 하급 인민검찰원에 대하여 법정절차에 따라 항소를 제기하도록 명령할 수 있다.

② 효력이 발생된 형사판결 및 결정에 대한 항소이다. 인민검찰원은 효력이 발생된 인민법원의 판결 및 결정에 대하여 항소할 권한을 갖는다. 이러한 항소를 형사재심항소라고 부리기도 한다. 형사소송법의 규정에 따르면 최고인민검찰원은 각급 인민법원의 효력 있는 형사판결과 결정에서, 상급 인민검찰원은 하급 인민법원의 효력 있는 형사판결과 결정에서 오류를 발견한 경우 재판감독절차에 따라 동급 인민법원에 형사항소를 제기할 권한이 있다. 하급 인민검찰원이 심사과정에서 동급 인민법원의 효력 있는 형사판결과 결정에 오류가 있음을 발견 했을 경우에는 항소를 해야 하지만 형사재심항소를 제기할 권한이 없을 경우에는 '항소제청보고서'를 작성한 후 상급 인민검찰원으로 하여금 형사재심항소를 제기할 것을 제청할 수 있다.

V. 형사소송에 대한 법률감독

　형사소송에 대한 법률감독이란 인민검찰원이 형사소송 과정에서 법 집행자와 사법관계자의 위법행위 여부에 대하여 행하는 법률감독권의 행사이다. 중국에서 인민검찰원은 법률의 통일적이고 올바른 시행을 수호하는 역할을 하기 때문에 형사소송에 대한 법률감독은 인민검찰원의 중요한 권한 가운데 하나이다. 중국 헌법은, "인민검찰원은 국가의 법률감독기관이다"라고 규정하고 있다. 형사소송법 제8조는, "인민검찰원은 법에 따라 형사소송에 대한 법률감독을 실시한다"고 규정하고 있다. 이는 중국 형사소송법의 중요한 원칙이며 검찰기관의 형사소송에 대한 법률감독은 검찰기관의 사법감독체계의 중요한 구성부분이다. 중국의 헌법과 기타 관련 법률규정에 따르면, 검찰기관의 법률감독은 형사소송에 대한 법률감독과 민사재판 및 행정소송에 대한 법률감독을 포함한다. 이러한 감독은 모두 사법활동을 대상으로 하기 때문에, '사법감독'이라 부르기도 한다.[54]

　검찰기관의 사법감독에서 형사소송에 대한 법률감독은 중요한 위치를 차지하는데, 이는 검찰기관의 형성 및 발전과 운명을 같이 하는 것이다. 형사소송에 대한 법률감독은 모든 국민에게 준법정신을 교육시키고 범죄를 예방하는 강력한 수단이며, 사법부패를 척결하고 형사사법기관으로 하여금 법률의 정확한 적용을 보장하는 중요한 수단이다.[55] 다년간의 사법실무를 통해 알 수 있는 바와 같이, 검찰기관이 형사소송에 대한 법률감독권을 행사하는 것은 형사소송의 순조로운 진행을 보장하며 국가형벌권의 올바른 실현을 보장한다. 또한 국가 형사법률의 정확하고 통일적인 실시를 수호하고 사회정의를 실현하는 데 있어 중요한 의의를 가진다. 인민검찰원의 형사소송에 대

---

54) 参见 童建明: "关于我国检察机关法律监督问题的若干思考," 载 ≪检察论丛≫ 第一卷, 法律出版社 2000年版, 第81页。
55) 张穹: "刑事法律监督是中国刑事法制建设的重要保障," 载 ≪检察论丛≫ 第一卷, 法律出版社 2000年版, 第197页。

한 법률감독은 공안기관(경찰기관), 국가안전기관, 인민법원, 교도소 및 사법기관의 형사사법활동에 대한 법률감독을 포함한다. 따라서 인민검찰원의 법률감독을 형사소송의 모든 영역에 관철시켜야 한다. 구체적으로는 형사입안의 감독, 수사활동의 감독, 재판활동의 감독, 형벌의 집행감독과 교도소관리행위의 감독 등이 포함된다.

1. 형사입안의 감독

형사입안의 감독이란 인민검찰원이 형사입안주체가 하는 입안활동의 적법여부에 대하여 행하는 법률감독이다. 형사입안에 대한 감독제도의 확립은 중국의 형사소송 법률감독제도가 한층 발전하였다는 것을 의미한다고 할 수 있다. 형사입안감독은 인민검찰원이 공안기관(경찰기관) 등 형사입안주체의 형사입안활동에 대하여 행하는 감독의 법적근거를 제공하고 있으며 입안부터 집행에 이르는 모든 소송과정을 법률감독의 범위 안으로 포섭함으로써 검찰기관의 법률감독체제의 완성도를 높인다. 형사소송법에 따르면 형사입안은 형사소송의 시작이며 독립적인 소송단계로서 형사사건이 형사소송절차에 진입하는 중요한 단계이다. 형사입안활동을 감독하는 것은 사법실무상 존재하는 유안불입(有案不立: 입안요건이 충족되나 입안하지 않은 것), 유죄불구(有罪不究: 범죄를 구성하나 책임을 추궁하지 않은 것), 이벌대행(以罰代刑: 벌금으로써 형벌을 대신하는 것), 형사적 수단을 이용하여 민사 및 경제적 분쟁에 불법적으로 개입하는 현상을 방지하기 위한 것이며, 위법한 행위를 저지른 사법관계자를 적발하고 처벌하여 법률의 존엄을 수호하고 당사자의 적법한 권익을 보장하는 등 중요한 의미가 있다.

형사소송법 제87조는, "인민검찰원은 공안기관이 반드시 입안해서 수사를 해야 하는 사건임에도 불구하고 입안하지 않는다고 판단하는 경우, 피해자가 공안기관이 반드시 입안하여 수사해야 하는 사건임에도 입안하지 않는다고 판단하는 경우로 피해자가 인민법원에 이의제기를 하는 경우에, 인민검찰원은 반드시 공안기관에 대하여 입안하지 않는 이유에 대하여 설명을 요구해야 한다. 공안기관의 불입안수사 사유가 적합하지 않다고 판단할 경우에, 인민검찰원은 공안기관에 대하여 입안의 요청을 통지하고 통지를 받은 공안기관은 반드시 입안하여야 한다"고 정하고 있다. 이 규정은 인민검찰원의 형사입안활동에 대한 법률감독권 행사의 기본적인 근거이다. 이 규정에 근거하여 최고인민법원, 최고인민검찰원, 공안부, 국가안전부, 사법부, 전국인민대표대회 상무위원회 법제업무위원회는, '중화인민공화국형사소송법 실시에 관한 몇 가지 문제의 규정'(이하 '6개 기관 규정'으로 약함), '인민검찰원형사소송규칙' 등의 제정을 통하여 인민검찰원의 형사입안활동에 대한 법률감독권을 더욱 명확하게 규정하고 있다.

형사소송법과 인민검찰원형사소송규칙에 의하면 인민검찰원의 형사입안 감독권의 행사는 다음과 같은 내용을 포함한다.

(1) 공안기관이 반드시 입안하여 수사를 해야 함에도 불구하고 입안하여 수사하지 않는 사건에 대한 법률감독이다. 형사소송법 제83조 및 제86조에 의하면, 공안기관이 반드시 입안하여야 하는 사건은 다음 3가지 경우를 포함한다. 첫째, 공안기관이 범죄사실을 적발했을 경우이다. 둘째, 공안기관이 범죄용의자를 발견하였을 경우이다. 셋째, 공안기관이 신고, 고소, 고발 및 자수관련 자료에 대하여 심사한 후, 범죄사실이 있다고 판단하여 형사책임을 추궁할 필요가 있을 경우이다. 이상 세 가지 경우의 어느 하나에 부합함에도 불구하고 공안기관이 입안하지 않는 결정을 한 경우, 이러한 사건은 공안기관이 입안하여 수사를 해야 함에도 불구하고 입안하여 수사하지 않는 사건에 해당되고 인민검찰원은 여기에 대하여 법률감독을 해야 한다.

(2) 공안기관이 입안하여 수사하지 않아야 하는 사건임에도 불구하고 입안하여 수사를 행한 사건에 대한 법률감독이다. 형사소송법 제8조에 의하면 인민검찰원이 형사소송에 대한 법률감독을 하는 기본취지는 형사입안감독 제도를 더욱 발전시키고 형사입안활동의 적법성을 전면적으로 보장하기 위함이다. 인민검찰원형사소송규칙 제378조는 공안기관이 입안수사하지 않아

야 함에도 입안수사한 사건에 대하여, 인민검찰원은 공안기관에 대하여 시정을 요구하는 의견을 내야 한다고 규정되어 있다. 그러므로 공안기관이 형사소송법에서 규정한 입안조건에 부합되지 않는 사건에 대하여 입안 수사한 경우에는 인민검찰원의 감독범위에 포함된다.

(3) 인민검찰원의 직무상 범죄에 관한 수사부서가 입안수사를 해야 함에도 불구하고 입안수사하지 않는 사건에 대하여 내부적 통제를 한다. 만약 인민검찰원 수사부서가 발견 또는 수리한 사건의 단서가 형사소송법 규정의 입안조건에 부합함에도 불구하고, 검찰장에게 보고하여 결정토록 하지 않는 사건에 대하여 인민검찰원의 수사부서 또는 공소부서는 법규에 의거한 내부적 통제를 해야 한다. 인민검찰원형사소송규칙 제379조에 의하면 인민검찰원의 수사감독부서 또는 공소부서는 동 검찰원의 수사부서가 입안수사하여야 할 사건에 대하여 입안수사를 제청하지 않은 사실을 발견한 경우 수사부서에 대하여 입안수사의 제청을 건의해야 한다. 만약 건의가 받아들여지지 않을 경우 검찰장에게 보고한 후 검찰장의 결정에 따라야 한다. 이 같은 사건에 대한 내부적 통제는 형사입안감독권이 인민검찰원 내부에서 구현된 것이며 형사입안활동의 적법성을 담보해 준다. 인민검찰원이 직접 입안하여 수사하는 사건은 주로 국가공무원이 권한을 남용하여 범죄를 행한 사건으로, 이 같은 사건은 형사소송에서 상당 부분을 차지하고 있다. 이와 같이 사건의 입안을 감독 및 통제하여야 비로소 형사입안활동의 적법성, 정확성, 적시성을 전면적으로 확보할 수 있다.

인민검찰원이 형사입안감독권을 행사하는 경우에는 다음과 같은 절차를 준수해야 한다.

(1) 형사입안감독사건의 수리

인민검찰원이 형사입안감독사건을 수리할 때에는 주로 다음과 같은 3가지 형식을 통하여 이루어진다. 첫째, 피해자의 고발을 수리하는 것이다. 이는 인민검찰원이 형사입안감독사건의 단서를 발견할 수 있는 중요한 방법이다. 형사소송법과 인민검찰원형사소송규칙에 의하면, 공안기관이 반드시 입

안수사 하여야 할 사건이지만 입안수사하지 않는다고 피해자가 판단하여 고
발한 사건에 대하여 인민검찰원은 반드시 그 사건을 수리해야 한다. 둘째,
기타 신고자 및 고발자의 신고 및 고발 등의 수리이다. 셋째, 인민검찰원이
직권을 행사하는 과정에서 형사입안감독사건의 단서를 발견한 경우이다.

(2) 형사입안감독사건에 대한 심사

인민검찰원은 형사입안감독사건을 수리한 후에는 전담자를 지정하여 이
에 대한 심사를 해야 한다. 심사를 하는 경우 피해자에게 사건과 관련된
자료의 제출을 요구할 수 있다. 예를 들면, 공안기관이 반드시 입안해야 된
다고 판단한 사건의 증거자료와 공안기관이 불입안하기로 결정한 자료 등이
다. 필요시 인민검찰원은 조사도 할 수 있다.

(3) 공안기관에 대하여 불입안한 사유의 설명을 요구

피해자는 공안기관이 반드시 입안수사해야 할 사건을 입안수사하지 않는
다고 판단하면 인민검찰원에 고발할 수 있다. 인민검찰원은 심사를 통하여
공안기관의 불입안한 사유에 대한 설명이 필요하다고 판단하는 경우 검찰장
에 보고하고 승인을 받은 후 공안기관에 대하여 불입안한 사유의 설명을
요구할 수 있다. 검찰기관이 발견하거나 기타 신고인, 고소인 및 고발인이
신고, 고소 및 고발한 형사입안감독사건은 인민검찰원이 심사한 후 공안기
관의 불입안한 사유에 대한 설명이 필요하다고 판단하는 경우 검찰장에게
보고하여 승인을 받은 후 공안기관에 대하여 7일 이내에 서면으로 불입안한
사유를 설명할 것을 요구할 수 있다.

(4) 공안기관에 대한 입안조사의 통지

인민검찰원은 공안기관이 서면으로 제출한 불입안 사유를 심사해야 한
다. 심사를 한 후 공안기관의 불입안한 사유가 성립되지 않는다고 판단될
때에는 공안기관에 대하여 입안하여 수사할 것을 통지해야 한다. 공안기관
이 설명한 불입안사유가 성립될 경우 인민검찰원은 심사결과를 피해자와 공

안기관에 통지해야 한다.

공안기관이 입안수사하지 않아야 할 사건에 대하여 입안수사를 한 경우 및 인민검찰원이 심사를 통하여 형사소송법이 정한 입안조건에 부합하지 않는다고 판단한 경우에는 공안기관에 대하여 시정의견을 낼 수 있다.

인민검찰원의 수사부서가 보고 후 입안수사를 해야 할 사건을 보고하지 않고 입안수사하지 않는 경우에 인민검찰원의 수사감독부서는 전담자를 지정하여 심사하도록 해야 한다. 전담자가 심사의견을 낸 후에 부서책임자에게 보고하여 검토하도록 한다. 부서책임자는 전담자가 제출한 입안수사의견에 동의할 경우 수사부서에 대하여 입안조사를 하도록 건의해야 한다. 수사부서가 건의에 따르지 않을 경우에는 검찰장에 보고하여 결정하도록 한다.

2. 수사활동의 감독

수사활동의 감독이란 인민검찰원이 공안기관 등 수사기관의 수사활동에 대하여 감독하는 것이다. 이러한 감독은 수사활동 중에 발생한 위법행위를 신속히 발견하여 시정하며, 당사자의 적법한 권익을 보호하고, 범죄행위를 신속하고 정확하게 소추하며, 형사소송절차의 순조로운 진행과 수사관계자로 하여금 엄격히 법을 집행토록 하는 기능을 한다.

형사소송법과 인민검찰원형사소송규칙의 규정에 따르면, 인민검찰원의 수사활동에 대한 감독은 주로 수사기관의 전문적인 조사활동과 강제조치를 포함한 강제성수사조치의 적법성 여부에 대한 감독을 포함한다. 실무에 있어 인민검찰원은 주로 다음과 같은 방식으로 수사활동을 감독한다.

1) 수사를 위한 구류기간의 연장에 대한 심사비준

형사소송법의 규정에 의하면 수사를 위한 구류기간의 연장에 대한 심사비준은 인민검찰원이 공안기관의 수사상 필요에 의해 구류기간의 연장을 신청한 사건 내지 인민검찰원이 직접 입안수사 한 사건으로서 구류기간의 연장이 필요한 경우에 이를 심사하고 구류기간의 연장을 승인 또는 불승인하는 소송활동을 말한다. 이는 인민검찰원의 수사활동에 대한 감독의 중요한 수단이라고 할 수 있으며 이러한 수단을 통하여 수사기간의 무리한 연장을 효과적으로 방지할 수 있으며, 범죄용의자의 적법한 권리를 보장하고, 수사와 소송의 효율성을 제고시키며 수사활동상의 위법적 행위를 신속히 발견하여 이를 시정할 수 있다.

형사소송법 제124조에 따르면 범죄용의자를 체포한 후 수사를 위한 구류기간은 2개월을 초과할 수 없다. 사건이 복잡하고 수사기간이 만료되었지만 수사를 종결하지 못한 사건에 대해서는 상급 인민검찰원의 승인을 얻어 구류기간을 1개월 연장할 수 있다. 형사소송법 제126조에 따라 교통이 불편한 변두리 지역의 중대하고 복잡한 사건, 집단범죄에 의한 중대한 사건, 도피할 가능성이 크고 중대하며 복잡한 사건, 범죄가 광범위하게 연관되고 증거수집이 어려운 중대한 사건으로서 형사소송법 제124조가 규정한 기간 내에 수사를 종결하지 못할 경우에는 성, 자치구 및 직할시 인민검찰원의 승인을 얻어 기간을 2개월 더 연장할 수 있다. 형사소송법 제127조에 의하면 범죄용의자의 범죄행위가 10년 이상의 유기징역에 해당하는 범죄에 속할 경우로서 형사소송법 제126조가 규정한 기한 내에 수사를 종결할 수 없을 경우에는 성, 자치구 및 직할시 인민검찰원의 승인을 얻어 기간을 2개월 더 연장할 수 있다.

2) 범죄용의자에 대한 유치장의 감시활동에 대한 감독

중화인민공화국유치장조례(中华人民共和国看守所条例)의 규정에 의하면, 구금중인 범죄용의자에 대한 유치장의 감시활동에 대하여 행하는 인민검찰원의 감독은 주로 두 가지 내용을 포함한다. 첫째, 범죄용의자에 대한 구류의 적법성 여부에 대한 감독으로서, 구류 또는 체포된 범죄용의자에 대한 구금이 법정의 조건과 절차에 부합하는지 여부와 구금기간이 법률규정에 부합하는지 여부 등에 대하여 행하는 감독이다. 둘째, 유치장의 감시활동에 대한 적법여부를 감독하는 것인 바, 이는 범죄용의자의 유치장 내 모든 활동과 관련되고 구체적으로는 구류, 경계, 감시, 심문, 호송, 생활, 접견, 통신, 교육, 상벌 및 출소 등이 법률 규정에 부합되는지를 감독한다. 인민검찰원이 범죄용의자에 대한 유치장의 감시활동에 대하여 감독하는 것은 불법적 구금으로부터 국민을 보호하고 구금된 범죄용의자의 적법한 권리를 보장해 주며, 형사소송절차의 순조로운 진행을 보장함에 있어 중요한 의미를 지니고 있다.

3) 수사활동상의 위법행위에 대한 감독 및 시정

인민검찰원의 수사활동에 대한 감독은 위법한 행위를 적발하고 이를 시정하는 데 중점을 둔다. 즉, ① 범죄용의자에 대한 고문에 의한 자백의 강요 및 유도심문, ② 피해자 및 증인에 대한 체벌, 위협, 기망 등 불법수단을 통한 증거수집, ③ 증거의 위조, 은닉, 소각, 변경 및 조작, ④ 사적인 이익을 위한 부정행위, 범죄행위에 대한 방종 및 범죄자 비호, ⑤ 고의적인 사건 왜곡과 조작, ⑥ 수사활동상 권한을 이용하여 불법적 이익을 도모, ⑦ 수사과정에서의 불법적으로 사건을 철회, ⑧ 압류 및 동결된 금품과 물건에 대한 횡령, 유용 및 변형, ⑨ 강제조치의 결정, 집행, 변경 및 철회에 관한 형사소송법 규정의 위반, ⑩ 구금과 사건처리 기간규정의 위반, ⑪ 기타 형사소송법의 규정을 위반한 행위의 적발 및 시정이다.

형사소송법과 인민검찰원형사소송규칙의 규정에 의하면 인민검찰원은 수사활동에 대한 감독을 하는 과정에서 다음과 같은 방법을 통하여 수사활동상의 위법행위를 신속히 적발할 수 있다. ① 체포여부에 대하여 심사비준하고 기소사건을 심사한다. 즉 인민검찰원이 체포여부에 대하여 심사비준하고, 기소사건을 심사할 경우 범죄용의자와 증인심문 및 관련 자료에 대한 심사 등을 통하여 수사과정상의 위법행위를 효과적으로 적발할 수 있다. ② 공안기관의 수사활동에 참여한다. 예를 들면, 공안기관의 중대 사건에 관한 토론에 참여하고 재검증 또는 재조사 등에 참여한다. ③ 고소, 고발 및 신고 등 사건을 직접 수리한다. 인민검찰원은 소송참여인 및 기타 관련자의 고소, 고발 및 신고 등을 적극적으로 수리 및 심사하고 그 과정에서 수사활동상 위법행위가 존재하는지를 파악할 수 있다. ④ 체포의 비준 또는 불비준의 결정에 대한 집행상황을 사후적으로 감독함으로써 수사활동상의 위법행위를 적발한다.

수사활동상 행하여진 위법행위에 대하여 인민검찰원은 다음과 같은 방식을 통하여 시정한다. ① 구두로 시정요구를 통지한다. 인민검찰원은 수사활동상 행하여진 경미한 위법행위에 대하여 검찰관이 구두방식으로 시정요구를 통지할 수 있다. ② '위법시정통지서'를 발송한다. 인민검찰원은 수사기관이 행한 중대한 위법행위에 대하여 서면으로 시정할 것을 요구한다. 예를 들면, 소송절차를 위반하여 범죄의 추궁에 과실이 있거나 범죄자를 방치하는 경우이다. 또한 수차에 걸쳐 구두로 시정을 요구하였으나 여전히 시정되지 않는 경우이다. ③ 형사책임을 추궁한다. 수사상 발생한 위법행위가 중대하고 범죄를 구성하는 경우에는 반드시 입안하여 수사해야 한다. 만약 검찰기관의 관할에 속하지 않으면 관할권을 가진 기관에 이송하여 처리토록 해야 한다.

인민검찰원의 수사부서가 수사활동 과정에서 행한 경미한 위법행위에 대해서는 수사감독부서 또는 공소부서가 직접 수사부서에 시정의견을 제시할 수 있다. 그러나 위법행위의 정도가 심각하거나 범죄를 구성할 경우에는 형사책임을 추궁해야 하며 반드시 검찰장에게 보고하여 결정하도록 한다.

3. 형사재판활동의 감독

형사재판활동의 감독이란 인민검찰원이 인민법원의 형사재판활동이 법률규정에 부합하는지에 대하여 행하는 감독이다. 중국 인민검찰원조직법 제5조는, "인민검찰원은 인민법원의 재판활동이 적법한지 여부에 대하여 감독한다"고 규정하고 있다. 또한 형사소송법 제169조는, "인민검찰원은 인민법원에서 심리한 사건이 법률이 정한 소송절차를 위반하였다고 판단하는 경우 인민법원에 시정의견을 제출할 할 수 있다"고 규정하고 있다. 이는 인민검찰원의 형사재판에 대한 감독권 행사에 관한 구체적인 근거가 된다.

인민검찰원의 형사재판활동에 대한 감독은 절차상 1심, 2심, 재심 및 사형선고의 재심에 대한 감독을 포함한다. 사건의 성질상 형사공소사건뿐만 아니라 형사자소(自訴)사건, 형사부대민사소송사건의 재판도 포함된다.

인민검찰원의 형사재판활동에 대한 감독의 주요 내용은 다음과 같다.

① 인민법원의 형사사건 수리의 적법성 여부,
② 인민법원의 형사사건 관할의 적법성 여부,
③ 인민법원이 심리한 형사사건이 법정 심리기한과 송달기한을 위반했는지 여부,
④ 인민법원 재판부 구성의 적법성 여부,
⑤ 법정심리에서 법정절차의 위반 여부,
⑥ 당사자와 기타 소송참가인의 소송상 권리 또는 기타 적법한 권리의 침해여부,
⑦ 법정심리 과정에서 회피, 강제조치, 조사, 심리연기 등의 절차적 문제에 대한 결정이 법률규정에 부합되는지 여부,
⑧ 법관이 정실에 치우친 위법행위를 했는지 여부,
⑨ 기타 법률규정을 위반한 행위의 존부 등이다.

인민검찰원의 형사재판활동에 대한 감독은 주로 다음의 네 가지 방법을 통하여 위법행위를 감시할 수 있다. 첫째, 법정에 출석한다. 즉 인민검찰원은 직원을 인민법원에 파견하여 재판활동에 참석하게 하고 이를 통하여 위법행위를 발견할 수 있다. 둘째, 신고, 고소 및 고발사건을 수리하고 필요한 조사를 실시한다. 구체적으로는 소송참가인 및 기타 관련자의 신고, 고소 및 고발사건 등의 수리, 민중의 편지와 방문사건의 처리, 피고인과 증인에 대한 심문 등을 포함한다. 셋째, 재판위원회의 회의에 참석한다. 넷째, 판결과 결정을 심사한다. 이를 통하여 불공정한 판결 내지 결정의 배후에 존재하는 법관의 위법행위를 발견할 수 있다.

인민법원의 재판활동상 존재하는 위법행위에 대하여 인민검찰원은 각 상황에 따라 다음과 같은 방식을 채택하여 시정할 수 있다.

① 인민법원에 '위법시정통지서'를 발송한다.
② 인민법원의 재판활동에서 드러난 규범 위반행위에 대하여 검찰건의의 방식을 통하여 시정을 촉구할 수 있다.
③ 법정절차를 위반함으로써 공정한 판결과 결정에 영향을 줄 가능성이 있는 경우에는 항소를 제기한다.
④ 재판활동에서의 법관의 부정행위가 범죄를 구성하는 경우 법에 의거하여 입안수사를 한다.

4. 형벌집행의 감독

형벌집행의 감독이란 인민검찰원이 형벌의 집행기관이 법적 효력 있는 인민법원의 형사판결과 결정을 집행하는 활동에 대하여 행하는 법률감독이다. 교도소법(監獄法) 제6조는, "인민검찰원은 교도소가 행하는 형벌집행의 적법성에 대하여 법규에 따라 감독한다"고 규정하고 있다. 형사소송법 제224조 또한, "인민검찰원은 집행기관의 형벌집행활동이 적법한지 여부에 대하여 감독한다. 만약 위법상황이 발견되었을 경우에는 집행기관에 대하여 시정을 통지해야 한다"고 규정하고 있다. 이는 인민검찰원의 형벌집행에 관한 감독권 행사의 법적 근거가 된다. 이러한 인민검찰원의 형벌집행활동에 대한 법률감독은 범죄를 징벌하고 형사소송의 임무 및 국가형벌권의 실현에 있어 중요한 의미가 있다.

인민법원의 효력 있는 형사판결과 결정의 형벌 유형이 다르기 때문에 형벌의 집행기관 역시 구분된다. 법률규정에 따르면 인민법원은 사형, 벌금형, 재산몰수형의 집행에 대한 책임을 진다. 공안기관은 범인에 대한 단속과 관리, 단기징역형, 집행유예, 가석방, 외부시설수용 등의 집행에 대한 책임을

진다. 교도소는 유기징역, 무기징역, 사형집행유예 등의 집행에 대한 책임을
진다. 유치장(看守所)은 1년 이하 또는 잔기1년 이하 유기징역의 집행에 대
한 책임을 진다. 구치소는 단기징역형(1개월 이상 6개월 미만)의 집행에 대
한 책임을 진다. 따라서 인민검찰원이 형벌집행에 관하여 법률감독권을 행
사하는 대상기관에는 인민법원, 공안기관, 교도소, 유치장, 구치소 등 모든
형벌의 집행기관이 포함된다. 감독의 범위에는 주형(主刑) 및 부가형(附加
刑)의 집행이 포함된다.

1) 사형판결의 집행에 대한 감독

관련 법률에 근거하면 인민검찰원이 행하는 사형판결의 집행에 대한 법
률감독은 주로 다음과 같은 내용을 감독한다.

① 사형집행 시 현장감독이다. 형사소송법 제212조는, "인민법원은 사형
집행을 교부하기 전에 동급 인민검찰원에 통지하여 직원을 파견하여 현장감
독을 하도록 해야 한다"고 규정하고 있다. 검찰기관이 직원을 파견하여 현
장감독을 하는 경우에는 다음 사항에 중점을 둔다. 즉, 즉각적인 사형집행의
적법 여부와 절차의 완비 여부, 집행을 지휘하는 법관이 사형집행을 교부하
기 전에 범인의 신분을 확인하였는지 여부, 유언과 서신의 유무 등에 대한
확인, 사형의 집행방법 및 장소의 적법 여부, 사형집행 후 범인의 사망 여부
를 확인하고 사형집행을 교부한 인민법원이 범인의 가족에 대해 통지했는지
여부 등이다. 인민검찰원은 인민법원의 사형집행 과정에 위법행위가 있음을
발견하였을 경우 즉시 시정의견을 내야 해야 한다. 그리고 집행에 관한 현
장감독 상황에 대한 기록을 남겨야 한다.

② 사형집행의 유예에 대한 감독이다. 인민검찰원의 사형집행의 유예에
대한 감독의 주요 내용은 다음과 같다. 인민법원이 사형집행의 유예 판결을
받은 범죄자를 교도소로 보내 형벌을 집행했는지 여부, 사형집행의 유예기
간 동안 고의범행을 저지른 범인에 대하여 인민법원이 법에 따라 사형집행
을 승인 또는 결정했는지 여부, 집행기관이 법정조건과 절차에 근거하여 기
간 내에 감형의견을 제출하였는지 여부, 감형을 결정할 권한 있는 인민법원

이 법에 따라 감형을 결정하였는지 등이다.

2) 수감장소에서의 형벌집행에 대한 감독

수감장소는 주로 교도소, 미성년 범죄자 교화소, 유치장, 구치소 등을 포함한다. 인민검찰원의 수감장소에서의 형벌집행에 대한 감독은 주로 다음과 같은 내용을 포함한다.

① 형벌의 집행에 대한 감독이다. 집행한 형벌이 효력 있는 판결 또는 결정에 의하여 확정된 형벌인가의 여부, 효력 있는 형사판결 또는 결정을 신속하게 집행했는지 여부, 형벌의 집행에 있어 법률문서 및 절차가 모두 마련되었는지 여부, 형벌의 집행기관이 법규에 따라 범죄자를 감금했는지 여부 등을 포함한다.

② 형벌의 변경집행에 대한 감독이다. 형법 및 형사소송법의 규정에 따르면 형벌의 변경집행은 감형, 가석방 또는 일시적으로 시설 외에서 집행하는 것(법원에서 중병이나 임신 또는 유아의 수유 등의 원인으로 범인을 일시적으로 감금하지 않고 일정한 단체에 맡겨 감시·관리하게 하는 등) 등의 세 가지 형식이다. 감형, 가석방, 일시적인 시설 외에서의 집행에 대한 감독은 이러한 형벌의 변경이 법정조건과 절차에 부합하는지 여부와 변경 후의 형벌집행이 법률 규정에 부합하는지 여부 등에 관한 감독이다.

③ 형벌집행의 종료에 대한 감독이다. 법률규정에 따르면 형벌집행의 종료에는 네 가지 종류가 포함된다. 즉 형기의 만료, 법원의 석방결정, 특별사면, 형벌의 집행과정에서 범죄자가 사망한 경우이다. 인민검찰원의 형벌집행의 종료에 대한 감독은 형벌집행의 종료 상황이 법률규정에 부합하는지 여부, 집행기관이 법규에 의거하여 신속하게 범인을 석방하고 석방증명서를 발급하였는지 여부, 형벌집행 과정에서 범죄자의 사망처리가 적법하였는지 여부 등이 포함된다.

④ 형을 복역 중인 범죄자가 제기한 신고, 고소 및 고발에 대한 처리가 적법한지에 대한 감독이다. 법률의 규정에 의하면 범죄자는 집행기관이 자신의 적법한 권리를 침해하였다고 판단하는 경우에 신고, 고소 및 고발할

권리를 행사할 수 있다. 따라서 인민검찰원은 집행기관이 범죄자의 이러한 권리를 보호하였는지 또는 범죄자의 신고, 고소 및 고발의 처리가 신속하고 합리적인지를 감독해야 한다. 또한 인민검찰원은 자신의 관할에 속하는 신고, 고소 및 고발사건을 법에 의거하여 처리해야 한다.

　⑤ 교도소의 관리감독과 범죄자에 대한 개조활동이 적법한지에 대하여 감독한다.

3) 집행되는 형사판결 및 결정에 대한 감독

　인민검찰원은 법규에 의거하여 공안기관의 범인에 대한 관제(管制), 정치적 권리의 박탈, 집행유예, 가석방 및 일시적인 시설 외의 집행 등 활동이 적법한지 여부에 대하여 감독을 한다. 관제형(管制刑)에 대한 감독은 주로 관제형을 선고 받은 범죄자에 집행이 신속하게 이루어졌는지 또는 공안기관의 감시관리가 제대로 시행되었는지에 대한 감독이다. 정치적 권리의 박탈에 대한 감독은 주로 공안기관이 감독시찰을 제대로 실행하였는지 여부, 반드시 박탈해야 권리가 박탈되었는지 등을 감독하는 것이다.

　형의 집행유예 또는 가석방된 범죄인에 대한 감독은 주로 공안기관이 집행유예 또는 가석방을 선고받은 범죄자에 대하여 법에 따라 감독을 했는지 또는 집행유예와 가석방 기간이 만료되거나 집행유예 또는 가석방을 철회해야 하는 법정상황이 발생했을 때 법규에 따라 신속히 처리하였는지 등이며 공안기관은 상술한 경우에 해당하는 범죄자가 관리통제의 범위를 이탈하지 않도록 주의하여야 한다. 일시적인 '시설 외 집행(監外執行)'에 대한 감독은 주로 해당 결정이 적법한지를 감독하는 것이다. 인민검찰원은 일시적인 시설 외 집행이 적절하지 않다고 판단될 때 집행통지를 받은 날로부터 1개월 이내에 이를 결정한 기관에 대하여 서면의견을 발송해야 한다. 그리고 일시적인 시설 외 집행을 결정한 기관은 인민검찰원의 서면의견을 받은 후 즉시 그 결정에 대하여 재심사를 하여야 한다.

　인민검찰원이 형벌의 집행에 대한 감독권을 수행하는 방법은 주로 위법행위에 대하여 조사를 하는 것과 구두 또는 서면의 형식으로 시정의견을 제시하는 것이다. 그중 심사를 통하여 범죄자의 시설 외 집행이 부적당하다고 판단될 때에는 시설 외 집행의 결정을 통보받은 날로부터 1개월 이내에 결정기관에 대하여 서면으로 시정의견을 제출하여야 한다. 범죄자에 대한 감형 또는 가석방이 부당하다고 판단할 경우에는 결정서 부본을 받은 날로부터 20일 이내에 인민법원에 서면으로 시정의견을 제출해야 한다. 그리고 이때 인민검찰원의 시정의견을 받은 결정기관과 인민법원은 반드시 재심사하여 결정해야 한다. 또한 형벌의 집행과정에서 발생한 뇌물수수, 불법행위, 직권남용 등의 범죄가 검찰기관의 관할에 속할 경우에는 인민검찰원이 법에 의거하여 입안조사하고 범죄행위자의 형사책임을 추궁해야 한다.

VI. 민사재판과 행정소송에 대한 법률감독

민사재판과 행정소송에 대한 법률감독이란 인민검찰원이 민사사건의 공정한 재판과 행정소송의 적법한 진행을 담보하기 위하여 실행하는 법률감독이다. 중국 민사소송법 제14조는 "인민검찰원은 민사재판활동에 대하여 법률감독을 행할 권한이 있다"고 규정하고 있으며, 행정소송법 제10조는 "인민검찰원은 행정소송에 대한 법률감독을 행할 권한이 있다"고 규정하고 있다. 또한 민사소송법과 행정소송법은 각각 "인민검찰원은 인민법원의 법적 효력 있는 판결 및 재정(裁定)이 법률이나 법규의 규정을 위반한 경우 재판감독절차에 따라 항소를 제기할 수 있다"고 규정하고 있다. 이는 인민검찰원의 민사재판과 행정소송에 대한 법률감독의 법적 근거가 된다.

1. 민사재판과 행정소송에 대한 법률감독의 필요성

최근에 이르러 학계와 실무에서는 민사재판 및 행정소송에 대한 감독제도의 개선과 관련하여 많은 건의들을 제기하였다. 그러나 일부 학자들은 민사재판의 감독제도에는 부정적인 요소들이 많이 존재하고 있기 때문에 이제도를 근본적으로 폐지해야 한다고 주장하고 있다. 필자의 견해는 현행 법률이 확립한 검찰감독제도에 대하여 두 가지 측면에서 평가해야 한다고 본다. 즉, 이 제도는 과학적이지 못한 부분이 존재하며 관련 입법도 미흡한 부분이 존재하지만 재판권의 올바른 행사를 촉진하고 공민, 법인 및 기타조직의 합법적인 권익을 보장하고 사법공정을 수호하는 데 있어서 긍정적인 역할을 한다. 따라서 제도의 결함을 일방적으로 강조하는 것은 마르크스주의에 입각한 과학적인 태도가 아닐뿐더러 사법실무에도 부합되지 않는다. 실무 및 학계의 시각에 분석할 경우 제도의 합리적인 내용에 기초하여 개혁 및 개선을 해 나가야 한다.

첫째, 재판에서의 불공정한 현상이 존재한다는 것은 민사재판과 행정소송에 대한 외부적 감독을 강화해야 할 필요성과 중요성을 의미한다. 감독받지 않는 권력은 반드시 부패하게 되며 재판권도 예외가 아니다. 이와 관련하여 일부 학자들은 법관의 자질을 제고시키고 법관의 직업적 자율성을 강화시키며 상·하급 법원 사이의 재판감독을 개선하는 등의 방법으로써 해결할 수 있다고 주장하고 있다. 그러나 재판절차를 어떻게 개선하든지 오직 자율성과 내부적 감독에만 의지해서는 재판의 공정성을 담보하기 어렵다. 실제로 상당수의 오판사건은 일부 판사들이 직업윤리를 무시하고 의도적으로 법률에 반하는 재판을 하는, 심지어 뇌물을 수수하고 사적인 이익을 위하여 부정행위를 하는 등 법에 위반되는 재판을 하기 때문에 발생된다. 또한 일부 오판사건은 여러 차례의 심리를 거쳐도 여전히 시정되지 못하고 있다. 이는 내부적 규제와 상·하급 법원 사이의 감독기능에 일정한 한계가 있음을 설명하고 외부적 감독의 중요성을 설명해 준다.

둘째, 검찰기관의 민사재판과 행정소송에 대한 감독은 사법공정의 수호를 위하여 필수적이다. 민사재판과 행정소송은 전문성이 강한 특성을 갖고 있기 때문에 민사재판과 행정소송에 대한 감독도 전문기관과 전문가가 실시하여야 한다. 검찰기관이 민사재판과 행정소송에 대하여 전문적인 감독을 하는 것은 검찰기관의 법적 지위와 기능에도 부합되고 감독효과를 위해서도 중요한 것이다. 검찰기관의 통계에 따르면, 1997년부터 2002년까지 인민법원에서 재심사한 민사항소사건 가운데 판결번복, 조정, 원심파기 환송 등 방식으로 원심판결을 변경한 사건은 78%에 달한다. 이는 검찰기관의 법률감독이 사법공정을 수호하고 공민, 법인 및 기타 조직의 합법적인 권익을 보장하는 데 적극적인 역할을 하고 있음을 보여준다. 비록 재판업무는 인민대표대회의 감독, 민중감독, 여론감독 및 기타 형식의 감독도 받지만 이러한 감독은 비전문적이고 개별사안에 대하여 법적 효력을 가지지 않는다. 따라서 검찰기관의 민사재판과 행정소송에 대한 감독제도를 개선하고 강화하는 것은 사법공정을 위한 필연적 요청이다.

셋째, 검찰기관에서 민사, 행정신소(申訴) 사건을 수리하는 것은 민사재판과 행정소송에 대한 법률감독을 행하는 데 있어서 필수적인 조치이다. 검찰기관에서 민사 및 행정신소 사건을 수리하지 아니하고 당사자에게만 인민법원에 대하여 재심청구를 할 수 있는 권리를 부여한다면 재판의 공정성을 효과적으로 보장할 수 없게 된다. 인민법원에 재심을 청구 할 수 있는 권리를 아무리 확대한다 하더라도 재심절차를 개시할 수 있는 법적 효력이 없으며 재심절차의 개시 여부는 여전히 법원의 결정에 따라야 한다. 한편, 법원은 자체의 권위를 고려하여 불가피하게 재심절차의 개시를 제한하게 된다. 실무상 오랜 관행을 살펴보면 검찰기관에서 수리한 민사 및 행정신소 사건의 절대다수는 당사자가 법원에 재심청구를 제기하였으나 법원이 이에 응하지 않아 부득이 검찰기관에 청구한 경우이므로 검찰기관의 항소는 당사자가 사법공정을 강구하는 중요한 경로가 되었다. 만일 검찰기관에서 민사 및 행정신소 사건을 접수하지 못하도록 하거나 민사 및 행정재판에 대한 항소권을 취소한다면 상당수의 민사 및 행정 오판사건이 시정되지 못하게 되고 관련된 공민, 법인 및 기타 조직의 적법한 권익도 보호받을 수 없게 된다.

넷째, 민사항소제도가 구현하는 민사재판에 대한 감독은 매우 합리적이라고 평가된다. 사법개혁에 관한 연구에서 일부 학자들은 민소항소제도에 대하여 여러 가지 의문을 제시하거나 비판하고 있는 바 그중 일부 견해에 대하여는 논의할 필요가 있다.

① 혹자는 검찰기관이 항소절차를 통하여 민사재판에 대하여 감독하는 것은 국가공권력이 사권을 간섭하는 것으로써 민사소송의 당사자 대등원칙을 훼손하고 소송구조의 균형을 파괴한다고 생각한다. 필자의 견해로는, 민사분쟁은 비록 평등한 주체 사이의 재산관계 및 신분관계에 관한 분쟁이지만 당사자가 소송을 제기하는 그 자체가 국가공권력으로 하여금 민사분쟁에 강제적으로 간섭할 것을 요구하는 것이며 인민법원의 재판활동도 국가공권력의 직접적인 개입이라고 생각한다. 따라서 국가공권력이 사권을 간섭하지 말아야 한다고 일방적으로 강조하는 관점은 받아들일 수 없다. 재판이 현저히 불공정한 상황에서 당사자의 권리가 재판권의 잘못된 행사로 인하여 침해될 수 있기 때문에 법률감독권의 개입을 필요로 하게 된다. 검찰기관에서 항소를 제기하는 것은 결코 당사자 일방의 편에서 다른 일방과 맞서는 것이 아니라 사법공정을 수호하기 위한 것에서 출발하여 일방 당사자의 소송권리 또는 실체적 권리가 침해되어 소송에서의 평등한 지위와 권리가 재판기관의 보장을 받지 못할 경우에 재심절차를 통하여 당사자의 평등한 지위와 권리를 법에 따라 보장받을 수 있도록 하기 위한 것이다.

이러한 측면에서 민사항소제도는 균형을 잃은 소송이 균형을 되찾을 수 있도록 하는 역할을 한다. 법률이 항소제도를 규정한 것은 인민법원이 법에 따라 재판권을 공정하게 행사할 수 있도록 감독 및 보장하기 위함이다. 검찰기관에서 개별사안에 대하여 항소권을 행사하는 것은 일방 당사자에게 유리할 수도 있지만 그렇다고 하여 검찰기관이 일방 당사자의 이익을 대표한다고 볼 수 없으며 이는 민사재판이 객관적으로 일방 당사자에게 유리하다고 하여 법원이 일방 당사자의 이익을 대표한다고 볼 수 없는 것과 마찬가지이다. 검찰기관의 항소는 언제나 인민법원의 민사재판의 적법성에 대한 것이며 재판권이라는 국가공권력에 대한 것이다.

② 혹자는 항소가 확정재판의 효력을 중단하여 재판의 기판력(旣判力)과 안정성을 손상시킨다고 생각한다. 재판의 기판력과 안정성을 유지할 필요가 있으나 모든 개별사안의 기판력과 안정성을 절대시해서는 아니 된다. 오류가 존재함이 분명한 재판에 대하여 즉시 그 효력을 중단하지 않는다면 당사자의 적법한 권익에 대한 침해만 확대시키게 되며 경우에 따라서 그 손해를 회복시킬 수 없는 경우도 있다. 필자의 견해는, 재판의 기판력과 안정성을 일방적으로 강조하여 재판의 오류를 방임하고 시정하지 아니함으로써 결국 잘못이 있으면서도 바로잡지 않는 극단적인 상황으로 나아가서는 아니 된다고 본다. 실제로 검찰기관은 감독업무에서 판결의 안정성 유지를 중시하고 있으며 오류가 분명하지 않거나 효력의 발생이 오래된 재판에 대해서는 일반적으로 항소를 제기하지 아니하고 있다. 검찰기관에서 항소를 제기한 사건이라도 법원에서 신속히 심리를 끝내고 판결을 내린다면 재판의 효력이 불확정적인 상태는 소멸된다. 실제로 법원에서 민사항소사건을 심리하는 기간이 길어지고 있는 상황이며 일부 사건은 몇 년에 걸쳐 해결을 보지 못하는 경우가 있다. 이는 민사재판의 효력이 장기간에 걸쳐 불확실한 상태에 놓이게 되는 중요한 원인 중의 하나이다.

③ 혹자는 민사재판에서 인정한 사실관계와 적용된 법률은 불확정성을 가지는데 민사항소는 이러한 소송원리에 위배되며 '하나의 사건에서는 단 하나의 정답만 있다'는 잘못된 논리에 빠지게 된다고 생각한다. 필자의 견해는, 일부 민사사건에서는 결코 하나의 공정하고 합리적인 해결 방법이 없고 어떤 사건에서는 사실관계가 객관적인 사유로 인하여 일시적으로 규명할 수 없다 하더라도 그렇다고 해서 인류의 인식능력의 상대성과 민사소송의 특수성을 과대평가해서는 아니 되고, 옳고 그름 및 적법과 위법의 경계를 구분할 수 없다고 생각해서는 아니 되며, 민사재판의 공정성 여부에 대한 명확한 판단기준이 없다고 생각해서는 아니 된다고 본다. 그렇지 않으면 2심 절차는 존재 가치를 상실하게 된다. 검찰기관에서 민사항소를 제기하는 것은 오로지 정확한 재판만을 추구하려는 것이 아니라 오류가 존재함이 분명한 재판을 감독 및 시정하려는 목적이다. 민사재판에서 인정된 사실관계와 적용

된 법률이 불확정적이라는 이유로 잘못된 민사재판에 대한 항소와 시정의 필요성을 부정하는 것은 실질적으로 불가론을 주장하는 것이며, 인식의 국한성을 이유로 인간의 사물에 대한 인식능력을 부정하는 것은 '실사구시' 사상에도 위배된다.

④ 혹자는 재판독립 자체가 사법공정을 내포하고 있는 바, 검찰기관의 항소는 재판독립을 훼손시키고 법원의 공정한 재판에 영향을 주게 된다고 생각한다. 필자의 견해는, 재판의 독립은 재판공정을 실현하는 필요한 조건 가운데 하나지만 재판의 독립만으로는 재판의 공정성을 보장할 수 있는 것은 아니며, 나아가 재판독립을 절대시해서는 아니 된다고 생각한다. 사실상 검찰기관의 항소는 재심절차를 개시하는 효력이 있지만 사건의 실체적인 문제와 관련해서는 여전히 법원의 재판이 필요하다. 이러한 항소제도는 국가 공권력 사이의 제약관계를 구현하는바, 이러한 감독은 재판의 불공정 문제에 대한 것이며 인민법원의 공정한 재판에 도움이 되고 법관의 전체적인 자질과 법 집행 수준을 제고시키는 데 도움이 된다.

⑤ 혹자는 항소가 소송효율을 저하시키고 소송비용을 증가시키며 사법자원의 낭비를 초래한다고 생각한다. 필자의 견해는, 현재 사법실무에서 효율성 저하에 관한 문제는 있지만 사법효율성에 영향을 주는 요인은 여러 가지가 있기 때문에 이를 오로지 검찰기관이 제기하는 항소로 인하여 초래된 문제라고 판단해서는 아니 된다고 생각한다. 최고인민법원의 조사결과에 따르면 1999년과 2002년의 민사항소사건 비율은 전국의 법원이 처리한 전체 재심사건 수의 13.1%와 24.6%를 차지한다. 이 수치로부터 민사사건이 재심절차로 가는 주요 경로는 법원의 결정이라는 것을 알 수 있다. 또한 법원이 항소사건을 신속히 해결하지 않는 현상이 두드러지고 있는 바, 민사사건의 재심이 소송효율을 저하시킨다고 한다면 그 주요 원인은 재판 자체에 있다. 현대적 사법제도는 공정과 효율을 함께 고려해야 하지만 사회주의 사법제도는 사회전체의 공정과 정의 실현을 우선적인 가치로 삼아야 한다. 사법작용은 효율을 따지지 아니할 수 없지만 공정을 떠나서는 아무리 효율성이 높다 하더라도 의미가 없다. 불공정한 재판은 분쟁을 신속히 해결할 수

없을 뿐만 아니라 당사자 사이의 기나긴 소송만을 초래하게 되고 반사회적 감정과 행위를 부추기게 되어 사법자원을 낭비함과 아울러 사회 안정에도 악영향을 주게 된다. 따라서 중국의 사법활동은 반드시 공정을 우선으로 하고 이와 동시에 효율을 고려해야 하며 효율만 맹목적으로 추구해서는 아니 된다. 재판에 대한 항소는 사건의 재심사로 연결되는 바 이는 당연히 소송 효율에 영향을 주게 된다. 그러나 공민, 법인 및 기타 조직의 합법적인 권익을 심각하게 침해하는 불공정한 재판에 대하여 효율만을 추구하고 시정하지 않는다면 공정과 정의의 실현이 어렵게 된다.

⑥ 혹자는 민사항소제도가 당사자의 권리에 대한 자유처분권을 무시하여 당사자처분주의 원칙에 위배된다고 생각한다. 필자의 견해는, 검찰기관이 항소를 통하여 재심절차를 개시하는 것과 당사자처분주의 원칙은 결코 모순되지 않는다고 본다. 즉 항소는 당사자의 실체권리에 대한 처분에 영향을 주지 아니할 뿐만 아니라 당사자의 소송권리에 대한 처분에 영향을 주지 아니한다. 1991년에 공포된 최고인민검찰원의 사법해석은 각급 인민검찰원으로 하여금 민사항소권 행사와 당사자의 신소권(申訴權) 보장을 유기적으로 결합할 것을 요청하였다. 실무상 국가이익 및 사회공익과 무관한 민사재판에서 오류가 있다 하더라도 당사자가 신소하지 아니한다면 검찰기관은 직권에 따라 항소를 제기할 수 없다. 대부분의 민사항소결정은 당사자의 신소 제기에 근거하여 내려진 것으로서 당사자처분주의 원칙에 위배되는 문제가 존재하지 않는다.

⑦ 혹자는 민사항소제도가 재판에 대한 불신임을 초래하여 재판의 권위를 확립하는 데 이롭지 않다고 생각한다. 하지만 필자의 생각은 이와 다르다. 먼저 재판의 권위는 그 종국성(終局性)에 의하여 자연적으로 생성되는 것이 아니라 재판공정의 기반 위에서 확립된다고 생각한다. 공정을 떠나 권위를 말할 수 없으며 공정하지 않는 권위는 생명력이 없다. 검찰기관의 항소감독을 통하여 잘못된 재판을 시정한다면 법관의 책임감을 제고시킬 수 있고, 법원으로 하여금 재판권의 올바른 행사를 촉구할 수 있으며, 재판의 질적 수준을 부단히 제고시켜 인민법원의 재판에 대한 권위와 공신력을 높

일 수 있다. 인민법원은 재판의 권위와 신뢰를 높일 수 있도록 재판업무를 부단히 개선하여 사법의 불공정을 극복하고 재판의 질적 수준을 제고시켜 나가야 한다. 따라서 법률감독을 부정하는 것은 불공정한 재판의 존재를 허용하는 것과 같으며 재판의 권위를 손상시키고 또 법제의 존엄을 훼손시키게 된다.

결론적으로 필자는 중국의 민사재판 감독제도는 기본적인 의미에서 매우 합리적이라 생각한다. 물론 현행 민사재판감독제도에 존재하는 문제점을 간과해서는 아니 되며 특히 사법제도의 개혁을 추진하고 있는 오늘날에 있어 민사재판감독제도 역시 개혁하고 개선해 나아가야 한다. 검찰기관의 민사사건에 대한 항소는 형사사건에 대한 항소와 구별된다. 형사공소사건은 검찰기관이 제기하며 검찰이 공소권을 행사하는 일방이지만 민사사건은 당사자가 제기하고 당사자 쌍방은 서로 대등한 소송주체이다. 법률감독기관인 검찰기관이 민사사건에 개입하는 목적은 법원의 재판활동을 감독하기 위함이고 항소의 목적은 상급 법원의 심급(審級)감독을 통하여 사법공정을 수호하기 위함이다. 또한 소권을 행사하는 일방으로서 또는 일방 당사자를 대표하여 소송을 하는 것이 아니며 더욱이 당사자의 소송내용을 처리하기 위하여 참여하는 것도 아니다. 따라서 검찰기관의 항소권 행사는 법원의 재심절차 개시에 중점을 두고 있다.

필자는 검찰기관의 민사소송에 대한 항소감독의 목적을 제대로 실현하기 위하여 현행 항소제도를 재심제기제도로 개혁하여야 한다고 본다. 즉 검찰기관에서 재심을 제기한 사건에 대하여 동급 인민법원은 반드시 법정기간 내에 재심절차를 개시함과 아울러 법에 따라 재판해야 한다는 내용을 명확히 규정할 것을 주장한다. 또한 인민검찰원에서 직원을 파견하여 재심법정에 출석하도록 한 현행 규정을 폐지할 것을 건의하며 민사소송의 특징 즉 당사자는 서로 대심구조에서 대항하고 인민법원은 중립적인 입장에서 재판한다는 원칙을 최대한 구현하여야 한다.

2. 민사재판과 행정소송에 대한 법률감독의 내용

민사소송법과 행정소송법의 규정에 따르면 인민검찰원의 민사재판과 행정소송에 대한 법률감독의 주요 내용에는 민사 및 행정사건에 대한 항소와 검찰건의의 제기가 포함된다.

1) 민사 및 행정사건의 항소

민사 및 행정사건의 항소란 최고인민검찰원이 법적 효력 있는 각급 인민법원의 판결 또는 재정에 대하여 항소를 제기하는 것, 또는 상급 인민검찰원이 법적 효력 있는 하급 인민법원의 판결 또는 재정에 대하여 항소를 제기하는 것을 말한다. 민사소송법과 행정소송법은 인민검찰원의 민사 및 행정사건에 대한 항소절차에 대하여 명확하게 규정하고 있다.

(1) 민사 및 행정사건에 대한 항소요건

민사소송법 제179조와 제187조의 규정에 따르면 최고인민검찰원은 법적 효력 있는 각급 인민법원의 판결 또는 재정이 다음과 같은 경우에 해당하면 재판감독절차에 따라 항소를 제기하여야 하고, 상급 인민검찰원은 법적 효력 있는 하급 인민법원의 판결 또는 재정이 다음과 같은 경우에 해당하면 재판감독절차에 따라 항소를 제기하여야 한다.

① 원래의 판결 및 재정을 번복할 수 있는 새로운 증거가 충분한 경우, ② 원 판결 및 재정이 인정한 기본적인 사실관계를 증명할 증거가 결여된 경우, ③ 원 판결 및 재정이 인정한 사실관계에 대한 주요 증거가 위조된 경우, ④ 원 판결 및 재정이 인정한 사실관계에 관한 주요 증거를 대질하지 않은 경우, ⑤ 당사자가 객관적 원인으로 인하여 사건의 심리에 필요한 증거를 스스로 수집할 수 없어 인민법원에 그 조사 및 수집을 서면으로 신청하였으나 인민법원이 조사 및 수집하지 아니한 경우, ⑥ 원 판결 및 재정에서 법률적용에 확실한 오류가 있는 경우, ⑦ 법률규정을 위반하거나 관할에 오류가 있는 경우, ⑧ 재판부의 구성에 문제가 있는 경우로서 법규에 따라

회피하여야 하는 재판관이 회피하지 아니한 경우, ⑨ 행위무능력자의 소송을 법정대리인이 대리하지 않았거나 소송에 반드시 참가하여야 하는 당사자가 본인 및 기타 소송대리인의 귀책사유 없이 소송에 참가하지 못한 경우, ⑩ 법률규정에 위반하여 당사자의 변론권을 박탈한 경우, ⑪ 소환장으로 소환하지 않고 궐석 재판한 경우, ⑫ 원 판결 및 재정이 소송청구를 누락하였거나 그 범위를 넘어선 경우, ⑬ 원 판결 및 재정이 근거로 한 법률문서가 폐지되었거나 변경된 경우, ⑭ 법정절차를 위반하여 사건의 올바른 판결 및 재정에 영향을 미친 경우 또는 사건의 심리 시에 재판관이 횡령, 뇌물수수, 부정행위 및 법을 왜곡하여 재판한 경우에 인민법원은 반드시 재심사하여야 한다.

행정소송법의 규정에 따르면 인민검찰원이 법적 효력 있는 인민법원의 행정재판에 대하여 항소를 제기하려면 반드시 다음 요건에 부합되어야 한다. ① 원래의 판결 및 재정에서 사실관계의 인정과 관련된 주요 증거가 부족한 경우이며, 여기서 사실관계의 인정과 관련된 주요 증거가 부족한 경우란 원 판결 및 재정이 인정한 기본적인 사실관계에 대한 증거가 부족하여 사실관계를 규명할 수 없는 경우를 말한다. ② 원 판결 및 재정에서의 법률적용에 분명한 오류가 있는 경우로서, 여기서 법률적용에 분명한 오류가 있는 경우란 판결 및 재정에서의 법률적용의 실체적 및 결과적 오류를 말하며 판결 및 재정의 실체적 처리가 법률의 규정에 위배되는 것을 말한다. ③ 재판이 법정절차를 위반하여 사건의 판결 및 재정의 정확성에 영향을 미친 경우, ④ 사건의 심리 시에 재판관이 뇌물을 수수하거나 사적 이익을 위한 부정행위 또는 법을 왜곡하여 재판한 경우 등이다.

(2) 민사 및 행정사건의 항소절차

민사소송법과 행정소송법의 관련 규정에 따르면 인민검찰원이 민사 및 행정사건에 대하여 항소를 제기하는 경우에는 반드시 다음과 같은 법정절차를 준수해야 한다.

첫째, 민사 및 행정항소사건의 수리이다. 검찰실무에서는, 인민검찰원이

민사 및 행정항소사건을 수리하는 경우는 주로 다음과 같은 이유이다. ①
당사자가 재판에 불복하여 신소를 제기한 경우, ② 공민, 법인 및 기타 조직
이 신고한 경우, ③ 국가 권력기관과 상급 인민검찰원이 위임한 사건의 경
우, ④ 기타 기관에서 처리를 부탁한 경우, ⑤ 인민검찰원이 스스로 항소사
유를 발견한 경우이다. 인민검찰원은 민사 및 행정항소사건을 수리하는 경
우 법률에 근거하여 관할을 확정하여야 한다. 민사소송법과 행정소송법은
최고인민검찰원이 법적 효력 있는 각급 인민법원의 민사 및 행정재판에 대
하여 재판감독절차에 따라 항소를 제기할 수 있고 상급 인민검찰원은 법적
효력 있는 하급 인민법원의 민사 및 행정재판에 대하여 재판감독절차에 따
라 항소를 제기할 수 있다고 규정하고 있다. 따라서 최고인민검찰원은 각급
인민법원이 재판한 민사 및 행정사건에 대하여, 상급 인민검찰원은 하급 인
민법원이 재판한 민사 및 행정사건에 대하여 항소를 제기할 것인지 여부에
대하여 관할(결정)권을 가진다. 기층 인민검찰원은 이러한 항소권이 없으나
기층 인민법원에서 내린 효력 있는 1심 재판을 심사하여 법원의 재판에 확
실한 오류가 있음을 발견하였을 경우 상급 인민검찰원에 항소의 제기를 요
청할 수 있다. 그리고 인민검찰원에서 민사 및 행정항소사건을 수리하기 위
해서는 다음과 같은 조건에 부합되어야 한다. ① 인민법원의 민사 및 행정
재판이 법적 효력을 가져야 한다. ② 명확한 신소이유 또는 적발사실이 있
어야 하며 서면으로 항소청구서 또는 신소서를 제출하여야 한다. ③ 인민검
찰원의 관할범위에 속하는 사건이어야 한다.

둘째, 민사 및 행정항소사건에 대한 입안심사이다. 관련 법률규정에 따르
면, 인민검찰원은 수리한 민사 및 행정신소사건을 예비 심사한 후 법적 효력
있는 법원의 민사 및 행정재판이 법정 항소요건에 부합된다고 인정하는 경
우에는 반드시 입안을 결정하여 해당 사건이 실질심사 즉 입안심사단계로
넘어가게 해야 한다. 이러한 권한은 항소권을 가지는 최고인민검찰원과 상
급 인민검찰원만이 가지며, 재판을 담당한 인민법원과 동급의 인민검찰원도
민사소송법 제187조 및 행정소송법 제64조에서 부여한 항소제기권에 따라
법적 효력 있는 동급 인민법원의 민사 및 행정재판에 대한 입안심사권을

가진다. 인민검찰원에서 민사 및 행정항소사건에 대한 입안심사를 하는 경우에는 반드시 다음과 같은 항소조건을 중점적으로 심사하여야 한다. ① 민사 및 행정재판의 관련 문서를 열람한다. ② 문서의 열람기록을 작성한다. ③ 당사자와 증인을 심문한다. ④ 현장검증 및 감정을 한다. 이 가운데 가장 중요한 것은 서류열람을 통한 심사이다. 실무에서는 법원의 재판 관련서류에 대한 심사를 중심으로 하고 필요한 조사와 감정을 부차적으로 한다.

셋째, 민사 및 행정항소사건의 재심법정에 출석한다. 민사소송법과 행정소송법의 관련 규정에 따르면 인민검찰원은 민사 및 행정항소사건에 대한 심사를 완료한 후 사건의 구체적인 상황에 따라 이를 처리한다. 항소요건에 부합될 경우 관할권에 근거하여 항소를 결정하거나 상급 인민검찰원에 항소의 제기를 요청하여야 한다. 원심판결에 아무런 문제가 없을 경우에는 심사를 종료하여야 한다. 그러나 원심판결에 문제가 있음에도 불구하고 항소에 의한 재심을 통하여 오류를 시정하는 것이 적절하지 않다고 판단하는 경우에는 원심 인민법원에 검찰건의를 제기할 수 있다. 그리고 인민검찰원의 관할에 속하지 않을 경우에는 해당 기관에 이송하여 처리하도록 한다.

민사소송법의 규정에 따르면 인민검찰원의 항소제기는 인민법원에 대한 재판감독절차의 개시로서 인민법원은 민사 및 행정항소사건에 대하여 재심을 행하여야 한다. 민사소송법 제190조는, "인민법원이 인민검찰원의 항소제기 사건을 재심하는 경우에는 인민검찰원에 통지하여 검찰인원을 법정에 출석하도록 하여야 한다"고 정하고 있다. 즉 법률의 규정과 검찰기관의 권한에 따라 인민검찰원은 검찰인원을 민사 및 행정항소사건의 재심법정에 출석하도록 해야 한다. 재심법정에 출석하는 검찰인원은 국가의 법률감독기관를 대표하기 때문에 검찰장(檢察長) 또는 검찰원(檢察員)으로 칭한다. 재심법정에 출석하는 검찰장 또는 검찰원의 임무는 항소장을 낭독하고 법정조사에 참여하며 항소의 근거와 이유를 설명하고 법정의 재판활동이 적법한지여부에 대하여 감독하는 것이다.

최근에 진행되는 사법체제개혁에 관한 논의에서 혹자는 민사항소제도를 재심제기제도로 개혁하여야 한다고 주장하였다. 이러한 관점은 검찰기관의 민사사건에 대한 항소와 형사사건에 대한 항소를 구별하고 있다. '소(訴)'와 '고발(控告)' 및 '소송청구' 사이에 밀접한 연관이 있기 때문에 형사소송에서 항소제도는 매우 합리적이다. 그러나 민사소송에서 검찰기관은 사건의 당사자도 아니고 소송청구도 하지 아니하며, 검찰기관이 소송에 개입하는 목적은 법원의 공정한 재판을 촉진하고 법률의 통일적이고 정확한 실시를 유지하는 것이며 그 법적인 효과는 법원의 재심절차를 개시하도록 하는 것이다. 필자의 견해로는, 검찰기관의 민사재판에 대한 감독 목적을 더욱 확실히 구현하기 위하여 민사소송법을 개정할 경우 현행 항소제도를 재심제기제도로 개혁해야 한다고 생각한다. 또한 인민검찰원에서 검찰인원을 재심법정에 출석하도록 하여야 한다는 민사소송법 제190조를 삭제하여 당사자가 서로 대항하고 법원이 중립적인 입장에서 재판하는 민사소송의 특징을 제대로 구현하여야 한다.

2) 검찰건의 또는 위법에 대한 시정의견의 제출

검찰건의 또는 위법시정의견의 제출이란 인민검찰원이 인민법원의 민사 및 행정재판 과정에 위법한 상황이 있음을 발견한 경우 인민법원에 시정건의 또는 의견을 제출하는 법률감독 조치를 말한다. 이는 인민검찰원이 민사소송법 및 행정소송법에서 부여한 민사재판활동과 행정소송활동에 대한 법률감독권에 근거한 법률감독 조치이다. 그 적용대상에는 인민법원의 민사 및 행정재판 과정의 위법한 행위뿐만 아니라 인민법원의 민사 및 행정재판 과정의 위법한 문제까지 포함된다. 인민법원의 민사 및 행정재판의 위법행위에 대하여 인민검찰원은 인민법원에 시정의견을 제출할 수 있고, 재판의 위법문제에 대하여 항소를 제기할 필요성이 없는 경우 인민법원에 검찰건의를 제출하여 인민법원 스스로 재심을 통하여 시정할 수 있도록 촉구할 수 있다.

VII. 법률이 검찰기관에 부여한 기타 권한

상술한 주요 직권 외에도 법률은 검찰기관에게 기타 법률감독권을 부여하였는데 여기에는 특수사건검찰, 사법해석, 노동교양기관활동에 대한 감독, 사회치안종합관리참여와 범죄예방 등의 권한이 포함된다.

1. 특수사건에 대한 검찰권

특수사건에 대한 검찰권이란 법률이 특정한 중대 범죄사건의 해결을 위하여 검찰기관에게 부여한 특별한 검찰권한으로서 인민검찰원조직법 제5조 제1항에서 규정한 반역죄, 국가분열죄 및 국가의 정책, 법률, 법령 등의 통일적 시행을 방해하는 중대한 범죄사건에 대하여 행사하는 검찰권한이다. 특수한 유형의 사건은 통상적으로 발생되는 형사범죄사건 또는 직무상 범죄사건이 아니라 특정한 정치적 조건 아래 당과 국가의 중요한 권력 찬탈을 노리는 자가 반역행위를 도모하는 특히 중대한 범죄사건이 해당된다. 검찰기관은 이러한 유형의 사건에 대하여도 법률감독권을 행사하는데, 이를 통하여 인민민주주의 전제정치를 구현할 수 있다. 특수사건에서 감독의 대상은 특정성과 사건의 중대성 등을 특징으로 하기 때문에 특수사건에 대한 검찰권은 일반적인 상황에서 행사될 수 있는 권한이 아니라 검찰기관의 법률감독적 기능에 근거한 하나의 특별한 권력이다. 1980년 11월 최고인민검찰원은 특별검찰청을 조직하여 린비아오(林彪), 쟝칭(江靑) 등 반혁명범죄단체사건의 10명의 주범에 대하여 체포의 비준, 기소 및 공소의 유지 등을 하였고, 이와 같이 법률의 수권에 근거하여 중요한 검찰활동을 하였다.

2. 사법해석

사법해석이란 최고인민검찰원이 검찰기관의 법 집행과정에서 법률의 적용과 관련하여 어려움에 처하게 된 경우 관련 법률에 대하여 해석을 내리는 것이다. 인민검찰원조직법의 규정에 따라 검찰기관이 법률감독을 하는 경우, 법률의 적용과 관련하여 의문이 발생하거나 해석에 대한 의견이 일치하지 않는 경우, 최고인민검찰원은 관련 법률에 대하여 해석을 내릴 수 있다. 즉 최고인민검찰원은 법률에 대한 해석인 사법해석을 통하여 검찰기관의 올바른 법률적용을 도모하고 이를 통하여 법률의 통일적인 시행을 보장할 수 있다. 이러한 법률해석은 국가입법기관이 내린 입법해석과는 성질상 차이가 있지만 실무상으로는 최고인민법원이 내린 법률해석과 같이 실무에서 직면한 현실적인 법률문제에 대하여 내리는 해석이며 사법권에서 파생된 권력이라고 할 수 있다. 이를 사법해석권이라 한다.

법률 문언상의 자구는 끊임없이 발전하는 사회 현실의 모든 문제를 신속히 반영할 수 없을 뿐만 아니라 법률의 적용에 있어서도 동일한 법률조문에 대해 서로 다른 의견이 나타나는 등 법률의 시행 및 적용과 관련하여 출현한 새로운 상황에 대하여 유권기관의 해석을 필요로 한다. 중국에서 법률의 해석 가운데 가장 권위 있는 해석은 전국인민대표대회 상무위원회의 입법해석이다. 입법법 제47조의 규정에 의하면 전국인민대표대회 상무위원회의 법률해석은 법률과 동등한 효력을 가진다. 따라서 모든 공민, 법인 또는 기타 조직에 대하여 보편적 구속력을 가지며 인민법원과 인민검찰원이 사건을 처리하는 경우에는 반드시 전국인민대표대회 상무위원회의 법률해석을 따라야 한다. 그러나 입법해석의 개시와 심의절차가 상당히 복잡하기 때문에 입법해석의 수량이 적고 해석에도 많은 시간이 소요되는 등 인민법원의 재판업무와 검찰기관의 법률감독이 요청하는 현실적인 수요를 만족시킬 수 없다. 따라서 최고인민법원과 최고인민검찰원에 대하여 재판 및 검찰활동에서 직면하는 법률적 문제에 대한 해결을 위하여 사법해석권을 부여해야 할 필요성이 있는 것이다.

최고인민검찰원이 내리는 사법해석의 법적 근거는 1981년 6월10일 제5기 전국인민대표대회 상무위원회 제19차 회의에서 통과된, '전국인민대표대회 상무위원회의 법률해석 강화에 관한 결의(全国人民代表大会常务委员会关于加强法律解释工作的决议)' 제2조이다. 이 조항은 "법원의 재판에 관련된 법률과 법령의 구체적 적용에 관한 문제는 최고인민법원에서 해석한다. 검찰원의 업무에 속하는 법률과 법령의 구체적 적용에 관한 문제는 최고인민검찰원에서 해석한다. 만약 최고인민법원과 최고인민검찰원의 법률해석이 서로 일치하지 않는 경우, 전국인민대표대회 상무위원회에 보고하여 해석하거나 결정해야 한다"고 규정하고 있다. 이 규정에 근거하여 최고인민검찰원이 내린 검찰업무와 관련된 법률의 구체적 적용에 관한 해석은 검찰기관에게 보편적인 구속력을 가지며 각급 검찰기관은 검찰업무에서 이를 준수해야 한다. 이와 동시에 최고인민검찰원의 사법해석이 최고인민법원의 사법해석과 모순된다고 하여 그 효력이 상실되지 않는다.

이론적인 연구에서 일부 학자들은 법률이 최고인민검찰원에 부여한 사법해석권에 대하여 의문을 제기하고 사법해석권은 최고인민법원에서 통일적으로 행사해야 한다고 주장한다. 예를 들면 최고인민검찰원의 형법에 관한 사법해석권을 점진적으로 폐지하고 최고인민법원이 형법에 관한 사법해석권을 통일적으로 행사해야 한다"고 주장한다.56) 그러나 필자는 이러한 관점에 동의할 수 없다. 왜냐하면 중국에서 검찰기관은 결코 단순한 공소기관이 아니라 인민법원과 동등한 헌법적 지위를 가지고 법원의 재판에 대하여 법률감독을 하는 법률감독기관이기 때문이다.

최고인민검찰원과 최고인민법원의 사법해석은 문제를 관찰하는 시각차로 인하여 모순 또는 충돌이 일어날 수 있지만 법률이 그 해결방법을 규정하고 있다. 즉 최고인민법원이 재판과 관련하여 법률문제의 구체적 적용에 대하여 내린 사법해석이 입법정신에 부합한다면 검찰기관은 이를 마땅히 존중해야 하고, 이는 곧 재판감독의 근거가 된다. 그러나 최고인민검찰원은 최고인

---

56) 游伟, 赵剑峰: "论我国刑法司法解释权的归属问题," 载 ≪法学研究≫ 1993年 第1期。

민법원의 사법해석이 법률의 정신에 부합되지 않거나 또는 최고인민검찰원의 사법해석과 원칙에서 충돌이 생긴다고 판단하는 경우에는 전국인민대표 상무위원회에 제청하여 심의를 진행토록 하고 전국인민대표대회 상무위원회가 입법해석을 내린다. 각급 검찰기관과 인민법원은 전국인민대표대회 상무위원회의 입법해석을 엄격히 집행하고 이와 충돌되는 사법해석은 신속히 폐지해야 한다. 예를 들면, 2001년 11월 최고인민검찰원과 최고인민법원이 내린 공금횡령죄와 조직폭력 범죄의 구성요건에 관한 사법해석이 서로 충돌하여 전국인민대표 상무위원회에 제청하여 심의를 진행하였다. 전인대 상무위원회는 2002년 4월에 '중화인민공화국형법 제294조 제1항에 관한 해석'과 '중화인민공화국형법 제384조 제1항에 관한 해석'을 통과시켰는데, 즉 입법해석을 통하여 최고인민법원이 내린 사법해석의 내용을 변경하였고 이를 통하여 법률에 대한 올바른 이해와 통일적인 시행을 도모하였다.

그리고 명확히 해 두어야 할 것은, 검찰기관의 사법해석은 법률이 최고인민검찰원에 부여한 권한이고 최고인민검찰원의 내부 기구와 지방 각급 인민검찰원은 이러한 권한을 향유하지 못한다는 점이다. 따라서 최고인민검찰원의 사법해석은 법률의 통일적이고 올바른 시행을 도모하기 위하여 필요적인 것이다. 그러나 중국의 광대한 영토와 사회발전의 불균형 등 현실 상황에 비추어 보면 최고인민검찰원은 사법해석을 통하여 지방의 검찰기관이 사법해석의 적용과 관련되는 특정한 문제에 대하여 해당지역의 현실적 상황을 고려하고 법률과 최고인민검찰원의 사법해석 정신에 위배되지 않는 한도에서 일부 법률해석의 성질을 가진 설명 또는 규정을 제정할 수 있는 권한을 수여할 수 있다. 이러한 구체적인 설명 또는 규정은 최고인민검찰원 사법해석의 연장으로 이해할 수 있는 것이다.[57]

---

57) 敬大力: "浅议最高检察机关司法解释的若干问题," 载 ≪人民检察≫ 1990年 第5期。

3. 치안관리와 범죄예방의 참여

치안관리와 범죄예방에 참여한다는 것은 검찰기관이 검찰활동을 통하여 국가의 치안관리 및 범죄예방에 참여하는 것을 의미한다. 1982년 국가가 사회치안에 대한 종합적인 관리 방침을 제시하여 정치, 법률, 경제, 행정, 교육 등의 종합적인 조치를 취할 것을 요구함과 동시에 범죄의 발생을 방지하고 감소시키도록 하였다. 1991년 전국인민대표대회 상무위원회에서 통과된 '사회치안종합관리강화에 관한 결의(关于加强社会治安综合治理的决议)'는 입법의 형식으로 치안의 종합적인 관리에 대하여 규정하고 있는 바, 이 결의는 탐오 수뢰죄에 대한 종합적인 관리를 포함하고 있다. 이러한 규정과 인민검찰원조직법 제4조 제2항의 "인민검찰원은 검찰활동을 통하여 공민으로 하여금 사회주의 조국에 충실하고, 자발적으로 헌법과 법률을 준수하며, 적극적으로 위법행위와 투쟁하도록 교육한다"는 규정 등은 모두 검찰기관의 치안관리 및 범죄예방에 대한 참여를 명확히 하는 것이고 검찰기관의 치안관리 및 범죄예방 업무의 법적 근거가 된다.

인민검찰원이 치안관리와 범죄예방에 참여하는 것은 법률감독권에 근거함과 동시에 자신의 업무와 결합된 것이다. 예를 들면 체포의 심사, 체포의 비준 및 기소심사 또는 기타 소송감독에 있어 중국적 특색의 미성년자 관련 검찰제도를 확립하고 개선하여 미성년자 범죄의 특징에 초점을 맞추어 성년범죄와 다른 형사정책과 전략을 수립해 나가야 하고, 이러한 방법을 통하여 미성년자를 교화하고 나아가 미성년자의 적법한 권익을 수호해야 한다. 형사집행의 감독에서는 형사판결 및 재정의 집행과 교도소의 활동에 대한 법률감독을 통하여 범죄인으로 하여금 스스로의 잘못을 뉘우치게 하고 적극적으로 노력하여 사회로 복귀할 수 있도록 해야 한다. 또한 처리한 다양한 유형의 사건을 종합하고 방송매체 또는 기타의 방법을 통하여 법률과 범죄예방에 관한 지식 등을 선전하고 보급한다. 결론적으로 치안관리와 관련된 사항은 검찰업무에 포함되어 있는 것이며 법률감독권의 행사를 통하여 범죄를 징벌하고 범죄자를 교화하며 범죄를 예방해 나가야 한다.

　범죄예방은 모든 형사정책의 목적이며 검찰기관의 법률감독에서 중점을 두어야 하는 중요한 사항이다. 검찰기관은 직무상 범죄의 수사, 체포의 심사, 형사공소의 제기와 소송감독 등의 권한행사를 통하여 범죄자의 형사책임을 추궁해야 한다. 이를 통하여 범죄자 본인에 대한 특별예방의 효과를 거둘 수 있을 뿐만 아니라 일반예방의 효과도 얻을 수 있다. 동시에 검찰기관은 사건의 처리과정에서 범죄단서를 발견할 수 있고, 이에 범죄를 조기에 차단함은 물론 범죄예방의 효과도 거둘 수 있다.

제6장

검찰권행사의 기본원칙

검찰권 행사의 기본원칙이란 검찰기관과 검찰관이 검찰권을 행사하는 과정에서 지켜야 할 기본적인 원칙을 말한다. 검찰권 행사의 기본원칙은 검찰활동의 전 과정에 적용되며 검찰활동의 방향을 결정하고 검찰권 행사에서 추구하는 기본적 가치를 실현한다.

인민검찰원조직법 제6조에서 제10조까지 검찰기관의 검찰권 행사와 관련된 기본원칙이 규정되어 있다. 그러나 이 법률은 1979년 제정된 후 1983년에 개정되었으나 기본원칙과 관련된 규정은 개정되지 않았으며 역사적 제약으로 인하여 법률의 내용적 측면으로 보아도 원칙에 관한 표현이 부족하다. '검찰기관은 법에 따라 검찰권을 독립적으로 행사한다'는 원칙(제9조)을 제외한 여타 조항의 표현에서는 적절하지 못한 표현이 많이 있다. 예를 들어 '법률상 평등의 원칙(제8조)'은 헌법원칙과 법제의 일반적인 원칙에 속하며, '증거를 중시하고 구두자백을 함부로 승인하지 않으며, 객관적 사실과 법률에 충실하고, 사회주의 사업에 충실히 한다'는 원칙(제7조)은 형사소송법의 기본원칙에 속한다. 또한 '적과 아군 간 및 인민내부의 모순을 정확히 구분하여 처리한다'는 원칙(제7조)은 시대에 뒤떨어진 것이고, '인민의 고소할 권리의 보호' 원칙(제6조), '군중의 노선을 관철하고 군중의 감독을 받는다'는 원칙(제7조), '상급 인민검찰원이 하급 인민검찰원을 영도한다'는 원칙(제10조) 등은 표현이 부정확하고 전면적이지 못하다. 그렇지만 최소한 이러한 규정은 모두 유효한 법률로서 그 입법정신, 원칙, 규칙 등은 반드시 준수되어야 한다.

개혁개방 이래 중국의 법제건설, 검찰제도 및 검찰이론은 지대한 발전을 해온 반면에 인민검찰원조직법의 입법 활동은 상대적으로 뒤떨어졌다. 검찰권 행사의 원칙을 이해하고 파악함에 있어 법률을 위반해서도 아니 되지만 법률조항에 국한될 필요는 없다. 인민검찰원조직법의 정신과 중국적 사회주의 검찰제도의 내재적 요구에 근거하고, 사회주의 법치이념과 법률감독기능의 특징을 결합하여 조직법 관련규정을 기초로 검찰권 행사의 기본원칙이 체계적이며 종합적이 되도록 해야 한다. 이러한 점에서 생각하면 검찰권행사의 기본원칙은 마땅히 다음과 같은 여섯 가지 사항을 포함해야 한다. 법에 의거한 독립적인 검찰권 행사의 원칙, 객관적이고 공정한 원칙, 공익의 원칙, 인권보장의 원칙, 검찰일체의 원칙과 감독을 받는 원칙이다. 이 여섯 가지 기본원칙은 검찰권 행사의 기본 법칙과 법률감독의 기본적인 특징 및 국가의 검찰업무에 대한 기본적인 요청을 집중적으로 구현한 것이다. 또한 일반국민의 중국 검찰기관의 성격, 지위, 기능과 조직 등에 대한 이성적인 인식을 종합적으로 반영한 것이며, 검찰기관과 검사의 업무를 수행을 위한 지침이 되고 있으며 검찰권 행사에 대한 정당성을 판단하는 기준이 된다.

검찰권 행사에 대한 각각의 기본원칙은 서로 독립적이면서도 연관성이 있다. 한편으로 기본원칙은 모두 일정 적용범위와 그에 따른 독립적인 가치를 가지고 있어 반드시 준수되어야 하고, 다른 한편으로는 기본원칙 사이에 내재적 연관성이 존재하여 적용 시 서로 조화롭고 균형이 유지되어야 하며 어느 한 측면을 소홀히 하거나 서로 대체하여서도 안 된다.

검찰권 행사의 기본원칙과 검찰기관이 반드시 준수하여야 할 기타 원칙 간에도 서로 연관성이 있지만 또한 상호 차이점도 있다. 우선, 검찰권 행사

의 기본원칙은 검찰권 행사의 시각에서 도출한 원칙이며 검찰기관이 국가기
구로서 반드시 준수하여야 할 헌법원칙을 배척하거나 대체하지 않으며 검찰
기관이 소송주체로서 준수해야 할 소송원칙 역시 배척하는 것이 아니다. 전
자를 예로 들면 민주집중제 원칙 등이 있고, 후자를 예로 들면 심판기관,
검찰기관 및 공안기관이 형사소송 과정에서 각각 업무를 분담하고 서로 협
조하며 서로 제약하는 원칙 등이 있다. 다음으로 검찰권행사의 기본원칙과
소송원칙, 조직원칙 등 원칙은 서로 다른 차원 또는 영역의 것이다. 비록
그들 사이에 일정한 정도의 연관성, 일치성 및 교차성이 있지만 그 원칙들은
서로 다른 주체 및 서로 다른 영역에 적용되기 때문에 정확히 구분되어야
한다.

우리가 검찰권 행사의 기본원칙으로써 소위 검찰기관활동의 기본원칙을
대체하여 기본원칙의 체계와 각 기본원칙의 내용을 다시 정리하는 목적은
검찰권 행사의 절차적 정당성을 강조하고 검찰업무에 대한 규율과 더불어
새로운 시기에 있어서 검찰의 이념을 반영하기 위한 것이다. 비록 정의를
내린 6개 항의 기본원칙 가운데 일부 원칙(예를 들면 공익원칙, 인권보장원
칙과 군중의 감독을 받는 원칙 등)은 여전히 검찰기관, 심판기관 등 국가기
관이 준수하여야 할 원칙이지만 이는 검찰권 행사의 기본원칙으로서 특수한
의미를 가지며, 기타의 국가기관이 권한을 행사하는 원칙과는 구체적인 내
용에서 차이가 있다.

I. 법에 의한 독립적인 검찰권 행사의 원칙

'법에 의하여 검찰권을 독립적으로 행사한다'는 원칙은 검찰권 행사의 가
장 중요한 원칙이며 현대 검찰제도의 확립과 발전에 기초가 된 원칙이다.
동 원칙은 검찰의 업무활동을 위한 전제가 되며 중국적 사회주의 검찰제도

가 건전하게 발전할 수 있는 기초가 된다.

1. 법에 따라 독립적으로 검찰권을 행사하는 원칙의 형성과 발전

법에 따라 독립적으로 검찰권을 행사하는 원칙은 신 중국의 입법사에서 우여곡절의 발전과정을 거쳤다. 1949년 12월에 공포된 '중앙인민정부최고 인민검찰서시행조직조례' 제2조의 규정에 의하면 "…전국 각급 검찰서는 모두 독립적으로 기능을 행사하며 지방기관의 간섭을 받지 않으며 최고인민검찰서의 지휘에만 복종한다"는 내용이 있다. 이 조례에서 독립적으로 검찰권을 행사하는 원칙이 검찰기관의 가장 중요한 활동원칙임과 동시에 유일하게 명확히 규정된 원칙이다. 1951년 9월 3일에 발포된 '중앙인민정부최고인민검찰서임시시행조례'와 '각급지방인민검찰서조직통칙'에서는 검찰기관 활동의 기본원칙을 규정하지 않았다.

1954년 헌법에서 독립적으로 검찰권을 행사한다는 원칙을 확립하였는데 제83조의 규정에 의하면, "지방 각급 인민검찰원은 독립적으로 권한을 행사하며, 지방 국가기관의 간섭을 받지 않는다." 같은 해 공포된 인민검찰원조직법 제6조는 헌법이 정한 바의 법에 의해 독립적으로 검찰권을 행사한다는 원칙을 다시금 천명하였다. 문화대혁명 기간 동안에 검찰기관의 기능은 공안기관이 행사하였으며 이는 1975년 헌법에서 확인되었고 검찰기관의 활동원칙에 관한 어떠한 조항도 없었다. 1978년 헌법 개정 시에는 '사인방'을 타파한지 얼마 되지 않았기 때문에 검찰기관의 지위를 다시금 확립하였지만 검찰권 행사의 기본원칙을 규정하지는 못했다. 1979년 7월에 통과된 인민검찰원조직법 제9조의 규정에 의하면, "인민검찰원은 법에 따라 독립적으로 검찰권을 행사하며 기타 행정기관, 단체 및 개인의 간섭을 받지 않는다." 1982년 헌법 제131조는 이 규정을 다시금 천명한 바, 법에 의하여 독립적으로 검찰권을 행사하는 원칙을 헌법의 원칙으로 격상시켰다.

대다수 국가의 법률과 제도는 모두 법에 의해 독립적으로 검찰권을 행사한다는 원칙을 검찰권 행사의 기본원칙으로 확립하였다. 서방국가에서 검찰기관은 일반적으로 행정계통에 속하며 검찰기관과 재판기관이 기능상 분리되어 있는 바, 이것은 검찰권이 재판권과 상호 독립한다는 것을 강조하고 있는 것이다. 일본에서 검찰권은 재판권과 유사한 정도의 독립성을 가지며 검찰관은 직무상의 독립성과 신분적 보장을 누린다. 영국에서는 20세기 80년대에 검찰제도를 개혁하면서 의법 독립의 원칙을 기본적인 지도사상으로 삼아 독립적인 검찰기관은 검찰업무의 통일성과 공정성을 보장하는 데 중요한 의의가 있음을 강조하였다. 중국에서 검찰기관은 재판기관에서 독립될 뿐만 아니라 행정기관인 국가기관으로부터 독립한다. 검찰기관은 오직 국가권력기관에 대하여 책임지며 검찰기관이 법에 따라 독립적으로 법률감독기능을 수행한다는 것을 강조하고 있다.

몽골공화국의 경우 헌법과 검찰원조직법의 규정에 의하면 검찰기관은 법에 의해 통일적으로 법률의 시행을 감독하고 외부의 간섭을 받지 않으며 지방과 기관 및 부처의 특징을 고려하지 않는다. 또한 소련해체 후 1992년에 공포한 러시아 연방검찰원법 제4조 규정에 의하면 연방검찰기관은 권한의 범위 내에서 러시아연방 현행 법률에 근거하여 독립적으로 권력을 행사하며 국가권력기관, 행정기관, 사회단체 및 정치조직의 간섭을 받지 않는다. 이는 사실상 고도로 독립된 검찰권체제를 형성시킨 것이다.

2. 법에 의한 독립적인 검찰권 행사 원칙의 기본적 의미

헌법 제131조와 인민검찰원조직법 제9조의 규정에 의하면, 이 원칙은 인민검찰원이 법률의 규정에 근거하여 독립적으로 검찰권을 행사하고 행정기관, 사회단체 및 개인의 간섭을 받지 않는다는 것이다. 이 기본원칙은 사실상 적법성, 독립성 및 간섭배제라는 기본적인 내용의 결합이다.

1) 적법성

검찰기관은 반드시 법률이 정한 절차에 따라 법률이 정한 권한의 범위 내에서 검찰권을 행사하여야 한다. 우선, 검찰기관은 반드시 법률이 정한 권한의 범위 내에서 검찰권을 행사하여야 한다. 검찰기관은 법률이 부여하지 않은 권력을 행사할 수 없으며 그렇지 아니할 때에는 권한을 남용한 것이 된다. 동시에 법률이 규정한 검찰의 직무를 수행하는데 충실히 임하여야 하며 그렇지 아니할 때에는 직무를 다하지 못한 것이 된다. 다음으로, 검찰기관은 반드시 법정절차에 따라 검찰권을 행사하여야 하며 법정절차를 중시하고 성실히 집행하며 검찰권의 남용을 방지하여야 한다. 마지막으로, 인민대중과 기타 국가기관 및 상급 검찰기관은 검찰권 행사과정을 감독하고 제약할 수 있는 바, 법률이 규정한 절차와 방식인 경우에 검찰기관과 검찰관은 이에 복종하여야 한다. 법에 의해 독립적으로 검찰권을 행사한다는 원칙은 단순히 모든 감독, 제약 및 영도를 반대하는 것이 아니라 불법적 간섭을 반대한다는 것이다.

2) 독립성

검찰기관은 반드시 독립적으로 검찰권을 행사하여야 한다. 법률이 규정한 검찰권은 전문화된 국가권력으로서 검찰기관이 국가를 대표하여 행사할 수밖에 없다. 검찰권 행사의 과정과 결과에 대하여 검찰기관은 반드시 모든 책임을 지게 된다. 기타 기관, 단체 및 개인에게 법률이 권한을 부여하지 않은 이상 검찰기관에 대신하여 검찰권을 행사할 수 없고 검찰권 행사의 과정과 결과에도 책임을 지지 않는다. 독립성은 기능을 충분히 발휘하고 책임을 명확히 하는 전제가 된다. 검찰기관의 책임을 강화하려면 그 독립성을 강화하여야 하며 검찰기관의 기능을 강화하려는 경우 역시 그 독립성을 강화하여야 한다.

3) 간섭배제성

검찰기관은 법에 의해 독립적으로 검찰권을 행사하는데 행정기관, 사회단체 및 개인의 간섭을 받지 아니하고 지방보호주의나 부처이기주의의 간섭을 받지 않으며 국가법제의 통일과 존엄을 수호한다. 간섭배제성은 독립성의 필연적 요구이며 적법성을 담보함에 있어서 필수적이다. 앞으로도 일정한 기간 동안 계속하여 검찰권행사에 대한 지방보호주의와 부처이기주의의 간섭을 예의 주시하여야 한다.

상술한 내용에서 적법성은 전제와 조건이고 독립성은 핵심과 내용이며 간섭배제성은 보충과 확장이다. 이 세 가지 내용의 결합은 법에 의해 독립적으로 검찰권을 행사하여야 한다는 원칙의 내용과 특징을 반영한 것이다. 일정한 범위 내에서의 감독과 영도관계의 적법성 확보는 검찰권행사에 대한 필수적 요청이며, 외국에서는 검찰제도의 관행이기도 하다. 이런 의미에서 동 원칙을 '검찰권의 상대적 독립원칙'이라고 한다. 중국의 현행 법제도하에서 인민검찰원이 법에 의해 독립적으로 검찰권을 행사한다는 원칙을 견지함에 있어 인민검찰원과 검찰관 사이의 관계를 명확히 하여야 하며 검찰권의 주체와 검찰기관 내부의 업무분담을 명확히 해야 한다. 또한 인민검찰원과 국가권력기관의 관계를 명확히 하여 정치체제와 사법체제 내에서 검찰기관의 법적 지위와 기능적 특징을 명확히 해야 한다. 한편 동 원칙의 범위를 확정하고 검찰권 독립의 상대성에 유념하여, 관념상으로나 실제 적용에 있어 동 원칙을 절대화하거나 편면적으로 취급하지 않도록 해야 한다.

3. 법에 의한 독립적인 검찰권 행사 원칙의 법리적 근거

법에 의해 독립적으로 검찰권을 행사하여야 한다는 원칙은 중국의 정치체제와 검찰기관의 헌법적 지위 및 법률감독기능의 특수한 요청에서 기원하며, 이는 중국적 특징을 가진 검찰제도의 필연적 요청이자 사법실무의 보편적 요청이다.

우선, 인민대표대회제도하에서 검찰기관은 행정기관 및 재판기관과 마찬가지로 인민대표대회에 의해 구성되고 인민대표대회에 대하여 책임을 지며 그의 감독을 받기 때문에 행정기관 및 재판기관과 구별되는 독립된 전문 국가기관이다. 동시에 검찰기관은 국가의 법률감독기관으로서 일정범위 내에서 행정행위와 재판행위에 대하여 감독할 권한을 갖고 있다. 행정기관과 재판기관이 검찰기관에 대하여 간섭할 권한을 갖고 있다면 검찰기관은 법률감독의 기능을 제대로 수행할 수 없을 것이다.

다음, 검찰기관의 법률감독기능은 직무상 범죄의 수사, 공소와 소송상 감독 등을 포함하며 위법행위와 범죄행위에 대항한 법 집행을 담당한다. 검찰기관은 법률을 집행하면서 필연적으로 사회관계와 권력관계에 개입하게 되며 일부 개인, 단체 또는 기관의 이익에 영향을 주게 된다. 이로 인하여 이해당사자는 검찰기관에 영향력을 행사하기도 하며 심지어 검찰기관의 법 집행활동에 간섭하게 된다. 이런 이유로 검찰기관은 반드시 독립성을 유지할 필요가 있으며, 그렇지 않을 경우에는 공정하게 사건을 처리하고 엄격하게 법률을 집행할 수 없게 된다. 특히 중국과 같이 오랜 기간 동안 봉건사회를 거치고 민주와 법치가 완비되지 못한 나라에서는 각종 특권적인 사상과 인치가 법을 대체하고, 권력을 이용하여 법률에 대항하며, 권력을 남용하는 등의 현상은 늘 존재하는 것이다. 제도적으로 검찰기관이 법에 의해 독립적으로 검찰권을 행사하도록 보장한다는 것은 모든 위법적 범죄행위가 법률의 추궁을 받도록 함에 있어서 중요한 현실적 의의가 있다.

끝으로, 검찰기관의 법률감독기능은 법제의 통일, 인권보장, 공평 및 정의를 수호하는 데 중요한 역할을 한다. 검찰기관은 나라를 분열시키고 법제를 파괴하는 모든 위법행위와 인권을 침해하는 범죄행위 및 부패와 권력 남용 특히 사법부패와 불공정한 사법에 대처하여야 한다. 이러한 직무를 잘 수행하기 위해서는 검찰기관의 독립성이 반드시 확보되어야 한다. 근본적으로 검찰기관이 법에 의거해 독립적으로 검찰권을 행사한다는 것은 검찰기관이 올바르고 효과적으로 법률을 집행하여 법률에 대한 감독기능, 권력통제기능 및 권리구제기능 등을 충분히 수행토록 하기 위한 것이다.

4. 법에 의한 독립적인 검찰권 행사 원칙의 제도적 보장

법에 의하여 독립적으로 검찰권을 행사한다는 원칙을 실현하기 위해서는 그에 상응하는 체제와 제도적 보장이 있어야 한다. 만약 검찰업무에 부합하는 업무제도, 인사제도, 재정제도 등의 기반이 없다면 검찰기관은 법에 의한 독립적인 검찰권 행사가 곤란할 수 있을 것이다.

검찰업무체제는 법에 의해 독립적으로 검찰권을 행사하는 원칙의 실현 수단이다. 검찰업무규율에 부합하는 정확하고 공정하며 효과적으로 법률을 집행할 수 있는 검찰업무제도를 확립할 때 검찰기관은 법률감독 책임을 담당할 수 있고 당과 국민의 믿음과 지지를 얻을 수 있으며, 법률감독에 있어 권위를 유지할 수 있다.

검찰인사제도는 검찰관의 집행능력을 보장하는 것이고 검찰관으로 하여금 법률을 엄격히 집행토록 하기 위한 조건이다. 검찰관의 선발, 양성, 상벌과 임면 등 인사제도는 어떤 사람이 검찰권을 행사하고, 또 어떤 이념으로 검찰권을 행사하는가 하는 문제와 매우 밀접한 관련이 있다. 검찰기관의 인사에 간섭한다는 것은 검찰권 행사에 간섭할 가능성이 있다는 것을 의미한다.

검찰기관의 유지에 필요한 경비에 관한 재정제도는 법에 의해 독립적으로 검찰권을 행사하는 원칙에 대한 경제적 보장이다. 검찰관의 임금, 업무조건과 검찰기관의 사건처리를 위한 장비 등은 검찰관 전체의 질적 수준에 영향을 미칠 뿐만 아니라 검찰기관의 집행능력에도 영향을 미치게 된다. 사건처리에 따른 수수료 등으로 경비를 보충한다면 법률집행의 공정성을 담보하기 어렵고 검찰장 개인의 능력으로 재정적 기초를 마련하게 한다면 검찰권의 권리남용을 방지하기 곤란할 것이다. 한마디로 검찰기관은 독립적으로 검찰권을 행사함에 있어서 과학적인 업무체제의 기반이 있어야 할 뿐만 아니라, 법제화된 인사제도와 재정제도의 뒷받침이 있어야 한다.

II. 객관공정의 원칙

검찰제도가 탄생한 이후부터 현재까지 검찰기관의 역할은 국왕의 수호자에서 공공이익의 수호자로 변화되었다. 현대국가에서 검찰관은 재판 등 소송활동의 참여자인 동시에 법치의 수호자이며 검찰기관의 주요임무는 국가를 대표하여 공소를 제기하는 등의 직무를 수행하고 법률이 공정하게 집행되며 인권이 존중되고 보장 받도록 하는 것으로 인식되고 있다. 검찰기관은 반드시 객관적이고 공정한 입장에서 사건의 진상을 밝혀야 하며 올바르게 법률을 집행하여야 한다. 이는 검찰기관이 반드시 수행하여야 할 의무이자 검찰기관이 검찰권을 행사함에 있어서 준수하여야 할 객관적이고 공정한 원칙이기도 하다.

1. 객관공정원칙의 형성과 발전

외국의 입법경험을 보면, 검찰기관의 객관공정의무는 19세기 후기 독일의 형사소송법에서부터 기원하였다. 이후 유럽대륙과 아시아 일부의 대륙법계 국가에서 채택되었다. 최초로 서술된 내용을 보면 "형사소송절차를 수행하는 공무원은 사건을 처리하는 과정에서 피고인에게 유리한 상황과 불리한 상황을 모두 고려해야 한다"고 서술하였다.

검찰기관의 지위 및 역할과 관련하여 서방국가에서는 크게 두 개의 학파가 대립하여 왔다. 한 학파의 주장은 검찰기관이 형사소송에서 일방당사자로서 민사소송의 원고 역할을 수행하여 피고인에게 불리한 증거만 수집하고 공소사실에 유리한 사실만 적시하면 되고 상대방이 방어를 소홀히 하여 가혹한 판결을 받는 것에 대해서는 고려할 필요가 없다고 주장한다. 또한 검찰기관은 상대방의 이익을 위하여 상고하거나 항소하여서는 아니 되며 피고 측도 검사가 회피할 것을 요구하지 못한다. 다른 한 학파의 주장에 의하면,

검찰기관은 법률의 수호자로서 범죄행위를 추궁하고 무고한 사람을 보호하는 이중적 기능을 수행하여, 피고인에게 불리한 증거뿐만 아니라 유리한 증거도 수집하여 범죄자를 처벌하는 동시에 인권을 보장하여 실체적 진실과 법적 정의를 실현해야 한다고 주장한다. 독일에서 이 두 학파는 두 차례에 걸쳐 대규모의 토론을 개최하였다. 우선은 19세기 형사소송입법의 준비단계에서 이루어 졌는데, 이를 '세기적 대 변론'이라 부르고 있다. 다른 한 차례는 2차 대전 이후인 1960년대에 발생하였다. 두 차례의 토론에서 검찰기관을 법률수호자로 주장하는 학파의 압도적인 승리로 끝났다.

검찰기관의 범죄추궁과 인권보장의 이중적 기능에서 근본적인 충돌은 존재하지 않는다. 이는 형사소송법의 임무와 일치하는 것이다. 당사자주의인 영미법계 국가에서도 검찰기관은 객관공정의무가 존재하며 절대적인 당사자주의를 채택하는 것은 아니다. UN의 검찰관업무에 관한 준칙 제12조의 규정에 의하면, "검찰관은 시종일관 신속 공평하고 법에 따라 업무를 수행하여야 하며, 인간의 존엄을 존중하고 보호하고 인권을 수호하여 법정소송절차를 확보하고 형사사법기능이 순조롭게 작용하도록 해야 한다"고 한다. 또한 제13조는 "검찰관이 직책을 수행함에 있어서 ① 편견 없이 권한을 행사하고 정치, 사회, 문화, 성별 또는 기타 어떠한 형식의 차별도 해서는 아니되며, ② 대중의 이익을 보장하고 객관적 기준에 따라 권한을 행사하며 용의자와 피해자의 입장을 적절히 고려하여 용의자의 유 불리에 관계된 모든 상황을 파악하여야 한다." 이 두 조문의 일부 내용은 객관공정원칙의 주요 내용을 개괄적으로 규정한 것이며 현대 여러 국가의 객관공정원칙에 대한 이해를 대표하고 있다.

2. 객관공정원칙의 기본내용

객관공정원칙은 사실상 객관성 원칙과 공정성 원칙의 결합이다. 그 내용은 두 가지 측면에서 이해된다. 하나는 실사구시 정신으로 사건의 진상을 밝혀 객관적이고도 전면적으로 피고인에게 불리한 증거와 유리한 증거를 수집하는 것이고, 다른 하나는 공정하게 법률을 집행하여 법률 앞에서 모든 사람이 평등하다는 원칙을 실행하는 것이다. 하지만 현재 중국에서 객관공정원칙의 의미는 상술한 두 가지 측면에 국한되지 않으며 검찰기관이 소송절차에서 실체적 공정과 절차적 공정의 관계를 올바르게 처리하는 있어 중요한 지침이 된다.

(1) 검찰기관의 소송상 역할은 객관공정의 원칙을 내포하고 있다. 우선 검찰기관은 법률감독자의 입장이며 당사자의 입장이 아니다. 검찰기관은 법률의 올바르고 통일적인 시행을 목표로 하는 것이고 승소를 목표로 하는 것이 아니므로 객관적이고 공정하게 검찰권을 행사하여야 한다. 만약 판결이 법률을 위반하였다면 피고인에 대한 판결의 유 불리에 상관없이 항소를 제기함으로써 사법공정을 수호하여야 한다. 중국의 헌법과 법률은 검찰기관을 법률감독기관으로 규정하고 있으며 검찰기관이 객관공정원칙을 관철하고 실현하는 데 법적인 기초를 제공하고 있다.

다시 말하면 검찰기관의 객관공정의무와 법률감독자의 지위는 내재적 일치성을 가진다. 그리고 검찰관은 회피의 대상이며 회피를 신청할 수 있는 당사자가 아니다. 이 때문에 검찰관은 법에 따른 회피의무를 지고 있으며 이는 객관공정원칙의 파생적인 의무이기도 하다. 중국의 형사소송법 제28조에 의하면, "재판인원, 검찰인원, 수사인원은 다음과 같은 사유가 있는 경우에는 스스로 회피하여야 하며, 당사자 및 그 법정대리인은 이들에게 회피를 요구할 권리가 있다. ① 본 사건의 당사자 또는 당사자의 근친속일 경우; ② 본인 또는 그 근친속이 본 사건과 이해관계가 있을 경우; ③ 본 사건의 증인, 감정인, 변호인, 소송대리인이었던 경우; ④ 본 사건 당사자와 기타 관련성이 있어 사건을 공정하게 처리하는데 영향을 줄 수 있는 경우"로 규정되어 있다. 동 규정도 객관공정의 원칙을 표현하고 있는 것이다.

(2) 검찰업무에서 실체적 공정성과 절차적 공정성의 변증관계는 객관공정원칙을 실현하고 있다. 우선 검찰기관과 검찰관은 검찰권을 행사하는 과정에서 반드시 사실과 법률을 근거로 하여 실체적 공정성과 절차적 공정성

양자를 모두 중시하도록 노력하여야 한다. 객관공정원칙은 실체적 공정성과 절차적 공정성의 변증법적 통일과 집중의 반영이다. 예를 들면 형사소송에서 법정기소기준에 부합되는 사건에 대하여 검찰기관은 반드시 기소할 의무가 있다. 반면 범죄가 경미하고 형법규정에 근거하여 형벌을 과할 필요가 없거나 면제할 수 있는 사건에 대해서 검찰기관은 사정을 감안하여 불기소 처분을 할 수 있다. 중국의 검찰기능 중에서 기소법정주의는 가장 기초가 되고 근간이 되지만 기소편의주의는 보충적일 뿐이다. 객관공정원칙과 기소법정주의는 내재적 연관성이 있다. 객관공정원칙을 견지할 때 비로소 기소법정주의가 주도적 지위를 유지하게 되어 선별적인 기소가 자행될 수 없으며 기소편의주의와 기소재량권의 행사도 비교적 좁은 범위 내로 한정되게 된다.

다음, 검찰기관과 검찰관은 형사소추에 대한 책임이 있으며 피고인 및 피해자의 인권을 존중하고 보장하여 편견 없이 업무를 수행함으로써 어떠한 형식의 차별이나 불공정한 대우도 하지 않아야 한다. 대부분의 경우 검찰기관은 상대적으로 우세한 위치에 있기 때문에, 변호인이 변론권을 충분히 행사하도록 보장하고 피고인의 적법한 권익을 보호하기 위하여 필요하면 적절한 범위 내에서 절차상 변호인에게 유리하게 하는 등 검찰기관은 어느 정도 소극적인 태도를 취하는 것이 필요하다. 이렇게 함으로써 절차적 공정을 실현한다. 끝으로 검찰기관은 피고인이 유죄, 무죄 또는 죄가 경미하다는 증거를 전면적으로 수집하여 사건의 진상을 밝혀야 할 뿐만 아니라 상술한 증거를 모두 제시하여 변호권의 행사에 편의를 제공하여야 하며, 재판기관이 공정한 재판을 하도록 충분한 조건을 제공하여야 한다. 객관적 사실에 부합되지 않거나 법률을 위반한 재판에 대해서는 재판의 결과가 피고인에게 유리하든 불리하든 상관없이 검찰기관은 법에 의해 항소를 제기하여 실체적 공정성을 보장하여야 한다.

3. 객관공정원칙의 법리적 근거

객관공정원칙은 검찰기관에 대하여 변호인 측보다 더욱 엄격한 요구와 더 많은 의무를 제시한다. 검찰관의 객관공정의무는 실체적 진실주의와 직권주의를 기본원리로 하는 독일 법학의 산물이다. 현재 중국에서 객관공정원칙의 법적 기초와 법적 근거는 네 가지 측면에서 이해된다.

(1) 객관적 사물은 일차적이고 사람의 인식은 이차적이다. 이는 변증법적 유물론의 기본적인 관점이다. 사법실무에서는 오로지 충분한 조사와 연구 및 분석을 진행하며, 실사구시적 측면에서 주관적 판단을 극복해야 사건의 진상을 탐구하고 사건처리의 정확성을 담보할 수 있다. 공정성은 사법의 생명이다. 검찰기관은 실체적 규칙과 절차적 규칙을 준수하고 공정하게 수사, 기소, 소송감독의 기능을 수행함으로써 사법공정을 추진하여야 한다. 검찰기관은 사건의 진상을 객관적으로 밝혀야 하는 동시에 업무를 공정하게 수행하여야 하는데 이 두 가지를 결합하면 객관공정원칙이 형성된다.

(2) 중국 검찰기관의 근본적인 임무는 법률감독을 실시하고 통일된 법제와 사법공정을 보장하는 기관이며 단순한 소송상의 일방당사자로서 기소기관이 아니다. 무엇 때문에 중국의 헌법과 인민검찰원조직법이 검찰기관을 국가의 법률감독기관으로 규정하고 기소기관으로 규정하지 않았을까? 현대 검찰제도의 기원으로 볼 때 검찰관의 전신은 국왕의 대리인(법률가, 법률고문)인데 국왕의 대리인은 국왕의 사적인 임무를 처리하는 동시에 법률의 통일적인 실시를 감독하고 지방행정권을 감독하는 사명을 가지고 있었다. 즉 기소권과 법률감독권은 원래부터 같이 생겨난 것이다. 동시에 기소권의 신설은 소추권과 재판권의 분리를 촉진하여 기소권을 하나의 독립적인 권력이 되게 하여 재판권을 억제하는 역할을 하게 되었고 사법의 독단을 방지하고 법률의 통일적이고 정확한 실시를 보장하였다. 기소권의 신설과 검찰관의 출현은 법관이 독단적으로 권한을 행사하는 시대가 종결되었음을 의미하며, 기소하지 않아도 간섭하는 '전능적인 법원'으로부터 기소해야만 간섭할 수 있는 '재판법원'으로 바뀌었다. 그 외 기소권의 신설은 경찰권에 대한 법률

감독도 형성하였다. 경찰권이 제약을 받지 않는 국가에서는 공민의 합법적 권리는 심각한 위협을 받기 때문에 모두 '경찰국가(즉 법치국가의 대치개념)'로 인식되었다. 하지만 검찰관이 생겨난 후에는 경찰의 수사에 대하여 직접적인 지휘와 감독을 할 수 있어 경찰권을 제약할 수 있게 되었으며, 다른 한편에서는 기소심사를 통하여 경찰권에 대하여 감독과 제약을 할 수 있게 되었다. 역사적으로 보면 기소권이 형성된 날부터 행정권(경찰권과 수사권을 포함)과 재판권의 독단을 방지하며 인권 보장과 사법공정을 실현하는 중요한 권력이 생성되었다. 기소권과 법률감독의 기능적 관계로 볼 때 기소는 두 가지 기능을 가지고 있다.

첫째는, 국가를 대표하여 범죄에 대한 공소를 제기한다. 즉, 검찰기관은 국가의 명의로 법원에 공소를 제기하여 피고인의 형사책임을 추궁하고 국가의 법질서 수호를 요구한다. 두 번째로, 기소권과 수사권, 재판권의 상호작용을 통하여 수사절차를 통제하고 형사재판절차를 진행하며 형사재판의 범위를 한정하는 등 소송활동의 정상적인 진행을 보호한다. 법치건설의 시각에서 볼 때 기소기능은 법률감독기능으로 통일될 수 있고 법률감독의 한 측면이며 법률감독을 실현하는 수단이다.

(3) 검찰기관의 형사소송상의 임무와 전체 형사소송절차에서의 임무는 완전히 일치한다. 중국 형사소송법 제2조는, "중화인민공화국형사소송법의 임무는 범죄사실을 정확하고 신속하게 밝혀 정확하게 법률을 적용하여 범죄자를 징벌하며, 무고한 사람이 처벌을 받지 않도록 하며, 공민이 자각하여 법률을 준수하도록 교육하고 범죄행위에 대한 적극적인 투쟁으로써 사회주의 법제를 수호하며 공민의 신체, 재산, 민주 및 기타 권리를 보호하여 사회주의 건설사업의 순조로운 진행을 보장하는 것이다"라고 규정한다. 요약하면 형사소송절차는 두 가지 측면에서의 임무를 정하고 있는데 범죄를 추궁하고 인권을 보장하는 것이다. 즉, 검찰기관은 단순한 소추기관이 아니며 승소를 유일한 목표로 하는 일방당사자가 아니라 범죄를 소추하고 인권을 보장하는 이중적 사명을 담당하고 있는 국가기관이다.

(4) 검찰기관은 국가이익과 사회공공의 이익을 보장하는 동시에 각 영역

의 요소를 총체적으로 고려하여 가능한 한 객관적이고 공정하게 사건을 처리하여야 한다. 검찰기관은 사건처리의 법적인 효과를 보장하여야 하고 사건처리의 정치적 효과와 사회적 효과도 고려하면서 법률을 실현함과 동시에 당과 국가의 관련 정책도 관철하여야 한다. 인민검찰원조직법 제7조의 규정에 의하면, "인민검찰원은 업무상 반드시 실사구시를 견지하여야 한다. … 증거를 중시하고 구두자백을 가볍게 믿지 않으며 자백의 강요를 금지한다. … 각급 인민검찰원의 직원은 반드시 사실의 진상과 법률에 충실하여야 한다"고 한다. 검찰관법 제8조에 의하면, "검찰관은 반드시 다음과 같은 의무를 수행하여야 한다. ① 헌법과 법률을 엄격히 준수한다. ② 업무를 수행할 때 반드시 사실과 법률을 근거로 하여 공정하게 법을 집행하여야 한다. ③ 국가의 이익과 공공의 이익을 수호하고 자연인, 법인 그리고 기타 단체의 합법적 권익을 수호하여야 한다."

4. 객관공정원칙의 적용 시 주의할 문제

객관공정원칙의 의미와 요청에 근거하여 인민검찰원은 객관공정원칙을 관철함에 있어 다음과 같은 몇 가지 사항에 주의를 해야 한다.

첫째, 객관적이고 공정한 사건처리에 대한 스스로의 인식을 강화하고 검찰기관을 단순한 일방 당사자로 인식하지 않도록 해야 한다. 재판방식의 개혁에 따라 법정에서는 쌍방 간 공소와 변론의 대항성이 점차 강화되고 있고 검찰관은 승소의 중요성을 자각하고 있다. 이는 검찰기관의 기소심사에 대하여 긍정적인 작용도 하지만, 다른 한편으로는 검찰관으로 하여금 객관공정원칙을 소홀하게 하여 승소만 추구하게 할 수 있다. 검찰기관은 법률감독기관이며 단순한 당사자가 아니며 승소를 기본목표로 해서는 안 된다.

둘째, 상부의 영도(지도감독)를 따르는 것과 객관공정의무의 이행을 구분하여 처리하여야 한다. 중국에서 검찰제도와 인민검찰원 내부에서는 '상명하복'의 영도체제를 시행하고 있다. 이 체제는 검찰기능의 통일성과 유효성을 담보하고 객관공정원칙을 충실히 실현하기 위한 것이다. 일반적인 경우 또는 실질적 의미에서 검찰일체원칙과 객관공정원칙은 일치한다. 그러나 일부 구체적 상황에서는 충돌이 발생할 수 있다. 이러한 충돌은 인식의 차이 또는 상급자의 권한 오남용의 결과이기도 하다. 일반적으로 검찰관은 상급자의 명령과 지시에 복종하여야 하는 동시에 상부에 상황을 보고하거나 고발, 고소하는 권리도 가지고 있다.

끝으로, 객관공정과 사회 안정의 관계를 적절히 잘 처리하여야 한다. 객관적이고 공정하게 사건을 처리함은 사회 안정의 바탕이 되며 사회전체의 공정과 정의를 실현하는 사법적 사명이다. 그러나 특수한 정치적 상황 및 사회적 조건하에서 어떠한 사건의 처리결과가 직접적으로 어느 시기나 어떠한 지역의 사회적 안정에 영향을 미칠 수 있는 것처럼, 사건을 처리하는 것과 사회의 안정 사이에는 상관성이 인위적으로 강조되는 경우가 있다. 외부의 압력 하에서 범죄자를 징벌하는 것은 객관공정의 의무를 엄폐할 수 있어 검찰관이 객관공정의 원칙을 견지하기 어렵게 한다. 일부 특수한 경우를 제외하고 검찰기관의 객관공정의무를 축소시켜서는 안 된다. 사회 안정을 유지 한다는 명목으로 객관공정의무를 축소시킬 수는 없으며 더욱이 사회 안정의 유지는 객관공정원칙을 포기하거나 위반의 이유가 될 수 없다. 효과적으로 사회 안정을 유지하기 위해서는 반드시 객관공정원칙을 견지하여야 한다. 근본적으로는, 객관적으로 사실의 진상을 밝히고 공정하게 법률을 집행해야 사회의 안정을 실현할 수 있고 지속적이고 공정한 사회질서를 보장할 수 있다.

III. 공익원칙

공익 즉 공공의 이익은 국가이익과 사회공공의 이익을 포함한다. 현대 법치국가에서 검찰기관은 공공이익의 대표로 불리고 있다. 공익을 수호하는 것은 검찰기관과 검찰관의 기본이다. 공익원칙은 많은 국가의 검찰기관이 견지하는 있는 기본원칙이다. 중국에서 공익원칙은 사회주의의 내재적 요구를 반영하고 있고 국가생활과 사회생활에 있어서 중요한 의미를 가지며 법률감독의 중요한 근거와 기준이 되기 때문에 검찰기관과 검찰관이 검찰권을 행사하는 데 있어 기본적인 원칙이 된다.

1. 공익원칙의 역사적 발전 및 현황

공익원칙은 검찰기관과 검찰관이 검찰권을 행사하는 데 필요한 기본적인 준칙으로서 오랜 역사적 근원과 이론적 기초를 가진다. 역사적 기원으로 볼 때 검찰기관과 검찰관은 그 형성일로부터 공익의 대표자 신분으로 형사소송에 참여하였기 때문에 공익원칙은 검찰기관과 검찰관의 활동에 있어 근본원칙이라고 말할 수 있다. 주지하다시피 검찰기관의 형성과 발전은 국왕의 이익에서 출발하여 국가 및 공공의 이익을 대표하는 역사적 과정을 거쳐 왔다. 각 국가의 검찰기관과 검찰관은 그 성립 이후 주로 범죄자에 대하여 형사책임을 추궁하는 권력 즉 기소권을 행사하였다. 범죄학 이론에 따르면 범죄는 피해자 개인의 이익을 침범하였을 뿐만 아니라 국가의 통치 질서와 사회적 이익도 침범한 것이다. 개인에 의한 기소의 결함을 피하고 통치 질서와 사회이익을 더욱 효과적으로 수호하기 위하여 국가와 사회이익 대표자로서 검찰기관과 검찰관은 범죄자에 대해 기소권을 행사한다.

각 국가의 검찰기관과 검찰관은 범죄자를 소추하는 주체로서 소추를 할 것인지 또는 어떻게 소추할 것인지 등에 대하여 일정한 재량권을 가지고 있다. 검찰기관과 검찰관은 자유재량의 과정에서 어떻게 하여야 공공이익을 보다 잘 수호할 것인지를 주의 깊게 생각하여야 한다. 검찰활동 중 검찰기관과 검찰관은 반드시 공익원칙을 견지하여야 하는데 각 국가별로 검찰기관의 체제와 검찰관제도의 특징으로 말미암아 공익원칙의 기본적인 함의에 대한 이해에도 차이가 있다.

영국의 전임 검찰장 샤오크라스경은 다음과 같이 말한 바 있다. 즉, "범죄 혐의가 있으면 반드시 기소하여야 한다는 것이 우리나라의 지침인 적이 없다. 다만 범죄행위에 대한 기소가 공공의 이익에 부합하여만 검찰관은 기소할 수 있다. 공공이익은 우리가 가장 먼저 고려해야 할 문제이다." "기소의 결과가 어떠하든지 간에 대중의 정서와 질서에 미치는 영향뿐만 아니라 기타 공공정책에 미치는 영향을 고려해야 한다"고 하였다.[58] 기소가 공공의 이익에 부합하는지의 여부는 영국의 형사소송사건기소규칙 제6조에서 규정한 바와 같이, 다음과 같은 요소를 참작해야 한다.

① 범죄행위의 심각성 여부, 즉 무기나 폭력을 사용하였는지 여부, 침해당한 자가 공무원인지 여부, 범죄용의자의 사회적 지위가 어떠한지, 주범인지 범죄에 대한 가담형식이 어떤지 등, ② 피해자의 이익, ③ 범죄용의자의 개인적인 사정, 예컨대 노인 또는 청소년인지 등을 고려해야 한다.[59] 위의 세 가지 항목은 서로 다른 시각에서 나타낸 영국 공익원칙의 내용이다. 범죄행위의 심각성 정도에 따라 국가와 사회이익에 끼친 위험의 정도를 판단하는 것은 국가이익과 사회이익을 중시하고 있음을 의미하며 피해자의 이익이 사회공중의 이익을 대표하고 범죄용의자의 개인적인 사정을 고려한다는 것은 검찰활동상 인도주의를 반영하고 있는 것이다.

미국에서 모든 형사사건은 검찰관(대배심원 제외)이 정부의 명의로 담당법원에 소를 제기한다.[60] 법정심사에서 미국의 검찰관은 국가와 국민을 대표하며 사법종사자로서의 도덕적 의무를 부담하여야 한다. 이 때문에 "국민이 법원에서 공정성을 획득할 때가 곧 미국이 승리를 거두는 것이다"라는 사법부의 잠언으로부터 알 수 있듯 미국의 검사가 대표하고 있는 이익은 국가이익과 공중의 이익이다.[61]

---

58) 龙宗智译: "英国检察机关," 载 ≪世界法学≫ 1987年 第4期。

59) 参见 陈光中、江伟主编: ≪诉讼法论丛≫(第2卷), 法律出版社 1999年版, 第337—338页。

60) 参见 王以真主编: ≪外国刑事诉讼法学≫, 北京大学出版社 1990年版, 第248页。

61) 宋冰编: ≪读本:美国与德国司法制度及司法程序≫, 中国政法大学出版社 1998年版,

프랑스 학자들에 의하면, 공소는 총체적 이익을 갖는 소송으로서 곧 공익적 성질의 소송이라 일반적으로 인식되고 있다. "공소권은 오직 사회에 귀속된다. 사회만이 유일하게 공소를 진행하거나 포기할 수 있는 권력을 가지고 있으며, 당연히 자격 있는 대표 즉 검찰기관인 사법관을 통하여 공소를 진행한다."62) 즉, 프랑스에서 검찰기관이 대표하는 공익은 사회전체의 이익이다.

이와 관련된 국제적인 법률문건에서도 검찰기관과 검찰관이 소송에서 공익원칙을 견지할 것을 요구하고 있다. 예를 들면 검찰관업무에관한규칙에 의하면, "검찰관은 형사소송(소송의 제기를 포함)과정에서 법률이 부여한 권한에 근거하여 범죄를 조사하고 조사의 적법성을 감독하며, 법원의 판결 및 그 집행을 감독하고, 공익을 대표하여 기타의 권한을 행사하는 과정에서 적극적인 역할을 해야 한다. 검찰관은 시종일관 신속하고 공정하게 사건을 처리하여 인간의 존엄성을 보호하고 인권을 수호하여야 한다. 검찰관은 업무를 수행할 경우 공익을 보장하고 객관적 기준에 따라 사건을 처리하며 용의자와 피해자의 입장을 모두 배려해야 한다."

상술한 여러 국가의 법률규정과 국제적 법률문건의 규정 및 이론으로 볼 때, 공익원칙은 검찰기관과 검찰관이 검찰권을 행사하는 과정에서 국가이익, 사회이익 및 개인의 이익을 반드시 고려하도록 요구하고 있다. 이 세 가지 항목은 공익원칙의 모든 내용을 포함하기 때문이다. 여기서 반드시 지적해야 할 것은 각 국가의 검찰기관과 검찰관은 소송활동에서 공익원칙을 관철해야 하는데 이는 개인의 권리를 무시하거나 희생을 의미하지 않는다는 것이다. 개인의 이익은 법률이 규정한 국가이익과 사회이익에 부합되는 개인의 이익으로서 그 자체가 공익의 성격을 띠고 있다. 공민의 권리를 존중하지 않거나 의도적으로 침해할 경우에는 공익도 효과적으로 보장하기 어려

第349页。

62) [法] 卡斯东·斯特法尼等: ≪法国刑事诉讼法精义≫, 罗结珍译, 中国政法大学出版社 1999年版, 第118页。

위 질 것이다. 자유주의를 신봉하는 서방국가에서는 보편적으로 개인의 권리를 훼손 하지 범위에서 공공의 이익을 수호한다는 원칙을 확립하였고, 공공이익의 원칙을 보호하기 위해서 개인의 적법한 권익을 희생시키는 것은 원칙적으로 반대하고 있다. 일본 학자의 표현과 같이, "일본 헌법의 공공복리는 어떠한 경우라도 개인주의에 근거하여야 한다"고 표현된다.[63] 따라서 공익원칙은 개인의 권리를 존중하는 기초에서 성립되는 원칙이며 검찰기관과 검찰관은 공익원칙의 이념 아래 소송활동을 전개하면서 국민 개인의 적법한 권익을 보장하도록 유념하여야 한다.

2. 공익원칙의 기본적 요청

공익원칙은 검찰기관이 검찰권을 행사하는 기본원칙으로서 세계 다수의 국가에서 인정되고 있다. 사회주의국가에서는 국가이익과 사회공공이익의 원칙을 수호하며 이것이 각종 검찰기능에서 관철되도록 요구한다. 공익원칙은 사회주의국가의 검찰기관이 반드시 지켜야 할 중요한 원칙이다. 사회주의국가의 검찰기관이 국가 및 사회이익을 수호하는 바는 주로 검찰기관의 활동 목적에서 나타난다. 즉, 사회주의 정치제도와 경제제도를 강화하고, 사회질서를 수호하며 국가소유와 집단소유의 합법적 재산을 보호하고, 공민의 신체적 권리 및 민주권리와 기타 권리를 보호하는 데 목적이 있다.[64] 중국에서 인민검찰원이 공소 등 법률감독기능을 수행하는 것은 공익을 대표하고 수호하는 출발점이자 귀결점이다. 때문에 중국의 인민검찰원은 검찰권을 행사하는 과정에서 공익관념을 확립하고 공익원칙의 요청에 따라 활동하여 사회공익을 수호하는 기능을 해야 한다. 공익원칙의 요청은 주로 다음과 같이 실현된다.

---

63) 金明煥: ≪比较检察制度概论≫, 中国检察出版社 1993年版, 第56—57页。
64) 金明煥: ≪比较检察制度概论≫, 中国检察出版社 1993年版, 第56—57页。

(1) 형사소송에서 국가와 사회의 이익을 수호한다. 우선 국가이익과 사회이익은 공통성을 가지고 있다. 인민검찰원은 형사소송 과정에서 국가이익과 사회이익 두 가지 측면에서 출발하여 공익을 전면적으로 보호하여야 한다. 국가와 사회이익을 위협하는 범죄행위에 대하여 인민검찰원은 법률규정에 따라 신속히 공소를 제기하고 공소인을 지명하여 법정에 출정시켜 공소를 유지하고 진행함으로써 범죄자를 징벌하고 국가이익과 사회이익을 효과적으로 보호하여야 한다. 다음, 국가이익과 사회이익을 수호하는 것은 법률이 정한 절차에 따라 진행하여야 한다. 법치주의가 확립되어 감에 따라 모든 국가기관은 반드시 법정절차에 따라 사건을 처리하여야 한다. 인민검찰원은 국가이익과 사회이익을 수호함에 있어 반드시 중국 형사소송법의 규정에 근거하여 소송절차를 진행하여야 한다. 국가이익 또는 사회이익을 위해 수단과 방법을 가리지 않아서는 아니 되며 국가이익과 사회이익을 수호한다는 미명하에 용의자, 피고인 및 기타 소송참여자의 적법한 권익을 침해하여서는 더욱 아니 된다.

다시 말하면 인민검찰원은 국가이익과 사회이익을 추구할 때 반드시 공민 개인의 이익을 존중하고 공민 개인의 적법한 권익과 소송상 권익을 침해하여서는 아니 된다는 것이다. 그렇지 아니하면 법치가 파괴되고 국가이익과 사회이익도 손해를 입게 된다. 때문에 인민검찰원은 형사소송과정에서 검찰권 행사상의 공익원칙을 견지하고 공정하고 효과적으로 국가이익과 사회이익을 수호하여야 한다. 즉 강한 책임감을 가지고 범죄자를 방치하거나 중한 죄를 가볍게 처벌하는 것을 방지하고 가벼운 죄를 중하게 처벌하거나 무고한 사람이 처벌당하지 않도록 하여야 한다.

(2) 민사소송을 통하여 공공이익을 보호한다. 중국에서는 대기오염, 수질오염, 토양오염, 소음, 불량제품으로 인한 권리침해, 공공시설과 문물의 파괴 등 국가이익과 사회이익을 침해하는 행위가 빈번하게 발생하고 있다. 이러한 행위에 대하여 기소와 처벌을 통해 공민 개인의 권리를 보호할 뿐만 아니라 사회공익도 보호할 수 있다. 외국의 상황을 보면 민사소송을 통한 공익의 보호는 주로 다음과 같은 방식을 통하여 실현된다.

첫째, 검찰관에게 민사소송을 제기할 수 있는 권리를 부여하는 것이다. 즉, 공공의 이익을 위협하는 민사위법행위에 대하여 마땅히 제소하여야 할 주체가 소송을 제기하지 않은 경우 검찰관은 공익의 대표자 신분으로 법원에 제소하여 상응하는 처분을 요청할 수 있다. 미국의 경우 검찰총장은 정부 및 각 주정부의 수석법률자로서 연방정부와 주정부기관 및 입법기관의 법률고문이자 공공의 이익의 대표자이다. 미국 최고법원의 판례에서 확립된 중요한 원칙으로, "어떠한 경우든지 제소된 행위가 국가의 전반적인 이익에 영향주거나 헌법과 관련된 국가사무 또는 국민의 평등한 권리와 의무에 영향 줄 경우에 연방검찰총장은 민사소송, 행정소송 및 형사소송을 제기할 권리가 있다."[65] 이 원칙은 미국의 기망금지법, 반독점법 및 환경보호법 등에서 채택되고 있으며 상응하는 규범과 절차가 마련되어 있다.

둘째, 검찰관 또는 검찰기관이 공익과 관련된 민사소송에 참여하거나 공공의 이익을 지지하고 수호할 자유를 부여한다. 미국법 제28편 제518조 제2항에서 명확히 규정한 바, "연방검찰총장은 미국의 이익에 따른 참여가 요청되거나 미국의 관심사에 관련된다고 생각하는 어떠한 민사 또는 행정사건에 참여할 수 있다." 프랑스에서 검찰기관은 국가와 사회 공익의 대표로서 민사소송법 제13편 검찰원 부분의 규정에 따라 주당사자 즉 원고의 신분으로 소를 제기할 수 있으며 주당사자의 신분으로 민사소송에 참여할 수 있다.

셋째, 검찰관 또는 검찰기관에게 민사판결을 대상으로 상소권을 부여하였다. 각 국가의 법률이 약간의 차이는 있지만 검찰관 또는 검찰기관에 민사상소권을 부여하여 상소로써 공공의 이익을 수호한다. 프랑스 민사소송법전의 규정에 의하면 검찰관이 제기한 소송과 검찰관이 참여한 민사사건에서 법원의 판결에 착오가 있다고 인정하는 경우 검찰관은 상소를 제기할 권리가 있다.

중국 민사소송법의 규정에 의하면, 법원의 효력 있는 민사판결 또는 재정에 명백한 오류가 있다고 판단하는 경우 검찰기관은 항소를 제기할 권리가

---

65) 江伟, 刘家辉: ≪美国民事诉讼法≫, 法律出版社 1983年版, 第36页。

있다. 이 규정에 근거하여 중국의 검찰기관은 민사재심항소권을 통하여 공익을 보호할 수 있다. 그러나 검찰기관의 민사소송 참여방식이 단일하여 공익을 효과적으로 보호하기는 어렵다. 검찰기관이 감독기능을 충분히 발휘하고 공익 특히 국가이익을 더욱 효과적으로 보호하기 위하여 최근 검찰기관은 민사소송의 제기, 민사공소의 유지 및 민사소송 제기의 건의 등 활동을 전개하여 좋은 성과를 거두고 있다. 하지만 명확한 법률규정이 결핍되어 이러한 활동을 전면적으로 전개하기는 어려운 상황이다. 따라서 공익원칙의 요구와 중국의 현실상황에 근거하면, 중국의 법률은 검찰기관에 대하여 민사소송을 제기할 수 있는 권한을 부여하여 공공이익을 유효하게 보호하도록 해야 한다.

(3) 행정소송을 통하여 공공이익을 보호한다. 현대사회에서 국가행정기관이 행사하는 행정권은 국가이익과 사회공익에 대하여 중대한 영향을 미친다. 때문에 현대법치국가는 행정권의 감독과 통제를 중시하고 있으며 많은 법률제도를 마련하고 있다. 그 중 검찰기관의 행정권에 대한 감독 및 통제와 관련하여, 외국의 경우에는 다음과 같은 제도를 채택하고 있다.

첫째, 검찰관에게 행정소송을 제기할 권한을 부여하는 것이다. 행정기관이 위법하게 권력을 행사하여 국가이익과 사회공익을 침해하였을 때 소송을 제기할 수 있는 주체가 소송을 제기하지 않는 경우 검찰관은 공익의 대표자 신분으로 법원에 행정소송을 제기할 수 있다. 예를 들어 영국 행정법의 규정에 의하면, "검찰관의 의무는 국가와 공공의 이익을 보호하는 것이다. 국가와 공공의 이익을 보호하기 위하여 검찰장이 공익을 대표하여 행정기관의 행위를 감독하고 소송을 제기할 의무가 있다." 영국의 학자들은, 검찰관이 제기하는 행정소송과 같은 "특별한 구제방식은 개인의 이익뿐만 아니라 공익을 위한 것이며, 이것은 곧 공법제도의 핵심이다. 검찰총장 역시 공익의 필요에 따라 행동할 수 있다"고 생각한다.[66]

둘째, 검찰관 또는 검찰기관은 행정소송에 참여할 수 있다. 예를 들어 영

---

66) [英] 威廉·韦德: ≪行政法≫, 中国大百科全书出版社 1997年版, 第367页。

국의 관련법률 규정에 의하면, 검찰총장은 공공의 권리와 이익과 관련되는 행정소송에 참여할 권리를 가진다. 검찰관은 법원이 심리하는 선거권 관련 사건에도 참여할 수 있다. 검찰총장은 공공기관의 월권행위로 인하여 국민의 권익과 공공이익이 침해된 행정소송사건에 참여할 수 있다. 검찰총장은 국민이 고소한 행정소송사건에 대하여 확인과정을 거친 후 국민이 검찰총장의 명의로 행정소송을 제기할 수 있는 권리를 부여할 수 있다. 프랑스와 독일의 검찰기관은 모든 행정소송사건에 참여할 수 있다. 독일 행정법원법 제35조 제1항의 규정에 의하면, "연방행정법원에 한 명의 검찰관을 두고 공공의 이익을 위하여 동 검찰관은 연방행정법원의 모든 소송에 참여할 수 있다. 다만 기율징벌재판정과 군사재판정의 사건은 참여하지 못한다."

셋째 검찰관 또는 검찰기관에게 법원의 행정판결에 대한 상소권을 부여한다. 예를 들어 독일행정법원법의 규정에 의하면 검찰기관은 공공이익을 위반한 행정법원의 판결에 대해서 원고나 피고의 의견을 묻지 않고 직접 상소할 수 있다.[67] 그러나 중국 행정소송법의 규정에 의하면, 검찰기관은 행정재심을 제기하는 한도 내에서 행정소송에 참여할 수 있는데 이러한 공익보호 방식은 실상에 부합하지 못하고 검찰기관의 법률감독기능을 충분히 발휘할 수 없게 한다. 따라서 국가이익과 사회공익을 효과적으로 보호하고 행정기관의 법률에 의한 행정과 공익원칙을 실현하기 위해서는 검찰기관에 대하여 행정소송을 제기할 수 있는 행정공소권을 부여하여야 한다.

Ⅳ. 인권보장원칙

인권은 인간으로서의 권리를 말한다. 인권의 주체적 측면에서 보아 사람

---

67) 参见 胡建森: 《十国行政法比较研究》, 中国政法大学出版社 1993年版, 第223页.

에 해당하면 그 사람의 민족, 종족, 연령, 빈부격차, 인품, 좋고 나쁨, 공이나 과 등 어떤 요소를 불문하고 모두 법률과 도덕이 부여한 각종 권리를 누릴 수 있다. 인권의 이러한 확정성과 광범위함은 인권을 보편적인 권리라고 하는 중요한 원인이 된다. 내용적인 측면에서 볼 때 인권의 범위는 매우 넓다. 헌법과 법률이 규정한 국민의 권리를 포함할 뿐만 아니라 국제조약과 중국에서 가입 또는 승인한 인권조약에서 확인한 각종 권리를 포함한다.[68] 자국민의 권리를 포함할 뿐만 아니라 외국인이나 무국적자의 권리도 포함하며 법정권리일 뿐만 아니라 도덕상의 권리도 포함한다. 인권은 인류 진보의 척도로서 그 실질적인 의의는 사람의 생존 또는 생활유지를 위해서뿐만 아니라 고차원적인 인간의 존엄과 이성적 생활방식을 추구하는 데 있다.

인권은 인간관계의 당위적인 상태뿐만 아니라 국민과 국가 간의 당위적 상태를 반영하며 국가의 인권보장에 대한 법적 의무와 도덕적 책임을 강조한다. 국가와 인권의 관계에서 보면 국가는 법적수단, 행정적 수단 및 기타 정책적 조치를 통하여 인권보호를 위한 보편적 구속력이 있는 제도보장과 구제장치를 마련할 의무가 있고 인권을 침해하는 일체 행위를 방지하여야 한다. 입헌주의 하의 관리당국과 피관리자 사이의 관계에서 후자는 전자와 같은 법인자격을 소유하며 그러한 자격에 따른 동등한 보호를 받는다. 관리당국이 피관리자에게 요구할 수 있는 것은 도덕상 또는 법률상으로 그러한 자격의 존중에 따른 요청과 일치하도록 하여야 한다. 이는 입헌주의 정권하에서 법률의 내용상 제한조건이 충족되면 상업에 종사하는 모든 사람의 인권이 안전하다는 것을 의미한다. 그러나 일정한 제한을 두어야 함은 당연하다.[69] 인권과 법률의 관계에서 보면 인권은 법률이 보호하는 대상이자 현대

---

68) 유엔은 1966년에 두 개의 중요한 인권공약을 제정하였는데 인권의 내용을 구분하여 세계 대다수 국가의 인정을 받았다. 하나는 ≪국민의 권리와 정치 권리에 관한 국제 공약≫(중국은 1998년에 가입), 다른 하나는 ≪경제, 사회, 문화 권리에 관한 국제공약≫(중국은 1997년에 가입). 이 두 인권공약은 인권의 내용을 구분하였다. 전자는 국민권리와 정치 권리이다. 이는 주로 생명권, 인격존엄권, 임의로 체포 받지 않을 권리, 법률 앞에서 사람마다 평등한 권리 등이다. 후자는 경제, 사회, 문화 권리인데 사업권, 재산권, 휴게권, 교육받을 권리 등이다.

법률의 정신과 가치이다. 인권의식에 대한 보편적인 각성이 없으면 정치적 민주도 없고 현대적인 법치도 없다. 권리의 문제를 처리하는 방법에서 현대 법률과 전통적인 도덕 또는 종교적인 방법은 많은 차이가 존재한다. 전통적인 도덕 또는 종교의 관점에 의하면 죄가 있으면 권리가 없지만 현대의 법률에서는 죄가 있더라도 인간으로서의 권리를 박탈당하지 않는다. 때문에 죄가 있으면 권리가 없다는 착오적인 관념을 버리고 국민이 법에 의거하여 가지는 모든 권리를 존중해야 한다. 인권과 인류문명의 관계에서 보면 인권의 확립은 인류이성의 승리이고 인도주의의 승리이며 현대문명의 중요한 성과이다. 국제사회에서 인권은 이미 사회문명과 진보를 가늠하는 척도가 되었다. 인권을 보장하는 것은 국제공동체 성원으로서의 민족국가의 권리와 의무이다. 인권을 부정하면 사실상 현대문명과 사회진보를 부정하는 것이다. 인권을 침해하는 모든 행위는 본질적으로 인류의 문명성과에 대한 유린이고 인격과 인성에 대한 부정인 것이다.

1. 신 중국 인권관념의 변천

신 중국의 탄생은 중국 인민이 민족독립과 인민해방을 쟁취한 승리이고 중국의 인권이 근본적으로 개선되었다는 것을 나타내는 것이다. 그러나 사회주의 초급단계에서 인권보장의 이론, 제도 및 실천은 모두 우여곡절의 과정을 거쳤다. 건국 후 상당히 오랜 기간 동안 '좌경' 착오적인 관념의 영향으로 인하여 인권관념이 왜곡되고 인권이론이 부정되어 사실상 인권은 그리 주목받지 못하였다.

신 중국 역사상 여러 차례에 걸쳐 인권을 침해하는 운동과 사건이 있었는데 그 해가 가장 심각하고 장기간 지속된 사건은 곧 '문화대혁명'이었다. 문화대혁명의 비극이 발생한 원인을 인권의 시각에서 보면, 첫째는 계급관념

---

69) [英] A.J.米尔恩: ≪人权哲学≫, 王先恒等译, 东方出版社 1991年版, 第313, 316页.

이 인권관념을 대체하여 인권이 인류문명과 사회진보를 가늠하는 척도라는 것을 부정하였기 때문이다. 하지만 외국의 역사적 경험 통하여 보면 인권이 열악한 것은 의식형태의 획일화로 인해 야기되는 것이 아니라 개인이 법률을 능가하였다는 사실에 기인한다. 두 번째 원인은, 중국의 봉건문화가 선동적인 역할을 하였다는 것이다. 관 본위, 특권, 계급적 차별 등 봉건적 전통 문화요소가 뿌리 깊어 단기간에 제거하기 어려웠으며 전반적으로 반인권적인 것이었다. 유가사상을 핵심으로 하는 정치문화는 민본주의적인 부분이 있지만 이는 군신의 전제적 관념과 국가주의에 종속되는 것이지 사회주체로서 개인에 대한 숭고한 지위를 인정하지 않았다. 또한 개인을 사회와 국가의 목표로 여기지 않고 도구로 삼는 것이었다. 계급투쟁을 강령으로 하는 시대에서 이러한 전통문화는 새로운 형식을 갖추어 일련의 새로운 정치원칙과 이념으로 발전되었다. 예를 들면 개인의 권리는 국가권력에 절대적으로 복종하고 개인의 이익은 국가이익과 집단이익에 절대적으로 복종해야 했다. 이러한 문화적 환경과 정치적 분위기 속에서 개인의 독립, 자유 및 평등이 인권관념으로 형성되기 어려웠다. 형사소송 영역에서도 마찬가지였으며 인권관념의 결핍은 심각한 역사 문화적 원인과 대중을 기반으로 하여 발생된 것이다. 세 번째는, 사회주의 정치제도가 정착되지 못하여 그 실천과정에서는 투명성과 대중의 참여가 부족하였고 인민대중이 정치를 이해하는 통로도 매우 제한적이었다. 이것은 국민의 정치적 권리를 박탈하고 인민대중의 국가권력에 대한 감독을 약화시켰다.

분명한 것은 인권이 사회분쟁이나 정치적 분쟁을 해결하는 경로도 아니고 사회와 국가의 폐단을 교정하는 수단도 아니지만 인권은 사회 문명의 상태, 사회생활 및 정치생활의 정상적인 상태를 판단하는 중요한 기준이 된다. 인권이 사회생활 속에서 보장 받고 제대로 기능을 발휘하기 위해서는 두 가지 조건이 필요하다. 하나는 사회적으로 법에 따라 사무가 처리되는 전통이 형성되어 국가가 법치를 실현하는 것이다. 다른 하나는 사회와 정치 사이에 심각한 충돌이 없어야 한다. 특히 계급적 충돌이나 이익집단 간의 심각한 충돌이 없어야 한다.

개혁개방 이후 특히 최근 10년 동안 국가의 인권에 대한 중시로 인하여 중국 국민의 인권의식도 제고되고 있다. 경제, 정치 및 사회의 발전과 더불어 중국의 인권이론, 인권보장제도와 인권상황은 실질적인 진전을 보이고 있다. 1991년 중국정부는 처음으로 '중국의 인권상황' 백서를 발표하여 "충분한 인권을 향유하는 것은 인류가 오랫동안 추구해 온 이상이다"라고 지적하였다. 이는 공식적으로 인권의 개념을 긍정한 것이다. 인권에 대한 긍정과 중시는 형사입법과 실무에서도 반영되었다. 용의자, 피고인 및 기타 소송참여인의 인권보장조치와 절차는 점차 개선되었다. 인권운동의 역사를 볼 때 인권관념과 관련된 제도의 발전 가운데 가장 중요한 부분은 인간을 근본으로 하는 사상이 확립된 것이다. 이 사상은 인간의 독립적인 가치를 충분히 인식하고 개인은 국가와 사회의 도구에 불과한 것이 아니며 개인의 평등한 가치와 존엄을 긍정하는 것은 국가와 사회의 목표라고 주장한다. 국가는 인간이성에 부합하는 기본제도와 입법을 통하여 당위의 인권을 실질적인 인권으로 변화시켜 나가야 한다.

2004년에 통과된 중국 헌법 제24조에 의하면, "국가는 인권을 존중하고 보장한다." 인권을 존중하고 보장하는 것을 헌법원칙으로 정한 것은 가치법칙이 정치법칙과 절차법칙으로 전환되는 과정에서 차질이 없도록 할 수 있을 뿐만 아니라, 입법기관과 사법기관이 여러 이익충돌의 상황에서 인권과 국민의 권리를 보호하는 방향으로 해석하고 추리하는 데 도움이 된다. 인권을 존중하는 것은 일종의 관념이고 인권을 보장하는 것은 권리구제제도의 하나다.

인권관념의 향상은 대국민 홍보와 인권보장의 실천에 의존할 수밖에 없으며 근본적으로는 인권보장의 실질적 효과에 의지하여야 한다. 인권보장이 실질적 효과를 얻으려면 건전한 인권보장제도를 확립해야 하는 바, 법적인 차원에서 볼 때 권리구제제도를 확립해야 한다. '구제가 있어야 권리가 있다(또는 구제가 권리에 앞선다)'는 보편적으로 인정되고 있는 법 격언이다. 국민의 권리가 침해된 후 그에 대한 구제를 받아야만 권리를 향유하고 있다고 할 수 있다. 필요한 절차와 제도를 확립하기 위해서 현대국가의 법률과 국제인권조약에서는 여러 가지 권리를 규정하는 동시에 사법기관에 고소할 수 있는 권리를 공민권 또는 인권으로 규정하고 있다. 국제인권조약의 요청에 의하면 각 개인의 권리와 의무에 관한 재판에서 모든 사람은 법원에서 재판을 받을 평등한 권리를 가지고 있다. 이는 소송에 관련된 권리와 의무를 판단하는 것은 법원이며 기타 어떤 기관이나 조직이 아니라는 것이고 이는 국민의 권리에서 도출되는 고정불변의 요청이라는 것을 의미한다. 공민이 어느 정도까지 사법기관에 호소할 수 있고, 사법기관에 호소한 후 어떤 보호를 받을 수 있는가 하는 문제는, 한편으로는 현대 제도 특히 사법제도에 의하여 결정되고 다른 한편으로는 국민의 실질적 능력과 조건에 의해 결정된다. 뿐만 아니라 공법영역에서 국가와 정부는 항상 우월적인 지위에 있기 때문에 국민이 정부와 국가의 침해를 받거나 정부 또는 국가의 명의로 자행되는 침해를 받을 경우 효과적인 구제를 받기는 더욱 어렵다. 개혁개방 이래 억울한 사건을 대대적으로 바로잡은 후 공법적인 구제가 점차 제도화되기 시작하였다. 그러나 공법의 발전을 사법의 발전과 대비하여 볼 때 그 진전은 매우 느리며 공법적 권리의 구제 범위, 체제, 수준 등에서 사회적 요청을 만족시키기에 부족한 실정이다.

2007년 10월 국가는 인권보장에 관한 새로운 방향을 제시하였다. 즉, 인권을 존중하고 보장하며 법에 의거하여 전체 사회구성원이 평등하게 참여하고 발전할 수 있는 권리를 보장한다. 사법체제개혁을 더욱 심화하고, 사법권한의 배치를 최적화하며, 사법행위를 규범화하여 공정하고 효율적이며 권위 있는 사회주의 사법제도를 건립한다. 한편 중국적 특색의 법률체계를 완비하고 재판기관, 검찰기관이 독립적으로 재판권 및 검찰권을 행사하도록 보장한다. 동시에 법률전문 인력을 양성하여 엄격하고 공정하며 문명에 부합하는 법 집행을 하도록 한다. 나아가 법제도에 대한 홍보와 교육을 전개하고 법치정신을 널리 전파하여 스스로 법을 배우고 지키며 응용토록 하는 사회적 분위기를 형성시켜야 한다는 것이다.

2. 인권이념과 형사소송절차

범죄용의자, 피고인 또는 범인이 형사소송상 어떠한 위치에 있든지 또는 어떤 형벌에 처해지든 법에 의거하여 권리가 박탈되는 이외에 모든 권리는 법적인 보호를 받고 도덕적으로 존중을 받는다. 개인은 죄를 범했다는 이유로 모든 권리를 상실하는 것은 아니며 인간으로서의 존엄을 상실하는 것도 아니다. 현대 법치국가에서 정당한 절차를 거치지 않고서는 누구의 어떠한 권리도 박탈할 수 없다. 범죄용의자, 피고인 또는 범죄인의 권리를 침해하는 것은 일반인의 권리를 침범하는 것과 동일하게 법률을 위반하는 것이며 비도덕적인 것이다. 국가의 형사소송상 이념과 가치는 인권과 국가권력의 충돌을 조화시키는 원칙과 절차에 관련된다. 현대 민주국가의 형사소송상 이념과 가치관은 절차적 정의를 수호하기 위하여 비록 범죄자를 방임하더라도 피의자, 피고인의 인권이 희생되는 것을 원치 않으며 따라서 법적 절차는 인권을 보호하는 경향은 보여주고 있다. 불법증거배제원칙은 이에 대한 전형적인 예이다. 동 원칙은 수사기관이 자신의 행위를 엄격히 단속하게 하고 제도적으로 피의자와 피고인의 인권을 효과적으로 보장하고 있다.

사법절차에서 범죄사실을 조사하고 확인하는 것은 사건의 진상을 이해하는 과정이고 절차적인 정의를 실현하는 과정이며 인권을 보장하는 과정이기도 하다. 우리는 반드시 인권과 진실, 실질적 정의와 절차적 정의를 동시에 고려하여 균형이 이루어지도록 하여야 한다. 현대 형사사법의 목적은 범인에 대한 형사책임의 추궁과 형벌을 가하는 것이 아니라 범죄를 미연에 방지하는 것이다. 이는 특별예방과 일반예방이 포함된다. 범죄를 징벌하기 위하여 인권의 침해를 용인해서는 아니 된다. 인권의 침해를 초래하는 어떠한 형사사법제도도 범죄를 방지하는데 도움이 되지 않을 뿐만 아니라, 이는 범죄를 유발하여 종국적으로는 형사사법체계 전체를 무너뜨릴 수도 있다.

현실생활에서 범죄행위는 무수히 다양하지만 공통점이 있다면 직접적 또는 간접적으로 인권을 침해하는 것이다. 예를 들면 공공의 안전을 위협하는 범죄행위의 실질은 특정한 시간, 공간적 범위에서 사람의 생명권, 재산권 등 권리와 자유를 위협하였거나 손해를 가하는 것이다. 형사소송으로 범죄자를 징벌하는 것은 일반적인 인권을 보호하는 것이다. 만약 범죄자를 효과적으로 처벌하지 못한다면 특정 범위의 인권은 직접적인 위협을 받게 된다. 범죄자를 처벌하고 인권을 보장하는 것은 하나로 일치되며, 범죄자를 처벌하는 목적은 인권을 보장하는 것이다. 다시 말하면 범죄자를 처벌하는 것은 수단적 가치이고 인권을 보장하는 것은 목적적 가치이다. 인권을 보장하는 것은 범죄자를 징벌하는 것보다 더욱 높은 가치가 있다.

범죄자를 징벌하기 위하여 국가는 법률을 통하여 수사기관, 검찰기관, 재판기관에 구류, 체포 등 강제적인 조치를 행할 권리를 부여하였다. 형사적 강제조치는 형사소송이 순조롭게 진행될 수 있는 수단이기는 하지만 법률로써 강제조치의 실행을 효과적으로 통제하지 못하면 오용과 남용을 초래하여 피의자와 피고인 심지어 기타 국민의 인권을 침해하는 수단이 될 수 있다. 범죄자를 징벌하는 수단은 반드시 범죄를 방지하는 목적에 충실해야 한다. 범죄자를 징벌하는 수단을 운용하는 것은 범죄를 예방하는 것에 착안해야 하고 범죄자에 대한 보복에 착안해서는 아니 된다. 범죄자를 징벌하는 것은 범죄를 방지하는 중요한 조치이며 동시에 범죄자의 처벌과 범죄의 예방은 인권을 보장하는 중요한 조치이다. 범죄자를 징벌하든지 범죄를 예방하든지 모두 인권을 보장하는 것을 목표로 하고 인권의 불 침범을 그 한계로 하여야 한다. 인권을 보장하는 것은 형사소송의 기본이념이자 형사소송절차를 구축하는 기본지침이다. 인권을 효과적으로 보장할 수 있는지 여부는 형사소송제도 및 형사소송의 합리성과 정당성을 판단하는 기준이 된다.

비록 영미법계 국가와 대륙법계 국가 사이에는 인권이념과 관련 제도의 발전과정에 차이가 있지만 점차 통일되는 현상이 나타나고 있다. 과거에 영미법계 국가에서는 인권보장을 중시하여 제도적으로 인권 보호에 주력하였음에도 불구하고 범죄율이 높아 비판을 받았다. 반면 대륙법계 국가는 사회적 공익의 보호를 중시하여 범죄자에 대한 징벌을 강조하고 인권보장에 대한 개념이 주목을 받지 못하였다. 20세기 70년대에 이르러 인권의식이 보편적으로 강화되고 형사소송절차에서 인권이념이 강화되면서 양대 법계가 형사소송의 이념적 가치에서 서로 융합되면서 관련 절차와 제도도 점차 접근하고 있다.

현대 형사소송의 이념적 가치에서 인권보호가 물론 최고의 가치이지만 유일한 가치는 아니다. 특히 중국의 현재 상황에서 관념상 또는 제도설계상 편면적으로 인권보장만을 강조한다면 국가의 범죄에 대한 통제기능을 약화시켜 사회질서를 위협할 수가 있다. 또한 편면적으로 범죄의 통제만을 강조하여 인권보장의 근본적 가치를 소홀히 한다면 사회주의 정치문명건설이라는 궤도를 벗어나 현대 형사사법의 발전방향과 상반되는 방향으로 나아가게 될 것이다. 이 때문에 우리는 인간본위의 관념을 수립하고 개인의 이성과 존엄을 존중하여야 한다. 범죄자의 처벌, 범죄예방, 인권보장이라는 세 가지 개념을 유기적으로 통일시키면 범죄의 통제와 인권보장 사이에 균형을 유지시킬 수 있고 범죄의 통제능력과 인권보장 수준을 동시에 제고시킬 수 있다.

절차는 권리를 보장하기 위한 것이며 구제절차가 없다면 권리도 존재할 수 없게 된다. 중국 형사소송법의 목표는 신속 정확하게·범죄의 사실관계를 규명하고 관련 법률을 적용하여 범인을 처벌하고 무고한 사람이 형사처벌을 받지 않도록 하는 것이다. 또한 국민 스스로 법률을 지키도록 교육하고 범죄행위와 적극적으로 투쟁하며 사회주의 법제를 수호하여 국민의 신체적 권리, 재산상의 권리, 민주적 권리와 기타 권리를 보호하고, 사회주의 건설사업이 순조롭게 진행되도록 하는 것이다. 이를 위하여 형사소송법은 외국의 경험을 바탕으로 하여 중국의 국가적 상황을 결합하여 인권보장에 관한 원칙과 법제를 확립하여 보다 효과적인 인권보장을 위한 절차를 마련해야 한다.

3. 인권보장에 관한 검찰기관의 특수직무

검찰기관은 행정기관 및 재판기관과 병행하는 법 집행기관이며 또한 행정기관과 재판기관에 대하여 감독과 견제기능을 하는 법률감독기관이다. 법률감독은 법률의 시행을 감독하고 법제의 통일을 확보하는 것이며 인권을 보장하는 것이다. 검찰기관은 모든 법 집행기관이 공통적으로 지는 인권보장의 의무뿐만 아니라 형사소송의 각 단계에서 법률감독을 통하여 인권을 보장하는 특수한 직무도 수행하고 있다.

1) 입안단계

모든 국민은 공안기관이나 사법기관에 범죄사실 또는 범죄용의자를 고발할 권리가 있으며, 이와 더불어 사법적 보호를 받을 권리가 있다. 고소, 고발 및 자수한 자료에 대하여 관련기관은 관할에 따라 심사하고 처리하여야 한다. 공안기관(경찰기관)이 당연히 입안해야 함에도 불구하고 입안하지 않은 경우 검찰기관은 공안기관에 대하여 잘못을 시정하고 입안 수사하도록 통지하여 이해관계자의 적법한 권리를 보장하여야 한다. 공안기관이 입안사항이 아님에도 불구하고 입안한 경우 법률감독을 행하여 인권을 침해하는 것을 방지하여야 한다.

2) 수사단계

범죄가 발생하면 수사기관은 대개 강제적 수단을 이용하여 증거를 수집한다. 범죄용의자에 대한 구인, 구류, 체포, 증거압류 등은 자칫하면 범죄용의자 또는 관련자의 신체적 권리와 재산상의 권리를 침해하게 된다. 용의자의 체포는 반드시 인민검찰원의 비준 또는 인민법원의 결정을 거쳐 공안기관이 집행하여야 한다. 기타 강제조치 또는 수사수단의 위법여부는 검찰기관이 감독하고, 이로써 수사기관을 통제함으로써 용의자와 기타 국민의 적법한 권리를 최대한 보호하여야 한다.

3) 기소의 심사단계

검찰기관은 수사가 끝난 사건에 대하여 기소여부를 심사하는데 이것은 어떤 의미에서는 수사의 적법성에 대한 심사와 감독이다. 중국 형사소송법 규정에 의하면 두 차례의 보충수사를 위한 반려를 통해서도 여전히 증거가 부족하여 기소조건에 부합하지 않는다면 인민검찰원은 불기소결정을 하여 용의자의 권리를 보호한다. 이와 동시에 형사소송법은 피해자에게 불기소결정에 대하여 상소할 권리를 부여하였다. 상급 인민검찰원은 상소를 접수한 후 원래의 불기소결정에 오류가 있음을 발견한 경우 하급 인민검찰원으로 하여금 다시 처리하라는 명령을 내릴 수 있다. 이는 피해자의 적법한 권리를 보장하는 데 도움이 된다.

4) 재판단계

재판절차에서 피고인의 변호권을 보장하는 것은 핵심적인 내용이다. 검찰기관은 국가공소권을 행사하여 법원이 피고인에 대하여 죄명과 형벌을 정하도록 한다. 피고인은 스스로 무죄임을 증명할 의무를 지지 않으며 충분한 변호의 기회와 자기의 의견을 전면적으로 개진할 권리가 있다. 1996년에 개정된 형사소송법과 2007년에 개정된 변호사법은 변호사의 권리를 한층 확대하였다. 예를 들면, 용의자의 접견 시 허가를 받을 필요가 없고 감청을 받지 않으며 사건과 관련된 소송서류를 열람·기록·복사할 권리가 있으며 법에 의거하여 증거를 수집할 권리 및 법정에서 변호를 하기 위하여 행한 발언에 대하여 법적인 책임 추궁을 받지 않을 권리 등이다. 변호인의 소송권리를 확대한 것은 사실상 피고인의 변호권을 확대하여 피고인의 인권을 충분히 보장하기 위한 것이다. 이밖에 법률은 소송참여자에 대하여 효과적인 권리구제절차를 규정하였다. 예를 들어 피고인의 상소권과 당사자 및 법정대리인 또는 근 친속에 의한 상소권 등이다. 검찰기관은 잘못이 있는 판결에 대해 항소할 권리가 있는데 이는 재판의 공정성을 수호하기 위한 것일 뿐만 아니라 피고인과 피해자의 인권을 보장하기 위한 것이다.

5) 형벌의 집행단계

중국의 형사소송법 규정에 의하면 인민검찰원은 감옥, 유치장, 미성년자교화소 등 형벌의 집행 장소와 집행기관의 활동에 대하여 감독을 행한다. 사형의 집행에 대해서는 현장감독을 실시하고 일정 기간 동안 수감시설의 외부에서 형을 집행하기로 한 결정에 대해서는 심사를 하여야 한다. 이러한 소송감독의 근본적인 취지는 형벌집행의 적법성을 보장하고 인권침해행위를 방지하고 시정하기 위한 것이다.

중국의 형사소송법은 각 소송단계에서 범죄자의 징벌과 인권보호라는 두 가지 지도사상을 구현하고 있다. 전반적으로 살펴보면, ① 형사소송에서 입안, 수사, 기소 및 재판절차에 대한 엄격한 통제를 함으로써 무고한 자에 대한 소추를 방지하고 잘못된 소추를 즉시 시정하게 되며, ② 소송에서 피의자와 피고인에게 광범위한 소송상의 권리를 부여함과 더불어 그 실현을 보장하여 그 적법한 권리를 보호하고, ③ 재판감독절차를 통하여 발생 가능한 오판을 수정할 수 있다. 이 세 가지의 유기적 결합이 형사소송상의 인권보장체계를 형성한다.

4. 인권보장원칙의 기본적 의미

인권보장원칙은 국가기관에 대하여 보편적으로 적용되는 헌법상 원칙이며 소송활동의 기본원칙이다. 형사소송상 인권보장은 많은 내용을 포함하고 있다. 관련 법률의 규정에 의하면 인권보장은 다음과 같은 내용을 포함한다.

1) 국민의 적법한 권익 보호

국가는 범죄행위를 처벌하고 국민의 권익이 범죄로부터 침해되는 것을 방지함으로써 국민의 적법한 권익을 보호한다. 범죄자를 처벌하는 것은 결국에는 인권을 보호하는 것이며 국가의 형벌권 행사와 인권보장은 서로 모순되지 않는다. 따라서 국민의 적법한 권익을 보호하는 것은 곧 인권보장원칙이 요구하는 바이다.

2) 무고한 사람의 형사적 추궁 배제 및 이의 보장

국가에서 범죄자를 처벌하는 동시에 무고한 사람을 억울하게 처벌해서는 아니 된다. 다시 말하면 국가는 범죄를 추궁할 때 국가 공권력을 올바르게 행사하여야 하고 범죄의 추궁은 명확히 해야 한다. 무고한 사람의 적법한 권익이 침해되는 것을 방지하여야 하고 죄가 있으면 추궁하고 죄가 없으면 보호하여야 한다.

3) 범죄용의자, 피고인, 피해자 등 모든 소송참여자의 적법한 권익의 보장

형사소송상 인권은 모든 소송참여자의 적법한 권리로 표현되며 이는 실체적 권리와 절차적 권리를 포함한다. 사법실무에서 피의자와 피고인은 국가 범죄소추의 대상으로서 공권력의 침해를 쉽게 받을 수 있고, 따라서 피의자와 피고인의 적법한 권리를 보호하는 것은 인권보장원칙의 중요한 내용이 된다. 한편 피해자는 범죄행위로 인하여 권익의 침해를 받은 자로서 그 적법한 권익이 이미 침해 받은 상태에 있다. 형사소송에서 그의 적법한 권리를 보호하는 데 각별히 주의하여 2차적인 피해가 없도록 해야 한다. 따라서 피해자의 적법한 권리를 보호하는 것도 인권보장원칙의 중요한 내용이 된다.

4) 죄 있는 자에 대한 공정한 처벌

죄가 있는 사람이 공정한 처벌을 받아야 한다는 것은 곧 죄 있는 자의 인권을 보장하는 것이다. 형사소송에서 국가가 어떤 사람의 유죄를 증명하였다 하더라도 법률이 정한 조건, 절차 및 기준에 따라야 하고 범죄 피의자나 피고인에게 강제조치를 취하거나 형벌을 부과하는 경우에도 그 결과 및 절차가 적법하여야 하고 증거는 확실하며 양형은 합당해야 한다. 동시에 유죄로 확정된 자에 대하여는 법률의 규정에 의해 권리가 박탈당하거나 제한되는 외에, 다른 모든 적법한 권리는 법률의 보호를 받는다. 그 어떤 기관이나 개인도 피의자, 피고인 및 범죄인의 권리를 침범하여서는 아니 되며 이는 인권보장원칙의 중요한 내용이 된다.

5. 인권보장원칙의 적용

인권의 사법적 보호기제는 인류의 정치적 문화성과에 해당한다. 형사소송의 근본적인 목적은 국가의 법치질서와 민주적 정치제도를 수호하는 것이고 그 직접적인 목적은 범죄자를 징벌하고 인권을 보장하는 것이다. 현대의 형사소송법에서는 보편적 인권보장뿐만 아니라 소추를 받는 사람의 인권도 특별한 중시하고 있다. 세계 여러 국가의 형사소송법은 대개 검찰관의 직무수행과 관련하여 인권보장에 관한 절차적 의무를 규정하고 있다. 또한 1990년 제8차 '유엔범죄예방및범죄자처우에관한회의'에서 통과된 유엔(UN)의 '검찰관역할에관한준칙' 제12조의 규정에 의하면, "검찰관은 법 규정에 따라 신속하고 공정하게 사건을 처리하고, 인간의 존엄을 존중하고 보호하며, 인권을 수호함으로써 법정 소송절차와 기능이 순조롭게 이루어지도로고 하는 것이다"라고 하였다. 이에 따라 중국의 검찰기관은 법률감독기관으로서 검찰관은 검찰권을 행사하는 직접적인 주체로서 형사소송에서 인권보장의 원칙이 효과적으로 관철되도록 하여야 한다. 즉,

(1) 인권보장의 중요성을 충분히 인식하여야 한다. 검찰기관과 검찰관이 형사소송에서 인권을 효과적으로 보장하려면 인권보장의 의미를 잘 이해하여야 한다. 현대 사회의 모든 사회활동은 사람이 근본이어야 하며 인권보호를 그 근본취지로 해야 한다. 형사소송활동도 마찬가지다. 형사소송에서 인권보장의 원칙은 다음과 같은 중요한 의의가 있다.

첫째, 인권보장의 원칙은 사회의 각 구성원이 국가사법권의 남용으로부터 침해받지 않도록 간접적으로 보호하고 있다. 비록 소송에서 인권보장의 대상이 주로 형사소송과정에 있는 범죄용의자, 피고인, 피해자, 증인 및 기타 소송참여자이지만 간접적 보호의 대상은 각 사회구성원 개인이나 다름없다. 왜냐하면 각 사회구성원은 모두 죄를 범하거나 범죄의 피해를 받을 가능성이 있는 바 형사소송이 진행되면 형사소송법에서 정한 모든 인권보장원칙의 내용이 그 개인에게도 적용될 것이기 때문이다. 다시 말하면 소송활동에서 인권은 사실상 소송절차에 개입된 소송참여자의 소송상 지위를 보장할

뿐만 아니라 사회 전체 구성원의 법적 지위와 관련된다. 만약 소송참여자의 소송상 권리가 보장되지 못한다면 사회구성원이 사법권의 불법적 침해를 받을 위험성은 증가되고 법적 지위도 보장받기 어렵게 된다. 그러므로 소송활동에서 모든 소송참여자 특히 피의자와 피고인, 피해자 및 증인의 인권보장을 강화하는 것은 사회적으로 각 개인에 대한 보호를 강화하는 것이다.

둘째, 인권보장의 원칙은 사법의 공정성을 실현하는 데 도움이 된다. 사건의 진상을 밝히는 것은 형사소송의 중요한 목표이다. 형사소송은 진리를 발견하는 방법이며 이미 승인된 진리를 증명하는 방법이 아니다. 소송절차의 추리기능을 충분히 이해하여야 하며 답안으로부터 시작하는 것이 아니라 문제로부터 시작해야 한다. 처음부터 정해져 있지 않은 답을 찾고 그것이 최적의 답안을 탐색하는 것을 전제로 할 때 비로소 우리가 전체 소송기제를 이해할 수 있는 것이다. 실체법이 불합리하더라도 소송절차는 여전히 논리에 부합된다. 이는 소송절차의 종착점은 곧 논리적 추리의 작용이지 그 결과를 원했던 바가 아니라는 것을 의미한다. 최종판결이 어떠하든 논리에 부합하는 소송절차는 합리적인 답을 찾는 최적의 도구이다.[70] 논리에 부합하는 소송절차란 공정한 절차를 말한다. 인권을 보장하는 것은 현대적 형사소송의 특징이고 절차적 공정의 중요한 내용이다. 예를 들면, 피의자나 피고인의 변호를 받을 권리 또는 상소권 등을 보호하는 것이다. 때문에 인권보장의 바탕 위에서 사실의 진상을 밝히는 것은 절차적 공정을 실현함에 있어서 반드시 거쳐야 할 과정이다.

셋째, 인권보장의 원칙은 법치와 사회적 문화수준을 제고하는 데 기여한다. 현대사회에서 법치국가는 국가통치의 기본방침이다. 또한 법치의 관건은 절차적 문제이며 법치는 엄격하게 법정절차에 의거하여 국가사무를 처리한다는 것이며, 따라서 법치의 실질은 절차법에 따라 나라를 통치한다는 것이다. 그러나 사법실무의 처리과정에서 사법권력이 인권을 침해하는 현상은

---

70) Jerome Hall: "Cases and Readings on Criminal Law and Procedure," 1949, p.27.

지속적으로 발생하며 그 결과가 매우 심각한 경우도 있다. 예를 들면 입안하지 않고 강제조치를 취하는 경우, 증거를 수집하기 위하여 강제자백과 가혹행위 등 불법적 수단을 사용하는 경우, 유죄의 증거만 수집하고 무죄가 되는 증거는 소홀히 하는 경우, 사건을 오랫동안 끌어 피의자와 피고인을 장기간 구속하는 경우, 피해자에게 2차적 피해를 입게 하는 경우 및 불법적인 방법으로 증인의 자유를 제한하는 경우 등이다.

이런 현상의 발생은 여러 가지 원인이 있겠지만 사법종사자의 인권보장에 대한 인식의 미약함과 법정절차에 대한 무시가 중요한 원인이 되고 있다. 이런 상황을 개선하려면 절차법의 권위를 확립하고 사법실무에서 절차법에 대한 중요성을 강조하여야 한다. 정당한 절차의 유지와 실체적 진실의 발견 사이에 충돌이 발생할 경우에는 반드시 절차우선의 원칙을 견지해야 한다. 왜냐하면 절차는 보편적인 것이지만 사건의 사실관계는 개별적인 것이다. 절차가 입법기관의 확인을 거쳐 법률로 제정되었으면 엄격히 준수하여야 한다. 절차를 위반하여 사건의 진실을 밝힐 수는 있겠지만 절차의 전반적 가치와 법적 존엄을 훼손할 수 있다. 만약 개별 사건의 진실을 위하여 보편적 가치인 절차를 희생한다면 절차법 위반 현상이 만연할 것이며 절차의 기능과 가치는 담보되기 어렵게 된다. 이는 결국 법치주의의 기초를 흔들 것이다. 때문에 절차법과 실체적 진실의 상호관계를 처리할 때는 절차법을 전제로 하여 절차법의 권위를 수호함으로써 법치주의를 실현해 나가야 한다. 이밖에 소송실무에서 인권을 침해하는 것은 사실상 사람에 대한 존중을 포기하는 것이며 봉건적 전제의식을 반영한 야만적인 행위이다. 때문에 소송참여자의 인권보장을 강화하는 것은 인간본위를 실천하는 것이며 인간의 존엄을 존중하는 현대적 인권보호 이념을 반영하고 인류사회의 문화적 진보를 나타내는 것이다.

(2) 인권보장원칙의 검찰기관에 대한 요청을 충분히 인식해야 한다. 검찰기능의 시각에서 보면 인권보장원칙은 다음과 같은 세 가지 사항을 요구하고 있다.

① 인권을 존중하고 보장하는 것은 검찰기관과 검찰관의 헌법적 의무이

자 도덕적 책임이다. 헌법 제33조 제3항의 규정에 의하면 국가는 인권을 존중하고 보장한다. 이는 모든 국가기관과 국가공무원에게 헌법적 의무와 도덕적 책임을 부여한 것인 바, 검찰기관과 검찰관도 동일한 의무와 책임을 부담하여야 한다. 어떤 사람이 죄를 범하였다고 해서 권리가 상실되는 것은 아니며 죄를 범한 사람에 대한 검찰기관과 검찰관의 인권존중과 보장의무 및 책임이 소멸되는 것도 아니다.

② 인권보장은 법률감독을 수행하는 전 과정에서 관철해야 할 중요한 임무 중 하나이다. 헌법과 법률은 검찰기관을 국가의 법률감독기관으로 규정하여 수사권, 공소권 및 소송감독권 등의 권한을 부여하였다. 그 주된 목적은 검찰기관의 법률감독을 통하여 법제의 통일을 확보하고 인권을 보장하며 사법공정을 수호하는 것이다. 형사소송에서 검찰기관은 범죄자의 소추와 인권보장의 이중적 사명을 지고 있다. 그 기능상 검찰기관은 수사와 공소기능을 통하여 범죄를 소추하며 소송감독기능을 수행함으로써 인권을 보장한다. 근본적으로는 범죄자의 소추를 포함하여 검찰기관의 모든 기능은 인권보장과 직접 또는 간접적으로 연관되어 있다.

③ 법정절차의 엄격한 준수와 소송절차를 통한 인권보장은 검찰기관이 인권을 존중하고 보장하는 기본적 경로에 해당한다. 검찰기관이 인권을 보장하는 절차와 특징은 검찰기관의 성격과 검찰권의 내용에 의해 결정된다. 검찰기관의 법률감독기능 수행은 반드시 법정절차를 준수하여야 하며 법률감독의 효과도 주로 상응하는 사법절차를 작동시키는 것이다. 법률감독기능은 극소수의 소극적인 처분권(입건의 철회, 불기소 등) 이외에, 일반적으로 실체적인 처분권이 없으며 행정처분권과 사법재판권은 더 말할 것도 없다. 법률감독의 이러한 절차적 심사와 절차 개시적 기능은 기타 국가기능과 일정한 감독 통제관계를 형성하게 되며 이러한 감독 통제관계는 행정, 재판 등의 국가기능과는 다른 인권보장의 경로가 되며 그 자체적 특징을 가진다.

(3) 범죄자의 처벌과 인권보장을 다 같이 중요하게 다루어야 한다. 범죄자의 처벌과 인권보장은 형사소송의 양대 목적이다. 형사소송에서 검찰기관은 양자의 관계를 올바르게 처리하여야 한다. 현재의 사법실무 현상에서 보

면 검찰기관과 검찰관의 관념상 범죄자의 처벌은 비교적 중시하는 반면, 인권보장 의식은 상대적으로 결여되어 있다. 소송활동의 가치 지향점이 사회통제를 중시하고 인권보장을 경시하며 실체를 중시하고 절차를 경시하는 경우가 많다. 이에 따라 소송과 관련 있는 국민의 권리가 충분히 존중받지 못하고 있다. 범죄사건을 수사하는 과정에서 검찰기관이 기간을 초과하여 피의자를 구속하고 불법적으로 증거를 수집하는 현상이 발생하고 있다. 전문적인 감독기관으로서 검찰기관은 형사소송, 범죄수사와 소송감독 등의 기능을 수행하는 과정에서 인권을 존중하고 보장하는 의무를 이행해야 한다. 그 뿐만 아니라 공안기관의 수사활동이나 형벌이 집행활동이 인권을 침해하는지에 대한 감독도 해야 한다. 이 때문에 검찰관의 인권관념에 대한 정도는 형사소송법이 추구하는 인권보장의 수준에 영향을 줄 뿐만 아니라 전국적인 인권보장 상황에도 영향을 준다. 검찰관은 스스로 인권의 중요성을 인식하고 인권의식을 함양하여 형사사법절차에서 인권보장자로서의 역할을 충분히 발휘할 수 있도록 해야 한다.

현실적인 문제와 여러 가지 여건 등을 종합적으로 고려하여 범죄자의 처벌과 인권보장을 동일하게 중시한다는 인식을 확립해야 한다. 형사소송법과 형법은 범죄자를 처벌하고 국민을 보호해야 한다고 명확하게 규정하였다. 국민을 보호하는 구체적인 방식이 바로 인권의 보장이다. 중국의 역사상 혼란한 세상을 다스리려면 엄격한 법규를 운용해야 한다는 사상이 있었다. 봉건적인 형사제도에서 규정한 사형과 신체형은 종류도 많았고 그 집행방법도 잔혹하였는 바, 징벌과 가혹한 형벌 사이에는 밀접한 관계가 있다는 인식이 형성되었다. 중형주의의 강조는 부지불식간에 인권을 희생의 대가로 하였고 형벌의 공정성과 자제 및 인권의 가치목표를 훼손하였다. 특정한 역사 과정에서 범죄자의 처벌에 관한 능력은 인권보장의 정도를 결정하고 인권보장의 정도는 형사사법의 문명수준을 결정한다. 우리는 범죄자의 처벌에 대한 실질적 역량을 고려하여 건전한 인권보장의 절차와 제도를 확립하여 인권보장과 범죄자의 처벌이라는 두 가지 내용이 모두 조화로운 균형을 이루도록 해야 한다. 구체적인 형사소송 과정에서 범죄자의 처벌은 인권보호의 중요한 수단이며, 올바른 범죄자의 처벌은 피고인의 실체적 권리와 소송상의 권리보장과 분리할 수 없다. 만약 형사소송에서 헌법과 형사소송법상의 권리보장에 관한 규정을 위반하여 사법권을 남용하고 피고인의 인격을 존중하지 않거나 폭력이나 유도신문 등으로 자백을 유도한다면 무고한 사건, 허위조작 사건, 오판 사건 등이 발생하게 될 것이다. 또한 인권보장은 범죄자의 처벌과 분리할 수 없는데, 사건의 진실을 명확히 밝히지 않고 범죄자를 처벌하면 피해자의 실체적 권리는 보호받지 못할 뿐만 아니라 범죄자의 실체적 권리도 침해하게 된다. 구체적으로 검찰관이 기소권한을 행사할 때에는 범죄자의 처벌과 인권보장의 이중적 기능을 고려하여야 한다. 기소조건을 엄격히 하여 사회질서를 심각하게 위협한 사건은 즉시 공소를 제기해야 한다. 반면 사회에 끼치는 영향이 적고 증거가 확실하지 않다면 공소의 제기를 쉽게 할 수 없게 하여 무고한 사람이 형사소추를 당하지 않도록 하여야 한다.

그 외에도 검찰기관은 인권보장을 근본으로 하여 형사법의 전면적인 시행을 촉진해야 한다. 인권은 법치의 중요한 가치이며 법치는 인권의 보장이다. 형사법은 범죄자를 처벌하는 가장 강력한 법적 수단이며 국민의 권리보장을 위한 헌장이기도 하다. 형법은 범죄와 형벌의 규정과 인권의 보장 사이에 경계선을 긋고 있다. 형사소송법은 공소, 변호 및 재판을 기본구조로 하여 국가기관이 범죄를 추궁하는 일련의 활동을 규범화하면서 당사자의 인권을 보장한다. 중국의 형사법은 비교적 전면적으로 인권보장의 정신을 실현하였다. 예를 들면 중국 형법은 죄형법정주의원칙을 규정하여 국민의 권리와 자유가 침해당하지 않도록 보장하고 있다. 형법에서 비록 사형을 존치시키고 있지만 생명권을 보장하기 위하여 그 적용조건과 적용죄명을 엄격히 규정하였다. 이는 사형의 남용을 방지하여 국민의 생명권을 효과적으로 보장하고자 하는 것이다. 신체의 자유권을 보장하기 위하여 중국의 법률은 검찰기관에 대하여 범죄용의자의 체포에 대한 비준 또는 결정 권한을 부여하여 범죄자를 소추하는 수사과정에서 강제조치가 올바르게 적용되고 무고한 사람의 신체적 권리가 침해되지 않도록 하고 있다. 신체적 권리가 침해받지

않도록 하기 위하여 형사소송법은 고문에 의한 자백의 강요와 위협, 유도신
문, 기망 및 기타 불법적인 방법에 의한 증거 수집을 엄격히 금지하고 있고
공무원의 이와 같은 행위를 가중처벌 하도록 규정하고 있다. 검찰관은 형사
법의 정신을 깊이 이해하고 올바르게 법률을 집행해야 하며 범죄자의 처벌
만을 강조하여서는 안 된다. 또한 범죄자의 소추를 효과적으로 함으로써 법
률의 존엄을 수호하고 법에 의거하여 인권을 보장하며 사법공정을 수호하여
야 한다.

V. 검찰동일체원칙

검찰동일체원칙은 대개 학술적인 개념이고 검찰제도상의 '상명하복'과 관
련된 권력운용 방식의 개괄적인 표현으로서, 입법상 명확하고 직접적인 서
술은 드물지만 이 원칙은 검찰제도의 독특한 원칙이자 검찰제도의 특징을
가장 잘 반영하고 있다. 검찰동일체원칙의 적용범위는 검찰권을 행사의 원
칙일 뿐만 아니라 검찰기관의 조직원칙 즉, 영도체제의 중요한 내용이다.
이하에서는 검찰동일체원칙과 검찰동일 체제의 두 가지 내용을 집중하여 상
술하기로 한다.

1. 외국 검찰제도상의 검찰동일체원칙

검찰동일체는 '검찰일체제' 또는 '검찰일체화', '검찰관동일체', '검찰동일
체주의' 및 '검찰동일체원칙' 등으로도 불린다. 다수 국가 특히 대륙법계 국
가는 검찰체제와 검찰기능의 일체화로써 검찰기관이 검찰권을 통일적이고
효과적으로 행사하도록 하여 국가통일과 법제통일의 제도적 배분을 도모하

고 검찰활동을 보장토록 하는 기본원칙으로 삼고 있다.

일본에서 검찰동일체원칙은 검찰권의 행사가 전체적 통일성을 유지하여야 하고 각기 독립기관인 검찰관이 하나의 통일적 조직을 이루는 것을 의미한다. 동 조직에서 상급자는 하급자에 대하여 지휘감독권, 사무배정권, 이송권 및 대리권 등의 권한을 가지게 된다. 일본 검찰청법의 관련 규정에 의하면 법무대신이 검찰관의 업무를 지휘 감독하고, 개별사건의 조사와 처리는 검찰총장이 지휘를 한다. 동시에 상급 검찰관은 두 가지 방식을 통하여 하급 검찰관이 관할하는 사항을 결정하거나 변경한다. 첫째, 상급 검찰관은 하급 검찰관이 처리하던 사건을 넘겨받아 직접 처리할 수 있다. 둘째, 하급 검찰관이 처리하던 사건을 다른 검찰관에게 맡기도록 하여 간접적으로 당해 사건에 대하여 자신의 의견을 반영시킬 수 있다.[71]

근대 검찰제도의 발원지인 프랑스에서는 검찰청과 검찰관을 여러 등급으로 나누어 상급 검찰청과 검찰관은 하급 검찰청과 검찰관을 각각 명령 또는 지시할 수 있고 모든 검찰계통은 사법부장의 지휘감독을 받는다. 검찰업무에서 상급 검찰청(또는 검찰관)은 업무활동의 규칙과 절차를 제정하거나 명령을 발포하여 하급 검찰청(또는 검찰관)의 검찰권 행사를 지도할 수 있다. 예를 들어 프랑스형사소송법 규정에 의하면 사법부장은 자신이 지득한 위법사실을 검찰장에 대하여 밝힐 권리가 있다. 이를 위하여 사법부장은 서면형식으로 검찰장에 대하여 사건을 접수하도록 지시할 수 있고, 검찰장이 조사하거나 소속 검찰관으로 하여금 조사를 하도록 명할 것을 요구할 수 있다. 또한 관할권이 있는 법원에 공소를 제기할 수도 있다. 검찰장은 상소법원의 관할범위에 있는 모든 검찰관에 대한 지휘권을 갖는다.

영국은 1985년에 범죄기소법을 통과시켜 독립적인 검찰기관을 설립하였다. 1999년에 검찰체제 개혁을 진행하였는데 검찰구역이 13개 지역에서 42개 지역으로 증가되어 공안구역과 일치하게 되었고, 원래 전국 총부 주임검

---

71) 参见 徐益初: "司法公正与检察官," 载 《法学研究》 2000年 第6期, 第65页; 参见 徐益初: "司法公正与检察官," 载 《法学研究》 2000年 第6期, 第65页。

찰관과 동등한 지위에 있던 중앙사건처리국 주임검찰관을 총부 주임검찰관
에 예속시켜 검찰총부의 통일을 강화하였다. 황실검찰원의 모든 법률실무자
와 황실검찰관은 검찰장과 동등한 권력을 소유하지만 반드시 검찰장의 통제
와 지도 하에서 권력을 행사한다. 관련 규정에 근거하면 영국의 검찰총장은
형사기소에 관한 규칙과 정책을 제정하거나 명령을 발포하여 검찰관의 형사
기소활동을 지휘할 수 있다.

　미국의 검찰조직과 활동 역시 검찰동일체원칙을 실행하고 있다. 관련 법
률의 규정에 근거하여 검찰총장은 사법부 내의 모든 기구와 공무원 및 고용
직원에 대하여 권한과 임무를 부여할 수 있고 각 연방사법구의 수석검찰관
에 대한 임면권이 있으며 연방수석검찰관에게 업무내용을 보고하도록 요구
하고 검찰관의 직무수행에 관한 내부적 절차규정을 제정할 권한이 있다. 이
와 동시에 검찰총장은 연방검찰관, 집행관, 서기관, 보호관찰관, 법률집행
관, 기록관 등의 행위를 비롯하여 기록, 공문, 장부 등을 조사할 수 있고
일정한 경우 연방검찰관 및 그 직원, 사법부의 공무원 및 고용직원의 조사
또는 기소자격을 취소할 수 있고 고의적으로 규정을 위반하는 자에 대하여
면직시킬 수 있다. 일부 주의 검찰장은 지방검찰관의 위법행위에 대하여 처
분을 내릴 권한을 갖고 있다.[72]

　러시아의 검찰동일체 정도는 비교적 높다. 1995년에 개정한 러시아연방
검찰원조직법은, "러시아연방검찰기관은 하급 검찰장이 상급 검찰장에 복종
하고 러시아연방총검찰장에 복종하는 통일적이고 집중적인 체제를 실행한
다"고 규정하였다. 또한 검찰관과 수사관을 포함하는 검찰기관 실무자는 반
드시 검찰장으로부터 권한을 부여받고 검찰장의 지시와 결정에 따라 검찰기
능을 수행하여야 한다. 그러하지 아니할 경우 검찰장은 다음과 같은 기율처
분을 할 수 있다. 시정, 견책, 중견책, 강등, "러시아연방검찰업무를 위해
직무를 다한다"는 표시 흉장의 취소, "러시아연방검찰원모범근무자" 표시 흉

---

72) 参见 王以真主编: 《外国刑事诉讼法学》, 北京大学出版社 1990年版, 第190, 198
　　页。

장의 취소, 경고 및 파면 등이 그것이다. 러시아연방총검찰장은 각종 기율처분을 실시할 권한이 있으며 지휘책임을 추궁할 권한도 있다.

역사적 문화적 요인으로 각 국가의 검찰동일체원칙의 내용과 제도는 각자의 특징이 있다. 러시아와 같은 국가는 일체화 수준이 높고 미국은 일체화 수준이 비교적 낮다. 일반적으로 검찰동일체원칙은 검찰시스템 내에서 상 하급 검찰원 사이, 검찰원 내의 검찰장 등 지휘부와 검찰관 사이 및 상하급 검찰관 사이의 명령권, 감독권, 사무조정권, 이송권 및 대리권을 주요 내용으로 하는 지휘감독관계이다. 그 목적은 검찰기관으로 하여금 통일적으로 검찰기능을 수행토록 하는 데 있다.

2. 중국 검찰동일체원칙의 역사적 연원

1949년 12월에 공포한 중앙인민정부최고인민검찰서시행조직조례는 검찰제도에 관한 신 중국의 첫 단행법규이다. 이 조례에 의하면 전국의 각급 인민검찰서는 독립적으로 권한을 행사하고 지방정부의 간섭을 받지 않으며 오직 최고인민검찰원의 지휘만 받는다. 즉, 검찰시스템은 수직적 영도체제를 실행하였다. 이러한 수직적 영도체제는 당시 소련의 검찰체제를 참조한 것이다. 하지만 구소련의 검찰체제는 '10월 혁명' 후 소비에트 지방정권의 부실과 분열세력의 확대라는 상황에서 확립되었고 검찰기관의 기능을 통하여 국가의 통일을 도모하고자 하는 절박한 상황이었다. 그러나 신 중국의 검찰체제는 각급 정권조직이 비교적 건실하고 민주집중제가 효과적으로 진행되는 상황에서 설립되었기 때문에 국가 법제의 통일을 위한 검찰기관의 역할에 대한 요구는 그다지 높지 않았다. 검찰기관에 비해서 상대적으로 다른 국가 조직이 법제통일을 수호하기 위하여 더 큰 책임을 부담하였다. 이러한 시대적 배경으로 신 중국이 확립한 검찰시스템의 수직적 영도체제는 지방 영도체제와 충돌하는 등 제도에 대한 회의가 있었고, 이에 따라 검찰기관 및 그 법제통일을 위한 기능을 지방조직의 영도하에 편성시켜 지방 각급 조직이 해당 검찰기관을 영도하는 체제를 요구하게 되었다. 1951년에 통과된 최고인민검찰서잠행조직조례와 각급지방인민검찰서조직통칙이 바로 이러한 시대적 요구를 반영하여 수직적 영도체제를 이중적 영도체제로 전환시켰다. 즉, 지방 각급 인민검찰서는 상급 인민검찰서의 영도를 받을 뿐만 아니라 동급 인민정부의 구성부분으로서 동급 인민정부의 영도를 받았다. 그러나 검찰기관의 성질과 역할이 사회적으로 충분히 인식되지 못하였고 그 조직체계와 법 집행능력이 건실하지 못하였기 때문에 국민의 의식 속에는 공안기관, 재판기관 및 검찰기관의 관계에 대한 인식이 제대로 형성되지 못하였다. 일부 지방에서는 검찰기관이 그 기능을 제대로 수행하지 못했을 뿐만 아니라 지방조직과 정부의 지시를 받아 다른 기관의 업무를 수행하여 신 중국 역사상 최초로 설치되었던 검찰기관의 존폐에 관한 논란을 불러왔다.

1954년 3월에 소집된 제2차 전국검찰업무회의는 '있어도 되고 없어도 되는 검찰기관'이라는 그릇된 관점을 비판하였고 검찰기관은 법제통일을 수호하는 전문기관으로서 인민민주제정부 국가기관으로서의 지위를 공고히 하였다. 신 중국 검찰체제의 발전과 변화는 사물의 변증법적 규율을 구현하였다. 1949년에 확립된 수직적인 영도체제는 1951년에 폐지되었으며 새로이 이중적 영도체제로 대체되었다. 1954년 헌법과 인민검찰원조직법은 다시금 이중적 영도체제를 부정하고 수직적 영도체제를 확립하였다. 그러나 이 시기의 수직적 영도체제는 1949년의 수직적 영도체제와는 다른 것이었다. 1954년의 인민검찰원조직법에 의하면 "지방 각급 인민검찰원은 독립적으로 권한을 행사하며 지방 국가기관의 간섭을 받지 않는다. 지방 각급 인민검찰원과 전문 인민검찰원은 상급 인민검찰원의 영도하에서 최고인민검찰원의 통일적인 영도 아래 사건을 처리한다. 인민검찰원 내부에서는 민주집중제의 원칙에 의해 검찰위원회를 설치하고 검찰위원회는 검찰장의 영도하에 검찰업무상 중요한 문제를 결정한다"고 하였다. 따라서 이러한 수직적 영도체제는 사실상 국가기관 계통내부의 영도체제이며, 우여곡절의 과정을 거쳐 형성된 이중적 영도체제는 최초에 확립된 단순한 수직 영도체제에 대한 변증법적 부정이며 중국의 정치제도와 검찰업무의 발전 과정에서 요청되는 적절한 영도체제이다. 실천과정에서 이러한 영도체제는 검찰제도의 확립과 검찰업무의 발전을 위한 강한 추진력이 되었다.

1978년 헌법은 인민대표대회제도가 재건되고 더욱 효과적으로 그것이 운영되도록 하였다. 인민대표대회제도 아래에서 1979년 제정된 인민검찰원조직법은 새로운 영도체제를 확립하였다. 최고인민검찰원은 지방 각급 인민검찰원과 전문 인민검찰원의 업무를 영도하고, 상급 인민검찰원은 하급 인민검찰원의 업무를 영도하였다. 동시에 지방 각급 인민검찰원은 해당 인민대표대회 및 상무위원회에 대하여 업무책임을 지며 보고한다. 지방 각급 인민검찰원의 동급 인민대표대회에 대한 종속관계는 엄격한 의미에서의 영도관계가 아니며 새로운 형태의 영도체제 역시 엄격한 의미에서의 이중 영도체제가 아니다. 중국 검찰기관의 정치조직상 지위를 보면, 지방 각급 인민검찰원은 사실상 지방인민대표대회에 의해 구성되고 그의 감독을 받는다. 1979년 인민검찰원조직법 은 검찰기관 내부의 영도관계를 조정하였다. 즉, 검찰장이 검찰위원회를 영도하는 체제에서 검찰장이 검찰위원회를 주재하는 것으로 변경하였고, 검찰위원회에서는 소수가 다수에 복종하는 민주집중제 원칙을 확립하여 검찰위원회의 검찰장에 대한 견제를 강화하였으며 검찰장과 검찰위원회가 서로 결합하는 영도체제를 형성하였다.

1979년에 확립된 검찰의 영도체제는 오늘날까지 이어지고 있으며 중국 검찰제도의 건실한 발전에 이바지 하였다. 그러나 법에 의한 통치가 추진되고 검찰제도의 발전에 따라 검찰동일체제가 내실을 기하지 못한다는 비판이 갈수록 심화되었고 이러한 상황은 검찰제도 발전을 제약하는 장애요소가 되었다. 검찰동일체제를 강화하고 완벽히 하는 것은 검찰기관이 독립적이고 공정하게 검찰권을 행사하도록 하는 중요한 조치이며 오늘날 중국적 사회주의 검찰제도의 발전을 위한 필수적 요청이다. 우리는 시대와 더불어 발전해 나아가고 실사구시의 정신으로 이론상, 법률상 및 제도상 검찰제도와 검찰원 내부의 영도체제를 합리적으로 개선해 나가야 한다. 이를 통하여 검찰동일체원칙을 견고하게 확립하고, 검찰개혁과 검찰기관의 활동 준칙으로 삼아야 한다.

3. 검찰동일체원칙의 본질과 법리적 근거

오랜 동안에 걸쳐 중국의 검찰제도는 검찰동일체원칙의 불명확, 잦은 영도체제의 변화 및 관련 제도의 미비 등 여러 가지 문제를 안고 있었다. 이는 정치제도상의 원인일 수도 있고 검찰업무의 성질과 규범에 대한 인식의 부족이 원인일 수 있다.

국외의 상황을 보면 다수의 국가에서 검찰동일체원칙을 시행하고 있지만 이 원칙의 본질이나 법리적 근거에 대하여는 학계의 의견이 일치하지 않는다. 다만 이와 관련하여 범죄징벌설, 권력남용방지설, 국회책임설, 소추기준통일설 등의 학설을 살펴볼 수 있다.

범죄징벌설에 따르면 검찰동일체의 목적은 전국의 검찰기관이 긴밀히 연계하여 통일적으로 지휘 협력하여 범죄를 효과적으로 징벌하는 데 있고 검사가 정치적으로 사건을 처리함을 방지하는 데 있는 것이 아니라고 인식한다. 이 학설의 주요 결함은 검찰제도의 또 다른 취지를 반영하지 못했다는 점이다. 즉 수사권, 재판권을 제한하여 인권을 보장한다는 점을 반영하지 못하였다. 검찰제도는 규문주의 재판에서 변론주의 재판으로 전환되는 과정에서 형성되고 발전한 것이다. 그 초기의 목적은 범죄자의 처벌기능을 강화하기 위한 것이 아니라 피의자와 피고인의 인권을 보장하고자 하는 측면에서 수사절차, 재판절차의 공정성을 보완하기 위한 것이었다. 이밖에 범죄자의 처벌을 강화하는 측면에서 가장 중요한 역할을 한 것은 검찰과 경찰의 일체화와 검찰과 경찰의 협력이었으며 검찰계통 내부의 일체화가 아니었다. 따라서 범죄징벌설은 일정한 한계를 가진다.

권력남용방지설에 따르면, 검찰기관이 재판기관과 같은 심급제도나 합의제도를 갖지 않기 때문에 기소독점주의를 실행하는 국가에서 검찰의 불기소는 법원에 의한 재판의 기회를 상실시키고, 만약 재량권을 남용하여 기소하게 되면 여러 가지 위험한 상황이 발생될 수 있다. 동시에 검찰기관 내부에서 검찰장은 검찰관을 지휘하고 명령할 권한이 있으므로 검찰장의 지휘명령권 남용에 대한 상급 검찰기관의 감독과 시정시스템이 필요하다. 검찰관의 독립이 있으면 검찰장의 영도가 있어야 하고 검찰장의 영도가 있으면 상급 검찰기관의 감독과 시정시스템이 있어야 한다. 그러므로 검찰동일체의 권력을 억제하는 시스템이 있어야 한다고 주장하고 있다. 이 학설도 비판을 받고 있는데, 권력이 집중될수록 남용할 가능성은 더욱 커진다는 것이다. 상급 권력의 권력 남용 가능성은 하급 권력보다 결코 적지 않다. 더구나 상급 권력일수록 정치적 간섭을 받을 가능성은 더욱 크다. 이 때문에 권력의 남용방지를 해결하는 근본적인 조치는 권력의 집중에 있는 것이 아니라 권력의 분산에 있다. 이밖에 검찰조직상 상급기관의 하급기관에 대한 지휘와 명령은 비공개적이고 심급제도와 같은 공개성이 갖추어져 있지 않으므로 감독이 어렵고 권력 남용의 가능성이 높다는 비판이 있다.

국회책임설에 의하면 검찰기관 내부에서 검찰관은 상명하복하며 검찰조직 내부적으로 각각의 상급기관에 대하여 책임을 질 때 최고검찰기관이 비로소 국회에 대하여 책임을 질 수 있다고 본다. 이 학설의 실질적 의의는 검찰동일체의 근본적인 취지가 외부감독의 내부화를 보장하여 국회의 감독이 검찰동일체를 통하여 효과적으로 실현되도록 하자는 것이다. 그러나 이 학설 역시 비판을 받고 있다. 이 학설은 검찰동일체가 어떻게 검찰권의 집중과 검찰기관의 행정화를 방지할 것인가 하는 물음에 답하지 못하고 있다.

통일소추기준설에 따르면 재판제도가 심급제도로써 법 집행의 통일성을 보장한다면 검찰제도는 검찰동일체로써 법 집행의 통일을 보장한다. 검찰동일체를 통하여 소추기준을 통일하고 사법해석을 통일할 수 있으므로 기소의 재량기준을 확립하여 검찰기능의 통일적 행사를 보장하고 법제의 통일과 법률의 평등한 적용을 도모할 수 있다는 것이다. 서방에서 이 학설이 비판받는 주요 원인은 다음과 같다. 삼권분립의 체제하에서 법원은 종국적인 사법해석권을 가지며, 검찰은 행정계통의 준사법기관이다. 검찰동일체의 기능은 하급 검찰기관의 불기소권 남용을 방지하기 위한 것이다. 기소편의주의 원칙의 확립 후 검찰기관은 사건의 구체적 상황에 따라 광범위한 기소재량권을 가진다. 만약 개별 검찰관이나 검찰기관에 의한 불기소기준의 설정을 용인하게 된다면 검찰권에 의한 재판기능의 무용화를 불러올 수 있다. 이 때문에 소추기준의 통일은 검찰동일체의 취지와 법리적 근거가 된다.

위의 학설은 모두 나름대로의 합리성을 가지며 검찰동일체원칙의 본질과 근거를 밝히고 있다. 그러나 위의 학설은 대부분 삼권분립을 기초로 하고 있다는 점에서 한계가 있다. 인민대표대회제도를 시행하는 중국에서 검찰기관의 중요한 활동원칙 중 하나가 검찰동일체원칙이다. 그 본질은 검찰기능이 통일적으로 행사되도록 하는 것이다. 그 법리적 근거는 네 가지로 구분된다. ① 효과적으로 범죄를 응징하고 위법행위를 처벌함으로써 법제의 통일과 정확한 시행을 보증한다. ② 인권을 보장하고 수사권과 재판권을 제한하여 절차의 공정성을 수호한다. ③ 소추기준과 법 집행의 기준을 통일하여 법 집행의 법적 효과, 정치적 효과 및 사회적 효과의 통일을 담보하며 국가권력기관에 대하여 전면적인 책임을 진다. ④ 상급 검찰기관의 영도기능을 강화하여 하급 검찰기관이 업무를 수행하는 과정에서 외부의 간섭을 받지 않도록 함으로써 검찰기관이 독립적으로 검찰권을 행사하도록 보장한다.

검찰동일체원칙이 검찰업무의 특징을 구현하지만 대다수 국가의 입법과 달리 중국의 현행법은 아직 검찰동일체원칙을 명확히 하지 않고 있다. 엄격하게 말하자면 검찰동일체원칙은 단지 중국 검찰권 행사의 특징과 요청에 대한 학술적인 해석일 뿐이다. 하지만 중국 검찰업무의 객관적 요구와 검찰제도의 발전방향에서 볼 때 당연히 검찰동일체원칙을 검찰권행사의 기본원칙으로 확립하여야 하며, 중국의 국가사정에 부합하는 검찰동일체 관련 제도를 마련하여야 한다.

4. 검찰동일체원칙의 기본적 의미

세계 각국의 검찰제도는 서로 차이가 있고 검찰동일체원칙도 각 국가별로 구체적인 표현 및 내포된 의미가 일치하지 않는다. 중국에서 법률의 규정과 검찰실무의 현실적 상황에 근거할 때 검찰동일체원칙의 기본적 의미는 다음과 같이 세 가지 내용으로 표현된다.

(1) 상 하급 검찰기관과 검찰관 사이에 상명하복의 영도관계가 존재한다. 검찰조직에서 상급 인민검찰원이 하급 인민검찰원을 영도하고, 상급 검찰관이 하급 검찰관을 영도하고, 최고인민검찰원이 지방 각급 인민검찰원과 전문 인민검찰원을 영도한다는 것을 의미한다. 지방 각급 인민검찰원과 전문 인민검찰원은 최고인민검찰원의 결정을 준수하여야 하고, 하급 인민검찰원은 상급 인민검찰원의 결정을 준수해야 한다. 최고인민검찰원은 지방 각급 인민검찰원과 전문 인민검찰원의 결정을 취소하거나 변경할 수 있고, 상급 인민검찰원은 하급 인민검찰원의 결정을 취소하거나 변경할 수 있다. 인민검찰원 내부에서는 검찰장이 기타 검찰관을 영도하고, 상급 검찰관이 하급 검찰관을 영도하며, 검찰위원회가 해당 검찰원의 소속 검찰관을 집단적으로 영도하는 것을 의미한다.

(2) 각급 검찰기관 사이에는 상호 협력할 의무가 있다. 전국의 각급 검찰기관은 검찰권을 행사하는 통일적 조직체이다. 비록 각 지역의 각급 인민검찰원 및 전문 인민검찰원은 지정된 관할범위가 있지만 검찰직무를 수행함에 있어, 예를 들어 증거수집 등 수사와 강제조치 등을 행할 때 다른 검찰기관의 협력이 필요하여 협력을 요청하는 경우에 해당 검찰기관은 이에 협력할 의무가 있다. 이러한 협력의 방식에는 두 가지가 있다. 하나는 그 역할을 대신하여 수행하는 것이고 또 다른 하나는 직무수행에 협조하는 것이다.

(3) 검찰관 사이 또는 인민검찰원 사이에는 직무상 승계, 이송 및 대리의 관계가 발생할 수 있다. 검찰관의 경우, 어떤 검찰관이 직무를 수행하는 과정에서 사정이 발생하여 그 직무를 계속하여 수행할 수 없거나 당해 직무를 계속하여 수행하는 것이 부적합하다고 판단될 때에는 검찰장 또는 상급 검찰관은 다른 검찰관이 그 직무를 승계하거나 대리하도록 할 수 있다. 이 경우 관련 소송은 계속하여 진행되며 처음부터 다시 진행되는 것은 아니다. 이는 검찰관과 법관의 직무 수행에서 나타나는 중요한 차이점이다. 또한 상

급 인민검찰원은 필요한 경우 하급 인민검찰원이 관할하는 사건을 처리할 수 있고 자신이 처리하던 사건을 하급 인민검찰원으로 하여금 처리토록 할 수 있다. 또한 상급 인민검찰원은 하급 인민검찰원에 사건을 이송하여 처리하게 할 수 있다.

위 세 가지 내용에서 상명하복의 영도관계는 검찰동일체원칙의 핵심적인 내용이며 업무의 협조, 사건의 이송, 승계 및 대리는 검찰동일체원칙의 필연적 요청이자 검찰제도의 중요한 특징이다.

5. 검찰동일체원칙의 적용

검찰동일체원칙을 올바르게 인식하고 적용하는 것은 검찰권 행사의 방식과 검찰체제 개혁의 방향과 밀접한 관련이 있다. 하지만 검찰동일체원칙은 역사적이고 구체적인 것이며 시대와 국가사정의 변화로 인하여 내용상 차이가 있고 이는 서로 다른 제도로 표현되고 있다. 우리는 반드시 실사구시적인 태도로 국가적 상황과 검찰업무의 현실적 상황에 입각하여 중국적 특색의 사회주의제도에 부합하는 검찰동일체 체제 및 업무체계를 연구하고 탐색하여야 하고, 이로써 검찰권의 효율적이며 통일적인 행사를 위한 노력을 해야 한다.

우선, 검찰동일체제와 업무체계를 강화하기 위한 노력은 검찰업무의 규율과 중국의 국가적 상황에 근거하여 점진적으로 추진하여야 한다. 현재 중국 검찰체제가 검찰동일체원칙을 관철하는 데 있어 존재하는 주요 문제는 검찰계통의 검찰동일체화가 약한 반면, 인민검찰원 내부의 검찰동일체화는 강하다는 것이다. 그래서 검찰동일체의 강화는 것은 주로 검찰계통 상 하급 사이의 영도관계를 강화하는 것이어야 한다. 사회 경제적 발전상황으로 보면 중국은 넓은 국토와 많은 인구를 가지며 사회 경제발전의 불균형으로 인하여 검찰동일체의 실행은 필요하면서도 실행에는 많은 어려움이 있다. 정치체제상으로는 인민대표대회제도 아래 검찰기관은 독립성도 갖지만 이와 동시에 영도와 감독을 받고 있기 때문에 검찰의 동일체화와 외부적 영도 사이에는 상충되는 점도 존재한다. 법적 전통으로 보면 사법제도와 소송절차는 대륙법계에 비교적 접근하여 있고 체제상 검찰동일체원칙의 실현을 보장하는 현실적인 가능성도 있지만 객관적인 장애요소도 있다.

검찰계통 내의 동일체화의 진행은 실질적으로 검찰계통의 업무, 인사 및 경비운용 측면에서의 통일적인 영도와 조달을 실행하는 데 있다. 이러한 제도적 설계는 정치체제와 재정제도 등 각 영역의 개혁과 관련되므로 검찰기관의 독자적 추진은 한계를 갖는다.

현재 전국적인 검찰계통의 업무, 인사 및 경비운용의 일체화 추진에는 많은 어려움이 있다. 이에 일부 학자는 분리과세제도에 근거하여 성급 이하 인민검찰원의 수직적 영도체제를 과도기적으로 채택하자고 주장하고 있다. 성급이하 인민검찰원의 수직적 영도체제는 성, 자치구, 직할시 인민검찰원이 동급 당 위원회와 최고인민검찰원의 영도하에 해당 관할 구 각급 인민검찰원의 인원, 업무 및 경비를 통일적으로 관리하는 체제이다. 관할 구 검찰기관은 성급 인민대표대회에 의해 구성되고, 성급 인민대표대회에 대하여 업무상 책임을 지며 그의 감독을 받는다. 이처럼 성급 검찰원을 중추로 하는 검찰동일체제는 중국의 국가상황에 부합되며 검찰동일체화를 강화하는 효과적인 조치이다. 이는 관할 구 내의 인적자원과 재원을 효과적으로 배치토록 하여 중요한 사건을 처리함에 있어 행동의 통일성 확보와 지휘계통상 협조체계를 구축할 수 있다. 그러나 이러한 체제 역시 인민대표대회제도의 개혁에 관련되어 있다.

다음, 검찰동일체는 각급 인민검찰원이 독립적으로 검찰권을 행사토록 하면서 검찰업무의 전반적인 일체화를 강화하는 것이며 상 하급 인민검찰원의 내부기구나 부서 사이의 편면적인 일체화가 될 수 없다. 최근 최고인민검찰원과 지방 인민검찰원은 검찰동일체를 위한 돌파구를 마련하기 위하여 상 하급 인민검찰원의 내부기구와 부서 일체화를 모색하고 있다. 일부에서는 수사, 공소 등 부서에서 시작하여 관련업무의 상 하 일체화를 강화하였다. 현시점에서 이러한 개혁은 전반적으로 긍정적인 효과를 거두었지만, 다른 한편으로는 제도설계와 구체적 방안이 편파적으로 이루어져 각급 인민검찰원의 검찰장과 검찰위원회의 영도를 벗어난 '부처이기주의적 일체화'의 경향이 나타났다. 검찰동일체화는 단순히 부서계통 내의 부분 업무에 관한 일체화가 아니며, 전체로서의 일체화를 부서의 일체화로 변질시켜서는 아니 된다. 한편, 검찰동일체화는 검찰기관의 일체화이지 검찰기관 내부의 각 부서 간의 일체화가 아니다. 또한 상급 인민검찰원의 내부기구와 부서는 해당 하급 인민검찰원의 내부기구와 부서에 대한 업무지도의 책임이 있기 때문에 검찰동일체화는 결국 부서의 일체화를 포함한다. 따라서 각 부서 간의 적절한 일체화는 검찰동일체화를 실현하는 경로와 형식이라고도 한다. 예를 들어 하급 인민검찰원의 수사업무에 대한 상급 인민검찰원의 영도를 강조하는 경우에 부패방지국 또는 독직방지국 등의 부서는 구체적인 업무처리자 내지 집행자이며, 이러한 부서의 일체화는 검찰동일체화를 실현하는 과정이며 검찰동일체화의 강화에 도움이 된다. 동시에 부서일체화로써 검찰기관일체화를 대체해서는 아니 되고 부서가 검찰장과 검찰위원회의 영도를 벗어나서는 아니 되며, 부서의 의견이 해당 인민검찰원의 의견을 대신해서는 아니 된다. 중국의 헌법과 법률이 인민검찰원은 독립적으로 권한을 행사한다고 규정하고 있는 바 이는 업무부서나 검찰관이 독립적으로 검찰권을 행사한다는 것이 아니기 때문이다.

끝으로 인민검찰원 내부에서는 검찰동일체 관련 업무처리체제와 검찰관책임제의 관계를 잘 처리해야 한다. 검찰장과 검찰위원회는 검찰관의 업무에 대한 영도권을 가지며 내부기구 및 그 책임자는 해당 부서의 업무에 대한 영도권을 가진다. 검찰관이 통일적인 영도체제 아래에서 업무를 수행하는 것은 현행 검찰조직법이 확립한 업무체제이다. 이러한 업무체제 속에서 검찰관은 독립적인 지위가 보장되지 않으며 독립적으로 사건을 처리할 권한도 없어 단순히 사건을 처리하는 업무자에 불과하다. 이처럼 지나치게 강화된 검찰동일체 업무체제는 검찰관의 개인적인 책임을 약화시키고 적극성 유발에도 도움에 되지 못하여 사건처리에 있어 효율성을 저하시키고 있다. 최근 전국적으로 실시한 바 있는 '주관검찰관책임제'는 인민검찰원 내부의 검찰동일체 업무체제가 가진 단점을 어느 정도 보완하고 있지만 체제상의 한계로 인하여 주관검찰관책임제의 정착은 매우 불안정하며 경우에 따라서는 제 기능을 발휘하지 못하는 경우도 많다. 따라서 중국의 정치제도나 사법제도 및 관련 원리를 기초로 한 현실적인 조건이나 필요성에 따른 근본적인 원인분석이 필요하다. 검찰관이 어느 정도 또는 어느 범위까지 독립적으로 검찰권을 행사할 수 있는가를 인민검찰원조직법에서 반드시 규정하여야 한다.

VI. 감독을 받는 원칙

검찰기관은 전문 법률감독기관으로서 여러 영역으로부터 감독과 통제를 받는다. 검찰관법 제8조의 규정에 의하면, "검찰관은 법률의 감독과 인민군중의 감독을 받아야 할 의무를 이행하여야 한다." 감독을 받는다는 것은 검찰기관과 검찰관이 검찰권을 행사함에 있어서 견지해야 할 원칙이며 검찰권을 올바르게 행사하는 데 필요한 것이다.

이것은 검찰기관과 검찰관이 스스로 감독을 받을 의무를 이행토록 하는 것일 뿐만 아니라 검찰권을 행사하는 데 필요한 기본적 요청이자 기본원칙이다. 우리는 검찰기관이 감독을 받는 원칙을 수립하고 관철하기 위하여 노력해야 하며 외부적 감독을 업무개선의 계기로 삼고 나아가 감독의 방식과 방법을 개선하여 외부적 감독 특히 일반 대중의 감독이 효과적으로 이루어지도록 해야 한다.

1. 감독을 받는 원칙의 기본적 의미

감독을 받는 원칙은 검찰기관과 검찰관이 검찰권을 행사하는 과정에서 관련 법률과 제도를 준수하고, 검찰기관 외부의 감독과 통제를 받으며, 감독 의견을 주의 깊게 청취하여 이를 반영하는 것이다.[73] 감독을 받는 원칙은 구체적으로 다음과 같은 내용으로 표현된다.

(1) 검찰업무의 공개제도와 절차를 부단히 개선하고 검찰업무의 투명도를 유지 및 강화하여 외부감독에 필요한 조건을 만들어 나가야 한다. 감독을 하기 위해서도 관련 상황에 대한 이해가 필요하며 감독을 받는 다는 것 또한 감독기관이 관련 상황을 충분히 이해하도록 하여야 한다. 투명도가 낮으면 일반 국민은 감독을 행할 수가 없게 된다. 공개성과 감독을 위한 절차가 마련되지 않으면 관련기관의 외부적 감독도 그 기능을 발휘하기 어렵다. 최고인민검찰원이 1998년에 공포한 '전국검찰기관의 검찰업무 공개에 관한 결정'과 2005년에 발포한 '검찰업무의 공개의 강화에 관한 결정' 등은 공개의 범위, 원칙, 방식, 보장조치 등에 대해 명확히 규정하였는 바 검찰개혁을 추진하고 검찰기관의 공정한 법 집행, 사건처리의 선진화, 청렴한 사법 활동 등이 이루어지도록 하였으며, 이는 현실적으로도 실현가능성이 높다. 향후 민주법치건설의 추진 특히 검찰업무의 진전에 따라 새로운 상황을 연구하고 새로운 문제를 해결하며 검찰업무 공개제도의 발전을 끊임없이 추진하여야 한다.

(2) 감독의견을 처리하는 업무절차와 업무체제를 확립하여 감독의견이 효과적이고 신속히 처리되도록 함으로써 검찰에 대한 감독이 검찰기관의 업무방식을 개선하고 업무역량 및 법 집행의 수준을 제고하는 추진력이 되도록 하여야 한다. 검찰기관은 반드시 감독기관의 의견을 처리하는 절차를 확

---

[73] 본 장에서는 검찰권이 국가기능을 수행함에 있어 반드시 지켜야 할 원칙을 소개하였다. 검찰시스템과 인민검찰원내부의 감독은 업무체제와 영도체제의 범주에 속하므로 본 장의 내용에 속하지 않는다.

립하여 사회와 일반 국민의 의견이 검찰업무에 반영되도록 하여야 한다. 감독의 지속성과 효과를 보장하려면 개인의 결심에 의할 것이 아니라 법정절차나 제도에 의거해야 한다.

검찰권이 감독을 받는 것은 국가권력으로서 당연한 요청이며 법에 의거하여 독립적이고 공정하게 검찰권을 행사하기 위한 보장이다. 때문에 검찰기관과 검찰관은 동 원칙을 견지하여야 하며 항상 감독을 받는다는 의식을 수립하여 검찰업무의 투명도를 높이고, 제도적으로 외부적 감독체제 특히 인민감독원제도의 기능이 충분히 발휘되도록 하여야 한다.

2. 감독을 받는 원칙의 법리적 근거

권력의 남용을 방지하고 권력의 올바른 행사를 위한 감독을 받는 원칙의 법리적 근거는 구체적으로 다음과 같은 내용을 포함하고 있다.

1) 모든 권력은 인민에게 속한다.

한편으로 보면 인민은 수권의 방식으로 법정절차를 거쳐 구성된 국가기관과 공무원에게 국가 및 사회의 공공사무를 처리하도록 위탁하고 그 위탁받은 자는 반드시 인민의 의지에 따라 권력을 행사하고 항상 인민의 이익을 위하여 봉사해야 한다. 다른 한편으로, 인민은 여전히 법 규정에 따라 각종 경로와 절차를 통하여 국가사무, 경제 및 문화사무 및 사회사무의 관리에 참여하고 감독하는 권력을 소유한다. 때문에 인민은 국가권력의 행사에 대한 감독권을 가지며 인민단체와 인민의 위탁을 받은 국가기관 및 그 업무수행자 역시 국가권력의 행사에 대한 감독권을 가진다.

2) 감독은 법치시스템의 중요한 부분이다.

국가의 법치시스템은 입법, 법 집행(사법), 준법 및 법률감독 등을 포함하며 이는 동적인 질서이다. 이러한 질서 속에서 법제의 통일과 법률의 보편적 준수를 유지하여야 한다. 법률의 통일적이고 올바른 시행을 위해서는 반드시 법률의 시행에 대한 감독이 필요하다. 다년간의 노력을 거쳐 중국은 중국적 특색의 사회주의 법률감독체계를 확립하였는 바 이는 주로 일반 민중의 감독, 국가권력기관의 감독, 전문기관의 감독, 사회단체의 감독 및 언론매체의 감독 등을 포함한다. 아울러 국가기관 내부에서도 수평적 및 수직적인 감독체제를 확립하였다. 이러한 감독체계는 법률의 통일성, 존엄성 및 권위 수호와 법률의 올바른 시행에 중요한 역할을 하였다. 따라서 국가기관 및 그 구성에 대한 감독을 강화하는 것은 민주적이고 건전한 법제의 발전을 위한 중요한 요소이며 사회주의법치의 중요한 부분이다. 검찰이 감독을 받는 것은 민주집중제의 기본적 요청이다.

3) 감독은 권력 남용과 부정부패를 방지하는 필수 조치이다.

역사적 경험에서 알 수 있듯 권력을 소유한 자는 권력을 남용하기 마련이다. 권력의 남용을 방지하려면 권력으로써 권력을 감독하는 체제와 권리로써 권력을 감독하는 시스템이 존재하여야 한다. 권력의 행사는 동적인 것이다. 권력이 언제나 정상적인 궤도를 따라 행사되도록 하고 권력의 남용, 변질 및 부정부패를 효과적으로 방지하려면 반드시 권력행사의 전 과정에 대한 감독이 있어야 하며, 이는 권력의 수여, 행사 및 그 결과 등에 대한 단계별 감독이 포함된다. 부정부패가 자생하기 쉬운 영역과 단계를 장악하고 권력배분과 행사절차를 개선함으로써 투명도를 제고하고 통제와 감독을 강화하여야 한다. 또한 업적평가체제와 법 집행에 관한 책임제도를 개선하여 권력행사의 결과에 대한 감독을 강화해야 한다.

3. 감독을 받는 원칙의 적용

중국의 검찰권은 법률감독권이다. 이러한 권력이 스스로 어떻게 감독을 받는가 하는 문제가 있다. 제도적으로 검찰권은 감독과 통제의 미비로 인해서 검찰권의 남용과 부패가 초래되기도 하고 감독과 통제가 지나쳐서 검찰권의 독립성이 보장받지 못하는 현상이 발생할 수 있다. 그러므로 검찰권에 대한 감독체제의 확립은 검찰권의 남용과 부정부패가 발생되기 쉬운 단계에서 합리적인 통제체제를 구축하여 검찰권의 적법한 행사를 보장하여야 하고 이와 동시에 검찰권 행사의 독립성을 간섭하고 방해하는 요소를 제거해야 한다.

(1) 검찰권도 감독을 받는다는 인식을 강화하여야 한다.

　검찰기관은 국가의 법률감독기관이고 검찰관은 법률감독을 행하는 국가공무원으로서 그 직무는 타인을 감독하는 것이다. 따라서 타인을 감독하는 습관은 쉽게 형성되지만 다른 사람의 감독을 받기는 어렵다. 그러나 사회주의 정치제도 하에서 모든 권력은 인민에게 속하며 권력의 남용과 부정부패를 방지하기 위해서는 반드시 권력에 대한 감독체계를 수립하여야 한다. 어떠한 기관 또는 어떠한 국가공무원이 어떠한 국가권력을 행사하든 반드시 감독을 받아야 한다. 검찰권도 국가권력으로서 반드시 외부의 감독과 통제를 받아야 한다. 때문에 검찰관은 법에 의거한 감독에 대한 인식을 강화해야 한다. 이러한 인식은 모두 법률감독을 행함에 있어서 중요한 전제조건이다. 중국에서 법률의 시행에 대한 감독은 여러 가지 절차를 통해서 실현된다. 검찰기관의 법률감독 이외에 인민대표대회의 감독, 행정감찰에 의한 감독, 정당에 의한 감독, 여론의 감독, 일반 민중의 감독 및 기타 형식의 감독을 포함한다. 이로써 완비된 감독체계를 구성한다. 검찰기관의 법률감독은 국가감독체계의 중요한 구성부분이며 기타의 모든 감독권을 능가하는 감독권 지상의 감독기관이 아니다. 검찰기관과 검찰관은 감독자임과 동시에 피감독자이다. 스스로 법률감독기능을 발휘함과 동시에 외부로부터의 감독도 받아야 한다. 현대 민주국가에서는 모든 공권력이 감독을 받아야 하며 그 어떤 기관 또는 사람도 감독을 받지 않을 수 없다. 이는 권력의 남용을 방지하기 위한 제도적 요청이며, 권력유한원칙의 필연적 요청이다.

(2) 검찰기관과 검찰관은 검찰권의 독립적 행사 원칙과 감독을 받는 원칙 사이의 관계를 적절히 잘 처리해야 한다.

인민대표대회제도 하에서 인민대표대회에 의하여 성립된 검찰권은 반드시 인민대표대회의 감독을 받아야 한다. 그러나 이러한 감독권은 검찰권의 독립성을 해치지 않는 범위에서 행사되어야 한다. 검찰권의 남용에 대한 통제와 검찰권의 독립적인 행사 사이에서 합리적인 균형점을 찾아야 한다. 검찰권을 독립적으로 행사하는 원칙과 검찰기관이 감독을 받는 원칙 사이의 모순을 제거하기 위하여서는 검찰기관과 국가권력기관 사이의 관계를 잘 처리해야 한다. 인민대표대회의 권력적 특징과 그 권력의 행사방식을 고려하면, 검찰권에 대한 감독의 중심은 인민검찰원 검찰장의 선거권, 파면권, 검찰관의 임면권 등이다. 검찰관의 선발을 엄격히 하여 검찰관법에 부합되는 자를 선발하고, 통일적이고 과학적인 탄핵 및 징계제도를 수립하여 직무위반행위를 감독하여야 하며, 그동안 부실했던 인민대표대회의 검찰기관에 대한 인사 감독과 집행에 대한 감독을 개선해야 한다. 동시에 감독의 중심을 개별사건에 두지 말아야 한다.

(3) 검찰권 외부의 감독과 내부 감독을 결합하여 합리적이고 체계적인 통제체제를 마련해야 한다.

직능상의 감독 등 외부감독에는 책임추궁을 위한 체제와 보장체제가 있다. 인민대표대회의 검찰장 임면과 같은 외부적 감독과 통제는 효과적이며, 외부적 감독으로서 여론의 감독도 정치감독과 직능감독으로 변화될 수 있다. 하지만 일반 국민의 감독 등 사회적 감독은 정치적인 압력이 부족하여 쉽게 소진되고 만다. 이와 관련하여 건실한 책임기제를 확립하여야 하는데 최근 시행된 '고소 및 제소사건 우선 처리 책임제'는 성공적인 사례이다. 외부적 감독과 내부적 감독을 유기적으로 결합해야 그 기능이 최대한 발휘될 수 있고 그에 존재하는 문제점과 결함을 발견하여 신속히 해결하여야 체계적인 감독 및 통제체제를 형성시킬 수 있다.

제도설계상 외부감독과 관련하여 검찰기관의 법률감독기능은 기본적으로

절차적인 감독에 속한다. 즉, 법에 근거하여 개시하고 절차적인 결정을 행함
으로써 감독기능을 발휘한다. 검찰기관은 실체적인 행정처분권이나 사법재
판권을 갖지 못하며 반드시 권력기관 또는 사법기관의 재결을 받아야 한다.
이러한 재결 자체가 법률감독권에 대한 감독과 통제가 되고 있다. 국가감독
체계를 고려하면 감독기능을 가진 부처 사이에는 일정한 감독 및 통제관계
에 있다. 그렇기 때문에 감독기관 자체도 반드시 다양한 외부감독과 통제를
받아야 한다. 외부적 감독 및 통제의 주체를 고려할 때 검찰기관이 받는
외부감독은 주로 다음과 같다.

인민대표대회 및 그 상무위원회의 감독을 받는다. 이는 업무보고에 대한
심사, 인사의 임면, 질문, 특정한 문제의 조사와 결정, 인민대표대회 대표의
체포 시 동의를 받을 것 등을 포함한다. 검찰기관이 인민대표대회의 감독을
받는 것은 인민대표대회제도의 중요한 내용이며 헌법이 정한 기본원칙이기
도 하다. 인민대표대회의 감독은 헌법적 감독이며 국가감독체계에서 가장
높은 단계의 감독이다. 검찰기관은 인민대표대회대표와의 관계를 강화하여
적극적으로 의견과 건의를 청취하고, 인민대표대회 및 그 상무위원회 내부
기구의 감독 관련 의견도 중시하여야 하며 질의, 검사 및 평가를 수용해야
한다.

중국인민정치협상회의(정협이라 한다.)의 민주적 감독을 받아야 한다. 중
국인민정치협상회의는 중국 인민의 애국 통일전선조직이며 정치협상을 위
한 중요한 기구이다. 이는 중국의 정치생활에서 사회주의 민주를 고양하는
중요한 형식이다. 정협은 각 당파, 무당파 인사, 인민단체, 소수민족 및 각
항업의 대표, 홍콩특별행정구 대표, 마카오특별행정구 대표, 타이완 대표,
화교대표 및 특별초청 인사들로 구성되었다. 주요 기능은 정치협상, 민주적
감독 및 의정참여 등이다. 민주적 감독은 국가의 헌법, 법률 및 법규의 시행
을 감독하고 중요한 방침정책을 관철하고 집행하며 국가기관 및 그 업무
집행자의 업무에 대하여 감독하는 것이다. 의정참여는 정치, 경제, 문화 및
사회생활상 중요한 문제 또는 일반 국민이 관심을 가지는 사항에 대하여
조사 연구하고 인민의 의견을 반영하여 협상 및 토론하는 것이다. 조사 연

구의 보고, 제안, 건의 및 기타 방식을 통하여 국가기관에 의견과 건의를 한다. 검찰권을 행사하는 과정에서 검찰기관과 검찰관은 스스로 정협의 민주적 감독을 받아야 하고 정협이 제시한 의견과 건의를 경청하고 수용해야 한다.

일반 군중의 감독과 여론의 감독을 받아야 한다. 검찰업무의 목적은 널리 인민의 지지를 얻는 것이다. 인민의 감독을 받아 검찰업무를 개선하는 것은 검찰과 인민간의 밀접한 관계 유지와 인민의 지지를 얻는 중요한 과정이다. 검찰은 인민 대중의 구체적 이익을 고려하고, 사회적 효과를 고려하며, 인민의 만족 여부를 업무평가의 중요한 기준으로 삼아야 한다. 여론의 감독은 주로 사회적 여론감독과 매체에 의한 여론감독을 포함한다. 이는 신문, 간행물, 방송, 텔레비전, 인터넷 등을 통하여 상황을 반영하고 의견을 표현한다. 검찰에 대한 여론의 감독은 각종 매체가 검찰업무상 존재하는 문제에 대하여 비평과 의견을 제기하는 것이다. 여론의 감독은 광범성, 공개성 및 적시성 등의 특징이 있으며 사회적 영향력이 매우 크다. 검찰기관과 검찰관은 여론감독을 중시하고 이를 업무개선의 원동력으로 삼아야 한다.

공안기관, 인민법원 및 변호사로부터 절차상의 제약을 받는다. 중국의 사법체제에서 인민법원은 국가의 재판기관으로서 재판권을 행사하고 인민검찰원은 국가의 법률감독기관으로서 검찰권을 행사하며 공안기관은 국가의 치안보위기관으로서 수사권을 행사한다. 모두 범죄자를 처벌하고 인권을 보장하며 국가의 법제와 법질서를 수호하는 임무를 맡고 있다. 세 기관의 특징적 성격과 공통된 임무는 형사소송상 업무분담으로 나타나며, 상호 협력하고 상호 견제한다. 세 기관이 서로 견제하는 이외에도 검찰기관은 사회적 감독도 받아야 한다. 이는 당사자의 권리보호와 소송절차의 적법한 진행에도 도움이 된다.

검찰의 업무관리체제

검찰의 업무관리체제는 검찰의 업무관리 목표를 실현하기 위하여 확립된 것이며, 검찰의 업무관리에 관한 내재적 원리와 그 과정의 총화이다. 이는 또한 검찰의 업무관리제도와 관리체제의 동태적 형식과 핵심내용이 되며 중국적 특색을 가지는 검찰제도의 중요한 방식이다.[74] 검찰의 업무관리 목표는 각종 검찰기능이 엄격하고 공정하게 행사되도록 하고 법률감독이 효과적으로 이루어지도록 하는 것이다. 검찰의 업무에 대한 과학적인 관리체제를 확립하기 위하여 현대적 관리학의 기법을 채택하여 업무관리를 개선해 나가야 한다. 이는 중국적 특색을 가진 검찰제도를 확립하는 데 있어 필수적인 것이며,[75] 또한 검찰기관의 법률감독 능력, 법 집행 수준 및 사회적 공신력

---

74) 검찰관리란 검찰활동을 계획, 조직, 영도 및 통제하여 검찰기능을 실현하는 것을 말한다. 그 내용은 검찰업무관리, 검찰대오관리 및 검찰업무보장 등이 있고, 형태에 있어서는 검찰관리제도, 검찰관리기술과 검찰관리관념 등이 포함된다. 편제상의 한계로 두 개의 장으로 검찰의 업무관리체제(제7장)와 검찰관제도(제8장)를 서술하고 검찰업무관리와 검찰대오관리 가운데 중요한 내용에 대하여 논한다.

을 제고하는 객관적 요청이기도 하다.

I. 사건의 관리체제

1. 사건의 관리체제 개설

사건의 관리체제는 검찰의 업무관리체제에서 핵심이 된다. 사건의 관리를 강화하는 것은 검찰업무를 행하는 데 필요한 객관적 요소이다. 사건관리라 함은 검찰기관이 사건을 처리하는 규칙을 제정하고 조직, 계획, 통제 등 관리기능을 운용하여 공정하고 엄격하게 사건을 처리하며 검찰기능을 충분히 발휘할 수 있도록 법 집행 환경을 새롭게 조성하고 사건처리의 수준을 제고하는 등에 관한 종합적인 활동이다.[76) 사건관리체제는 다음과 같은 특징이 있다.

첫째, 사건관리의 주체는 특정된 검찰기관이며 상응하는 업무부처의 영도자 및 상급 검찰기관의 업무주관부서가 관리 직무를 수행한다. 둘째, 사건관리의 대상은 각종 사건인데 검찰기관이 법에 의거하여 처리하는 형사사

---

75) 参见 孙谦: "论检察管理的主体和客体," 载 ≪检察理论研究≫ 1994年 第3期。

76) 관할에 관련된 법률규정에 의하면 검찰기관이 처리하는 사건은 형사사건, 민사사건 및 행정사건을 포함한다. 형사사건은 검찰기관이 형사소송법의 규정에 근거하여 형사수사권, 체포권, 공소권 및 항소권 등 법률감독을 행하는 과정에서 처리하는 사건이며, 구체적으로는 직접 접수하고 수사한 직무상 범죄사건, 공안기관, 국가안전기관, 세관 등 기관에서 이송하여 체포심사하거나 기소 심사한 형사사건, 인민법원의 잘못된 판결에 대하여 제기한 항소사건, 당사자가 제소 또는 배상을 신청하는 형사사건이다. 민사사건은 검찰기관이 민사소송법의 규정에 의하여 민사재판상 감독권을 행사하는 과정에 효력을 갖는 판결이 법률을 위반한 경우에 항소를 제기한 민사사건이다. 행정사건은 검찰기관이 행정소송법의 규정에 근거하여 행정소송상 감독권을 행사하는 과정에서 효력을 갖는 판결이 법률을 위반한 경우에 항소를 제기한 행정사건이다.

건, 민사사건 및 행정사건을 포함한다. 셋째, 사건관리에 관한 조치와 수단은 다양하며 계획, 조직 및 통제 등 직능과 수단을 이용하여 관리할 수 있다. 넷째, 사건관리의 목적은 사건처리의 질적인 수준을 높이는 것이다.

사건의 관리체제는 사건관리의 목표를 실현하기 위하여 형성된 것이며 사건관리에 관한 내재적 원리와 그 과정의 총화이다. 사건관리체제의 확립목적은 사건관리의 목표를 실현하기 위한 것이다. 최근에 이르러 지방 각급 검찰기관은 사건관리체제의 확립방안을 적극 모색하고 있다. 예를 들면, 일부는 사건관리센터를 설립하여 검찰원 내부의 각 업무부서가 처리하는 사건에 대하여 집중 및 통일적으로 관리하고 있으며 일부 검찰원은 공소부서에 법제과(法制科)를 설치하여 전문적으로 공소사건의 절차를 심사하고 있고, 또 다른 검찰원에서는 고소 및 제소를 담당하는 부서에서 사건을 통일적으로 접수하여 사건의 처리를 감독하고 사건의 처리 수준을 평가한다.[77]

이러한 노력은 사건의 관리를 강화하는 데 도움이 되지만 법리적 근거, 관리목표, 관리방식 및 관리내용 등에서 깊이 있는 논의가 필요하다. 검찰의 법 집행 활동을 보다 더 규범화하고 법 집행의 수준과 사건의 처리수준을 높이기 위하여 최고인민검찰원이 1999년에 공포 시행한 '인민검찰원형사소송규칙'은 검찰기관의 형사소송 참여에 관한 절차와 제도를 규정하였다. 2003년 5월에 제정한 '사건의 관리 강화에 관한 규정'은 10개 항의 내용을 포함하고 있다.[78] 2006년과 2007년에는 체포, 기소, 불기소 등 일련의 사건 처리에 관한 기준을 공포하였다. 이것은 모두 새로운 시기에 있어 사건의

---

77) 參見 ≪檢察日報≫ 2004年4月30日, 第三版.

78) 열 가지 내용은 구체적으로 다음과 같다. 첫째, 실사구시로 통계월보를 작성하는 것이다. 둘째, 중대한 사건에 대한 직보제도를 완비한다. 셋째, 사건의 처리상황을 정기적으로 분석 보고한다. 넷째, 처리정보의 심사와 하급에 대한 지도업무를 개선한다. 다섯째, 중대한 사건에 대한 감독을 강화한다. 여섯째, 판례의 편찬사업을 더욱 강화한다. 일곱째, 사건 처리과정을 적극적으로 관리한다. 여덟째, 판례정보의 네트워크 구축을 강화한다. 아홉째, 사건처리의 평가방법을 보완한다. 열 번째, 사건관리에 관한 영도를 강화하는 것이다. 转引自 ≪反贪工作指导≫(总第16辑), 中国检察出版社 2003年版, 第148—150页。

관리를 강화하는 중요한 규범이며, 검찰의 법 집행 활동을 규범화하고 법 집행 수준과 사건처리의 질적 수준을 제고하는 데 있어 중요한 의미를 가진다. 인민검찰원형사소송규칙 및 '사건의 관리 강화에 관한 규정' 등에 의하면 사건의 관리체제에는 주로 사건의 이송, 사건의 처리과정에 대한 관리, 사건의 정보관리 및 중대한 사건의 감독 등 제도가 포함된다.

2. 사건단서의 관리체제

사건단서의 관리체제는 검찰기관이 범죄의 수사업무를 규범화하고 사건단서의 관리를 강화하기 위하여 확립한 제도이다. 사건단서에 관한 관리의 실행은 사건이 있음에도 불구하고 조사거나 처리하지 않고 방치하는 등의 문제를 제도적으로 처리하기 위한 중요한 수단이며 사건단서의 관리에 관한 규범화와 절차화를 촉진하기 위한 수단이다. 주요 내용은 다음과 같다.

1) 사건단서의 등록
직무상 범죄사건의 단서에 대하여는 사건마다 등록하여야 한다. 등록의 내용은 주로 단서의 출처, 고발인과 피고발인의 기본 상황, 고발한 단서의 동향 및 그 처리상황 등이다.

2) 등급분류 및 등록관리
고발, 신고 또는 범인이 자수한 정보에 대하여는 법규에 의거하여 접수하고, 담당자를 지정하여 건별로 등록하고, 등급을 나누어 심사한다. 첫째, 현급 간부에 대한 고발사건은 모두 성급 인민검찰원에 등록하고 이 가운데 금액이 많고 범죄결과가 중대한 사건은 최고인민검찰원에 보고하여 등록한다. 둘째, 청급 내지 국급 이상 간부에 대한 고발은 모두 최고인민검찰원에 등록한다. 셋째, 등록은 수리한 후 7일 이내에 하여야 하며 긴급한 경우에는 등록하기 전에 보고하여야 한다. 넷째, 등록을 접수한 상급 인민검찰원은 즉시 담당자를 지정하여 심사하며 다른 의견이 있는 경우에는 10일 이내에 수사단서를 보고한 인민검찰원에 통지한다.

3) 보존 및 수사대기

조사할 가치가 있지만 수사조건을 구비하지 않은 사건은 보류하고 조사를 기다린다.

4) 사건처리의 독촉

검찰기관의 고발센터가 수사부서로 사건의 단서를 이송할 때 처리상황답변서를 첨부한다. 수사부서는 고발센터가 이송한 사건의 단서를 접수한 후 1개월 이내에 그 처리상황을 고발센터에 회신하여야 한다. 하급 인민검찰원은 상급 인민검찰원이 이송한 사건을 받은 후 3개월 이내에 그 처리상황을 상급 인민검찰원에 회신하여야 한다. 기간이 넘도록 회신이 없으면 고발센터는 처리를 독촉하여야 한다.

5) 정기적인 분석과 정리

사건의 단서를 관리하는 내부부서는 일정 기간 내에 그 단서에 대하여 분석해야 하며, 사건의 단서관리에서 나타난 문제점에 대한 개선 및 보완의견을 제시하여 사건단서의 관리제도를 보완해 나간다.

3. 사건단서의 이송제도

사건단서의 이송제도는 검찰기관과 기율감찰, 회계감사, 공상, 세무, 관세, 국유자산관리 및 안전, 공안, 법원, 사법행정 등 법 집행기관 또는 사법기관이 법정절차에 따라 사건의 단서를 이송하는 제도이다. 현재 적지 않은 규정이 있는 바,[79] 이러한 규정은 사건의 단서를 이송하는 주된 근거가 되며, 그 주요 내용은 다음과 같다.

(1) 검찰기관에 사건의 단서를 이송한다. 법 집행기관 또는 부서는 법 집행 과정에서 관련 행위가 직무상의 범죄를 구성하고 형사책임을 추궁할 필요가 있다고 판단하는 경우 관련 증거와 의견을 검찰기관에 이송해야 한다.

(2) 검찰기관은 이송된 사건의 단서에 대하여 심사 처리한다. 검찰기관은 기타 법 집행기관이 이송한 사건의 단서에 대하여 신속히 심사하여야 한다. 심사를 거쳐 입안 및 수사 여부의 결정을 내리며 사건의 단서를 이송한 기관 또는 부처에 통지를 한다. 입안하여 수사할 것을 결정하면 수사 후의 상황 및 결과를 즉시 사건 단서의 이송기관 또는 부처에 통보하고 불입안 결정을 할 경우에는 결정의 이유를 즉시 사건 단서의 이송기관 또는 부처에 통보하고 관련 자료를 반환하여야 한다. 해당 기관은 동 결정에 대하여 이의가 있는 경우 통보를 받은 날로부터 10일 이내에 검찰기관에 재심을 신청하고, 검찰기관은 신청을 받은 날로부터 30일 이내에 재심 결정을 내려 해당 기관 또는 부처에 통보한다.

(3) 검찰기관의 증거수집에 협조한다. 검찰기관이 입안하여 수사를 하기로 결정한 후 증거의 수집을 위하여 사건의 단서를 이송한 기관 또는 부처에 협력을 요청하는 경우에 해당기관 또는 부처는 이에 적극적으로 협조해야 한다.

(4) 검찰기관이 기타의 법 집행기관 또는 부처에 사건의 단서를 이송한

---

79) 이들 규정은 1987년 최고인민법원, 최고인민검찰원 및 공안부가 제정한 '경제분쟁사건을 심리하는 과정에서 경제범죄를 발견할 경우 신속히 이송하여야 한다는 규정', 1988년 중앙기율검사위원회 및 최고인민검찰원이 공동으로 제정한 '당의 기율검사위원회와 국가검찰기관의 연계제도 건립에 관한 통지', 1988년 최고인민법원과 감찰부가 제정한 '검찰기관과 감찰기관의 사건처리상 긴밀한 협력체제 구축을 위한 임시규정', 1993년 중앙기율검사위원회, 최고인민검찰원 및 감찰부가 공동으로 제정한 '기율감찰기관과 검찰기관의 반부패활동과 상호협력 강화에 관한 규정', 1999년 최고인민검찰원, 공안부, 세관총서 및 국가세무국총국 등 10개 부처가 공동으로 제정한 '배임사건 수사에서의 협력강화를 위한 이송제도에 관한 의견', 2000년 최고인민검찰원, 심계서에서 제정한 '사건이송제도 확립과 업무협력 강화에 관한 통지', 2001년 국무원에서 제정한 '행정집행기관의 범죄혐의사건 이송에 관한 규정', 2006년 최고인민검찰원, 전국경제질서확립및정리영도소조사무실, 공안부 및 감찰부가 공동으로 제정한 '행정집행상 범죄 혐의가 있는 사건의 신속한 이송에 관한한 의견' 등이다.

다. 검찰기관은 사건을 처리하는 과정에서 다른 기관 또는 부처가 관할하는 사건임을 인지한 경우 관련 사건의 단서를 관할권이 있는 기관 또는 부처에 이송하여야 한다. 이때 관련기관 또는 부처는 사건의 처리결과를 신속히 검찰기관에 통보하여 검찰기관이 그에 대한 감독을 행할 수 있도록 해야 한다.

(5) 검찰기관이 다른 기관 또는 부처에 대하여 사건에 관계된 자료를 이송하고 의견을 전달한다. 검찰기관은 사건의 처리과정에서 관련자에 대하여 당원기율처분 또는 행정처분을 내려야 한다고 판단하는 경우에는 관련자료 및 처리의견을 관할기관에 이송하고 관할기관은 처리결과를 신속히 검찰기관에 통보해야 한다. 예를 들면 관련기관이 국가의 재정 또는 재무수지 등 규정을 위반하고 그 행위가 회계감독기관의 관할에 속한 경우, 해당 사건의 단서를 회계감사기관에 이송하여야 하고 회계감사기관은 그 처리결과를 신속히 검찰기관에 통보하여야 한다.

(6) 연석회의제도를 확립한다. 검찰기관은 기타 법 집행기관 또는 관련 부처와 관계를 강화하고 수시로 정보를 교환하는 등 상호협력을 강화하여야 하고 업무상의 필요에 따라 연석회의제도를 이용할 수 있다.

4. 사건의 처리과정에 관한 관리제도

사건의 처리과정에 대한 관리제도는 검찰기관이 사건을 처리함에 있어 규범화, 제도화 및 절차화를 위한 것이며, 사건처리의 질적 수준을 제고하고 사건의 질적 담보를 확보하기 위한 중요한 조치이다. 사건의 성격과 유형이 다르기 때문에 사건 처리과정의 관리제도 역시 사건에 따라 달라진다. 예를 들면 직무상 범죄의 수사사건, 체포비준심사사건, 기소심사사건, 민사 및 행정 항소사건 등은 관리의 구체적 내용과 절차가 다르다. 최고인민검찰원이 1999년에 공포한 '인민검찰원형사소송규칙'은 검찰기관이 직접 수리한 수사사건, 체포비준심사사건, 기소심사사건, 형벌집행 및 고소 고발사건 등의 처리과정에 관한 관리제도를 규정하였다. 최고인민검찰원의 민사행정심판감독절차항소업무잠행규정(1992), 인민검찰원업무규정(1996년), 검찰기관의 탐관오리수뢰 방지 업무에 관한 몇가지 사항의 규정(1999년), 인민검찰원의 민사 행정 항소사건의 공개심사절차 시범규칙(1999년) 등은 고발관련 업무의 처리 및 민사·행정 항소사건의 처리과정을 관리하기 위한 규정이다. 그러나 전체적으로 이러한 규정은 미비점이 많아 실무와도 거리가 있으며 각 지역의 시행방법도 통일되지 않아 검찰기관의 실질적 수요에 적응하지 못하고 있다.

따라서 사건 처리의 과정에 대한 관리제도를 확립하고 사건의 성질에 따라 단계를 나누어 관리하는 것이 중요하다. 첫째, 법률이 규정한 소송절차에 근거하여 과학적인 사건처리의 관리체제를 확립하여야 한다. 둘째, 고발, 입안 수사, 고소, 항소 등 각 단계별 처리에 있어 그 처리규범을 명확히 제정하여야 한다. 셋째, 상급 인민검찰원 특히 성급 인민검찰원은 신속히 각지의 사건처리에 관한 관리상의 경험을 종합하고 해당 지역에서 통일적으로 적용할 관리방법을 제정하여야 한다. 넷째, 최고인민검찰원은 각지의 경험을 종합하여 반뇌물수뢰, 반독직, 수사감독, 공소, 민사 행정소송 등 중요한 업무에 대하여 전국적으로 통일된 관리규범을 제정하여야 한다.

5. 사건의 정보관리제도

사건의 정보에 대한 관리를 강화하는 것은 사건관리의 중요한 부분이다. 사건의 정보관리제도는 다음과 같은 영역에서 실현된다.

1) 통계월보제도

검찰의 통계월보제도는 검찰업무의 각 영역에 관련되며 검찰기관이 매월 처리하는 사건의 상황을 주된 내용으로 하여 상급기관에 사건의 처리 상황을 보고함으로써 상급 영도기관의 정책결정에 도움이 된다. 통계월보제도의 시행은 각급 인민검찰원이 매월 검찰업무의 통계자료 및 분석 자료를 제출함으로써 자문과 감독을 받도록 하는 것이다.

첫째, 통계분석의 보고는 영도기관의 정책결정에 대한 자문 역할을 한다. 이는 정성과 정량의 측면에서 분석하고 예측해야 한다. 여기서 정성분석은 사건을 처리한 경험과 논리적 기초 위에서 조사 연구하는 방식으로 사건의 발생 및 처리를 직관적으로 분석하고 예측하여 사건의 발생 및 미래 동향을 판단한다. 정량분석은 대량의 통계데이터에 의한 추산에 근거하여 사건이 발생한 상황 및 사건의 미래 동향에 대한 분석과 예측이다.

둘째, 정책결정에 대한 감독을 실시하는 것이다. 검찰의 통계업무는 정책결정의 감독과 관련하여 두 가지 측면에서 이루어진다. 하나는 정책결정에 대한 실시상황의 분석 감독을 통하여 신속히 문제를 발견하여 해결하며 정책결정이 부단히 개선되도록 함으로써 사건의 처리방식과 업무처리의 방법을 개선한다. 다른 하나는 정책결정에 관한 실시상황을 분석 감독함으로써 정책결정의 정확성에 대하여 감독 평가하고 그 실시와 관련된 정보를 다시 업무에 반영한다. 부적합한 정책결정을 시정하여 더 큰 정책적 오류를 피해야 한다.

셋째, 검찰통계상의 요청이다. 실사구시를 견지하여 통계자료의 적시성, 정확성 및 완전성을 확보하여야 하고 통계의 조작과 통계법규 및 통계제도의 위반행위를 엄격히 금지하는 것이다. 보고한 통계자료는 반드시 해당 검찰원 책임자의 영도와 심사를 거쳐 작성되어야 한다. 성급 인민검찰원은 매년 한차례 검찰통계에 대한 검사를 실시한다.

2) 중대한 전형사건의 직보제도

원활한 업무처리와 효율성 제고, 상급 검찰원의 하급 검찰원에 대한 영도 강화, 보고업무의 규범화, 제도화 및 과학화를 위하여 최고인민법원은 '하급 검찰원의 최고인민검찰원에 대한 업무보고 및 자료의 보고 이송에 관한 임시규정(1994년)', '검찰정보업무 강화에 관한 통지(1995년)', '의견요청보고 제도 개선 및 강화에 관한 의견(1998년)', '사건관리 강화에 관한 규정(2003년)', '상급 인민검찰원의 하급 인민검찰원 업무에 대한 지도의견(2007년)'

등을 제정하였다. 중대한 전형사건에 대한 직보제도는 다음과 같은 내용을 포함한다.

(1) 보고범위

검찰기관의 등급에 따라 보고범위는 두 가지로 나누어진다. 첫째, 성급 인민검찰원은 다음 다섯 가지 유형의 사건을 처리할 경우 최고인민검찰원에 사건의 처리상황 또는 그 결과를 보고하여야 한다. ① 관련 기록제도와 보고제도의 규정 중 최고인민검찰원에 기록하고 보고해야 하는 사건, ② 최고인민검찰원이 중점적으로 감독하여 처리하는 사건, ③ 전국 또는 당해 지역에 중대한 영향을 미치고 언론매체가 중시하는 사건, ④ 인민검찰원이 직접 입안 수사하는 현급 이상 간부의 범죄사건 가운데 취소사건, 불기소를 결정한 사건 및 인민법원이 무죄를 선고한 사건, ⑤ 최고인민검찰원이 보고를 요청한 기타 사건 등이다. 둘째, 지방 각급 인민검찰원이 중대한 전형사건을 처리할 경우에는 처리상황과 그 결과를 즉시 상급 인민검찰원에 보고하여야 한다. 중대한 전형사건의 범위는 관련 기록제도와 보고제도에 의하여 정한다.

(2) 보고내용

보고의 내용과 요청사항은 다음과 같다. ① 주요 내용에는 사건의 이유, 사건의 상황, 처리의견, 법적 근거 및 기타 보고가 필요한 사항이 포함된다. ② 보고가 요구하는 사항은 다음과 같다. 첫째, 정확성, 전면성, 적시성, 비밀유지 및 안전성이다. 둘째, 각급 단계를 거쳐 보고하여야 하고, 특별한 사유로 인해서 단계를 생략하고 보고한 경우, 보고를 생략한 검찰원에도 보고서 사본을 제출하여야 한다. 셋째, 하나의 보고서에는 하나의 사건만을 기록하여야 한다. 넷째, 최고인민검찰원에 의견을 요청한 사건은 반드시 사실관계가 명백하고 증거가 확실하여야 하며 검찰위원회의 토론 등을 거쳐야 한다.

(3) 관련사항

관련 주의사항은 다음과 같다. ① 팩스이용 시 비밀번호를 설정하여야 한다. ② 상황이 위급할 시에는 비밀규정을 위반하지 않는 한도에서 전화를 사용할 수 있다. ③ 상급 인민검찰원은 사건 관련 보고 자료를 받은 후 즉시 영도자에게 보고하고 전담자를 지정하여야 하며 회신이 필요한 사건은 즉시 회신해야 한다.

3) 사건의 처리상황에 대한 정기적인 분석과 보고제도

사건의 정기적인 분석과 보고제도를 확립하는 것은 사건처리의 질적 수준을 보장하는 중요한 절차이고 조치이다. 주요 내용은 다음과 같다. ① 각급 검찰기관은 당해 지역 내의 검찰기관이 일정 기간 동안 처리한 형사사건, 민사사건 및 행정사건 등 모든 사건을 분석하여야 한다. ② 지방 각급 인민검찰원은 매 분기마다 당해 지역 내의 검찰기관이 처리한 사건의 전체 상황을 종합하고 분석하여 상급 인민검찰원에 보고하여야 한다. 보고의 주요 내용은 사건처리의 일반적인 상황, 질적 수준의 분석, 사건발생의 특징과 규칙성의 분석, 사건처리의 체계와 법 집행의 문제에 대한 분석, 사건처리 과정상의 경향성에 대한 대책과 건의 등이다. ③ 주의사항은 다음과 같다. 먼저, 전면적이고 정확하며 생동감 있게 분석하여 관료주의, 형식주의 및 문서주의를 극복해야 한다. 다음, 분석은 대상이 명확해야 하고 형사, 민사 및 행정사건을 구분하여 분석하여야 한다. 제시하는 대안과 건의는 법률규정 내지 실제상황에 부합하여야 하고 참신성과 예측성이 있어야 한다. 끝으로 비밀에 관한 사항은 법률, 법규 및 관련규정에 근거하여 국가의 비밀안전이 확보되도록 해야 한다.

4) 사건처리에 관한 정보심사와 하급기관에 대한 지도

이는 최고인민검찰원이 지방 각급 인민검찰원을 영도하고 상급 인민검찰원이 하급 인민검찰원을 영도하는 중요한 수단이다. 사건처리에 관한 정보의 심사와 하급기관에 대한 영도는 사건의 정기적인 분석 및 보고제도와 비슷한 점이 있다. 예를 들면 사건과 사건관련 상황을 대상으로 한다는 점에서 동일하다. 다른 점이라면 양자의 중시 내용이 다르다는 것이다. 이 제도의 주요 내용은 다음과 같다. ① 상급 인민검찰원의 연구실은 매 분기마다 하급 인민검찰원이 보고 및 이송한 사건처리의 전반적인 상황에 대하여 종합적으로 분석하고 소속 검찰장 또는 검찰위원회에 분석보고서를 제출한다. 이는 검찰장과 검찰위원회가 사건처리 상황을 이해하고 최고인민검찰원과 성급 인민검찰원이 지방 검찰원 또는 하급 검찰원에 대하여 거시적인 지도를 하는 데 도움이 된다. ② 검찰위원회는 보고를 청취할 경우 사건의 처리과정에 존재하는 문제점과 하급 검찰기관의 보고에서 나타난 보편적인 문제점을 연구 해결하고, 신속하게 관련 규정과 지도의견을 제시하여 하급 검찰원의 사건처리에 대한 거시적인 지도를 강화하여야 한다. ③ 상급 인민검찰원의 연구실은 하급 인민검찰원이 보고 및 이송한 사건처리의 전체상황 또는 관련 업무의 상황에 대하여 신속하게 분석하여 보고서를 작성하되 분석보고서는 내용이 정확하고 요점이 명확해야 한다.

6. 중대한 사건의 감독제도

중대한 사건에 대한 감독제도는 상급 인민검찰원이 하급 인민검찰원의 업무에 대하여 영도를 강화하는 중요한 경로이며 수단이다. 그 실질은 '특수한 사건은 특수하게 처리한다'는 원칙으로 주요 내용은 다음과 같은 내용이다. ① 각급 인민검찰원은 중대사건의 감독체제를 강화하고 지속적인 개선을 해 나가야 한다. ② 상급 인민검찰원은 감독범위에 속한 사건에 대하여 감독 및 검사를 강화하고 정기적으로 주관기관을 통하여 상황을 이해한다. ③ 성급 인민검찰원은 최고인민검찰원이 중점 감독하고 있는 사건에 대하여 매 2개월마다 처리상황 또는 그 결과를 보고하고, 중요한 사건의 진전 상황과 결과를 수시로 보고하여야 한다. ④ 최고인민검찰원 사무처는 감독사건의 상황을 종합하고 정기적으로 각 성급 인민검찰원에 통보하여야 한다.

II. 검찰업무 정책결정체제

1. 검찰업무 정책결정체제 개요

검찰업무에 관한 정책결정체제는 검찰업무 관리제도의 중요한 구성부분이다. 검찰업무에 관한 정책결정은 검찰기관이 법률감독을 효과적으로 수행하고 검찰직무의 목표를 실현하기 위하여 과학적 이론, 방법 및 수단을 이용하여 직무수행에서 요구되는 최적의 업무방안을 수립, 선택 및 시행하는 종합적인 활동이다. 그 주요한 특징은 다음과 같다.

1) 강한 실천성과 완벽한 과정성

검찰업무에 관한 정책결정의 기본적인 임무는 검찰업무의 실천상 문제를 해결하는 것이며, 이는 검찰의 법 집행 임무를 완성하는 것을 비롯하여 업무수행 과정에서 부딪히는 문제의 해결 등을 포함한다. 즉 정책결정 활동은 검찰의 법 집행 활동과 긴밀히 연계되어야 하고 실천에 착안하여 문제의 해결에 도움이 되어야 한다. 또한 정책결정의 실질은 여러 가지 가능성 가운데 하나의 이상적인 방법을 선택하는 것으로서 일정한 절차와 순서에 따라야 하는 바, 검찰업무의 정책결정 목표를 확립하고 정책결정의 실시방안을 선택하고, 결정된 정책의 실행을 시정하고 통제하는 것을 포함하는 것으로서 일정한 과정이 필요하다. 따라서 정책결정은 검찰의 법 집행상의 각종 요소를 충분히 고려하여야 하고 법 집행상의 필요와 실현가능성과의 관계를 충분히 비교하여야 한다.

2) 엄격한 규범성과 고도의 시효성

검찰기관은 법률의 통일적이고 올바른 시행에 대한 신성한 책임을 지고 있다. 법 집행 활동은 모두 국가의 강제력을 바탕으로 하며 반드시 법과 규범에 의거하여야 하고 자의적으로 행하여서는 아니 된다. 이와 동시에 검찰업무의 정책결정 절차도 반드시 규범화되어야 하고 정책결정의 형식, 내용 및 효력도 규범화되도록 해야 한다. 또한 사회, 정치 및 경제적 상황의 변화와 더불어 검찰업무에 영향을 주는 여러 가지 요인들도 변화하게 되는데, 특정한 시대적 상황과 임무에 따라 검찰업무의 정책결정은 반드시 변화되고 시의성이 있어야 한다. 이렇게 함으로써 비로소 정책결정의 교착 또는 지연 등의 문제를 방지할 수 있다.

검찰업무상의 정책결정체제는 검찰기관이 업무상의 정책결정 목표를 실현하기 위하여 확립한 것이며 각 정책결정의 내재적 원리 및 그 총합이다. 이는 검찰업무관리의 범주에 속한다. 검찰업무의 정책결정에 관한 체제를 확립하는 목적은 정책결정에 관한 활동을 규범화하고 정책결정의 수준을 제고하며 사업목표의 실현을 확보하기 위해서이다. 인민검찰원조직법의 규정에 의하면 검찰장이 통일적으로 검찰원의 업무를 영도한다. 각급 인민검찰원은 민주집중제를 실행하는 검찰위원회를 설립하고 검찰장의 주재하에 중대한 사건과 기타 중대한 문제에 대하여 논의하고 결정한다. 검찰장이 중대한 문제에서 다수의 검찰위원회 위원의 의견에 반대할 때에는 해당 인민대표대회 상무위원회의에 보고하여 결정토록 한다. 2008년 2월에 통과한 인민검찰원검찰위원회조직조례 제14조의 규정에 의하면 지방 각급 인민검찰원 검찰장이 중대한 사건을 처리함에 있어서 다수의 검찰위원회 위원의 의견에 반대할 경우에는 상급 인민검찰원에 보고하거나 해당 인민대표대회 상무위원회에 보고하여 결정한다. 해당 인민대표대회 상무위원회에 보고할 경우에는 상급 인민검찰원에도 보고하여야 한다. 이로써 검찰기관은 업무의 성격, 정책결정 효력의 차이 등을 기준으로 이에 상응하는 정책결정체제를 확립하였다.

최근 검찰기관은 법 집행 환경의 변화, 사법공정의 실현과 보장을 바라는 국민의 강렬한 요구 등에 근거하여 현행 검찰업무 정책결정체제의 기반 위에서 개혁을 모색함으로써 정책결정체제의 개선에 어느 정도 성과를 거두었다. 그 성과는 주로 다음과 같다. 첫째, 검찰위원회의 정책결정기능에 대한 내실을 기하였다. 1998년부터 최고인민검찰원은 검찰위원회의 의사결정 수준과 효율을 높이기 위하여 '최고인민검찰원검찰위원회의사규칙', '최고인민 검찰원의 검찰위원회 업무개선과 강화에 관한 통지', '최고인민검찰원의안표 준(시행)', '최고인민검찰원 검찰위원회 비서처 업무규칙(시행)', '최고인민검 찰원의 결정사항에 대한 실행 감독에 관한 통지', '인민검찰원검찰위원회조 직조례'등을 공포하였다. 둘째, 정책결정 보조기구를 확립하였다. 검찰업무 관련 정책의 결정상 전문가의 능력이 발휘되도록 하기 위하여 정책결정의 과학화 수준과 민주화 정도를 제고하고 최고인민검찰원 및 지방 각급 인민 검찰원에 전문가 자문제도를 확립하여 정책결정 보조기구인 전문가자문위 원회를 설립하여 정책결정을 보조하도록 하였다. 셋째, 검찰관 사건처리 책 임제를 개혁하였다. 검찰관이 검찰업무를 수행하는 과정에서 능동성을 발휘 하도록 하기 위하여 각 지역 검찰기관은 검찰관 사건처리 책임제를 시행하 고 있는 바, 일반사건의 처리에 있어 일정한 처분의 결정권을 부여하여 정책 의 결정체제를 더욱 발전시켰다.

2. 검찰업무의 정책결정 절차

검찰업무의 정책결정 절차는 검찰의 정책결정과정 또는 정책결정단계라 부르며 다음과 같은 단계가 있다.

1) 검찰업무 정책결정 목표의 확립

이는 검찰업무상 정책결정의 시작단계로서 검찰기관 영도부문 및 영도자 가 정책결정을 행할 때 우선적으로 해결하여야 할 과제이다. 정책결정의 목 표를 확립할 경우에는 우선 검찰의 법 집행 활동상의 문제를 발견하는 것이 다. 여기의 '문제'란 검찰업무의 수행상 존재하는 모순을 말하는 바 검찰의 법 집행 결과의 기대 수준과 현실 사이의 거리를 말한다. 문제를 발견하는 전제는 검찰업무와 국민의 검찰기관의 공정한 법 집행 및 사회의 공정성 수호에 대한 요구 사이의 차이를 인식하는 것이고, 더욱이 이러한 차이 상황에서 문제를 발견해야 한다. 문제의 발견은 오직 검찰업무상 정책결정 목표를 확립하는 첫걸음이다. 이러한 문제가 발생된 원인을 분석하고 해결함으로써 도달하려는 목표를 확립하여 검찰업무의 정확한 방향을 제시해야 한다. 검찰기관의 법 집행 활동의 다양성과 복잡성으로 인하여 법 집행 중에 정책결정에 영향을 주는 요인도 각기 다르게 나타난다. 예를 들면 일부 지방의 검찰기관이 직접 접수하여 수사한 사건을 처리하는 과정에서 직원의 과오로 사건 처리상 사고가 발생하면 당사자 가족의 반응은 격렬할 것이며 사회 각계의 반응도 상당할 것이다. 이는 최고인민검찰원의 사건처리상의 안전 도모라는 일관된 요구에 위배된다. 각지의 상황을 종합한 내용이 최고인민검찰원에 도착한 후 최고인민검찰원 주관부서는 즉시 이를 분석을 하여 그 원인을 찾아 예방대책을 제시하고 회의를 통해 또는 문서의 형식으로 영도자에게 건의하며, 각지의 법 집행 사상을 통일하고 각지에 안전한 사건처리와 사건처리 중 사고예방을 요청하여야 한다. 여기서 문제는 사건처리상 사고의 발생으로 안전한 사건처리라는 요청을 위반하였는데, 이러한 경우 검찰업무상 정책결정의 '목표'는 사건을 처리함에 있어 사고의 발생을 방지하고 단절하는 것이다.

2) 검찰업무 정책결정 방안의 제정

검찰업무상 정책결정의 방안은 검찰기관이 정책결정 목표에 근거하여 설계한 업무활동의 방안으로서 정책결정 목표를 실현하는 전반적인 계획이다. 검찰업무상 정책결정의 방안을 제정하는 것은 정책결정 활동의 두 번째 단계로서 검찰업무활동의 핵심적 내용이다. 검찰업무상 정책결정의 방안은 다양한 시각에서 검찰업무상의 정책결정 목표를 실현하는 절차, 단계 및 방법을 규정하고 있다. 일반적으로 검찰기관의 관련 종합부서와 업무부서에서 정책결정자가 정한 목표에 근거하여 지혜를 모아 여러 가지 방안을 강구하고 이를 제시하여 정책결정자가 선택하도록 한다. 정책결정 방안의 질과 양이 검찰정책결정의 효과에 직접적으로 영향을 주기 때문에 검찰정책결정 방안을 제정할 때에는 사회·정치·경제 등 여러 가지 요소를 고려하고 검찰업

무의 목표와 실현 가능성을 비교하여 과학적으로 장점과 단점을 분석하고
상세한 방안을 제시해야 한다.

3) 검찰업무 정책결정 방안의 선택

이는 검찰업무상 정책결정 활동의 세 번째 단계이며 또한 핵심적인 단계
이다. 여기서는 다음과 같은 내용을 중점적으로 다루어야 한다. 첫째, 표준
을 명확히 하여야 한다. 검찰업무의 정책결정자는 우선 표준을 제정하여 다
양한 정책결정 방안에 대하여 평가하고 그 중 우수한 것을 선택해야 한다.
이 표준은 법 집행상 최고의 가치, 가장 바람직한 효과, 실현가능한 목표
등을 평가하고 선별한다는 전제하에서 종합적으로 결정해야 한다. 둘째, 정
확하고 우수한 것을 선택해야 한다. 전반적인 국면을 파악하고 경험적 판단
과 시범적 적용 및 수학적 분석방법을 활용하여 각종 정책결정 방안의 초안
을 면밀히 살피고 장점과 단점을 비교하여 가장 우수한 것을 선정한다. 셋
째, 예비방안을 선정해야 한다. 정책결정 방안을 평가하고 선택한 후에는
검찰업무가 달성할 예상목표를 고려해야 할 뿐만 아니라 선택한 방안의 잠
재적인 문제점도 분석하여 발생 가능한 위험에 대하여 즉각 대응할 수 있는
예비방안을 제정하여야 한다.

4) 검찰업무 정책결정 방안의 실시

검찰정책결정의 실시는 정책결정 방안을 현실화하는 과정이다. 이 과정
에서 새로운 상황 또는 새로운 문제에 직면하는 것을 피할 수는 없으므로
이러한 새로운 문제와 상황에 대한 연구와 분석을 중시하여 정책결정 방안
을 완성해야 한다. 검찰 정책결정 방안의 실시는 실사구시적인 태도로 종합
적인 고려, 선명한 논점, 미래 예측 등의 원칙에 따라 실시계획을 제정한다.
실시계획을 제정하는 것은 정책결정 실시의 시작이며 검찰업무 정책결정의
목표를 실현하는 전제가 되고 정책결정 실시자원을 합리적으로 배치하는 중
요한 조건이다. 실시과정을 조직 구성할 때에는 다음과 같은 사항을 확실히
하여야 한다. 우선 엄밀하게 조직해야 한다. 검찰업무의 현실을 반영하여

조직을 확정하고 직무를 명확히 하고 충실히 실시해야 한다. 다음으로 정확한 지휘가 있어야 한다. 지휘기능을 정확히 발휘하여 정책결정의 목표 실현이 각급 검찰기관 영도자와 기타 업무부서 및 기타 구성원들의 자각적인 행동으로 이어지도록 하고 정책결정체제의 각 단계가 효과적이고 조화롭게 운용되어 검찰업무가 양호한 상태로 유지되게 하여야 한다. 마지막으로 즉각적인 협력이 필요하다. 정책결정체제의 운용상 생기는 문제에 대하여 즉각적으로 협상하고 조율하며 관리과정상의 모순을 제거하고 실시자원을 통합하여 정책결정 실시상의 효율성을 제고하여야 한다.

5) 검찰업무 정책결정의 시정과 통제

이는 검찰업무의 정책결정 과정에서 중요한 단계이다. 검찰업무상 정책결정의 실시를 담보하기 위해서는 실시과정에서 발생하는 문제를 즉시 점검해야 한다. 일단 문제를 발견하면 즉시 시정하고 정책결정의 실시를 효과적으로 통제해야 한다. 실무상 시정 및 통제가 필요한 문제는 주로 네 가지가 있다. 첫째, 정책결정의 목표가 현실에 부합하는가와 검찰의 법 집행이 기대한 목표에 도달할 수 있는가 하는 것이다. 만약 목표를 실시할 수 없다면 즉각적으로 조정해야 한다. 둘째, 정책결정의 실시 수단이 정확한지를 파악해야 한다. 검찰기관의 법 집행 규칙과 요청에 부합하지 않으면 즉시 시정해야 한다. 셋째, 검찰의 정책결정 실시능력이 갖추어져 있는지 보아야 한다. 만약 능력이 충분하지 못하다면 정책결정의 목표를 실현할 수 없기 때문에 이를 조정하고 충실히 하여야 한다. 마지막으로, 정책결정의 내용이 실제에 부합하는지를 보아야 한다. 정책결정 시점의 객관적 상황과 주관적 상황이 변화되었다면 또는 정책결정의 내용과 검찰의 법 집행의 실제 상황이 다르다면 부정적인 영향을 미칠 수 있기 때문에 정책결정의 내용을 즉시 조정하고 방안의 결함을 보완하여야 한다.

3. 검찰업무 정책결정의 방식

관련 법률규정과 검찰의 권한에 의하면 검찰업무상 정책결정을 실행함에 있어 다음과 같은 몇 가지 방식을 채택할 수 있다.

1) 검찰위원회의 정책결정체제

검찰위원회의 정책결정체제는 중대 사건과 중요한 문제의 정책결정체제 라고도 한다. 검찰위원회가 검찰업무 정책결정권을 행사하며, 주요 내용은 다음과 같다.

(1) 정책결정의 주체

검찰위원회는 정책결정의 최고권력기구로서 정책결정의 주체이다. 일상 적인 업무는 검찰위원회의 업무기구 또는 전임직원이 담당한다. 각급 인민 검찰원의 검찰위원회는 당해 검찰원의 검찰장, 부검찰장, 검찰위원회 전임 위원 및 기타 내부기구의 책임자로 구성된다. 검찰위원회의 위원은 검찰관 의 자격을 갖추어야 하며 인원수를 보면 최고인민검찰원은 17명에서 25명; 성, 자치구, 직할시 인민검찰원은 13명에서 21명; 성, 자치구, 직할시 인민 검찰원의 분원과 자치주, 성할 시의 인민검찰원은 11명에서 19명; 현, 시, 자치현, 시할 구의 인민검찰원은 7명에서 15명이다. 그리고 각급 인민검찰 원위원회의 위원 수는 홀수로 하여야 한다. 검찰위원회가 최저 인원기준에 달하지 못했을 때에는 상급 인민검찰원에 보고해야 한다. 검찰위원회 위원 의 권한과 의무는, ① 검찰위원회 회의에 참여하고 회의에서 논의한 주제에 대하여 의견을 발표하고 의결권을 행사한다. ② 검찰장의 허가를 받은 후 검찰위원회에 의제를 제출하거나 재논의를 신청한다. ③ 검찰장 또는 검찰 위원회의 지명을 받아 검찰위원회의 결정 사항에 대한 실시현황을 감독 검 사한다. ④ 검찰장 또는 회의 주재자인 부검찰장의 허가 없이 결석하여서는 아니 된다. ⑤ 검찰위원회의 의사규칙과 업무제도를 준수한다. ⑥ 국가기밀 과 검찰업무상의 비밀을 지켜야 한다. 검찰위원회 전임위원의 기타 직무는 별도의 규정을 둔다. 검찰위원회의 업무기구가 가지는 권한은, ① 검찰위원회의 논의에서 제기된 안건 또는 자료가 필요한 요건에 부합되는지를 심사한다. ② 이미 제출한 안건 또는 사항에 대하여 법률적 의견을 제출한다. ③ 논의에서 제기된 유관 검찰업무의 조례, 규정, 규칙, 지침 등에 대하여 의견을 개진한다. ④ 검찰위원회 회의의 공지, 회의록 및 회의 자료를 정리한다. ⑤ 검찰위원회에서 결정한 사항을 감독한다. ⑥ 검찰위원회에서 지정한 기타 관련 업무의 처리 등이다.

(2) 정책결정의 원칙

검찰위원회에서 토론하는 문제의 결정은 소수가 다수에 복종하는 민주집중제원칙을 시행한다. 구체적으로 다음과 같이 실현된다. ① 검찰위원회의 회의는 반드시 전체위원의 과반수인 경우에만 소집되고 전체 위원 중 과반수의 동의가 있어야 결정을 내릴 수 있다. ② 위원들의 의견이 크게 갈리는 경우에 검찰장은 표결에 붙이지 않고 다시 심의할 수 있다. ③ 검찰위원회에서 관련 문제를 논의할 경우 당해 검찰원 또는 하급 인민검찰원의 관계자가 회의에 참석할 수 있다. ④ 검찰위원회에서 안건을 토론하고 결정할 때 법적인 회피사유에 부합되는 위원은 회피를 신청하거나 검찰장의 결정에 의해 회피되어야 한다. 검찰장의 회피는 검찰위원회에서 결정한다. ⑤ 지방 각급 인민검찰원 검찰장이 중대한 안건을 토론할 경우 검찰위원회의 다수의견에 반대하는 경우에는 상급 인민검찰원에 보고해야 하고, 중대한 문제를 토론할 경우 검찰위원회의 다수의견에 반대하는 경우에도 상급 인민검찰원 또는 해당 인민대표대회 상무위원회에 보고해야 한다. 해당 인민대표대회 상무위원회에 보고할 경우에는 상급 인민검찰원에도 보고해야 한다. ⑥ 하급 인민검찰원이 상급 인민검찰원 검찰위원회의 결정에 반대의견이 있을 때에는 재논의를 신청할 수 있다. 상급 인민검찰원은 재논의 신청을 받은 후 1개월 내에 검찰위원회 회의를 소집하여 다시 결정해야 한다. 재논의 결과 명백한 오류가 있으면 즉시 시정하여야 한다.

(3) 정책결정의 임무

검찰위원회의 임무는 중대한 안건과 문제를 토론하는 것이다. 구체적으로는 다음과 같다. ① 검찰업무 가운데 국가의 법률, 정책 및 당해 인민대표대회 및 그 상무위원회가 결의한 중대한 문제를 심의 결정한다. ② 당해 인민대표대회 및 그 상무위원회에서 심의한 업무보고, 특별보고 및 의안을 심의한다. ③ 검찰업무상의 경험과 검찰업무의 새로운 상황, 새로운 문제 등을 종합한다. ④ 최고인민검찰원의 검찰위원회는 검찰업무상 구체적인 법률의 적용에 대한 해석, 업무규정, 규칙, 방법 등을 심의한다. 성급 이하 인민검찰원은 당해 지역 검찰업무의 규정을 심의한다. ⑤ 중요하고 복잡한 사건을 심의한다. ⑥ 하급 인민검찰원에서 재논의를 신청한 사항을 심의하고 결정한다. ⑦ 당해 인민검찰원의 검찰장, 공안기관의 책임자에 대한 회피를 결정한다. ⑧ 기타 검찰위원회에서 심의하여야 할 필요가 있는 사항이다.

(4) 정책결정의 방법과 절차

검찰위원회가 정책을 결정할 때는 일반적으로 다음과 같은 세 가지 방법을 채택한다. ① 검찰위원회 회의를 소집하여 중대한 안건에 대한 해결방법을 모색하고 검찰업무상 직면한 상황, 임무 또는 문제를 논의하여 상응하는 대책과 필요한 조치를 결정한다. 검찰위원회는 정기적으로 회의를 소집하며 특별한 이유가 있는 경우에는 회의를 앞당기거나 미룰 수 있다. 그 구체적인 절차는 다음과 같다. 첫째 의제의 초안 및 서면 보고서의 제출이다. 검찰위원회에서 토론해야 할 의제는 담당 부서 또는 담당자가 초안 및 서면보고서를 작성 제출한다. 둘째, 심의에 회부할 것을 비준한다. 의제의 초안과 서면보고서는 부검찰장의 동의를 거친 후 검찰장의 비준을 받아 검찰위원회의 심의에 제출한다. 셋째, 회의를 진행한다. 검찰위원회 회의는 검찰장이 주재하고 소집하지만 검찰장이 출석하지 못할 경우에는 부검찰장에게 위임하여 회의를 진행한다. 넷째, 결의와 결정을 보고한다. 검찰장의 위임을 받고 회의를 주재한 부검찰장은 회의가 끝난 뒤 즉시 검찰장에 대하여 회의의 결과와 결정사항을 보고하여야 한다. 위원들의 의견대립이 심한 사항은 검찰장에 보고하여 결정한다. ② 널리 의견을 구하여 정책결정을 한다. 최고 인민검찰원 또는 상급 인민검찰원이 정책결정을 할 경우에는 우선 예비 방안을 마련한 후에 하급 인민검찰원의 의견을 구하고 각 의견을 분석한 후 공식적인 정책결정을 한다. ③ 문서의 회신을 통하여 정책결정을 한다. 최고인민검찰원을 포함하여 상급 인민검찰원은 하급 인민검찰원이 제기하고 보고한 업무상의 애로나 문제점을 분석하고 연구한 후 서면의 형식으로 회신하고 결정된 정책사항을 집행하도록 요청한다.

(5) 정책결정의 효력

검찰위원회의 정책결정은 법적 효력을 가진다. 검찰장과 기타 검찰관은 철회할 권한이 없다. 검찰위원회에서 결정을 내린 후 상황에 따라 검찰원 또는 검찰장의 명의로 정책결정을 공포한다.

(6) 정책결정의 실시 및 감독

지방 각급 인민검찰원과 최고인민검찰원에 설치된 각 부문은 최고인민검찰원 검찰위원회의 결정을 반드시 집행하여야 한다. 이의가 있을 때는 통지를 받은 후 15일 이내에 서면으로 최고인민검찰원 검찰위원회에 재논의를 신청하여야 한다. 지방 각급 인민검찰원과 최고인민검찰원에 설치된 각 부문은 재논의 후의 결정사항을 반드시 집행해야 한다. 검찰위원회 사무처는 최고인민검찰원 각 부문의 검찰위원회 결정사항의 집행을 감독하고 반년마다 최고인민검찰원 검찰장과 검찰위원회에 보고해야 하며, 중대한 문제가 있으며 즉시 보고해야 한다. 최고인민검찰원 각 부문은 검찰위원회의 결정을 지도 감독하며 검찰위원회가 결정을 내린 후 2개월 이내에 결정의 집행 상황을 검찰위원회 비서처에 보고하여야 한다.

2) 검찰장 정책결정체제

검찰장에 의한 정책결정체제는 일반사건과 일상적인 업무에 대한 정책결정체제로도 불린다. 인민검찰원조직법 등의 법률에 의하면 검찰장은 업무의 원활한 집행을 보장하고 정책결정의 효율을 제고하기 위하여 법정 권한에 따라 세 가지 절차를 통하여 업무상의 정책결정을 할 수 있다.

(1) 일상에서 파악한 정보와 자료에 근거하고 본인의 지혜 또는 경험을 활용하여 분석 연구하여 정책결정행위를 한다.

(2) 검찰장이 관련 인력을 이용하여 선행조사 및 연구를 진행토록 하고 하급 검찰기관을 포함한 유관부문에 의견을 구한 후 각계의 의견을 종합하여 정책을 결정한다. 정책결정의 실행 과정에서 검찰장은 일반사건과 일상적인 업무에 대하여 통일적으로 영도하고, 부검찰장은 책임을 분담하고 검찰장의 정책 집행에 협력해야 한다. 이에는 범죄용의자에 대한 입안과 수사의 결정, 범죄용의자 또는 피고인의 체포에 관한 비준, 공소제기, 재판에 대한 항소 등 일반사건과 일상적 업무관리에 대한 정책결정을 포함한다. 내부의 업무부서는 검찰원의 영도와 분업원칙에 따라 검찰장의 결정이 필요한 사항에 대하여 담당자가 처리의견을 제시하고 부서의 책임자가 심사하거나 업무부서가 토론한 후 검찰장에게 제출하고 검찰위원회에서 결정한다.

(3) 검찰장이 직접 사건을 처리한다. 부검찰장을 포함한 검찰장이 직접 사건을 처리하는 것은 정책결정의 내용에 내포되어 있기 때문에 어떤 의미에서는 정책결정의 한 방식으로 볼 수 있다. 2007년 10월 13일 최고인민검찰원당조직회의에서 통과된 '각급 인민검찰원의 검찰장 및 부검찰장의 직접 처리사건에 관한 최고인민검찰원의 의견'에 의하면 사건을 처리하는 것은 검찰장 및 부검찰장의 법적 권한이다. 구체적으로는 첫째, 직접 처리하는 사건의 핵심이다. 검찰장 및 부검찰장은 직무상 범죄의 수사, 체포의 심사, 기소의 심사, 소송감독, 고소 및 고발 등 단계에서 핵심을 파악하여 영향력이 큰 사건을 선택하여 처리한다. 즉, 복잡하고 미제의 사건, 새로운 유형의 사건, 법률감독을 수행함에 있어 중요한 가치가 있는 사건, 검찰장 및 부검찰장이 직접 처리하기에 적합한 기타 중대한 사건 등을 처리한다. 둘째, 사건을 직접 처리하는 주된 방식이다. 검찰장 및 부검찰장은 법에 의거하여 영도하고 지휘하는 이외에 중요한 범죄용의자를 신문하고 핵심적인 증인에게 질문하며 자료를 열람한 후 사건의 처리의견을 제시한다. 이 가운데 검

찰장이 처리할 사건은 검찰위원회에 제청하여 결정하고 부검찰장이 처리할 사건은 검찰장 또는 검찰위원회에서 보고하여 결정한다. 법정에 출석하여 공소 또는 항소를 유지하고 법정의견을 발표하며 변론에 참가한다. 불기소, 형사제소 등 사건의 필요적 공개심사를 주재하고, 중대한다. 고소 및 고발사건 또는 해결을 요청한 사건 당사자를 직접 응대하고 처리한다. 셋째, 평가 및 심사에 관한 사항이다. 검찰장과 부검찰장이 직접 처리하는 사건은 검찰직무의 중요한 내용이기 때문에 업무평가의 범위에 속한다. 지방 각급 검찰장 및 부검찰장이 직접 처리하는 사건의 매년도 수량 기준은 해당 인민검찰원이 해당 지역의 실정에 맞추어 정한다. 성급 인민검찰원이 정한 기준은 최고인민검찰원에 보고하여 등록한다. 주 또는 시급 인민검찰원과 기층 인민검찰원이 정한 기준은 성급 인민검찰원에 보고하여 등록한다. 동시에 각급 인민검찰원 검찰위원회의 전임위원 및 각 업무부서의 책임자가 직접 처리한 사건도 상술 최고인민법원의 의견을 참조하여 집행한다.

3) 주임(주관)검찰관 정책결정체제

주임(주관)검찰관 정책결정체제는 사건처리책임제를 말하며 주임검찰관 사건처리책임제 또는 주관검찰관 사건처리책임제라고도 한다. 이러한 업무상의 정책결정체제는 검찰장의 정책결정권에서 파생된 것이다. 그 실질은 검찰장 분권체제이다. 주임검찰관 사건처리책임제는 검찰기관이 15차 당대표대회에서 관철한 사법개혁의 산물이다. 2000년 최고인민검찰원이 제정한 '기소심사부서의 주임검찰관 사건처리책임제의 전면시행에 관한 업무방안'에 의하면, 이 제도의 주요 내용은 다음과 같다.

(1) 주임검찰관의 선임

주임검찰관은 고시를 통한 평가를 거친 후 합격한 검찰관 중에서 선임한다. 우수한 보조검찰원은 고시를 통한 평가를 거친 후 해당 인민대표대회 상무위원회에 제청하여 검찰원으로 임명한 후에 선임될 수 있다.

(2) 주임검찰관의 권한

주임검찰관은 사건을 처리할 경우 법률이 규정하는 검찰장 및 검찰위원회의 권한과 더불어 검찰장과 검찰위원회가 스스로 행사하여야 할 권한으로 인정한 권한 이외의 권한을 행사할 수 있는데,[80] 이는 사건과 소송사항의 결정권을 포함한다.

(3) 주임검찰관의 책임

주로 다음 사항을 포함한다. 첫째, 주임검찰관이 결정한 사건 또는 소송상의 사항에 대하여는 주임검찰관이 사건의 사실관계 및 증거의 인정 등에 대하여 책임을 진다. 둘째, 주임검찰관이 의견을 제시하여 검찰장 또는 검찰위원회가 사건 또는 소송상의 사항을 결정한 경우 주임검찰관은 사건의 사실관계와 증거의 인정에 대해서만 책임지고, 검찰장과 검찰위원회는 자신이 내린 결정에 대하여 책임진다. 셋째, 검찰장과 검찰위원회가 주임검찰관의 사실관계와 증거에 관한 의견을 변경하여 내린 결정이 잘못된 경우 주임검찰관은 이에 대한 책임을 지지 않는다.

(4) 주임검찰관에 대한 감독과 통제

주임검찰관은 검찰장, 검찰위원회 및 공소부서의 책임자가 감독하고 통제한다. 첫째, 검찰장은 주임검찰관이 내린 결정을 변경 또는 철회할 권한이 있고 주임검찰관은 이를 집행하여야 한다. 이의가 있으면 검찰장이 검찰위원회에 제청하여 토론으로 결정한다. 둘째, 검찰위원회는 주임검찰관이 내린 결정을 변경 또는 철회할 권한이 있으며 주임검찰관은 이를 집행하여야 한다. 셋째, 공소부서의 책임자는 주임검찰관 및 그 보조자의 사건처리를

---

80) 이런 권한은 주로 체포결정에 대한 집행, 변경 및 취소, 관할의 변경, 불기소의 결정, 기소의 변경, 항소의 결정, 항소의 철회, 관련 기관의 서면에 의한 위법시정 또는 검찰건의가 필요한 경우, 하급 인민검찰원과 공안기관이 재심사를 신청한 사건에서 검찰장의 결정이 필요한 경우, 상급기관이 내려준 사건 및 당해 지역에 중대한 영향을 미치는 사건 중에서 검찰장의 결정이 필요한 사항 등이다.

감독 또는 검사할 권한이 있으며 그 처리의견에 반대할 경우에 자기의 의견을 제기할 수 있다. 아울러 검찰장에게 보고하거나 검찰장을 경유하여 검찰위원회에 제청하여 토론으로 결정한다. 넷째, 검찰장, 검찰위원회 및 공소부서의 책임자는 주임검찰관이 법정에서 유지하는 공소사건에 대하여 사건처리의 효율성을 판단한다. 다섯째, 기소의견서, 고소장, 판결문 및 판결문기록제도를 통하여 검찰장과 공소부서 책임자는 주임검찰관이 공소를 제기한 사건에 대하여 심사하고, 사건처리에 오류가 있는 경우 즉시 이를 시정한다.

(5) 주임검찰관의 상벌

사건처리에 많은 책임을 지고 있는 주임검찰관에게는 적절한 방법으로 포상을 하며 사건처리에 과실이 있거나 그 정도가 심각한 경우에는 상응하는 처벌을 한다. 구체적인 사항은 검찰관법의 관련 규정에 따른다.

4) 전문가 자문제도

전문가 자문제도는 검찰업무상 정책의 결정을 위한 보조적 기제이다. 최고인민검찰원에서 제정한 '검찰업무 5개년 발전계획'(1999년 4월), '최고인민검찰원의 전문가자문위원회의 설치에 관한 결정'(1999년 6월)에 의하면 전문가 자문제도는 다음과 같은 내용을 포함한다.

(1) 범위와 기구

최고인민검찰원, 성급 인민검찰원, 비교적 큰 도시 및 조건을 갖춘 시급 인민검찰원은 전문가 자문제도 또는 전문가 자문단을 설립한다. 업무의 원활한 수행을 위해서 최고인민검찰원의 전문가자문위원회는 주로 베이징에 있는 전문가들로 구성되어 있고, 최고인민검찰원은 임명한 전문가에게 전문가자문위원회 위촉장을 수여한다.

(2) 내용과 역할

전문가자문위원회는 법률, 경제, 금융, 증권, 자연과학 등 영역에서 전문

적인 지식을 가진 전문가들로 구성된다. 검찰정책 결정의 과정에서 최고인
민검찰원은 검찰업무에 관한 중대한 정책결정과 발전전략의 수립을 하는 경
우, 특수한 영역의 전문지식에 관계되는 경우, 중대하고 복잡한 사건의 처리
에 필요한 경우, 중요한 사법해석 및 지도적 의의가 있는 규범성 문건의
제정 등에 있어 전문가자문위원회 또는 전문가자문위원회 위원의 의견을
경청해야 한다. 전문가자문위원회 또는 자문단을 설립한 각급 검찰기관은
전문가의 의견을 경청하고 전문가들이 전문지식을 충분히 발휘하도록 해
야 한다.

(3) 운영방식 및 절차

최고인민검찰원은 통상 전문가자문위원회 회의, 특정한 전문적인 문제의
토론, 개별적인 자문 등의 방식으로 전문가자문위원회 또는 위원에게 자문
을 구한다. 전문가자문위원회 전체회의 및 특정한 전문적 문제에 관한 토론
은 검찰업무의 필요에 따라서 비정기적으로 소집되며 검찰장이 주재한다.
최고인민검찰원은 전문가자문위원회가 회의를 진행하는 데 필요한 편의를
제공하고 전문가로 하여금 조사 연구를 진행토록 하며, 관련 회의에 참석을
요청하고 정기 또는 비정기적으로 검찰업무를 보고한다. 전문가자문위원회
에 대하여 최고인민검찰원의 관련 사업계획, 결산, 도서자료 등 문서 및 현
재 처리중인 사건으로 전문가의 검토가 필요한 중대하고 복잡한 사건관련
자료를 열람하도록 한다. 전문가자문위원회 또는 자문단을 구성하는 지방
각급 인민검찰원은 전문가의 자문활동과 관련하여 최고인민검찰원의 운영
방식과 절차를 참고할 수 있다.

III. 사건처리의 질적인 관리체제

1. 사건처리의 질적 관리체제 개요

사건처리의 질적 관리체제는 검찰업무상 관리체제의 중요한 구성부분이다. 이는 사건처리의 질적인 관리목표를 실현하기 위한 것이다. 사건처리는 검찰기관이 법률감독을 행하는 주요 방식이고 검찰기관의 국민을 위한 법집행의 중요한 수단이다. 어떤 의미에서는 검찰기관이 법률감독을 행하는 것은 공익적 활동의 성격을 띠고 있다. 검찰기관의 사건처리 활동은 공익적 성격을 띠고 있으므로 공공재에 해당한다. 이는 필연적으로 정치적, 사회적 또는 법적인 필요성을 포함한 사회 각계의 요구를 실현하고 검찰기관의 법집행에 대한 공신력에도 영향을 미친다. 이러한 의미에서 사건처리의 질적 수준은 검찰기관이 법률감독을 수행하여 거둔 성과로서 법률규정에 부합하는 지와 사회 각계의 공정한 법 집행에 대한 요구조건을 만족시켰는지를 평가하는 것으로 검찰업무의 생명과 같다. 사건처리의 질적 관리체제는 사건처리의 질적 관리를 강화하는 것이며 그 기본적인 목적은 사건처리의 질적 수준을 확보하여 국가 법제가 통일적이고 올바르게 시행되도록 함으로써 사회적 공정과 정의를 수호함에 있다.

1) 사건처리의 질적 평가기준

사건처리의 질적 수준은 무엇을 기준으로 하는가? 일부에서는 법원의 판결을 기준으로 한다고 하고, 다른 일부에서는 사회적 평가를 기준으로 한다고 하며, 또 다른 견해로는 법률규정에 의하여 배상을 하였는지 여부에 달려 있다고 한다. 사건처리의 질적인 수준을 가늠함에 있어 세 가지 기준이 있다. 하나는 정치적 기준이다. 이는 당의 노선 방침과 정책이 검찰기능에 대하여 바라는 근본적인 요청이다. 다른 하나는 법률적인 기준이다. 이는 국가의 법률이 검찰의 활동 원칙, 절차 및 그 규범의 운용에 대하여 기대하는 바이다. 마지막으로 사회적 기준이다. 이는 사회적으로 검찰기관이 공정하게 법을 집행하도록 요구하는 것과 관련된다. 이 가운데 정치적 기준은 법률적 기준의 전제와 기초가 되고, 사회적 기준은 법률적 기준의 출발점과 종착점이며, 법률적 기준은 정치적 기준과 사회기준에 대한 제도화 및 구체화이다. 이 세 가지는 상호 보완적이며 서로 분리할 수 없는 유기적 통일체이다. 이 세 가지가 통합하여 검찰기관의 법 집행에 따른 가치체계를 형성한다. 검찰기관의 법 집행 현실에 의하면 사건처리의 질적 기준은 사건처리의 역량, 수준, 효율 등 유기적인 통일체로 구체화되어야 하며 효과를 핵심으로 하는 법 집행 방향을 견지하여야 한다.

첫째, 사건처리의 역량을 강화하여야 한다. 사건처리의 역량은 주로 사건처리의 수량, 심각성 등의 측면에서 실현된다. 일정한 수의 사건처리가 없으면 사건처리의 수준이 제고될 수 없다. 특별한 처리상황을 반영하지 못하면 사건의 질적 수준을 논할 여지가 없게 된다. 여기서 말하는 심각성은 사건의 심각성 정도나 국가적 이익을 심각하게 위협하는 등을 말한다. 둘째, 사건처리의 질적 수준을 확보하여야 한다. 사건처리의 질적 수준은 검찰업무의 생명과 같다. 질적 담보가 없으면 처리한 사건이 많을수록 그에 대한 부정적인 인식은 더욱 증가하게 된다. 언제나 사건처리의 질적 수준을 중시하여야 한다. 실무상 사건처리의 질적 수준은 사건의 유형과 성질이 다르기 때문에 각기 차이가 있다. 최근 최고인민검찰원에서 직무상 범죄, 체포의 심사, 기소, 불기소 사건의 질적 기준을 공표하였는데 이들 기준은 검찰기관이 사건을 처리하는 경우에 있어 준칙이 되며 법률 집행의 지향점이다.[81]

---

81) 이러한 사건처리의 질적 기준은 구체적으로 다음과 같다. ① 탐관오리의 수뢰사건에 대한 질적 기준이다. 이 기준은 탐관오리의 수뢰사건에 대한 질적 기준을 명확히 정하고 있다. 입안이 관할규정, 입안조건, 법정절차에 부합되어야 한다. 혐의자에 대하여 법에 의거하여 법정에 출석시키고 법정시간을 초과하여 출석 또는 소환해서는 아니 된다. 강제조치의 결정, 변경 및 취소가 법률의 규정에 부합되어야 한다. 증거수집의 방식이 법률규정에 부합되어야 하고 증거의 위조 은폐 및 인멸이 없어야 한다. 혐의자, 증인신문의 방법이 법률에 부합되고, 법률이 정한 고지의무 등의 위반이나 일인 단독신문 등의 상황이 발생되지 않아야 한다. 혐의자나 증인 등 소송참여자의

셋째, 사건처리의 효율성을 제고하는 것이다. 범죄자를 처벌하는 형벌이 신속할수록 더 공정하고 효과적이다. 특히 직무상 범죄의 수사를 예로 들면 수사 상황은 순식간에 변화한다. 수사기관은 반드시 기회를 잘 포착하여 효율성을 제고해야 하고 그렇지 않으면 기회를 놓치게 된다. 수사의 효율을

합법적 권리가 보장되고 가혹한 수사 또는 폭력, 위계, 위협 등의 방법에 의한 증거의 수집하거나 범죄혐의자 및 증인에 대한 체벌이나 학대 등의 행위가 없어야 한다. 변호사의 형사소송 참여권리가 보장되어야 하고 변호사의 소송참가권이 방해되지 않아야 한다. 법에 의거한 검사, 수색, 압수 등이 이루어져야 하고 법 규정을 위반한 수사수단을 사용하지 않아야 한다. 법에 의거하여 장물을 압류하고 사건의 처리기간을 엄격하게 지키고 사건의 처리 효율성을 제고한다. 수사를 종결하고 기소심사 단계로 이송한 범죄사건은 사실이 분명하고 증거가 충분하고 적용 법률이 정확하여야 한다. 사건을 취소하는 것은 법률에 부합해야 하고 취소되어야 할 사건이 취소되지 않거나 취소되지 않아야 할 사건이 취소되지 말아야 한다. 사건의 처리는 규율에 따라 엄격하게 집행하고 사건의 처리과정에서 안전성을 확보하여 범죄혐의자가 도주, 자살, 자해 또는 기타 인원의 손상이 없어야 한다. 상술한 기준에 부합되면 탐관오리 수뢰사건의 질적 기준에 도달한 것이다. ② 체포심사의 질적 기준이다. 이 기준은 체포의 과실, 체포상의 질적 결함이나 사건처리의 절차에 하자가 있는지 등에 관한 것이다. 이에 해당하지 않으면 사건처리의 질적 기준에 부합되는 것이다. ③ 고소사건의 질적 기준이다. 이 기준은 범죄의 사실관계가 분명하고 증거가 충분하며, 법률적용이 정확하고 소송절차가 적법하며, 법에 의거한 법률감독의 수행 등 기준에 부합하면 고소사건의 질적 기준에 부합된다고 할 수 있다. ④ 불기소사건의 질적 기준이다. 이는 세가지 경우를 포함한다. 하나는 의문이 존재하기 때문에 기소하지 않는 사건에 대한 질적 기준으로서 죄를 결정하는 증거에 의문이 존재하고 다른 결론이 나올 가능성이 있을 경우, 의문의 존재로 인하여 불기소하는 것은 불기소의 기준에 부합한다고 한다. 둘째, 절대적 불기소사건의 질적 기준이다. 형사소송법 제15조에서 정한 여섯 가지 경우에 해당하는 경우, 범죄혐의자의 위법행위가 없는 경우, 범죄행위가 범죄혐의자가 행한 행위가 아닌 경우, 수사기관의 이송 사건에 대하여 검찰장이 불기소를 결정한 경우에는 불기소 기준의 요건에 부합한다. 셋째, 상대적 불기소사건의 질적 기준이다. 범죄행위가 경미하고 법에 의해 형사처벌이 불필요한 경우 또는 처벌의 면제가 필요한 경우에는 검찰위원회의 토론을 거쳐 불기소결정을 내릴 수 있다. 구체적으로는 미성년 및 노인의 범죄행위로서 주관적 악의가 적고 사회에 대한 위험이 적은 사건, 친척 또는 이웃 내지 학우 사이에 발생한 경미한 범죄사건에서 혐의자가 반성하고 손해를 적극적으로 배상하여 쌍방이 화해를 한 사건, 초범으로서 주관적 악의가 적은 경우, 생활고로 인한 절도 등 경미한 범죄행위 등과 같은 신체적 위험성이 적은 경우, 집단적 사건으로 발생한 범죄행위 가운데 혐의자가 단순한 참여자에 불과한 경우 등, 이러한 상황에서 내린 불기소결정은 상대적 불기소의 기준에 부합하는 것이다.

강조하는 것은 직무상 범죄를 징벌하는 과정에서 적시성 문제를 해결하기 위한 것이다. 사건이 제때에 처리되도록 하는 것은 사건처리 기간의 지연과 기간을 초월한 구금을 방지하기 위한 것이다. 이는 범죄혐의자에 대한 인권의 보호이다. 넷째, 사건처리의 효과를 중시해야 한다.

2) 질적 관리의 특징 및 해결과제

사건처리의 질적 관리는 검찰기관이 사건의 질적 수준에 영향을 주는 요소를 통제하여 그 질적 수준을 확보하는 종합적인 활동이다. 사건처리의 질적 관리는 다음과 같은 특징을 갖고 있다. 첫째, 사건처리의 질적 수준을 관리하는 주체는 검찰기관이다. 둘째, 사건처리의 질적 관리의 대상은 검찰기관의 사건처리이다. 이는 정치적, 법적 및 사회적 수준이 포함된다. 셋째, 사건처리의 질적인 관리를 함에 있어 계획, 조직 및 통제 등 다양한 기능과 수단을 사용할 수 있다. 넷째, 사건처리의 질적 관리를 하는 목적은 사건처리의 질적 수준을 제고하고 검찰업무의 법치 수준과 법 집행의 공신력을 제고하기 위한 것이다.

현 상황에서 사건처리의 질적인 관리체제를 확립하고 관리의 강도를 강화하기 위해서는 다음과 같은 문제를 해결해야 한다. 첫째, 사건처리의 질적 수준을 평가하는 기준을 구체화하고 제도화하는 것이다. 둘째, 기준의 통일성을 확보하는 것이다. 최근 각 지역의 검찰기관은 적극적으로 사건처리의 질적 관리에 관련된 제도를 모색하여 여러 가지 사건처리의 질적 기준과 평가체제를 제정하였다. 하지만 각 지역에서 제정한 사건처리의 질적인 관리대상, 범위, 내용, 수단, 절차, 목표 등은 상이한 상황이다. 이는 국가규범의 통일적 시행과 정확한 실시에 도움이 되지 않을 뿐만 아니라 법 집행의 공정성과 공신력을 담보하기도 어렵다. 셋째, 사건처리의 질적 수준에 대한 동적인 관리와 감독을 중시한다. 실무상 사건처리의 질적 수준은 검찰관의 사건처리 능력과 밀접한 관련이 있으며 더구나 사건처리 활동에 대한 동적인 감독능력과 분리할 수 없다. 사건처리의 질적인 수준 확보의 관건은 그에 대한 관리체제를 확립하여 체제상 동적인 감독 관리를 강화하고 사건의 처리과정에서 발생하는 각종 문제점을 신속히 통제하며 각 과정에서 발견한 위법행위를 시정하여 감독이 효과적이고 신상필벌이 분명하도록 함에 있다.

3) 질적 관리의 내용과 방법

실무상 검찰기관의 사건처리 활동의 내용에는 주로 입안, 수사, 공소, 형사소송감독, 민사소송감독 및 행정소송감독 등이 포함된다. 법률문서의 작성, 판결문의 정리 등 구체적인 내용도 포함된다. 전면적인 질적 수준관리의 시각에서 보면 사건처리에 대한 질적 관리는 계획, 통제 및 법 집행의 전반적인 과정을 포함하는 총체적인 관리활동이고 사건처리에 대한 단순한 점검이 아니다. 사건처리의 질적 수준을 제고하고 그 질적 수준을 보장하기 위해서는 내부의 법 집행감독만으로는 기타 외부기관의 협력이 필요하다. 사건처리의 질적 관리를 위해서는 당의 정책, 국가 법률 및 사회 각 분야의 사건처리에 관한 질적 요청에 근거하고 검찰의 법 집행 현실을 반영하여 전면적인 질적 수준관리를 위한 이념을 확립하여야 한다. 구체적으로 다음과 같은 네 가지 방법이 있다.

첫째, '사건처리의 질적 수준이 우선'이라는 개념을 수립하여야 한다. 검찰기관은 국가의 법률감독기관으로서 검찰의 법 집행활동은 반드시 법에 의거하여 이루어져야 한다. 사건의 처리는 반드시 '질적인 문제가 우선'이라는 것을 견지해야 한다. 이는 '질적 수준이 우선'이라는 것을 지침으로 하여 각급 검찰기관 및 전체 검찰관에게 '사건처리의 질적 수준이 우선'이라는 법 집행 개념을 확고히 수립해야 할 것을 요구하고 있다. 둘째, 사건처리의 활동과정에 대한 통제를 강화해야 한다. 사건처리 활동은 동적인 법 집행과정이다. 사건처리의 질적 관리는 사건처리의 흐름에 대한 관리를 통하여 법 집행의 각 절차를 규범화하고, 법 집행관리의 기능이 우선적으로 발휘되도록 하며, 실시간으로 감독하여 사건처리 과정에 발생하는 착오를 시정하는, 이 세 가지 내용이 서로 유기적으로 결합되어야 한다. 셋째, 사건처리의 실적관리를 하여야 한다. 사건처리에 대한 과학적 평가체계를 확립하여 사건처리의 질적 수준과 법 집행의 효율을 핵심으로 하는 검찰의 법 집행지침을 정하고 내부부서의 사건처리에 관한 질적인 관리에 대한 책임을 강화하여 평가와 포상 및 징벌을 결합하는 실적평가체제를 구축하여야 한다. 넷째, 사건처리의 질적 수준에 대한 관리방식과 방법을 개선해야 한다. 사건처리의 질적 관리는 부단히 강화되어 가는 동적인 과정이다. 사건처리상 질적인 문제가 발견되면 신속히 시정하고 관리절차를 개선하여 같은 유형의 문제가 다시는 발생되지 않도록 함으로써 사건처리의 질적 관리에 대한 과학성과 완전성을 추구해야 한다.

2. 질적 관리체제의 확립

사건처리의 질적 관리체제는 사건처리의 질적 수준을 관리하는 내재적 작동원리 및 그 과정의 총화이다. 과학적인 질적 관리 관리체제의 확립은 사건처리의 질적 관리를 총체적으로 실행하는 근본적 절차 및 제도적 보장이다. 그 주요 내용은 다음과 같다.

1) 사건처리의 질적 관리제도
이는 사건처리의 질적 관리에 관한 강령이다. 구체적으로는 사건처리의 질적 수준에 대한 관리의 목표와 기준, 사건처리의 질적 관리조직과 그 역할, 사건처리의 질적 관리의 절차와 통제, 사건처리의 질적인 평가와 상벌조치의 시행 등이 포함된다.

2) 사건처리의 질적 평가기준
이는 사건처리의 질적 수준관리의 근거와 구체적인 요건이다. 사건처리의 질적 수준은 검찰업무상의 정책결정, 사건의 처리, 사건처리의 효과, 업무활동의 보장, 사건처리 조직과 구성원의 소질 등 각 영역과 관련이 있다. 구체적으로는 수사의 질적 기준, 수사 감독의 질적 기준, 공소의 질적 기준, 재판감독의 질적 기준, 형벌집행의 감독에 관한 질적 기준, 민사행정감찰의 질적 기준, 고소 고발의 감찰에 관한 질적 기준 등이 있다. 각 사항의 질적 기준은 차이가 있다. 예를 들면, 최고인민검찰원 반탐부패수뢰총국과 독직 침권검찰청이 2003년 공동으로 제정한 '최고인민검찰원의 각 성, 자치구 및 직할시 검찰기관의 직무상 범죄사건 업무방법(시행)'을 비롯하여 사건처리의 정도, 질적 수준과 안전, 고가평정 대상 검찰간부의 인당 평균 처리 사건의 수 및 전국 각 성급 검찰원에서 시행한 업무평가에 의하면, 구체적 평가 항목은 다음과 같다. 입안사건의 수, 기소사건의 수, 기소의 비율, 유죄판결의 수, 유죄판결의 비율, 중대 사건의 수와 기소건수 등을 수치화한 평가이다. 여기의 '다섯 종류의 수와 두 종류의 비율'은 직무상 범죄사건 처리업무의 질적 수준을 평가하는 기준이다. 즉, 직무상 범죄사건에 대한 수사의 질적 기준이다. 이러한 평가지표는 직무상 범죄의 현실적 수사활동에 의하여 확정된 것이다.[82]

평가의 핵심적 기준은 일인당 평균 입안사건의 수, 일인당 평균 기소사건의 수와 일인당 평균 유죄판결사건의 수를 가리킨다. 이는 사건처리의 수량에 대한 요구이자 질적인 요구이기도 하다. 특정 지역의 사건처리 평가점수에 상당한 영향을 미치고 있으며 처리하는 사건의 질적인 제고 및 사건처리의 안전성 담보에 있어서 선도적 기능과 조절적 기능을 하고 있다. 기타

---

82) 2004년에 실행한 전국 성급검찰원에서 직무상 범죄수사의 평가 후 업무의 발전상황에 근거하여 매년 해당 평가항목에 대하여 조정함으로써 평가방법이 더욱 실제에 부합되게 하였다. 2005년에 수정한 입안의 수, 고소 사건의 수, 고소의 비율, 유죄판결의 수, 유죄판결의 비율, 중대사건의 고소 수, 경찰위법의 횟수, 형사배상사건의 수, 불법적인 사건처리로 인한 사망인 수 등 '7개의 수 2개 비율'은 2006년에 와서 입안수, 고소 수, 고소 비율, 유죄판결 수, 유죄판결 비율, 중대사건 고소의 수, 경찰위법의 횟수, 불법적인 사건처리로 인한 사망인 수, 즉 '6개의 수 2 개 비율'로 수정되었다. 2007년 전국 검찰장회의에서는 평가항목을 '입안의 수, 수사를 철회한 수, 사건을 취소한 수, 범죄를 구성하지 않아 체포하지 않기로 결정한 수, 고소의 수, 고소 비율, 중대사건 고소의 수, 법적으로 추궁하지 않아 고소하지 않은 수, 증거가 부족하여 고소하지 않은 사건의 수, 유죄판결의 수, 유죄판결 비율, 중대사건 고소의 수, 공안위법의 횟수, 불법적인 사건처리로 인한 사망인 수 등 '11개의 수 2개의 비율'로 수정되었다. 두 차례의 수정 내용으로 보면 업무평가 지침의 안정성과 연속성을 유지하였다고볼 수 있다.

항목의 지표도 효과적인 기능을 하고 있는 바 예를 들면 공안간부의 위법사건 건수, 중대사건의 처리 수, 안전사고의 처리 건수 등이다. 최고인민검찰원 공소청에서 최근 제정한 '검찰기관의 공소사건 처리에 관한 평가방법(시행)'(2008년 5월 23일 개정)은 기소의 심사, 소송감독, 출정, 사건처리 기율 등 업무를 중심으로 각 성급 인민검찰원의 공소업무에 대한 평가방법을 규정하고 있으며, 구체적인 지표는 17개 항목이다. 무죄판결의 비율, 기소의 취소 비율, 불기소의 비율, 불기소의 과실로 인정된 인원 수, 심문기간을 초과하여 처리한 사건의 구속자 수, 위법의 시정을 받은 통지서의 수, 검찰건의의 수, 소송에서 누락한 후 시정한 인원 수, 항소 비율, 항소의 철회 비율, 항소에서 의견의 채택 비율, 검찰장이 심판위원회에 출석한 횟수, 이송사건의 처리 시 발견한 위법 횟수, 평가법정을 조직한 횟수, 검찰장이 법정에 나서 공소나 항소를 유지한 사건 수, 경찰간부의 위법 인원 수 및 사건 처리에서의 안전사고 인원 수 등이다. 여기에 '11개 항목의 수와 6개 항목의 비율'은 사실상 공소업무의 질적 수준을 평가하는 기준, 즉 공소의 질적 기준이다. 기타 각 항의 업무평가에 대한 질적 기준 예를 들면 수사 감독, 고소 및 고발 등에 관한 질적 기준도 이처럼 세분화 하여 실지로 업무평가에 적용가능하도록 하여야 한다.

3) 사건처리의 질적관리에 관한 세칙

이것은 사건처리의 질적 수준을 관리하는 기제이다. 주요 내용은 각 항 사건처리의 질적 관리를 실행하는 규범이며 적용가능성을 갖추어 사건처리의 질적 관리목표 실현에 도움이 되어야 한다.

3. 질적인 관리체제의 운용방식

사건처리의 질적 관리체제가 효과적으로 운용되도록 하기 위해서는 과학적이고 규범적인 운용방식이 필요하며 구체적으로는 다음과 같다.

(1) 전문기구를 설립하여 조직을 강화한다. 검찰기관 내부의 각 업무에 따른 부서의 설치에 근거하여 인민검찰원 검찰위원회의 업무기구인 법률정책연구실은 구체적 사건처리의 질적 수준에 대한 검사, 감독 및 평가 등에 대한 책임을 진다.

(2) 사건처리의 질적인 수준관리를 위하여 업무의 흐름을 관리한다. 형사, 민사 및 행정사건의 특징과 처리절차에 근거하여 사건처리의 질적 관리를 구분하여야 하고, 그 중점은 처리의 질적 문제가 발생하기 쉬운 주요 과정을 감독하는 것이다. 예를 들면 직무상 범죄의 수사부서에서는 사건단서의 접수, 입안 또는 불입안, 체포, 수사종결, 기소의 이송 또는 불기소, 기소의 철회 등에 대한 감독을 강화한다. 감독범위는 소송절차가 합법적인지, 사건의 성질과 적용 법률이 정확한지, 증거가 적법하게 수집되었는지, 장물의 압류 및 처리가 적법한지 등을 포함한다. 수사 감독 및 공소부서에 대하여는 사건의 수리, 체포의 허가, 기소의 심사, 기소 또는 불기소, 유죄 또는 무죄 판결 등 단계에 대해 중점적으로 감독하며 여기에는 사건의 접수가 법정조건에 부합하는지, 체포의 비준과 기소결정이 정확한지, 소송상 위법행위에 대한 시정을 요구하였는지, 체포해야 할 것을 하지 않았거나 잘못 체포한 사안이 있는지, 기간을 초과하여 구속한 사람이 있는지, 각 사건이 기록문건이 시의적절한지, 법률문서의 작성이 규범적인지 등이 포함된다.

(3) 관리문서를 작성한다. 사건처리의 흐름에 대한 관리내용에 따라, 각 사건마다 하나의 문건을 작성해야 한다. 사건담당자가 규정된 내용을 기재하고 선행단계의 사건처리에 대한 질적인 감독을 한다. 업무부서의 책임자, 부검찰장, 검찰장 및 검찰위원회에서는 사건처리를 심사하면서 사건처리의 질적인 감독을 행한다. 이로써 모두가 감독에 참가하고 모두가 감독을 받는 전면적인 질적 관리환경을 조성한다.

(4) 평가제도를 엄격히 하고 상벌정책을 실시한다. 사건처리의 질적 수준에 대한 평가기준과 전면적인 질적 관리목표에 근거하여 신속히 사건처리의 질적 평가를 진행하고 그 결과에 따라 시상할 것은 시상하고 처벌할 것은 처벌하여 상벌을 분명히 한다.

IV. 검찰업무에 대한 통제체제

1. 검찰업무에 대한 통제체제의 필요성

권력에 대한 효과적인 감독이나 통제가 마련되어 있지 않으면 필연적으로 부패를 초래할 수밖에 없다. 검찰기관은 국가의 법률감독기관으로서 법률감독의 수행을 통하여 수사, 재판 및 행정의 공정성을 보장하고 법률의 통일적이며 정확한 시행을 보장한다. 그러나 법률감독기능의 수행과정에 상응하는 감독 통제의 기제와 절차가 마련되어 있지 않으면, 검찰기관의 법 집행 활동은 권력의 남용에서 나아가 부패현상까지 초래할 것이다. 이러한 문제는 검찰기관에 대하여 스스로 어떻게 법 집행 활동에 대한 감독과 제약을 강화할 것인가 하는 현실적인 과제를 부여한다.

최근 최고인민검찰원은 '인민검찰원형사소송규칙', '인민검찰원이 직접 입안 수사한 사건을 처리할 경우의 내부통제에 관한 몇 가지 규정', '인민검찰원이 직접 수리한 수사사건의 입안, 체포심사 및 등록에 관한 규정(시행)', '성급 이하 인민검찰원이 직접 수리하여 수사하는 수사사건의 철회 또는 불기소결정을 위한 상급 인민검찰원의 비준요청에 관한 결정(시행)', '인민검찰원의 직무상 범죄용의자의 신문과정 녹음 녹화에 관한 규정(시행)', '최고인민검찰원의 업무감찰에 관한 임시규정', '검찰관계자의 법 집행 과실추궁 조례', '최고인민검찰원의 인민감독원제도 시행에 관한 규정(시행)' 등의 규정을 공포하여 검찰업무에 대한 내부통제를 강화하였다. 위의 각 규정은 검찰권의 올바른 행사를 보장하는 데 있어서 긍정적인 작용을 하였다.

그러나 현실 상황을 고려하면 검찰기관 자체의 법 집행 활동에 대한 감독과 통제는 주로 중간과정의 설치, 검찰내부 부서의 권한 분배 및 기율검사부서의 위법 또는 기율을 위반자에 대한 처벌을 통하여 진행되기 때문에 감독통제의 효과는 여전히 미흡하다. 검찰관계자가 권한을 이용하여 법을 위반하고 규율을 위반하는 현상은 여전히 효과적으로 억제하지 못하고 있다. 사회 각계에서는 검찰기관에 대하여 '감독자를 누가 감독하는가?'라는 의문을 제기하고 있고 특히 직무상 범죄의 수사업무에 대하여는 사건의 접수에서부터 입안 수사, 체포의 결정, 기소의 결정, 사건의 철회까지 모두 독자적으로 수행하는 것에 대한 여러 가지 의견이 제기되고 있으며 검찰의 법 집행 활동에 대한 통제의 필요성을 요구하는 목소리가 높다. 동시에 주관검찰관의 사건처리 책임제 등 검찰개혁의 심화와 검찰관의 권력이 점차 강해져감에 따라 검찰관의 권한행사에 대한 내부 및 외부적 감독의 강화에 대한 필요성이 증가하고 있다. 요컨대, 검찰기관 스스로 법 집행활동에 대한 통제기제를 확립하고 감독 및 통제능력을 증대하는 것이 현실적인 과제가 되고 있다.

2. 검찰업무의 통제체제 개요

주지하다 시피 검찰업무 활동의 내 외부적 통제체제를 건실하고 완벽히 하는 것은 검찰업무에 대한 공신력을 제고하는 중요한 과정이자 검찰업무 관리기제 수립의 중요한 내용이다. 검찰기관의 업무활동에 대한 통제체제는 검찰의 업무에 대한 통제를 실현하기 위하여 구축한 것으로서 검찰기관 및 그 업무수행원의 권한행사에 대하여 구속하고 검사 및 독촉하는 내재적 작동원리이며 그 과정의 총화이다. 이는 다음과 같은 특징을 갖고 있다.

1) 통제체제의 확립 목적
검찰기관의 권력 남용을 방지하고 검찰권의 올바른 행사를 보장하며, 검찰기능의 효율과 권위 및 법 집행의 공신력을 제고하기 위한 것이다.

2) 통제의 주체
검찰기관은 반드시 인민대표대회의 감독을 받아야 하는 것 외에도 기타의 국가기관, 사회단체, 국민 및 사회여론 등 외부적 감독을 받으며 검찰기관 내부의 각 업무부서와 기율감찰부서의 내부적 감독을 받는다.

3) 통제의 대상

검찰기관이 직무상 범죄의 입안수사, 체포의 비준과 결정, 형사입안과 수사 감독, 공소의 제기, 불기소의 결정, 항소, 형사재판, 형벌의 집행, 민사 및 행정재판, 재결 등에 대하여 행하는 모든 권한 내의 법 집행 및 사건처리 활동이 그 대상이다.

4) 통제의 효과

검찰기관의 법 집행활동에 대한 통제는 대개 구체적인 감독 및 통제기능의 발휘를 통하여 실현된다. 통제의 경로를 고려하면, 어떤 경우에는 직접 법률에 규정되어 나타나고 있는데 예를 들면 형사공소에서 공안, 검찰 및 법원은 서로 통제를 하게 된다. 또 어떤 경우에는 검찰기관 내부의 사건처리규칙에 의하여 실현되고 있는 바 예를 들면 검찰기관 내부의 업무부서가 각 업무활동에 대하여 상호 통제하는 것 등이다. 내부적 통제의 강화라는 측면에서는 검찰기관의 업무에 대한 내부적 통제체제는 내부로부터 법률감독권의 행사를 통제하는 제도이다. 이는 소송활동상의 '권력제약의 원칙'을 실현하는 것으로 소송절차의 공정성과 당사자의 신체적 권리를 보장하는 데 도움이 된다. 어떤 의미에서는 검찰기관이 법률감독을 수행하는 경우에 주로 사법적 수단과 방법을 채택하는데, 이는 중국 검찰제도의 핵심적 특징이며 검찰제도가 제대로 기능을 발휘하는 기반이 된다. 사법적 규율과 요청에 따르면 중국의 헌법과 법률은 검찰기관에 대하여 직무상 범죄의 입안수사, 체포의 비준과 결정, 형사입안과 수사 감독, 공소의 제기, 불기소의 결정, 항소, 형사재판, 형벌의 집행, 민사 및 행정재판의 법률감독 등 권한을 부여하였다.

이처럼 수사, 기소 및 법률감독권을 하나의 기관에 집중시키는 것은 다양한 역할과 다양한 권한을 동시에 갖도록 하는 특수성을 부여하는 것이며 이는 감독과 통제에 부합하고 법률감독기능을 효과적으로 수행하게 할 수 있도록 하는 제도적 요청에 부합된다. 그러나 권력의 남용으로 인한 불공정한 법 집행 심지어 사리사욕을 위한 불법행위 등을 방지하기 위해서는 검찰

기관이 스스로 법 집행 활동에 대한 감독을 강화하여 법률감독의 실효성과
법 집행에 대한 공신력을 제고해야 한다.

3. 검찰기관의 법 집행에 대한 통제체제의 운영방식과 과정

검찰기관의 법 집행 활동에 대한 통제의 강화는 검찰 스스로 청렴하고
깨끗한 정부를 건설하고 반 부패업무를 강화하는 것이고, 검찰기관의 공정
한 법 집행에 대한 보장과 공평 및 정의를 수호하는 것이다. 이는 또한 자체
의 법 집행 활동과 사건처리에 따른 필요성에 따른 것이기도 하다. 최근
최고인민검찰원은 검찰기관의 법 집행과 사건처리에 대한 감독과 통제를 강
화하기 위하여 많은 제도적 규범을 제정하였는데, 이를 통하여 검찰기관의
법 집행과 사건처리 활동에 대한 감독과 통제의 구체적 조치와 과정을 명확
히 하였다. 검찰기관의 법 집행활동에 대한 통제체제의 운영은 이러한 규범
을 준수하여야 하고, 다음과 같은 몇 가지 방식과 과정을 거쳐야 한다.

1) 기능상 내부분업에 의한 통제의 실행
권력의 연원으로 보면 검찰권은 헌법과 법률이 검찰기관에게 부여한 권
력이며 검찰기관의 어느 내부 부서에 부여한 것이 아니다. 각 내부 부서는
법률감독이라는 전체 기능 가운데 일부 기능만을 담당한다. 예를 들면 범죄
수사, 기소심사 및 소송감독 등이다. 이는 검찰기관의 각 내부 기구는 기능
상 분업의 요청에 따라 자신의 직무를 성실히 수행하여야 할 뿐만 아니라
전체적인 국면을 고려하여 감독의식, 심사의식, 수사의식을 유기적으로 결
합하여 전체로서의 법률감독의식 강화와 법률감독을 위한 협력을 구축해야
한다. 권력의 구체적인 배분으로 보면 검찰권은 검찰기관 전체의 권력이지
만 권력의 행사과정에서는 합리적인 분업과 통제가 필요하다. 그러므로 실
천상으로는 다음 두 가지 측면을 고려해야 한다. 첫째, 검찰기관의 법률감독
상 내부적 분업을 실행하여 직무상 범죄의 수사, 체포의 심사, 입안과 수사

감독, 기소의 심사, 고발 및 고소, 민사 및 행정감찰 등 기능이 서로 다른
부서에서 검찰권이 행사되도록 합리적으로 배치하여 각 업무에 대한 통제를
강화하여야 한다. 둘째, 검찰장의 담당업무 분리제도를 실행하여 업무를 주
관하는 검찰장 또는 부검찰장이 고발, 수사감독, 공소, 감옥의 감찰, 제소
업무 가운데 동시에 둘 또는 그 이상의 검찰업무를 책임지게 해서는 아니
된다.

2) 중점감독의 대상

검찰의 법 집행과 사건처리의 특수성을 고려하면, 검찰감독의 중점은 법
집행이 불공정한 경우 위법 및 위규 등 현상이 쉽게 발생하여 검찰의 법
집행에 대한 질적 수준에 영향을 주는 부분이나 단계 또는 사건 등에 두어
야 한다. 즉 첫째는, 법률감독 기능이 있는 업무부서를 중점 감독하여야 한
다. 둘째, 고발, 제소, 입안의 수사, 체포의 심사비준, 기소의 심사, 공소의
제기, 형사항소와 민사 및 행정사건 항소의 제기 등의 소송단계를 중점적으
로 감독하여야 한다. 끝으로, 검찰기관 및 소속 직원의 불법적 행위로 인하
여 당사자의 생명권이 침해당하거나 검찰관계자가 직무를 소홀히 하여 국가
재산 또는 국민의 생명과 재산에 중대한 손실을 입히는 경우, 또는 사회적으
로 중대한 영향을 미치는 사건에 대하여는 중점적으로 감독해야 한다.

3) 각종 법적 수단과 방식의 융통성 있는 운용

최근 검찰기관은 법 집행과 사건처리에 대한 감독을 하면서 여러 가지
효과적인 조치와 방법을 모색하였다. 이는 검찰업무의 질적 관리에 긍정적
인 역할을 하였는바, 기타 영역에도 적용할 수 있는 것이다. 첫째, '하나의
사건에 대한 세 가지 카드'제도 이다.[83] 둘째, 중점사건의 실사를 강화하는

---

83) '세 가지 카드'는 사건당사자에 대한 '고지카드', 사건처리담당자에 대한 '청렴자율카
드'와 사건처리 후의 '의견징구카드'이다. '하나의 사건에 대한 세 가지 카드'제도는
산동성 검찰기관이 가장 먼저 시행한 것으로서 실증을 통하여 시행가능성이 증명된
것이다. 参见 叶青纯: "认真履行纪检监察职能, 加强内部执法办案监督——在检察机

것으로 이는 사건이 발생한 기관, 당사자 및 가족 등의 의견을 청취하여 문제를 발견하고 수정하는 것이다. 셋째, 각 사건에 대한 표본을 추출하여 감찰하거나 중점사건에 대한 감독, 불기소 처리와 장물을 압류한 사안에 대한 특별감독 등 다양한 형식으로 법 집행에 대한 감독을 실시한다. 넷째, 사건에 대한 사전교육, 사건처리 과정상의 감독, 사건처리 후의 검사 등의 방식으로 모든 사건과정에 대하여 감독한다. 다섯째, 과학기술적 성과를 채택하여 현대적 수단으로 검찰업무의 질적 관리에 대한 감독을 강화하고, 감독의 과학 기술적 함량을 증대하여 감독 수준과 능력을 제고한다.

4) 장기적으로 유효한 감독기제의 확립

법 집행과 사건처리에 대한 감독을 강화하기 위해서는 제도 및 체제 건설에 대한 노력이 필요하고 검찰기관 내부적 감독 특징이 드러나고 실질적으로 실현 가능한 장기적이고 효과적인 감독체제를 확립하여야 한다. 이를 위해서는 첫째, 검찰기관이 사건을 직접 수리하고 입안 수사하는 내부통제체제, 인민감독관제도, 사건의 질적 평가제도, 사건처리에 대한 업무평가체제, 사건처리의 안전예방체제, 장기간의 인신구속을 방지하기 위한 내부적 통제체제, 법 집행의 과오에 대한 책임추궁체제 등을 수립해야 한다. 동시에 현행 각 제도와 체제의 운영상황에 대한 점검과 감독을 강화하여야 한다. 둘째, 법 집행과 사건처리에 대한 감독상 나타나는 새로운 상황, 새로운 문제, 새로운 특징에 대하여 개혁적 관점에서 대응책을 제시하고 사건처리에 대한 관리감독 제도를 개선한다. 교육, 제도, 감독을 삼위 일체화한 법 집행과 사건처리에 관한 관리 감독체계를 개선하여 검찰활동상의 위법현상, 불공정한 법 집행 현상 등을 방지함으로써 검찰기관의 사건처리에 관한 질적 수준을 제고하고, 이로써 검찰기관의 권위와 법 집행상의 공신력을 강화해야 한다.

关加强内部执法办案监督座谈会上的讲话," 载 ≪检察机关内部执法办案监督经验材料汇编≫, 中国方正出版社 2004年版, 第7页。

5) 검찰업무에 대한 감찰의 강화

검찰업무에 대한 감찰의 강화는 검찰기관 내부의 감독을 강화하는 것이다. 또한 검찰기관 및 그 직원이 적법하고 올바르게 권한을 행사하고 검찰기율을 준수토록 하는 것이며, 이는 검찰명령의 순조로운 이행에 대한 현실적 필요에 따른 것이다. 검찰업무에 대한 감찰의 강화는 사건처리의 질적 수준 제고 및 법 집행의 공신력 제고 등에 있어 중요한 역할을 한다. 2007년 10월 8일 최고인민검찰원에서 제정하고 시행한 '최고인민검찰원의 감찰업무 임시규정'에서는 전국의 검찰기관 및 그 업무자의 직무수행과 권한행사 및 규율준수 등에 관하여 규정하였다.

검찰업무 감찰제도의 주요 내용은, ① 기구와 직무에 관한 것이다. 최고인민검찰원은 검찰업무감찰위원회를 설치하고 그 아래에 사무 감독기구로서 감찰실을 설치하였다. 검찰업무감찰위원회의 주요 직무는 검찰기관의 감찰 사무에 대한 영도 및 조직, 검찰업무 감찰업무제도의 제정, 연도계획과 집행상황보고서에 대한 심사비준 및 사업보고의 청취, 감찰 과정에서 발견한 위법 위규 관련 사항의 연구 및 처리와 검찰장이 지시한 기타 업무 등이다. 검찰업무 감찰실의 주요 업무는 지방 각급 인민검찰원과 전문 인민검찰원의 검찰업무 감찰업무에 대한 지도와 협력, 지방 각급 인민검찰원과 전문 인민검찰원의 검찰업무 감찰기구의 기능 수행에 대한 상황의 파악, 검찰업무 감찰에 관한 사항의 결정과 제도의 기안, 최고인민검찰원의 검찰업무에 대한 감찰방안의 제정, 검찰업무 담당자에 대한 교육 및 훈련, 감찰위원회가 지시한 기타 업무 등이다.

② 감찰의 주요 대상에 관한 것이다. 최고인민검찰원의 검찰업무에 관한 주요 감찰내용은 다음과 같다. 첫째, 국가의 법률, 법규 및 최고인민검찰원의 중대한 결의, 결정 및 지시의 준수 및 집행 상황이다. 둘째, 법 집행과 사건처리의 절차 및 기율, 안전예방조치의 실행 상황이다. 셋째, 각 규장제도의 집행 상황이다. 넷째, 법 집행 및 기강 준수 상황이다. 다섯째, 검찰장이 지시한 기타 업무 등이다.

③ 감찰방식에 관한 것이다. 최고인민검찰원 검찰업무감찰위원회는 필요

한 경우 검찰장의 허가를 받아 감찰팀을 파견하여 비밀감독, 현장감독, 특정 사항에 대한 감찰 등의 방식으로 감찰기능을 수행한다. 구체적으로는 다음과 같다. 첫째, 관련 회의에 참석한다. 둘째, 감찰대상 기관, 부서 및 업무자의 보고를 청취한다. 셋째, 지방 인민대표대회, 인민정부 및 정협을 비롯하여 관련 사업장, 언론매체, 일반 국민의 검찰기관에 대한 의견과 건의를 청취한다. 넷째, 감찰대상자에게 관련 사항에 대한 해석과 설명을 요구한다. 다섯째, 감찰대상자에게 관련 서류의 열람, 복사 또는 제공을 요구하거나 검찰장의 허가를 받아 일시적 압류 또는 봉인을 할 수 있다. 여섯째, 검찰장의 허가를 받은 후 현장 감찰 또는 비밀감찰을 한다. 일곱째, 법률규정에 부합되는 기타 감찰방법을 이용한다.

④ 최고인민검찰원 검찰업무 감찰실은 직무를 수행할 경우 다음과 같은 조치를 취할 수 있다. 첫째, 법률 법규 및 상급 인민검찰원의 결의나 결정에 위반한 행위에 대한 시정을 한다. 둘째, 감찰대상자의 위법 및 기율위반 행위 또는 관리상 문제에 대한 건의를 한다. 셋째, 현존하는 위법행위 또는 검찰기관의 이미지에 영향을 주는 행위에 대하여 즉각적인 조치를 하고 행위자에 대하여 상황의 설명을 요구하거나 필요한 경우에는 소속 기관장에게 통보하고 현장에 출석하여 조치에 협조할 것을 요청한다. 넷째, 위법 및 기율위반 상황이 중대하고 심각하거나 감찰활동에 지장을 주는 경우에는 소재지 검찰원의 검찰장에게 그 업무의 집행을 중단할 것을 건의한다. 아울러 각 성급 검찰원은 '최고인민검찰원의 감찰업무 임시규정'을 참조하여 감찰업무에 관한 세칙을 정할 수 있다.

6) 사건처리에 관한 업무평가의 강화

사건처리에 관한 업무평가 체제를 강화하고 사건처리에 관한 업무평가의 규범화, 제도화 및 절차화를 추진하는 것은 사건관리체제 확립을 위한 중요한 사항이며, 이는 곧 검찰기관의 법 집행에 대한 규범화와 공정한 법 집행의 촉진 내지 사건처리의 질적 수준 제고를 위한 수단이기도 하다. 각급 인민검찰원은 현실 상황을 반영하여 평가기준을 제정하고 보완하며, 이는 사건처리에 관한 평가업무에 있어 근거가 된다. 평가기준에 관한 내용은 주로 다음과 같다. 충실한 직무의 수행, 법에 의한 사건의 처리, 법률의 정확한 적용, 법률문서의 규범화, 사건처리기율의 준수 등이다. 평가는 정기적으로 진행되어야 하고 평가결과는 검찰관의 연도평가의 중요한 구성부분으로서 보직과 승진의 주요 근거가 되어야 한다.

7) 법 집행상의 과오에 대한 책임추궁제의 실시

검찰관의 법 집행상의 과오에 대한 책임 추궁제도는 엄격한 법률의 집행, 법에 의한 사건의 처리 및 공정한 사법수호 등 현실적 요청을 보장하는 것이며 사건처리의 질적 수준관리제도의 시행과 사건처리의 질적 제고에도 중요한 역할을 한다. 2007년 7월 5일 최고인민검찰원이 제정 공포한 '검찰인력의 법 집행 과오에 대한 책임추궁 조례'에 의하면, 법 집행에 과오가 있는 검찰관에 대하여는 '검찰인력의 법 집행 과오에 대한 책임추궁 조례'와 관련 법률에 근거하여 그 책임을 추궁해야 한다고 규정하고 있다. 구체적으로 법 집행 책임추궁제의 주요 내용은 다음 사항을 포함한다.

첫째, 법 집행상의 과오이다. 검찰인력이 법률을 집행함에 있어서 고의적으로 관련 법률과 규정을 위반하거나 무책임한 업무수행으로 사건에 대한 실체적인 착오, 절차적 불법 및 기타 중대한 결과를 야기한 경우를 말한다. 둘째, 법 집행상의 과오에 대한 책임추궁이다. 법 집행상의 과오가 있는 검찰인력에 대하여는 관련 조례와 법률에 근거하여 책임을 추궁한다. 책임을 추궁할 경우에는 실사구시의 원칙, 주관적인 과오와 객관적인 행위 사이의 인과관계, 책임과 처벌의 적정성 원칙, 징벌과 교육의 결합원칙을 준수하여 법 집행상의 과오를 야기한 책임자의 과오 사실, 결과 및 태도 등에 근거하여 처리한다. 셋째, 법 집행상의 과오에 대한 조사와 처리이다. 검찰인력의 법 집행상의 과오는 인민검찰원 감찰부문에서 통일적으로 관리한다. 감찰부문을 설치하지 않은 기층 인민검찰원은 정치공작부에서 통일적으로 관리한다. 법 집행상의 과오에 대한 단서에 대하여는 권한의 범위 내에서 임시적인 심사 및 확인을 행하고 보다 더 상세한 조사나 책임의 추궁이 필요하다고 인정되는 경우에는 신속히 법 집행상의 과오에 관한 단서를 관리하는 부서에 이송하여 처리토록 한다. 법 집행상 과오의 단서를 관리하는 부서는 법 집행상 과오에 대한 단서를 접수한 후 그 사실을 수리대장에 기록하고 1개월 내에 심사를 마쳐야 하며, 각 상황에 따라 적절한 처리를 한다. 법 집행상 과오에 관한 조사가 끝나기 전에 당사자의 진술을 들어야 한다. 진술한 내용이 사실 일 경우에 그 의견을 채택하여야 하고 그 의견을 채택하지 않는 경우에는 이유를 설명하여야 한다. 법 집행상의 과오책임에 대한 조사가 끝난 후에는 조사보고서를 작성하여 검찰장 업무회의에서 심의토록 하여야 한다. 조사보고서는 다음과 같은 내용을 포함한다. 조사받은 사람의 기본 사항, 법 집행상 과오를 알게 된 경위 및 조사과정, 조사를 통하여 확인한 사실, 조사받은 자의 진술의견 및 채택된 진술사항에 대한 설명, 조사받은 자의 소속 또는 부서의 의견, 조사결과 및 그 처리의견 등이다. 검찰장 업무회의에서 법 집행상 착오의 책임자에 대하여 견책 및 교육처분을 결정하면 검찰장 업무회의에서 지정한 부서 또는 직원이 이를 담당 처리한다. 조직상의 처분을 결정하면 정치공작부서에서 집행하고, 기율처분을 결정하면 감찰부서에서 집행한다. 법 집행상의 과오 책임자에 대한 형사책임을 추궁 할 경우에는 사법기관에 이송하여 처리한다. 법 집행상의 과오에 대한 책임추궁은 견책 및 교육처분, 조직상의 처분, 기율처분, 형사적 처리 등이 있는 바, 이들 처분을 단독적으로 적용할 수 있고 동시에 적용할 수도 있다.

제8장

검찰관제도

검찰관제도란 검찰관의 설치, 선임, 고과평정, 승진, 대우, 상벌, 직업보장 등 일련의 제도를 총칭하는 것이다. 이는 국가검찰권의 올바른 행사와 검찰 기능의 효과적인 발휘에 직접적으로 관계되며 검찰제도의 중요한 구성부분 이다. 중국에서 검찰관제도를 규정하고 있는 법적 근거는 공무원법과 검찰 관법이다. 공무원법은, "법률이 공무원 중의 … 검찰관 등의 의무, 권리 및 관리에 대해 따로 규정을 두고 있으면 그 규정에 따른다"고 규정하고 있다. 이 규정에 따라 검찰관법에는 검찰관의 관리에 대한 규정이 없기 때문에 공무원법을 적용한다. 또한 검찰관법은 공포된 지 이미 십여 년이 지났고 이후 개별적인 조항에 대해서만 개정이 있었기 때문에 검찰관의 직업적 특 성을 충분히 고려하고 이를 기초로 검찰관법의 개정을 연구하고 논증하여 검찰관법과 현행 공무원제도를 적절히 조화시키는 것이 당면한 과제가 되고 있다. 지면 관계상 본 장에서는 주로 검찰관관리에 관한 전문적인 이론과 특별한 규칙에 한정하여 소개하고자 한다.

I. 검찰관의 특징과 지위

검찰관은 법정절차를 통하여 임명되며 법에 의거하여 검찰권을 행사하는 검찰기관의 편제 인력이다. 검찰권은 검찰관에 의해 구체적으로 행사되기 때문에 검찰관은 검찰권 행사의 주체라고 할 수 있다.

1. 검찰관의 개념과 정의

검찰관은 법에 의거하여 국가 검찰권을 행사하는 검찰인원이며, 그 개념을 명확히 하기 위해서는 다음의 세 가지 측면의 고려가 필요하다. ① 검찰관은 검찰기관에 편제되어 있는 인력이다. ② 검찰관은 법에 의거하여 국가 검찰권을 행사하는 검찰인원이다. 검찰인원이란 검찰기관에서 관련 업무에 종사하는 모든 인력을 말하며 그 중 법규에 의거하여 범죄조사권, 체포에 대한 심사비준 또는 결정권, 공소권 및 소송감독권을 행사하는 사람만이 검찰관에 해당한다. 그 밖에 서기원, 사법경찰 및 사법행정인원 등은 검찰보조인원으로서 검찰관은 아니다. ③ 검찰관은 법정절차에 의해 검찰관 직무를 수행하는 검찰인원이다. 현행 법률에 의하면 검찰관은 검찰장, 부검찰장, 검찰위원회 위원, 검찰원과 보조검찰원을 포함한다.

역사적으로 검찰관이라는 직업은 사법에 대한 인식 변화와 법률 직역에 대한 분업적 요구에 따라 형성된 것이다. 세계 각국의 검찰관에 대한 법적 역할과 지위는 각국의 사법제도에 따라 차이가 있다. 각국의 헌정체제나 문화 및 법제 전통의 차이로 인하여 검찰관의 역할과 직능에 대한 통일적 정의를 어렵게 만든다. 검찰관제도의 설립목적상 검찰관은 국가권력의 이중적 통제에 관한 역할을 담당한다. 법관의 자의적 판단으로부터 피고인을 보호하는 동시에 경찰의 자의로부터 보호해야 하기 때문에 이중적 통제기능과 중간자적 지위를 가진다.

1) 검찰관의 지위에 관한 견해

검찰관의 지위에 관한 견해로는, '행정관설', '법관과 동등설', '사법관청설' 등의 관점이 있다. '행정관설'은 검찰관을 행정공무원으로 간주하면서 검찰관 '상명하복'의 원칙을 강조한다. 행정공무원으로서 검찰관의 '상명하복'에 관한 규정은 헌법에 위배되지 않으며 법리에도 부합한다. 그 논거는 법률은 검찰관의 '상명하복'을 규정하고 있지만 사법권은 오직 독립성을 지닌 법관만이 행사할 수 있고, 검찰관의 소추활동은 사법사항도 입법사항도 아닌 행정사항에 속하기 때문이다. 여러 가지 요소들이 '삼권분립'이론과 국가체제의 제한을 받기 때문에 국가는 입법권, 행정권, 사법권 이외에 기타 권력유형의 존재 가능성을 배제하기 어렵고 따라서 검찰관을 행정관으로 확정한다는 것이다. '행정관설'은 검찰관 제도가 탄생한 이래로 지속되는 주장이지만, 이러한 주장에 대하여는 의문이 제기되고 있다.

'법관과 동등설'은 검찰관이 법관과 같은 신분과 직무상의 보장을 받는다는 점을 강조한다. 검찰관은 행정기관 수장의 지휘를 받지 않는다. 검찰계통 내부의 상부지령권 역시 헌법에 위배되지 않는다. 그 근거는 다음과 같다. 검찰관은 법관과 같이 사법 분야의 중요한 기능을 수행하며 그 행위준칙과 법관의 행위준칙이 매우 유사하다. 검찰관과 법관은 사실관계를 확정하고 법률적 판단을 내리며 동일한 목표를 위하여 행동한다. 특히 법정주의하에서는 강제소추의 의무에 근거하여 검찰관의 직무수행에 따른 법률의 엄격한 제약 정도가 법관의 재판과 동등하다는 것이다. '법관과 동등설'은 이론과 현실에 있어 몇 가지 문제가 존재한다. 첫째, 검찰관의 업무 지향점과 행동준칙이 법관과 매우 가깝다는 의견에는 찬성할 수 있지만, 가깝다는 것과 같다는 것 사이에는 차이가 있다. 둘째, 이 입장의 가장 중요한 추론은 행정기관 수장의 지휘감독권을 부정하는 것이다. 그러나 실무상 각국의 행정수장은 검찰기관의 개별사건 처리에 거의 개입하지 않기 때문에 이 추론은 현실적 의의가 없다. 셋째, 이 학설의 주장이 검찰계통 내부의 '상명하복' 원칙에 대한 폐기를 주장하고 있지 않지만 법관은 심판계통 내에 '상명하복'의 문제가 존재하지 않는다. 이렇듯 검찰관과 법관은 가장 핵심이 되는 지위에서 서로 동등하지 않는 것이다.

　'사법관청설'은 검찰관을 행정과 사법의 사이에 위치하는 이중적 성질을 가진 사법관청이라 여긴다. 검찰관이 수행하는 직무가 형사사법의 범주에 가까울 경우에는 당연히 스스로 책임지고 사건을 처리하는 사법준칙에 따라 행동하고 그 직무가 일반적인 행정정책의 범주에 가까울 경우에는 '상명하복'의 행정원리에 따라 행동해야 한다. '사법관청설'의 주장은 두 가지 측면에 집중된다. 첫째는 '상명하복'에 관한 것으로서, 그 기본적 입장은 검찰기관 내부의 계층적 구조를 유지하지만 상명하복의 한계를 명확히 해야 한다는 것이다. 검찰관은 '법률의 수호자'로서 법률의 취지를 추구해야 하고 상부나 타인의 의지를 추구해서는 아니 된다. 기능분담의 측면에서 법관은 재판권을 가지지만 어떠한 사건을 법정에 공소하는가 하는 것은 검찰관이 결정한다. 만일 이러한 결정이 행정수장에 의하여 좌우된다면 행정권이 심판권을 제한하도록 하는 것과 다름이 없게 된다. 둘째는 신분의 보장에 관한 것으로 '사법관청설'은 검찰관에 대하여도 당연히 법관과 동등한 신분보장 및 임용자격을 적용해야 한다고 주장한다.

　'행정관설', '법관과 동등설' 및 '사법관청설'이 공통적으로 인식하는 사항은 다음과 같다. 검찰관의 '상명하복'에 대해서는 법적 한계가 있어야 하고 형사소송법이 검찰관에 부여한 강제의무를 초월해서는 아니 된다. 법정재량의 범위 안에서 검찰기관 내부적으로 상급자가 하급자를 지휘 감독하는 것이 필요하다. 검찰관과 법관에 대하여 동일한 임직자격과 보수제도를 시행해야 한다. 유일한 차이점은 행정관설은 검찰관의 신분보장에 관한 문제를 다루지 않는다. 법관과 동등설은 검찰관의 신분보장 문제는 헌법에 근거한 요구라 간주하고, 사법관청설은 검찰관의 신분은 보장할 필요가 있지만 법률적 문제에 속하고 헌법적 요구는 아니라고 한다. 사법관청설과 기타의 학설이 이론적으로 백년 이상된 행정관 대 사법관의 논쟁을 해결하였다고 하기 보다는 논쟁의 기존 패턴을 벗어났다고 보는 것이 옳다. 사법관청설은 유럽 검찰관의 고유한 속성을 인정한 것이며, 검찰관의 구체적 임무와 의무에서 출발하여 '상명하복'의 한계와 신분보장의 필요성을 추구하였고 이것이 통설적 지위를 얻게 된 원인이다. 사법관청설에 의하면 검찰관은 상명하복의 행정관도 아니고 독립적이며 자주적인 법관도 아니다. 양자 사이에 위치하여 객관적인 법의 의지를 실현하고 진실과 정의를 추구하는 사법관청인 것이다.[84]

제도적 측면에서 보면, 대륙법계 국가의 검찰관제도는 기본적으로 사법관청설과 일치한다. 프랑스, 독일, 이탈리아 등 국가의 검찰관과 법관은 모두 사법관에 속하여 동일하거나 유사한 직무상의 독립성을 확보하고 있다. 독일의 검찰관과 법관은 동일한 협회에 속하며 일정한 절차에 따라서 직무상 호환이 가능하다. 프랑스의 검찰관은 흔히 '서있는 법관' 또는 '입석 사법관'이라 불리며 검찰관과 법관은 임직자격, 대우 등에서 완전히 일치한다. 일본에서는 검찰관에 대한 광범위한 권한이 인정되고 검찰관은 단순한 일방당사자가 아니라 사법관에 준하는 지위를 부여받고 있다. 네덜란드에서는 공소인과 법관(지방예심법관을 포함)은 모두 최소 4년 동안의 선발과 훈련의 과정을 거쳐야 하는데 이러한 경험은 네덜란드 검찰관으로 하여금 스스로를 사법관으로 여기는 경향을 갖도록 한다. 이탈리아에서 검찰관은 사법조직 구성원으로서 법관과 같은 지위 및 외부의 간섭으로부터 자유로우며 검찰관과 법관 모두 사법관자격심사위원회에 의하여 선발되고 임명된다.[85]

2) 중국 검찰관의 지위

중국의 검찰관제도는 독특한 발전과정을 거쳤다. 사회주의 법제의 발전에 따라 형성되고 발전하여 왔으며 국가 법제통일의 유지와 현실적 요청에 따라 확립되었다. 건국 이후 사십여 년 동안 검찰관과 검찰직원의 직무수행의 보장에 관한 체계적인 규범이 없었고, 법률과 정책에서도 검찰직원의 법률적 전문 소양에 대한 특별한 요청이 없었으며, 국가는 모든 검찰직원에

---

84) 参见 孙谦: "维护司法的公平和正义是检察官的基本追求——《检察官论》评介(二)," 载《人民检察》 2004年 第3期。

85) 参见 谢佑平, 万毅: "检察官当事人化与客观公正义务," 载《人民检察》 2002年 第5期。

대하여 공무원 관리의 방식을 적용해 왔다. 비록 법률문건과 정식규정은 없었지만 오랜 기간 정부와 일반 대중은 검찰과 법원을 모두 사법기관으로 간주하였으며, 검찰직원을 사법직원으로 보아 행정직원과는 구별해 왔다. 1979년 인민검찰원조직법이 검찰장, 부검찰장, 검찰원 등의 검찰관 직무를 규정하여 검찰관제도의 수립에 관한 법적 기초를 마련하였다. 그러나 국가는 검찰관, 법관 및 공무원에 대하여 동일한 방식으로 관리해왔다. 1987년 중국은 국가공무원제도를 도입하기로 결정하였으며 이와 동시에 중국공산당 중앙은 검찰기관에 대하여 국가공무원에 유사한 관리 제도를 마련할 것을 명확히 요구했다.

최고인민검찰원은 1988년부터 검찰관법을 기초하기 시작했다. 법안의 전체 기초과정에서 견지했던 지도사상 중 하나는 각종 검찰관 관리제도가 국가공무원제도와 유사하면서도 동시에 국가공무원제도와 차이가 있어야 한다는 것이었다. 이는 중국 검찰기관의 법적 지위, 직능상의 요구, 업무의 특징을 고려해야 한다는 것이다. 국가 간부제도의 통일성을 보장하기 위해서 검찰관의 기본제도와 관리제도가 공무원제도와 조화를 이루어야 한다. 물론 검찰권은 심판권 및 행정권과는 차이가 있기 때문에 검찰관의 관리제도 역시 공무원제도를 그대로 따를 수 없다. 반드시 검찰관의 직무상 특성을 적절히 구현하고 검찰관의 직무, 권리 및 의무를 부각시켜 검찰관의 등급 및 서열을 확립해야 하는 것이다.

1995년의 검찰관법은 검찰관의 법적 명칭과 지위를 명확히 하였으며 검찰관의 임명조건, 권리 의무, 임면, 심사, 상벌과 보장에 관한 사항을 규정하여 검찰업무와 검찰관 직무의 특수성에 부합하는 검찰관제도의 기초를 마련하였다. 최고인민검찰원은 검찰관법규정에 따라 검찰관의 선발임용, 교육, 고가평정, 상벌, 회피, 사직, 사퇴, 징계처분에 관한 규범성 문건을 순차적으로 제정하였다. 2001년 전국인민대표대회 상무위원회는 검찰관법 개정안을 통과시켜 검찰관제도를 보다 개선하였다.

검찰관의 직무를 고려하면 중국의 검찰관은 국가의 법률감독업무에 종사하는 공무원이다. 법률감독이란 법률을 적용하는 전문적 활동을 의미한다.

검찰관법에 의하면, 검찰관은 법에 따라 법률감독업무를 수행하고 국가를 대표하여 공소를 제기하며, 인민검찰원이 직접 수리하도록 규정한 범죄사건에 대해서 수사하고 법률이 규정한 기타 직무를 수행한다. 검찰관 직무의 핵심은 법률감독이며 그 목적은 국가법률의 일관성 있는 시행과 올바른 시행이라 할 수 있다.

검찰관의 특수한 직무는 검찰관 관리제도의 기본적 지향점을 결정하고, 이로써 국가 사법관원으로서의 속성을 갖게 한다. 검찰관은 법률을 집행함에 있어 사회를 관리하는 국가행정기구에 종속되어서는 아니 되며 독립적으로 직무를 수행하여야 한다. 이를 위하여 고과평정, 교육, 상벌, 임면, 은퇴, 신분 및 경제적 보장 등에 관한 제도를 마련해야 한다. 중국의 검찰관법과 법관법은 동일한 시기에 전국인민대표대회 상무위원회의 심의를 거쳐 통과되었다. 구체적 내용을 살펴보면, 검찰관법이 검찰기관의 상 하급간 영도체제를 정한 것 제외하고 검찰관법의 규정과 법관법의 법관제도에 관한 규정은 기본적으로 일치한다. 검찰관과 법관의 권리의무, 임직조건, 등급의 설치, 대우와 직무상 보장 등에서 동등한 관리규칙을 따르고 있다. 경우에 따라서는 양자의 구분이 필요한 부분에 관해서도 동일한 규정을 두었다.[86] 검찰관제도와 법관제도의 이러한 동일성은 중국의 검찰관이 사법관원에 속한다는 점을 더욱 분명히 해주고 있다. 결론적으로 중국의 검찰관은 법률감독에 전문적으로 종사하는 사법관원이며 이는 검찰기관의 특수성과 직무상의 요청에 따른 것이다.

2. 검찰관의 책임과 의무

검찰관의 책임이란 검찰관이 검찰업무를 수행하는 과정에서 행사하는 권

---

86) 예를 들면 검찰관법과 법관법은, "위법한 범죄행위에 대하여 용감하게 투쟁하고 특출한 공로를 세우도록 한다"는 것을 장려규정으로 정하고 있다.

한과 부담해야 하는 법적 책임을 말한다. 검찰관에 있어 권한과 책임은 혼재되어 있어 명확히 구분하기 어렵다. 검찰관의 의무란 법정 책임의 실현을 보장하는 것으로서 검찰관이 반드시 이행하여야 하는 의무이자 행위의 준칙이다. 검찰관의 책임과 의무는 서로 다른 범주에 속하지만 양자는 내재적 일치성을 가진다. 책임은 핵심이고 의무는 책임에 대한 보증인 것이다.

1) 검찰관의 책임

검찰관법은 검찰관의 직무에 관해 다음과 같이 명확히 규정하고 있다. ① 법에 의거하여 법률감독업무를 수행한다. ② 국가를 대표하여 공소를 진행한다. ③ 법률이 인민검찰원으로 하여금 직접 수리하도록 규정한 범죄사건에 대하여 수사한다. ④ 법률이 규정한 기타 업무를 수행한다. 검찰관법은 검찰장, 부검찰장, 검찰위원회 위원의 대하여는 검찰직무 외에 그 직무에 상응하는 책임을 이행해야 한다고 규정하고 있다. 검찰관의 책임을 법률로 규정하는 의의는 다음과 같다. 첫째, 검찰관의 법정 직무수행이 법적인 보호를 받는다는 점을 명확히 하는 것이다. 둘째, 검찰관이 직무를 수행하지 않거나 법에 근거하지 않은 행위를 하는 경우에 법적 책임을 지게 하려 하는 데 있다. 검찰관의 책임은 구체적으로 다음과 같다.

(1) 법에 따른 법률감독업무의 수행

법률감독은 헌법과 법률이 정하는 검찰기관의 기본적인 직무로서 검찰관의 가장 중요한 임무라 할 수 있다. 관련 법률에 의하면 검찰관의 법률감독 책임은 구체적 권한의 행사를 통하여 각 소송활동 과정에서 드러나며 이는 주로 공안기관의 수사활동에 대한 감독, 구속영장이 신청된 사건의 심사, 형사 민사 및 행정심판에 대한 감독, 형벌집행의 감독 등을 통해서 진행되며 이로써 국가 법률이 일관되고 올바르게 시행되도록 감독한다.

(2) 국가를 대표한 공소의 제기

공소는 검찰기관이 국가를 대표하여 각종 범죄행위에 대하여 기소하고,

인민법원이 피고인에 대하여 재판하도록 요구하여, 그 형사책임을 추궁하는 중요한 활동을 말한다. 이는 검찰관의 중요한 책임으로 검찰관은 형사사건에 대한 심사를 통하여 기소 여부를 결정하고, 공소를 제기하며, 법정에서 공소를 유지하고 항소를 제기하는 등의 공소책임을 이행한다.

(3) 인민검찰원이 직접 수리하도록 규정된 범죄사건에 대한 수사

인민검찰원이 직접 수리하는 사건은 주로 국가공무원의 직권 남용과 관련된 범죄로서 횡령뇌물사건, 국가공무원의 독직사건, 국가공무원의 권한행사로 인한 공민의 신체 및 민주적 권리 침해사건 등을 포함한다. 인민검찰원이 기타 국가공무원의 권한행사로 인한 중대한 범죄사건을 직접 수리하기 위해서는 성급 이상 인민검찰원의 결정이 있어야 한다. 이러한 사건의 수사는 검찰관 책임 하에 이루어진다.

(4) 법률이 규정한 기타 책임

상술한 세 가지 책임 외에 검찰관은 별도의 직무를 수행할 수 있다. 예를 들면, 검찰업무를 수행하는 과정에서 제도적 결점을 발견할 경우 검찰관은 이에 대한 의견이나 건의 등을 제기할 책임이 있다. 그 외에 검찰기관 스스로 필요에 따라 검찰관은 보조 검찰관과 서기 등의 업무를 지도하고 보조검찰관은 검찰관의 업무를 보조할 책임이 있다. 검찰관은 법률이 부여한 각종 책임을 이행하여야 한다.

(5) 검찰장, 부검찰장, 검찰위원회 위원은 검찰직무의 수행 외에도 그 직책에 상응하는 책임을 이행하여야 한다.

검찰장, 부검찰장, 검찰위원회 위원은 일정한 직무를 담당하는 검찰관으로서, 우선 검찰관으로서의 직무를 수행해야 하는 동시에 그 직책에 상응하는 책임을 이행해야 한다. 예를 들면 검찰장은 검찰업무를 영도하여야 할 책임이 있으며 전반적인 검찰업무의 관리 및 기타 조직간의 지휘 정책결정 등에 대한 책임지고, 인민검찰원을 대표하여 동급 인민대표대회에 보고할

책임을 진다. 부검찰장은 검찰장에 협조하고 보조할 책임이 있으며, 검찰위원회의 위원 역시 법률 규정에 상응하는 책임을 이행하여야 한다.

2) 검찰관의 의무

검찰관의 의무에 관한 검찰관법의 요구는 다음과 같다. 즉, 검찰관은 헌법과 법률의 집행에 충실하고 전심전력으로 인민에게 봉사해야 한다. 동시에 검찰관의 의무와 관련한 구체적 규정을 두고 있다.

(1) 헌법과 법률을 엄격히 준수한다.

이는 검찰관의 우선적인 의무이다. 국가검찰권을 행사하는 사법관원으로서 검찰관은 각종 권한을 행사하는 과정에서 반드시 헌법과 법률을 준수해야 한다. 올바른 법률의 운용과 사건의 공정한 처리를 보장토록 하고 권한을 남용하거나 공민의 권리를 침해해서는 아니 된다.

(2) 사실에 근거하여 직무를 수행하고, 법률에 따라 공정하게 법을 집행하며, 사사로운 이익을 위해 법을 왜곡해서는 아니 된다.

'사실에 근거하고, 법률을 기준으로' 하는 것은 사법업무에 있어 기본적인 준칙이다. 검찰관은 사건을 처리하는 과정에서 이 준칙을 반드시 준수하여 사건의 실체를 관계를 명확히 한 후에 법률을 정확히 적용해야 한다. 진실과 법률 외의 어떤 다른 요소도 사건에 영향을 주는 이유가 될 수 없으며 특히 사사로운 정과 이익에 얽매여 법을 왜곡해서는 아니 된다.

(3) 국익과 공익을 수호하고 자연인과 법인 및 기타 단체의 합법적 권익을 수호한다.

이러한 의무는 검찰관이 법률감독업무를 수행하는 근본적인 목적과 연관되고 기타 국가공무원과 차별성이 있는 의무에 해당한다. 이러한 의무는 검찰관이 검찰권을 행사하는 과정에서 국가를 대표하여 범죄를 수사하고 법률시행의 일관성을 보장하는 동시에 소송 참가자와 기타 공민 또는 단체의 합법적 권익을 수호하도록 요구한다.

(4) 청렴공정하며, 직무수행에 충심을 다하고, 기율을 준수하며 직업적
　도덕을 엄수한다.

이는 검찰관이 반드시 지켜야 하는 행위준칙이다. 청렴과 공정은 검찰관
이 횡령과 수뢰를 범하지 말아야 하고 권력을 이용하여 사익을 추구하거나
공정한 법 집행에 영향을 주지 않도록 할 것을 요구한다. 직무수행에 충심
을 다한다 함은 검찰관으로 하여금 법률이 부여한 각종 직무를 엄격히 수행
토록 하고 직무를 소홀히 하거나 권한을 초월하여 사건을 해결하지 말도록
요구한다. 기율을 준수한다 함은 검찰관으로 하여금 법을 집행하는 자로서
법을 위반하거나 사건의 해결에 있어 거칠고 난폭한 태도를 취하거나 특권
을 행사하지 말 것을 요구하는 것이다. 직업적 도덕을 엄수한다 함은 검찰
관으로 하여금 충성, 공정, 청렴 등을 엄수토록 하여 검찰관으로서의 직업적
명예를 지킬 것을 요구하는 것이다.

(5) 국가기밀과 검찰업무상 기밀을 지켜야 한다.

검찰관은 사건의 처리과정에서 접하는 국가의 기밀에 대하여 염탐하거나
발설하지 않음으로써 자발적으로 국익을 수호해야 한다. 업무상의 기율에
따라 엄격히 비밀을 지켜야 하고 법률이 허용하지 않은 시간이나 장소에서
이를 누설해서는 아니 된다. 이는 사건의 원만한 해결과 사건 당사자의 보
호를 위하여도 필요한 것이다.

(6) 법적인 감독과 국민의 감독을 받는다.

모든 권력에 대하여는 제약이 이루어져야 하고 모든 권력의 행사자는 감
독을 받아야 한다. 검찰의 각종 권한은 법률이 부여한 것으로서 검찰관이
행하는 모든 직무행위는 국민에 대하여 책임을 져야 한다. 따라서 검찰관이
행하는 모든 권한은 반드시 법률이 정하는 기관 또는 인민대중의 감독을
받아야 하며, 이는 검찰관의 각종 권한이 올바르게 행사되도록 하는 것이다.

3. 검찰관 직무의 특수성

검찰관은 공직자이자 법조인이기 때문에 공직자로서 직업윤리를 지켜야 하는 동시에 법조인으로서의 직업특성에 부합해야 한다. 즉, "조직적인 직업 교육과 훈련을 받아야 하며, 권리와 의무를 중심개념으로 하여", 이성적 사고와 독특한 추리력을 갖추어 법률의 정확성을 실현할 수 있어야 하며, "사회 정의와 자유를 수호하고 법률의 권위를 지키고자 하는 직업의식을 가져야 한다."[87] 그러나 검찰관의 직무는 기타의 공직인원이나 사법종사자의 직무에 비하여 특수성이 있다.

1) 검찰관의 직무가 행정공무원의 직무에 대비되는 특수성

검찰관과 행정기관의 공무원은 모두 국가공무원에 속하지만 그 직무상 요구되는 행동준칙에는 차이가 있다. 첫째, 검찰관의 주요 직무는 법률감독이지만 행정공무원의 직무는 행정기관을 대표하여 사회적 관리 사무에 종사하는 것이다. 법률감독은 고도로 전문화된 활동이다. 물론 행정조직 내부에도 감독 또는 감사기능을 수행하는 직책, 기구 또는 부서를 두기도 하지만 그 행정관원의 직무는 법률감독이 아니라 행정기강의 감독에 기초하여 법률과 법규의 시행을 감독하는 것이다. 둘째, 감찰관과 행정공무원은 모두 상명하복의 행동준칙을 준수하여야 하지만 검찰관의 상명하복은 객관적 의무와 법적 의무라는 엄격한 제한을 받는다. 또한 검찰관은 임직조건이나 임면과정에서 행정공무원과는 차이가 있다.

2) 검찰관의 직무가 법관의 직무에 대비되는 특수성

검찰관과 법관은 업무의 지향점(진실 및 정의)과 업무수행상의 원칙(합법성 및 객관성)상 실질적인 차이가 없으며 양자는 모두 법질서의 수호라는 기능을 담당하고 있다. 검찰관과 법관의 임직조건은 동일하여 서로 전직도

---

87) 郭立新: "检察官的职业特点," 载 ≪检察日报≫ 2004年3月2日。

가능하다. 검찰관과 법관의 직무상 공통적 특징은 판단성이다. 사건에 대한 판단은 인지의 과정이고 인지의 과정은 절대적인 명령과 복종을 허용하지 않는다. 그러므로 법률은 검찰기관과 재판기관으로 하여금 법에 따라 독립적으로 권한을 행사토록 하고, 행정기관이나 사회단체 및 개인의 어떠한 간섭도 받지 않도록 규정하고 있다. 그러나 검찰관과 법관이 소송상 담당하는 역할과 기능은 서로 차이가 있다. 법관의 기본적인 직무는 사건을 재판하고 법적 분쟁을 해결하는 것이지만, 검찰관의 직무는 주로 범죄사건을 수사하고 법률감독을 통하여 법제의 통일적인 시행을 보장하는 것이다. 이는 검찰관으로 하여금 직무수행 과정에서 통일된 집행기준을 적용토록 하고 일원화된 원칙에 근거하여 직무를 수행토록 하며, 법정직무를 수행하는 동시에 상급자의 명령에 구속을 받도록 하는 것이다. 이는 영도체제에서 드러나며, 검찰관은 상 하급 영도체제와 상명하복의 제도를 시행하고 있으며 검찰기관 내부에서는 분업체계가 엄격하지 않다.

반면 상 하급 법원의 법관 간에는 영도체제가 존재하지 않으며, 심판권은 법원 내부에서 적당한 분업이 이루어지고 심급의 구분은 법률상 대단히 명확하다. 예를 들면 프랑스, 독일, 이탈리아 등 유럽의 국가에서 검찰관과 법관은 모두 사법관에 속하지만 검찰관과 법관은 직무상의 독립성에서 차이가 존재한다. 검찰장과 상급 검찰관은 검찰관에 대하여 지시와 명령을 하달할 수 있지만 법관은 불가능하다. 이는 중국의 사법체제에서도 분명히 드러나고 있다. 중국에서 상 하급 검찰기관의 관계는 영도관계이지만 상 하급 법원의 관계는 감독관계이다.

3) 검찰관 직무의 변호사 직무에 대비되는 특수성

검찰관과 변호사는 모두 법률 직역에 종사하기 때문에 공정성을 추구한다는 신념을 가져야 한다. 그러나 양자는 사회적 분업과 기능의 측면에서 분명한 차이가 있으며 소송에서도 확연히 다른 역할을 담당한다. 검찰관은 범죄소추의 직무를 수행하지만 변호사는 변호와 봉사자로서의 역할을 담당한다. 법률 직역 종사자로서 변호사는 법률적 입장을 견지하고 공공의 이익을 수호하며 공정을 실현하고 인권을 수호함으로써 공익성을 가진다. 변호사는 사건의뢰인의 입장에서 당사자의 합법적 권익을 보호하며 그가 제공하는 보수를 받을 권리가 있으며 그의 활동은 대가성을 가진다. 변호사의 직무에 관련된 공익성은 검찰관의 객관성 및 공정성 준수라는 직업윤리와 일치한다. 양자의 차이점은, 검찰관은 국가공직자로서 국가를 대표하여 검찰권을 행사하며 범죄피해자와는 독립된 존재란 점이다. 물론 사건의 처리과정에서 피해자의 이익을 고려해야 하지만 법률을 근거로 공익을 대표하고 피해자에 의하여 좌우되어서는 아니 된다. 이는 곧 검찰관이 국가로부터 급여를 받으며 보수이외의 어떤 이익도 취해서는 안 된다는 것을 의미한다. 변호사 역시 엄격한 직업적 윤리준칙의 지배를 받지만 변호사는 경제적 이익을 위하여 동종 업계 종사자와 경쟁이 가능하다는 특징이 있다. 이러한 이유 때문에 중국의 변호사는 공직신분을 지닌 '국가법률종사자'에서 '법규에 따라 변호사 자격을 취득하고 위임이나 지정을 받아 당사자를 위한 법률 서비스를 제공하는 직업인'으로 전환된 것이다.[88]

4) 검찰관 직무의 기타 검찰공무원 직무에 대비되는 특수성

검찰관은 국가의 검찰권을 행사하는 공무원이다. 검찰권 행사의 중요성 및 복잡성 때문에 검찰관은 검찰기관에 편재된 인원이어야 한다. 검찰기관 내부에서도 실제로 검찰권을 행사하는 편재 인원만이 진정한 의미의 검찰관이라 할 수 있으며 그들만이 검찰관 직무를 행할 수 있다. 검찰권의 행사는 단순한 법률조항의 적용과정이 아니며 일정한 법의식과 법학이론의 전제하에서 엄밀한 법적 사고와 치밀한 논리적 추론을 통하여 법적인 판단을 내려야 하는 과정이다. 검찰권의 행사를 보장하기 위해서 검찰관의 임직조건은 엄격하며 법률에 명확히 규정되어 있다. 기타 검찰공무원의 임직조건은 상대적으로 완화된 편이지만 검찰조직에 들어가기 위한 중요한 관문이기도 하다. 관리상의 필요든 검찰기관의 직무수행을 보장하기 위한 것이든 간에 검

---

88) 참고 1980년 변호사잠행조례 제1조 및 2007년 10월 28일 개정한 변호사법 제2조.

찰기관 종사자 가운데 검찰관은 합리적인 비율로 유지되어야 한다. 이를 위하여 검찰관법은 최고인민검찰원이 업무상 필요에 따라 관련 기관과 함께 각급 검찰원의 검찰관 편재정원에 관한 비율을 정할 수 있는 권한을 부여하였다. 최고인민검찰원이 제정한 '2004~2008년 전국검찰인력조직건설규획'에서는, "검찰기관의 직능상의 필요와 각 직군의 특징에 따라 검찰인원을 검찰관, 검찰사무관(보조검찰관)과 검찰행정인원으로 나눈다. 직능과 권한에 따라 각 근무자의 직위와 서열을 합리적으로 구분하여 설치하고 규범적인 관리를 시행한다. 과학적으로 각 근무자의 비율을 정할 것이 요청되는 바 일반적인 경우에 검찰관, 검찰사무관(보조검찰관), 검찰행정인의 각 비율은 각각 30%, 40% 및 30%가 되도록 한다"고 정하고 있다.

II. 검찰관 선임제도

현대사회에서 법률규범은 점점 세분화되고 있으며 국가의 법 적용도 갈수록 전문화되고 있다. 따라서 정치적 소양과 국가에 대한 충성심이 있더라도 적절한 법률교육과 전문적인 훈련을 받지 않는다면 검찰관 직을 수행하기 어렵다. 법관, 검찰관 및 변호사 등을 포함하는 법률 직역 종사자는 법률의 적용 및 실무에 정통하여야 하고 올바른 품성과 법적 전문성으로써 그 역량의 원천으로 삼아야 한다. 마땅히 사회의 복지를 위해 노력하고 전문적인 지식과 기술로써 사회에 헌신하여 사회로부터 존중 받아야 한다. 이를 위하여 대다수 국가는 검찰관 등 법률 직역 종사자에 대한 엄격한 임직조건과 특별한 임면절차를 포함하는 등의 까다로운 선임제도를 시행하고 있다.

1. 검찰관의 임직조건

검찰관의 임직조건이란 국가가 검찰관이란 특정한 직무를 담당할 사람에게 요구하는 신분, 정치적 사상, 전공, 자격 등의 구체적인 조건을 말하며, 이는 전반적인 검찰조직의 소양을 의미한다. 검찰관은 특수한 법률 직역으로서 검찰관의 소양정도는 법치의 실현에 직접적으로 관계된다. 이 때문에 세계 각국은 검찰관의 법적 지식, 법적 경험 및 직업적 윤리에 대하여 비교적 엄격한 요구를 하고 있다. 중국의 경우, 1995년 이전에는 검찰관 직의 수행에 있어 행정직열상의 요건만 있었고 기타 임직조건에 관한 규정이 없었다. 1995년 검찰관법은 처음으로 검찰관의 임직조건을 규정하였다. 2001년 검찰관법 개정안은 법학교육 및 법제 발전의 상황을 고려하여, 검찰관의 임직조건에 대한 개선을 하였다. 첫째, 검찰관 임직자에 대한 학력조건을 강화하였다. 둘째, 초임 검찰관 임용시험의 기준을 강화하였다. 과거 검찰조직상의 초임 검찰관 고시제도를 국가조직이 통일적으로 시행하는 사법고시제로 변경하였다. 개정 검찰관법의 규정에 의하면, 검찰관 직무를 수행하기 위해서는 다음과 같은 몇 가지 조건을 갖추어야 한다.

1) 신분조건
검찰관법 규정에 의하면 검찰관이 되기 위해서는 중화인민공화국 국적을 가져야 하고, 만 23세 이상이며 신체가 건강해야 한다. 우선, 검찰관의 국적이다. 검찰관은 국가의 공직에 속하기 때문에 본국의 국민이 담임해야 한다는 논리가 세계 각국에서 통용된다. 둘째로 검찰관의 연령제한이다. 법률은 검찰관이 되려면 일정한 연령에 달해야 한다고 규정한다. 검찰관은 국가검찰권을 행사하는 공무원으로서 독립적인 판단능력을 갖추어야 하는 바, 그러한 능력은 일반적으로 일정한 수준의 법률지식 및 사회적 경험이 전제되어야 하기 때문이다. 이러한 능력은 연령의 축적에서 길러지는 것이다. 검찰관법이 규정하는 연령조건은 최저 연령제한이다. 실제로 만23세에 검찰관이 되는 것은 매우 드문 경우에 해당한다. 셋째 검찰관의 신체 상황이다.

검찰관은 반드시 신체가 건강해야 한다. 건강한 신체와 정신은 검찰관 직무 수행의 전제가 된다.

2) 정치사상조건

검찰관법에 따르면 검찰관은 중화인민공화국 헌법을 수호하며 우수한 정치적 소양과 업무소양 및 올바른 품성을 갖추어야 한다고 규정하고 있다. 이것이 검찰관이 되기 위한 정치적 조건이다. 법률과 직무에 충성하는 사상적 품성을 갖추어야 하고, 청렴하며 자신을 이기고 공익을 위해 헌신하는 사상적 품격을 갖추어야 하며 강직함과 권세를 두려워하지 않는 법 집행의 정신을 갖춰야 한다.

3) 전문지식조건

법규범이 체계화 되고 법률활동이 전문화됨에 따라 검찰관이 일정한 수준의 법적 소양 및 법적 전문지식과 능력을 갖추지 못하면 법률의 정확한 적용이 어렵다. 검찰관은 법률감독 분야에 종사하는 공직자로서 법률에 정통하고 높은 수준의 전문적 소양과 능력을 갖춘 사람이어야 하는데, 이는 검찰업무의 특수성이 요청하는 바로서 법치국가의 중요한 표지이기도 하다.

1995년 검찰관법은 검찰관이 갖추어야 하는 법률적 전문지식, 학력 및 업무경력 등 전문지식 관련 조건에 대하여 명확히 규정하였다. 그 후 검찰관의 자질과 검찰업무의 수준을 제고하기 위하여 2001년의 검찰관법 개정안은 검찰관의 학력과 업무경험에 관한 조건을 다음과 같이 강화하였다. 고등교육기관(대학교) 법률전공의 학부를 졸업하거나 대학교 비법률전공 학부과정을 졸업하고 법률 지식을 갖춘 자로서 법률업무에 2년 이상 종사해야 한다. 그 가운데 성, 자치구, 직할시의 인민검찰원 또는 최고인민검찰원의 검찰관은 3년 이상 법률업무에 종사해야 한다. 법률전공 석사학위나 박사학위 소지자 또는 비법률전공 석사학위나 박사학위를 가진 자는 법률지식을 갖추어 1년 이상 법률업무에 종사해야 한다. 그 가운데 성, 자치구, 직할시의 인민검찰원 또는 최고인민검찰원의 검찰관이 되고자 하는 자는 2년 이상의 법률업무에 종사해야 한다. 위 조건에 상응하는 업무경험을 갖추도록 하는 것은 검찰관이 증거를 심사하고 사실관계를 확인하며 법률을 적용하는 업무를 수행하기 때문이며, 이는 또한 검찰관이 되기 위한 필요조건이기도 하다.

초임 검찰관의 전문지식에 관한 조건의 상향조정은 검찰관의 업무능력을 높이고 검찰활동의 사회적 신뢰를 강화하며 법률의 통일적이고 올바른 시행을 보장하는 데 도움이 된다. 그러나 법률교육의 규모와 법률인력에 대한 사회적 수요 및 현재 검찰관의 학력 상황을 고려할 때 단기간에 모든 검찰관에 대하여 높은 전문지식 수준을 요구하는 것은 현실성이 없다. 따라서 검찰관법은 검찰관의 전문지식에 관한 조건에 대하여 두 가지의 융통성 있는 규정을 두고 있다. 첫째, 중국은 국토가 방대하며 각 지역의 경제적 발전 수준이 다르고 선발 가능한 인원수와 소양에 많은 차이가 있다. 지역별로 법률인재를 흡수할 능력의 차이도 있기 때문에 낙후된 지역의 경우 법률이 일률적으로 규정한 학력조건에 따라 검찰관을 선임하기가 어려운 상황이다. 검찰관법은 이와 같은 이유로 검찰관을 선임하기 어려운 지역에서는 최고인민검찰원의 심사를 거쳐서 일정 기간 동안 검찰관의 학력 수준을 법률전공의 전문대학 졸업자로 낮출 수 있도록 규정한다. 둘째, 검찰관법 개정안이 시행되기 전에 임명된 검찰관이 새로운 법규에 따른 임직조건을 갖추지 못하였을 경우에는 교육을 받도록 하여 법률이 정하는 기준에는 미달하여도 교육 후에 검찰관 직을 수행할 수 있도록 정하고 있다.

4) 자격조건

1995년 이전에는 검찰관이 되고자 하는 경우 고시를 통과해야 할 필요가 없었다. 1995년 검찰관법은 검찰관이 되고자 하는 경우에는 반드시 검찰관 자격고시를 통과해야 한다고 규정하였다. 검찰은 1995년부터 전국적으로 통일된 초임 검찰관 자격시험을 실시하였다. 초임 검찰관 자격시험은 검찰관 자격조건에 대한 최초의 형식으로서 검찰관의 전문화 수준을 제고하는 데 있어 중요하고 긍정적인 역할을 하였다.

검찰관의 직무상 특징으로 인하여 검찰관이 행정공무원과는 다른 임직조 건을 갖추도록 요구한다. 검찰관과 법관 및 변호사는 업무상 그 역할이 구 분되고 사법적 기능에 있어 대립되지만 근본적으로는 모두 법률의 시행을 지탱하는 중요한 지주가 되고 법질서 수호와 국민 및 단체의 적법한 권익을 수호하고 있다. 그러므로 검찰관, 법관 및 변호사는 모두 동일한 전문지식의 배경을 가져야 하고 법치에 대한 일치된 인식을 가져야 한다.

2001년 제9차 전국인민대표대회 상무위원회는 법률 직역의 전문화를 추 진하고 법률 직역 종사자의 소양을 제고하며 독립적인 검찰권과 심판권의 행사를 보장하고 사법의 공정성을 확보하기 위하여 검찰관법, 법관법 및 변 호사법 개정안을 통과시켰다. 각 개정안은 초임 검찰관, 법관 및 변호사 자 격의 취득을 위한 통일적인 사법고시를 시행하며 자격조건과 관련하여 검찰 관 및 법관에게 일관된 기준을 적용할 것을 규정하고 있다. 이에 국가는 2002년부터 통일적인 사법고시제도를 시행하게 되었고 국무원 사법행정부 문은 최고인민검찰원 및 최고인민법원과 공동으로 사법고시의 시행방안을 마련하여 이를 시행하게 되었다.

국가 사법고시는 일종의 법률 직역 종사에 관한 자격시험으로서 법조계 에 입문하기 위한 첫 관문이라 할 수 있다. 이는 국가사법관제도의 중요한 요소로서 사법 직무교육 및 대학 법률교육과 연결되어 있다. 통일적인 사법 고시는 단지 시험기준의 제고만이 아니라 시험의 내용과 평가기준의 변화를 의미한다. 세 가지 법률 직역의 평가기준상의 차이를 없애고 법률 직역 종 사자의 동질화를 실현하며 법률 직역 종사자 사이에 공통적인 이념과 사유 방식을 형성토록 하는 것이다. 최고인민법원, 최고인민검찰원 및 사법부가 공동 제정한 국가사법고시시행방안에 따르면 현재 시행 중인 사법고시는 검 찰관, 법관 및 변호사 자격시험의 중요한 내용을 모두 통합하였으며 대학 법학교육의 주요 교과목을 모두 포함하고 있다.

통일적인 사법고시의 시행이 검찰관제도에 긍정적인 영향을 주었다는 것 은 명확하다. 첫째, 검찰관 직역에 대한 진입장벽을 크게 높임으로써 검찰관 의 소질과 전문화 정도를 높이는 데 도움이 된다. 둘째, 법률업무에 대한 검찰관의 전반적 이해를 높이고 각 법률 직역 종사자 상호간의 존중을 유도함으로써 법률 직역 종사자의 공통적 이념과 소양을 형성시키고 법률 직역 종사사의 이미지를 개선하는 데 도움이 된다. 셋째, 사회적 요구에 부응하는 검찰관 선발과 검찰직원 임용을 위한 제도적 기초를 마련함으로써 검찰직역 임용제도가 규범화되고 검찰관의 소양을 높이는 데에 도움이 된다. 넷째, 공통적 기반 위에서 검찰관과 법관의 선발이 이루어지므로 검찰관과 기타 법률 직역 종사자가 직무상의 필요와 개인의 희망에 따라 전직하거나 이동하는데 도움이 된다.

물론 중국의 사법고시제도는 자격시험제도이고 임용고시를 위한 제도가 아니다. 사법고시를 통과한다고 해서 반드시 검찰관으로 임명되는 것은 아니다. 사법고시는 검찰관이 되기 위한 기본적인 조건일 뿐이며 검찰관이 되기 위해서는 별도의 법정조건을 만족하여야 한다. 시험을 통과하여 변호사 자격을 취득한 자는 검찰기관에 공석이 생기는 경우에 한하여 경쟁원칙과 우수자선발원칙을 근거로 법정절차에 따라 검찰관이 된다.

일반적으로 제도가 형성되고 성숙되기까지는 일련의 과정이 필요하다. 중국의 현행 사법고시는 여전히 초기적 단계에 머무르고 있으며 아직은 모든 검찰관에 적용되는 임직조건이 아니다. 뿐만 아니라 법률규정이 있기 전에 임용된 검찰관의 신분에 영향을 주지도 못한다. 또한 법률의 규정에 의하면, "국가의 통일적인 사법고시를 통하여 취득한 자격"은 단지 최초로 검찰위원회 위원, 검찰원 및 보조검찰원이 되는 자격 조건일 뿐이며 검찰장 및 부검찰장의 선발과 관련해서는, "검찰관 또는 기타 검찰관의 조건을 갖춘 사람 가운데 우수한 자를 선발한다"고 정하고 있다.

5) 결격조건

검찰관을 담임할 수 있는 결격조건이란 일정한 조건에 해당하는 자는 검찰관의 직을 수행할 수 없다는 것을 의미한다. 검찰관법은 과거 범죄를 저질러 형사처분을 받았거나 공직에서 면직된 자는 검찰관이 될 수 없다고 규정하고 있다. 이것은 검찰관이 되기 위한 품행조건에 해당한다. 검찰관이 국가의 공직자이든 법률 직업인이든 할 것 없이 언제나 높은 수준의 도덕성을 유지해야 함을 의미한다. 이것은 검찰관이 사법의 공정성을 보장하고 청렴함을 유지하기 위해 필요한 전제이기도 하다. 물론 사람의 품행을 객관적이고 공정하게 평가하는 것은 매우 어려운 일이고 평가기준, 평가주체 또는 평가환경의 차이에 따라서 당연히 다른 결론이 나오기도 한다. 하지만 검찰관이 반드시 "양호한 품행"을 가져야 한다는 기준을 더 이상 낮출 수는 없다. 법률은 검찰관이 되기 위한 품행조건에 대한 최저한도의 규정을 두고 있을 뿐이며 품행이 고상한 인사를 검찰관으로 선발하는 것은 규정상의 품행조건에 의해서라기보다는 잘 정비된 검찰관 선발절차에 의해 실현될 수 있다.

2. 검찰관의 선발과 임명

과학적으로 완비되고 효과적인 선발제도는 공평한 경쟁을 통하여 우수한 인재를 검찰조직에 진입시킬 수 있을 뿐만 아니라, 검찰관의 초임 훈련과 능력개발 비용을 줄이고 검찰관의 교육주기를 단축하여 검찰기관에 인적자원을 제공할 수 있다. 완비된 검찰관 선발 임명제도는 엄격한 임직조건과 규범화 되고 과학적인 선발임명 절차와 기준을 포함하여야 한다. 서방 국가들은 검찰관의 높은 소양을 보장하기 위해 비교적 엄격한 절차를 통하여 검찰관을 임명한다. 중국은 과거 행정공무원을 관리하는 방식으로 검찰관을 관리했으나 신 중국이 검찰제도를 복구한 이래 검찰원(檢察員) 이상의 검찰관 임명은 엄격한 법적 절차를 따르고 있다.

1) 검찰관의 선발
검찰관 선발제도는 검찰관의 높은 소양을 확보하기 위한 중요한 과정이다. 법률이 규정하는 검찰관 임직조건은 검찰관의 소양을 확보하기 위한 최저기준으로서 검찰관의 소양을 제고하기 위한 일종의 제도적 기회를 제공할

뿐이다. 이러한 가능성을 실현하기 위해서는 반드시 경쟁원칙과 우수자선발
원칙을 지키고 법정 임직조건에 따라 공평, 공정, 공개 및 과학적 절차를
통하여 검찰관을 선발해야 한다.

(1) 검찰관의 선발방식
① 각급 인민검찰원의 검찰장 선발

법률의 규정에 의하면 최고인민검찰원의 검찰장 선발은 선거제에 의한
다. 전국인민대표대회의 주석단이 후보자를 추천하면 각 대표단의 협상을
거쳐 주석단이 다시 다수 의견에 근거하여 정식 후보자 명단을 확정하며
전국인민대표대회는 선거를 실시하여 최고인민검찰원 검찰장을 선출한다.
지방의 각급 인민검찰원의 검찰장은 선거와 임명제가 혼합된 제도를 시행한
다. 본급 인민대표대회 주석단 또는 10명 이상의 대표가 추천하면 본급 인
민대표대회의 선발을 거쳐 상급 인민검찰원 검찰장이 동급 인민대표대회 상
무위원회의 비준을 제청하여 임명한다.

검찰장을 선거로 선출하거나 선거를 주된 방식으로 하여 선발하는 제도
는 검찰장 선발의 공신력을 높여주고 검찰장의 직무수행을 보장하는 데 도
움이 된다. 그러나 단순한 선거로는 검찰장의 전문적 소양을 확보하기 어렵
다는 단점도 있다. 이에 따라 검찰관법은 검찰장과 부검찰장은 반드시 검찰
관 또는 검찰관의 자격을 갖춘 자 중에서 우수한 자를 후보로 추천할 것을
규정하고 있다. 이는 다음과 같은 의미를 지닌다. 검찰장은 풍부한 경험과
이론적 소양을 지닌 검찰관 중에서 선발해야 하며 검찰관 가운데 적합한
후보가 없다면 검찰관 자격을 갖춘 자 중에서 우수한 자를 후보로 선발해
야 한다.

② 기타 검찰관의 선발

검찰관법의 규정에 의하면 검찰위원회 위원, 검찰원, 보조검찰원은 고시
에 의한 임명제를 시행하고 있다. 법률의 규정에 의하면 상술한 직무를 처
음으로 맡게 되는 자에게는 엄격한 고시방법을 적용한다. 지덕겸비의 기준

에 따라 국가의 통일적인 사법고시를 통과하여 자격을 취득하고 검찰관의 자격조건을 갖춘 자 중에서 우수한 자를 선발한다.

실제로 검찰관이 적법하지 않는 방식으로 임명되는 경우가 있다. 이 때문에 검찰관법은 검찰관 임직자격의 엄격한 시행을 위하여 보장적 조치를 취하고 있다. 법률의 규정에 적합하지 않는 방식으로 임명된 검찰관이 있다면 임명한 기관은 이를 철회해야 한다. 상급 검찰기관은 하급 검찰기관의 검찰관 임명이 검찰관법에 위반한 경우 하급 검찰기관으로 하여금 이를 철회하도록 명하거나 동급 인민대표대회 상무위원회에 철회를 제청하도록 요구해야 한다. 검찰관법이 규정한 자격조건을 갖추지 못한 자가 인민검찰원의 검찰장으로 선출되는 경우, 상급 인민검찰원 검찰장이 동급 인민대표대회 상무위원회에 대하여 임명을 비준하지 못하도록 제청할 권리가 있다.

(2) 검찰관 선발제도

검찰관 선발제도의 핵심은 공개선발이다. 구체적으로 두 가지 내용인 바, 첫째는 초임 검찰관을 대외적으로 공개하여 선발하는 것이며, 둘째는 상급 검찰기관이 하급 검찰기관으로부터 검찰관을 선발하는 것이다.

① 대외적으로 공개하여 초임 검찰관을 선발한다.

공무원법은 초임 법관과 검찰관의 선발을 대외적으로 공개하고 국가의 통일적인 사법고시를 통과하여 자격을 취득한 자 중에서 선발할 것을 규정하고 있다. 이는 검찰관 선발제도의 중요한 개혁이자 중국 사법관 관리제도의 중요한 진보이다.

대외적으로 공개하여 초임 검찰관을 선발하고 공개, 평등, 경쟁원칙 및 우수자선발원칙을 준수하여 법률에 정통하고 품행이 단정하며 존중받는 검찰관의 임직조건에 부합하는 우수한 인재가 검찰조직에 들어올 수 있도록 환경을 조성해야 한다. 즉 첫째, 대외적으로 공개 선발할 때에는 반드시 사전에 공고하고 채용절차, 채용기준 및 방식과 결과를 공개해야 한다. 둘째, 조건에 부합하는 국민이라면 누구나 경쟁에 참여하고 동일한 기준에 의거하여 채용되는 평등한 권리를 누려야 한다. 셋째, 지덕겸비의 선발기준을 견지하며 공개와 평등한 경쟁을 통하여 우수하고 적합한 인재를 선발 채용해야 한다. 검찰기관이 공개 경쟁원칙과 우수자선발의 원칙을 통하여 채용한 검찰직원은 검찰원에 결원이 생긴 경우에 검찰업무 종사 연한이 법정연한에 도달하고 검찰관 임직조건에 부합한다면 심사를 통하여 검찰관으로 임명될 수 있다.

최근에는, 사법고시를 통과한 자는 공무원 임용시험을 통과하지 않아도 검찰조직에 들어올 수 있어야 한다는 주장이 나오고 있다. 검토할 가치가 있는 의견이다. 현행 규정에 의하면 사업단위 또는 국유기업 근무자는 사법시험을 통과하여 자격을 취득하면 공무원 시험을 통과하지 않고도 검찰관이 될 수 있다. 그러나 검찰기관의 주임과원(主任科員) 이하의 직무에 종사하는 직원은 반드시 공무원 시험을 통하여 선발해야 한다. 사법고시가 공무원 시험보다 훨씬 어렵다고 생각하는 사람도 있다. 또한 사법고시를 통과한 사람이 공무원 조직에 들어가기 위하여 다시 공무원 시험을 거쳐야 할 필요는 없다고 규정하면 서부지역 검찰관 부족 문제의 해결에 도움을 준다고 생각한다. 그러나 공무원의 임용시험과 사법고시 사이에는 많은 차이가 있다고 생각한다. 시험의 목적을 고려하면 사법고시가 법률 직역에 종사하기 위하여 반드시 통과해야 하는 관문인 반면에 공무원 시험은 우수한 인재를 선발하여 공무원 조직에 들어오게 하기 위한 것이다.

시험의 규정을 살펴보면, 국가 사법고시는 경쟁이 비교적 낮은 시험으로서 기준에 도달하면 통과라 할 수 있지만 공무원 시험은 경쟁이 치열한 시험으로서 우수한 인재의 선발이 가장 우선적인 기준이다. 시험의 내용을 고려하면, 사법고시는 시험자의 법률적 전문지식을 평가하지만 공무원 시험은 공직에 종사하는 사람에게 필요한 기본지식과 사유능력 및 기능을 평가한다. 따라서 양자는 서로 대체할 수 없다. 또한 사법고시를 통과한 자가 공무원 시험을 통과하지 않고 공무원 조직에 진입할 수 있도록 규정한다면 이는 공개선발과 공평경쟁이라는 간부 인사개혁의 방향에도 부합하지 않는다.

② 상급 검찰원이 하급 검찰원으로부터 검찰관을 선발한다.

최근 국가는 상급 검찰원이 하급 검찰원을 대상으로 공개적으로 검찰관을 선발하는 방식을 널리 시행하고 있다. 고급인민검찰원에서부터 일부 주(州)와 시(市)의 검찰원에 이르기까지 전국의 검찰조직 또는 본급 관할지역 검찰조직에서 공개적으로 검찰관을 선발하는 것은 기층 검찰직원에게 새로운 발전의 기회를 제공하고 상급 검찰원의 검찰관이 풍부한 현장경험을 갖추도록 하는 데에 도움이 된다.

2) 검찰관의 임면권한

검찰관의 임면이란 권한을 가진 국가기관이 법률이 규정한 권한과 절차에 따라 검찰관의 자격조건을 갖춘 자를 검찰관으로 임명하고 법정 면직사유에 해당하는 검찰관을 면직시키는 활동을 말한다.

(1) 각급 인민검찰원 검찰장의 임면

헌법과 법률의 규정에 의하면, 각급 인민검찰원 검찰장의 임면은 다음과 같은 네 가지 상황으로 나누어진다. ① 최고인민검찰원 검찰장의 임면은 선거제를 시행하며 전국인민대표대회에 의하여 선출되고 해임된다. ② 지방 각급 인민검찰원 즉 성, 시, 현 인민검찰원의 검찰장은 선거와 비준의 혼합형 제도를 시행한다. 지방 각급 인민검찰원에 의해 선발되고 해직되나 상급 인민검찰원의 검찰장에게 보고하여 동급 인민대표대회 상무위원회의 비준을 받아야 한다. ③ 성급 인민검찰원 분원과 파출 검찰원 검찰장은 이를 주관하는 상급 검찰원 검찰장이 동급 인민대표대회 상무위원회에 임면을 제청한다. 상급 인민대표대회 상무위원회의 비준이 있기 전에는 하급 인민대표대회의 선거 결과는 효력이 없다. 만일 상급 검찰원의 검찰장이 임명하지 못하도록 제정하거나 동급 인민대표대회 상무위원회가 비준하지 않을 경우 하급 인민대표대회의 선거 결과는 무효가 된다. ④ 군사검찰원 검찰장의 임면은 특별한 절차를 적용한다. 그중 중국인민해방군 군사검찰원의 검찰장은 최고인민검찰원 검찰장이 전국인민대표대회 상무위원회에 임면을 제청한다. 대군구(大军区) 이하의 각급 군사검찰원 검찰장은 상급 군사검찰원 검찰장의 동의를 거쳐 군대의 간부임면에 관한 권한과 절차에 따라 임면한다.

검찰장 등의 검찰관이 법률이 정한 임직조건에 부합하도록 하기 위하여 검찰관법은 상급 검찰원에 특별히 감독시정권을 부여하였다. 상급 인민검찰원의 검찰장은 법정절차를 위반하여 선발된 인민검찰원 검찰장을 동급 인민대표대회 상무위원회에서 비준하지 못하도록 제청할 권한이 있고, 최고인민검찰원과 성급 인민검찰원의 검찰장이 동급 인민대표대회 상무위원회에 대하여 하급 인민검찰원 검찰장과 부검찰장 및 검찰위원회 위원의 교체를 건의할 수 있도록 하였다.

검찰장의 선발과 검찰관의 임명에 관한 제도적 설계는 각급 검찰장의 기본적 법률소양의 확보와 검찰기관의 영도체제를 실현하며, 나아가 검찰기관의 공정한 직권 행사를 보장하는 데 중요한 의미가 있다. 상급 인민검찰원의 검찰장과 동급 인민대표대회 상무위원회의 비준을 통하여 지방 각급 인민검찰원의 검찰장을 선발하도록 하는 헌법 및 법률상의 절차는 검찰기관이 갖는 법제통일 유지의 책무에서 결정된 것으로서 일반 행정기관의 수장을 선발하는 경우와는 차이가 있다.

(2) 기타 검찰관의 임면

검찰장 이외의 기타 검찰관의 임면은 네 가지 상황으로 나눌 수 있다. ① 부검찰장, 검찰위원회 위원 및 검찰원(檢察員)을 포함한 최고인민검찰원, 성, 시, 현(구) 인민검찰원의 검찰원(檢察員) 이상의 직에 해당하는 검찰관은 각급 인민대표대회 상무위원회가 임면하며 해당 인민검찰원의 검찰장이 임면을 제청할 권리가 있다. ② 성급 인민검찰원 분원과 파출 검찰원의 부검찰장, 검찰위원회 위원 및 검찰원(檢察員)은 이를 주관하는 상급 인민검찰원의 검찰장이 해당 인민대표대회 상무위원회에 임면을 제청한다. ③ 보조검찰원은 해당 인민검찰원 검찰장이 임면한다. ④ 중국인민해방군 군사검찰원의 부검찰장은 최고인민검찰원의 동의를 거쳐 군대의 간부임면에 관한 권한과 절차에 따라서 임면한다. 그 검찰위원회 위원은 최고인민검찰원의 동의를 거쳐 인민해방군 총정치부가 임면한다. 대군구(大軍區) 이하의 각급 군사검찰원 부검찰장은 상급 군사검찰원 검찰장의 동의를 거쳐 군대의 간부임면에 관한 권한과 절차에 따라 임면한다. 당해 검찰위원회 위원은 상급 군사검찰원 검찰장의 동의를 거쳐 해당 정치부가 임면한다.

검찰관법은 법정 임직조건의 시행을 보증하기 위하여 다음과 같이 규정하고 있다. 본 법이 규정한 조건을 위반하여 임명된 검찰관이 발견되면 이를 임명한 기관은 그 임명을 철회해야 한다. 또한 상급 인민검찰원은 하급 인민검찰원의 검찰관이 법률을 위반하여 임명된 사실을 발견하면 하급 인민검찰원으로 하여금 임명을 철회하도록 명하거나 하급 인민검찰원이 해당 인민대표대회 상무위원회에 임명의 철회를 제청하도록 요구해야 한다.

헌법은 검찰원(檢察員) 이상에 해당하는 검찰관은 국가권력기관에 의하여 선발된다고 규정하는데, 이는 헌법이 확립한 정체체제에 따른 결정으로서 중국의 현실에 부합하며 실증적으로도 증명되고 있다. 그러나 일부 인사는 지방이 검찰관의 임명권을 완전히 장악하게 되면 검찰관이 지방의 통제를 받기 쉬워져 국가 법제의 통일을 유지하는데 해가 된다고 주장한다. 검찰관의 임면과정에서 상급 검찰원의 역할을 어떻게 강화할 것인가 하는 데 대한 더 많은 연구와 논증이 필요하다.

3. 검찰관의 해임

검찰관의 해임은 검찰관이 직무를 수행할 수 없거나 수행하기 어려운 경우 또는 검찰관 직무에 변동이 생겨서 더 이상 현재의 직무를 수행할 수 없는 등 법정사유가 발생할 경우에 임면권을 가진 기관이 법정 절차에 따라 그 검찰관의 직에서 해임시키는 것을 말한다. 검찰관법 규정에 의하면 검찰관 직의 해임은 반드시 다음 조건에 부합하여야 한다.

1) 검찰관의 해임사유

검찰관의 해임은 반드시 법정사유가 있어야 한다. 검찰관법 규정에 의하면 검찰관에 대한 법정 해임사유는 ① 중화인민공화국의 국적을 상실한 경우, ② 해당 검찰원에서 전출되는 경우, ③ 직무의 변동으로 더 이상 본래의 직무를 수행할 필요가 없는 경우, ④ 평가의 결과에 따라 당해 직무에 부적합하다고 판단되는 경우, ⑤ 건강상의 문제로 장기간 직무수행이 불가능한 경우, ⑥ 정년으로 퇴직하는 경우, ⑦ 사직 또는 해고되는 경우, ⑧ 기율의 위반하거나 법규를 위반하여 더 이상 임직할 수 없는 경우이다. 검찰관 직의 법정 해임사유는 두 가지 측면에서 의의가 있다. 첫째, 검찰관 직무의 엄숙성으로 인하여 상술한 법정사유의 하나에 해당하면 반드시 직의 해임을 제정하여야 한다. 둘째, 검찰관의 직무 수행을 보장하기 위하여 상술한 법정사유에 해당하지 않으면 자의적으로 검찰관을 해임할 수 없다.

2) 검찰관의 해임절차

검찰관의 해임은 반드시 권한을 가진 기관이 법정절차에 따라 행하여야 한다. 검찰관의 임명은 신중하고 엄숙한 법적 행위이기 때문에 그 해임 또한 법정절차에 따라 진행하여야 한다. 여기서 권한을 가진 기관이라 함은 검찰관의 임면권을 가진 기관을 말하는 바, 이는 동급 또는 상급 인민대표대회와 그 상무위원회 및 해당 인민검찰원의 검찰장을 포함한다. 구체적으로는 검찰장이 임명한 검찰관은 검찰장이 법정절차에 따라 해임시켜야 하며, 검찰장이 임명하지 않은 검찰관은 검찰장이 법정절차에 따라 임면권을 가진 인민대표대회와 그 상무위원회에 해임을 제정하여야 한다.

4. 검찰관 임직의 특수요건

검찰관은 국가공무원으로서 공무원법이 규정한 임직조건에 부합하여야 한다. 이와 동시에 검찰기관의 법 집행에 관한 권위와 검찰관의 직무수행상

의 엄숙성을 유지하기 위하여 검찰관의 임직은 법률이 정한 특수한 임직요
건에 부합되어야 한다. 예를 들면, 검찰관은 검찰관의 직무를 담당하면서
검찰기관의 엄격한 법 집행에 영향을 줄 수 있는 기타 직무를 겸해서는 아
니 된다. 검찰관법 규정에 의하면 검찰관은 다음과 같은 직을 겸직해서는
아니 된다.

즉, ① 인민대표대회 상무위원회의 구성원, ② 행정기관, 재판기관, 기업
또는 사업장의 직무, ③ 변호사를 겸직할 수 없다. 이 세 가지 사항은 모두
법적인 활동과 밀접하게 관련되어 있으며 검찰관과는 다른 직업분류에 속하
기 때문에 겸직을 해서는 아니 된다. 검찰관법은 검찰관의 임직에 대하여
다음과 같은 특수한 요건을 정하고 있다. 검찰관 직을 맡기 전에 위와 같은
직무를 담당한 경우에는 검찰관의 직을 담당함과 동시에 다른 직을 그만두
어야 한다. 검찰관 직을 맡고 있는 경우에는 반드시 법정절차를 통하여 직
무에서 해임된 다음에 다른 직무를 맡을 수 있다. 이러한 규정은 검찰관으
로 하여금 법률에 의거하여 엄격하고 공정하게 검찰권을 행사하도록 하기
위한 것으로서 각종 외부적 요인과 기타 이해관계에 따른 영향력을 제거하
여 검찰작용의 엄숙성과 권위를 확보하고자 하는 것이다.

5. 검찰관의 임직회피

검찰관의 임직회피란 검찰관 사이에 일정한 친족관계가 성립할 경우에는
검찰관의 직무를 담당할 수 없으며 과거 검찰관 직무를 담당했던 자는 일정
기간 내에 또는 과거 임직했던 검찰원에서 소송대리인이나 변호인의 직을
수행할 수 없는 제도이다. 임직회피제도는 검찰관이 직무를 수행하는 과정
에서 친족이나 기타 인간관계의 영향을 받지 않고 법 규정에 의거하여 공정
하게 사건을 처리하도록 하기 위한 것이다.

중국 검찰관법은 검찰관의 임직회피에 대하여 명확한 규정을 두고 있다.
검찰관 사이에 부부관계, 직계 혈연관계, 삼대 이내의 방계혈연 내지는 가까

운 인척의 관계가 성립할 경우에는 다음과 같은 직무를 동시에 담당할 수 없다. 즉, ① 동일한 인민검찰원의 검찰장, 부검찰장, 검찰위원회 위원, ② 동일한 인민검찰원의 검찰장, 부검찰장, 검찰원 및 보조검찰원, ③ 동일한 업무부서의 검찰원, 보조검찰원, ④ 두 단계 이내의 밀접한 관계에 있는 상하급 인민검찰원의 검찰장, 부검찰장이다. 검찰관은 인민검찰원을 떠난 후 2년 이내에는 변호사의 신분으로 소송대리인이나 변호인이 될 수 없다. 검찰관이 인민검찰원을 떠난 후 원래 임직했던 검찰원이 처리하는 사건의 소송대리인이나 변호인이 될 수 없다. 검찰관의 배우자나 자녀는 그 검찰관이 임직하는 검찰원이 처리하는 사건의 소송대리인이나 변호인이 될 수 없다. 상술한 규정에 의하면 검찰관의 임직회피는 다음과 같은 두 가지 경우가 있다.

1) 검찰관의 임직회피

검찰관의 임직회피는 공무원법과 검찰관법에 규정되어 있다. 일정한 친족관계가 있는 검찰직원의 경우에는 동시에 검찰관의 직을 담당해서는 아니 된다. 이러한 상황은 아래 두 가지 조건을 만족시켜야 한다.

첫째, 검찰관 사이에 친족관계가 있어야 한다. 친족관계란 혈연관계와 인척관계를 포함하며 구체적으로는 다음에 열거하는 친족관계를 가리킨다. ① 부부관계, ② 직계혈족관계, ③ 삼대 이내 방계혈족, 즉 형제자매와 그 자녀, 부모의 형제자매 및 그 자녀, ④ 가까운 인척관계, 즉 배우자의 부모, 배우자의 형제자매, 자녀의 배우자와 자녀 배우자의 부모이다. 둘째, 검찰관 보직 사이의 직접적인 업무관계가 있어야 한다. 상술한 친족관계의 검찰관이 동시에 담당해서는 아니 되는 직무의 관계는 직접적인 예속관계, 지도감독관계 또는 업무협력관계이다. 구체적으로 다음과 같은 관계를 포함한다. ① 동일 인민검찰원의 검찰장, 부검찰장, 검찰위원회 위원, ② 동일 인민검찰원의 검찰장, 부검찰장, 검찰원 및 보조검찰원, ③ 동일한 업무부서의 검찰원 및 보조검찰원, ④ 두 단계 이내의 관계에 있는 상 하급 인민검찰원의 검찰장, 부검찰장이다.

위의 조건에 해당하는 검찰직원이 아직 검찰관 직무에 임직하지 않았다면 임직 시에는 상술한 업무관계를 피하여 임직해야 하고, 이미 맡은 직무관계에서 상술한 회피사유가 발생하면 업무상 상응하는 조정을 해야 한다.

2) 퇴임 후의 검찰관과 검찰관의 친인척이 소송대리인 및 변호인인 경우의 회피

이는 검찰관법과 법관법에서 규정한 것으로서, 검찰관 및 법관의 퇴임 후 종사업무를 제한하기 위하여 정한 특수한 규정이다. 검찰관법은 다음 세 가지 경우를 규정하고 있다. ① 검찰관은 인민검찰원을 떠난 후(퇴임 후) 2년 이내에 변호사의 신분으로 소송대리인이나 변호인이 될 수 없다. ② 검찰관은 인민검찰원을 퇴임한 후 임직했던 검찰원(檢察院)이 처리하는 사건의 소송대리인이나 변호인이 될 수 없다. ③ 검찰관의 배우자와 자녀는 동 검찰관이 임직하는 검찰원(檢察院)이 처리하는 사건의 소송대리인이나 변호인이 될 수 없다.

이러한 유형의 회피는 검찰관직 회피의 특수한 경우이다. 검찰관의 직을 담임하는 시기에 관련된 회피가 아니라 검찰관의 퇴임 이후의 회피이며, 검찰관의 배우자 및 자녀가 재직하는 검찰원이 처리하는 사건의 소송대리인이나 변호인이 되는 것을 제한하는 것이며, 아울러 검찰관 자신도 퇴임한 이후 특정한 사건의 소송대리인이나 변호인이 되지 못하도록 한 것이다.

III. 검찰관의 평가 및 상벌제도

1. 검찰관의 평가제도

검찰관의 평가제도는 권한을 가진 기관이 법정권한에 따라 검찰관법이 정하는 평가 원칙, 내용, 기준 및 절차에 따라 검찰관을 정기 또는 비정기적으로 심사하고 평가하여 이를 검찰관의 상벌, 승진, 임용, 교육, 임금 조정 및 퇴임의 근거로 활용하는 제도이다. 검찰관을 정기 또는 부정기적으로 평가하는 것은 검찰관 인사관리의 중요한 부분이다. 검찰관법은 과거의 검찰관평가에 관한 경험을 종합하고 이를 기반으로 검찰관의 평가에 관한 기구, 권한, 원칙, 내용, 방법 및 결과 등을 규정함으로써 비교적 규범화된 검찰관 평가 제도를 확립하였다. 법률과 관련 규정에 의하면 검찰관의 고과평정은 소속 인민검찰원이 구성하고, 본원 검찰관평가위원회의 지도하에 진행하며 구체적 시행은 정치공작부서가 담당한다. 간부의 관리에 관한 권한에 근거하여 각 검찰원은 본원의 검찰장과 부검찰장을 제외한 일반 검찰관의 고과평정에 대한 책임을 진다.

1) 검찰관에 대한 평가의 원칙

검찰관법 관련 규정은, "검찰관에 대한 고과평정은 객관적이고 공정해야 하며, 영도관계에 의한 평가와 민중평가를 결합하고 일상평가와 연도평가가 상호 결합되어야 한다"고 규정한다. 따라서 검찰관 평가는 객관공정의 원칙, 영도자와 대중의 상호결합 원칙, 일상적인 평가와 연도평가의 상호결합 원칙을 반드시 준수해야 한다.

(1) 객관공정의 원칙

객관공정은 모든 인사평가가 견지해야 하는 기본적인 평가원칙이자 검찰관 평가의 기본원칙으로서 모든 고과평정 과정에서 관철되어야 한다. 검찰관에 대한 객관적이고 과학적이며 공정하고 엄격한 평가는 검찰관 관리의 과학화를 촉진하고 검찰관의 공평성에 대한 만족감, 성취감 및 조직에 대한 소속감을 고취하며 검찰관의 적극성과 창조성을 환기시켜 검찰기관이 독립적이고 공정하게 직무를 수행하는 데 도움을 준다. 객관공정의 원칙이 인사고과 평정 시 요구하는 바는, 사실에 근거하여 전면적인 평가를 하고 검찰관 임직기간의 정도 또는 영도자와의 친소관계에 따라 차별적 기준을 적용하지

않는 것이다. 평가기준의 확정은 검찰관의 직무수행 실적과 효과를 기초로
하여 적용기준을 엄격하게 하고 내용을 계량화 하여야 하며 질적인 요구를
명확히 하여 주관적 관념으로써 객관적 평가를 대체해서는 아니 된다. 이와
동시에 공정한 절차와 평가에 관한 전면적인 이해를 통하여 결과의 객관성
과 공정성을 확보해야 한다.

(2) 영도자와 민중의 상호결합 원칙

이는 검찰관의 관리에 관한 민주집중제의 원칙으로서 검찰관의 평가에
대한 절차적 요청이다. 영도자와 민중의 상호결합은 검찰기관의 영도자와
일반 검찰관계 직원이 검찰관의 평가절차에 참여하는 것을 의미한다. 각급
검찰원의 검찰장이 평가업무를 조직하여 참여하고 검찰직원은 광범위하게
평가에 참여함으로써 영도자와 민중의 의견에 기초한 평가결과를 도출하는
것이다. 검찰관의 평가업무에서는 수장책임제의 요청에 근거하여 영도자의
평가를 주로 하지만, 동시에 민중이 직접 참여하게 함으로써 검찰관에 대한
다양하고 전면적인 평가를 행하는 것이다. 평가과정에서 다른 검찰관과 검
찰직원들의 평가를 수렴하고 업무의 투명성을 강화하여 개인의 독단적인 결
정을 막아야 한다. 물론 영도자와 민중의 상호결합 원칙은 객관 및 공정의
원칙에 따라야 한다. 검찰관에 대한 영도자와 민중의 평가는 반드시 객관적
사실을 기초로 하여야 하며 단순히 영도자의 의견에만 의지하거나 민중의
자의적인 평가에만 의존할 수 없다.

(3) 일상평가와 정기평가의 상호결합 원칙

일상적인 평가는 주로 검찰관의 일상적인 업무실적에 대하여 평가하는
것이며 필요에 따라 단계적 평가를 진행한다. 정기평가는 곧 연도평가로서
검찰관이 한 해 동안 수행한 직무와 기율 및 법규준수 상황에 대하여 행하
는 전면적 심사 및 평가를 말한다. 연도평가는 일상평가의 종합이며 일상평
가는 연도평가의 기초가 된다. 그러므로 양자의 유기적 결합이 있어야 일상
평가가 정확하게 이루어지고 연도평가의 근거가 충분해지며, 이로써 검찰관

의 업무실적을 객관적이고 전면적으로 반영할 수 있는 것이다.

2) 검찰관 평가의 내용

검찰관법은, "검찰관에 대한 평가의 내용은 업무실적, 사상과 품행, 검찰 업무 및 법학이론에 관한 전문성, 업무태도 및 업무품격을 포함한다. 또한 업무실적을 중점적으로 평가한다"고 규정하고 있다. 위의 내용은 서로 밀접 한 관계를 갖는 항목들로서 어느 한 가지 항목의 평가만 결여되어도 전면적 이며 객관적인 평가결과를 얻을 수 없다.

(1) 업무실적

주로 검찰관이 수행한 업무의 실적과 그 실제 효과를 말한다. 실적은 업 무능력의 구체적 표현이다. 검찰관이 수행한 업무실적의 평가를 통하여 검 찰관의 업무능력, 전문성 및 발전가능성을 정확히 판단할 수 있다. 업무실적 에 대한 심사와 평가는 검찰관 고과평정의 중점적 내용이다. 또한 사상과 품행, 업무에 대한 전문성 및 업무태도 등에 관한 심사와 평가의 기초가 된 다. 업무실적을 중점적으로 평가하는 것은 평가의 객관성 및 공정성 원칙의 요청에 따른 것이다. 업무실적은 비교적 구체적이고 명확하며 파악되기 때 문에 평가의 결과를 확정하는 가장 객관적인 근거가 된다. 업무실적을 중점 적으로 평가함으로써 검찰관이 실질적이며 효율적으로 직무에 임하도록 하 고 개인의 취향이나 주관적 판단에 따른 평가를 배제할 수 있다. 이를 위하 여 1995년 최고인민검찰원은 '검찰관고과평가잠행규정'에서, "검찰관의 평 가기준은 검찰관의 직무규범과 업무책임을 근거로 한다"고 규정하였다.

검찰관의 업무실적에 대한 평가는 단순히 검찰관이 업무상 목표를 달성 하였는지 여부 내지 처리한 사건의 수량만 고려하는 것이 아니다. 보다 중 요한 것은 처리한 사건의 질적 수준, 수량 및 법적 효과 등이며 직무를 수행 하는 과정에서 위법행위가 있었는가 하는 점이다. 업무실적의 평가에 대한 객관성을 담보하고 주관적인 평가로써 업무실적 평가를 대신하거나 연말의 결산에 따른 우수자 선발이 평가를 대신하는 현상을 막기 위해서는 더욱 상세하고 과학적인 직무평가 규범을 연구하여 이를 기초로 검찰관의 직무, 지위 및 역할에 상응하는 평가기준을 확립해야 할 것이다.

(2) 사상과 품행

양호한 사상과 품행은 검찰관이 반드시 갖추어야 하는 기본적 소양이다. 검찰관의 정치 사상적 소양, 직업 도덕적 수양 및 개인의 도덕적 품성에 대한 심사와 평가는 검찰관의 평가에 있어 중요한 내용이다. 정치 사상적 소양에 대한 심사는 검찰관이 사상적으로 국가, 인민 및 법률에 충성하는가를 파악하는 것이다. 직업 도덕적 수양에 대한 심사는 검찰관이 청렴하고 공정한가, 직무에 충실한가, 기율을 준수하는가, 국가와 검찰의 기밀을 지키는가, 공정하게 법을 집행하고 사사로이 법을 왜곡하지 않는가 여부를 살피는 것이다. 개인의 도덕적 품성에 대한 심사는 검찰관이 정직하고 사심이 없는가, 겸손하고 신중한가, 자신에게 엄격한가, 공중도덕을 지키는가를 평가하는 것이다. 검찰관의 사상품행에 대한 심사는 검찰관이 직업 도덕적 규범을 준수하는가를 평가하는 동시에 국민의 한 사람으로서 기율과 법률을 지키는가, 공중도덕을 준수하는가 여부를 평가하는 것이다.

(3) 업무 및 법학이론에 대한 전문성

업무 및 법학이론에 관한 전문성에 대한 평가는 검찰관의 업무능력을 파악하는 것이며, 필요한 검찰업무 능력과 법학이론에 관한 전문성을 갖추었는지를 평가함으로써 당해 직무를 감당할 수 있는지 여부를 판단하는 것이다. 검찰관의 업무에 관한 전문성의 평가는 주로 직무를 수행하는 과정에서 드러나는 정책수준, 분석판단능력, 정책결정수준 및 표현능력 등을 심사하는 것이다. 검찰업무는 자체가 법적 활동이고, 법학이론에 관한 전문성은 업무능력의 기초가 되며, 검찰의 업무능력은 검찰관의 법학이론에 관한 전문성의 반영이다. 따라서 검찰관의 능력에 대한 평가는 반드시 검찰관이 수행하는 업무와 법학이론에 관한 전문성을 유기적으로 결합하여 행하여야 한다. 이 양자를 엄격히 구분해서도 아니 되고 업무능력의 심사로써 법학이론에 관한 전문성의 심사를 대체해서도 아니 된다.

(4) 업무태도 및 업무방식

업무태도는 검찰관의 책임감 및 직업적 정신의 표현이다. 이에 관한 평가는 평가대상자가 직무에 애착을 갖고 있는가, 근면하고 성실하며 신중하고 진지하게 직무를 수행하는가, 적극적이고 능동적이며 책임감이 있는가, 각고의 노력으로 목표성취를 위하여 나아가는가를 평가하는 것이다. 업무방식은 검찰관의 사상과 품행 및 인격수양의 외재적 표현이다. 이에 대한 평가는 대상자가 이론과 현실을 연계하는가, 민중과 밀접히 관계하는가, 고통과 수고를 두려워하지 않으며 사심 없이 헌신하는 정신을 가지고 있는가, 엄격히 법을 집행하고 공정하고 공평하게 사무를 처리하는가 여부를 평가하는 것이다.

각급 검찰기관은 오랜 실무경험을 통하여 업무평가의 계량화 등에 관한 연구와 경험을 축적하여 검찰관의 평가를 완벽히 하기 위한 기초를 마련하였다. 검찰관 평가의 과학성을 보장하기 위해서는 검찰관평가위원회가 주도하는 검찰관평가 항목의 적용 가능성에 대한 보다 진지한 연구와 탐색이 있어야 한다. 또한 주관적 편견이나 인간관계에서 비롯되는 비정상적인 영향을 배제하기 위하여 각급 검찰관의 고과평정에 대한 일관성 있는 기준을 연구하고 제정해야 할 것이다. 검찰관법은 검찰관의 직무에 대하여 규정하는 바, 검찰관이 맡은 특수한 직무는 기타 검찰직원이 맡은 직무와 차이가 있음을 명확히 밝히고 있다. 따라서 검찰관에 대한 고과심사에 관한 내용 또한 기타 검찰직원과는 달라야 한다. 검찰관의 고과평정은 그 법률감독의 수행 상황과 능력을 위주로 하여야 하며, 평가의 중점은 사건의 처리가 공정하고 합리적인가, 법률을 위반하거나 부당한 경우가 있는가, 사건의 처리에 있어 규범을 준수하였는가, 상급 검찰원의 지시나 명령에 복종하는가 여부에 있어야 하는 것이다.

3) 검찰관에 대한 평가결과와 역할

연도평가는 검찰관의 한 해 동안의 수행업무와 기타 활동에 대한 종합적인 고과심사 및 평가로서 일상평가의 집중적 표현이자 반영이다. 적절한 방식으로 검찰관의 연도평가 결과를 발표하는 것은 과학적인 평가제도를 수립하기 위한 필수적인 요청이다. 중국은 과거 오랫동안 간부의 고과평정에 있어 평가의견을 고과평정의 결론으로 삼아왔고 평가의 결과에 구체적인 차등이 없었기 때문에 상벌과 간부의 임용에서 이를 근거로 삼기 어려웠다. 검찰관법은 각국의 평가제도를 비롯하여 중국의 국가공무원 평가제도를 참고하고 검찰의 업무현실을 결합하여 검찰관에 대한 연도평가 결과를 "우수", "적합" 및 "부적합"의 세 등급으로 나누었다.

1995년 최고인민검찰원의 검찰관고과평가잠행규정에 의하면, "우수"의 기준은 법률을 정확히 집행하며 당의 노선, 방침 및 정책을 관철하고 각종 규장과 제도를 모범적으로 준수하며, 검찰업무에 익숙하고 사법적 적용에 있어 법학 이론을 운용하여 중대하고 복잡한 사건을 해결할 수 있으며 업무에 열심이고 성적이 좋아야 한다. "적합"의 기준은 법률을 정확히 집행하며 당의 노선, 방침 및 정책을 관철하고 스스로 각종 규장과 제도를 준수하며, 검찰업무에 익숙하거나 또는 비교적 익숙하고, 사법적 적용에 있어서 법학 이론을 비교적 잘 운용하여 문제를 해결할 수 있으며, 업무에 적극적이고 업무상 임무를 완수할 수 있어야 한다. "부적합"의 기준은 정치 및 업무소양이 비교적 떨어지고 직무에 적응하기 어렵거나 업무에 대한 책임감이 강하지 않으며, 업무상 임무를 완수할 수 없거나 업무 중에 중대한 실수를 하는 경우이다.

검찰관 평가결과는 다음과 같은 역할을 한다. 첫째, 검찰관에 대한 상벌의 근거가 된다. 검찰관에 대한 고과평정은 시비를 분명히 가려야만 객관적인 결과를 얻을 수 있고 객관적인 결과가 있어야 포상과 징계가 분명해질 수 있다. 또한 객관적으로 평가하고 포상과 징벌이 분명해야 포상의 격려 효과와 징계의 구속적 효과가 진정으로 발휘될 수 있는 것이다. 둘째, 검찰관에 대한 교육의 근거가 된다. 평가를 통해서 검찰관의 업무수행 능력과 법학이론 수준을 전면적으로 이해하고 이를 기초로 교육의 내용과 방식을 확정하여 교육의 목표를 실현한다. 셋째, 검찰관의 퇴직 근거가 된다. 평가를 통해서 검찰관이 현재의 직무를 감당할 수 있는지 여부를 객관적으로 평가할 수 있다. 넷째, 검찰관의 직급과 임금 조정의 근거가 된다. 검찰관의 직급은 현재의 직무, 지덕의 발현, 업무처리의 수준, 업무실적 및 근무연수에 근거하여 확정한다. 검찰관의 직무에 변동이 없는 이상 직급의 변경은 반드시 인사평가의 결과를 근거로 해야 한다.

고과평가는 검찰관을 평가하는 일종의 수단이자 업무수행 실적과 성적을 확인하는 방법으로서 검찰관의 진급 및 상벌과 서로 연계되어야 검찰관의 업무 소양과 법 집행의 수준을 제고하는 중요한 조치가 될 수 있다. 고과평가의 결과와 검찰관의 개인적 이익 및 직업적 미래를 연결시키고 평가결과에 법적인 효력을 부여하는 것은 평가제도가 존재하는 목적이며 또한 평가제도가 그 역할을 발휘할 수 있도록 하는 데에 필요한 효과적인 방법이다.

이를 위하여 검찰관법은, "고과평가 결과는 검찰관에 대한 상벌, 교육, 면직, 사직 및 직급과 임금의 조정근거이다"라고 규정하고 있다. 이에 근거하여 검찰관에 대한 연도평가의 결과는 그의 개인적 이익과 직업적 미래에 직접적으로 영향을 미친다. 예를 들면, 검찰관은 연도평가에서 우수와 적합의 판정을 받아야 승진, 임금인상 및 상여금 획득의 자격이 주어진다. 우수등급을 획득하고 일정한 조건에 부합하는 검찰관은 조기에 진급하거나 파격적인 검찰원 선임에 참여할 수 있다. 부적합 판정을 받은 검찰관에 대해서는 대기발령, 부서이동 또는 사퇴 등의 제도를 시행한다. 연도평가에서 2년 연속 부적합 판정을 받은 검찰관에 대해서는 검찰기관이 사퇴시킬 수 있다. 물론 부적합 판정을 받은 검찰관을 사퇴시키는 경우에는 고과제도와 검찰관의 신분보장제도를 적절히 감안하여 검찰관의 법적 권익을 보장해야 한다.

2. 검찰관 상벌제도

1) 검찰관 포상제도

포상이란 일반적으로 국가기관 또는 기타 조직이 관련 규정에 근거하여 성적이 우수하거나 특별한 공헌을 한 사람에게 정신적 또는 물질적으로 격려하는 것이다. 이는 인간의 물질적 또는 정신적 수요를 만족시켜 적극성을 제고하고, 또한 인간의 잠재능력을 자극하여 사회에 공헌하도록 격려하는 관리수단이자 조치이다. 검찰관 포상제도란 국가나 검찰기관이 검찰관법 또는 기타 관련 규정에 근거하여 업무상 업적이 두드러지거나 특별한 공헌을 한 검찰관에게 정신적 격려와 물질적 이익을 수여하는 제도이다. 이는 장려, 표창 그리고 검찰관의 실적과 능력에 대한 인정을 통하여 검찰관의 적극성을 유발시키고 명예감과 책임감을 자극하여 모범적이고 선도적인 역할을 하게 함으로써 검찰관 전체의 질적 수준을 높이기 위한 것이다.

검찰관법은 검찰관의 포상에 관하여 정신적 포상과 물질적 포상의 상호결합 원칙을 규정하고 있다. 정신적 포상이란 검찰관에게 정신적인 격려와 포상을 하는 것으로서, 검찰관을 정신적으로 만족시켜 업무에 대한 적극성을 환기하고 직업적 명예와 책임감을 강화시키는 것이다. 중요한 형식으로는 포상, 공적의 기록, 명예칭호의 수여 등이 있다. 물질적 포상은 검찰관의 물질적 수요를 일정 수준에서 만족시키는 것이다. 중요한 형식으로는 상금, 상품, 임금인상 등이 있다. 검찰관에 대한 포상은 정신적인 격려에 국한 할 수 있고 물질적인 포상에 한정할 수도 있으며 정신적인 격려와 물질적인 포상을 동시에 할 수도 있다. 검찰관은 국가 공무원으로서 국가가 매월 지급하는 급여를 받는다는 사실을 고려하면 국가와 사회에 대한 공헌은 일종의 의무라 할 수 있으며 물질적인 포상은 보수적 성질을 갖는 것이 아니다. 그러므로 검찰관에 대한 포상은 정신적인 격려를 위주로 해야 할 것이다.

검찰관법은 검찰관에 대한 포상에 관하여 구체적인 규정을 두고 있다. 검찰관이 다음과 같은 공적에 해당하면 반드시 법 규정에 근거하여 포상하여야 한다. 즉, ① 업무상 공정하게 법을 집행하여야 하며 실적이 뛰어나야 한다. ② 검찰건의나 업무에 관한 개혁적 건의를 제기하여 채택되고 효과가 현저해야 한다. ③ 국가, 조직 및 인민의 이익을 보호하여 중대한 손실을 면하게 하고 그 공적이 뛰어나야 한다. ④ 위법한 범죄행위와의 투쟁에 용감히 맞서야 하고 공적이 뛰어나야 한다. ⑤ 국가와 검찰의 기밀을 보호하고 그 성적이 뛰어나야 한다. ⑥ 기타 공적이 있는 경우이다. 위와 같은 포상의 조건은 두 가지로 정리할 수 있다. 첫째는 검찰업무의 수행과정에서 성적과 공헌이 두드러지는 경우이고, 둘째는 기타 특별한 공적이 있는 경우이다. 2001년 최고인민검찰원이 제정한 '검찰기관포상임시규정'은 검찰관법과 검찰의 실무 현실에 근거하여 포상의 대상이 되는 8가지 행위를 명확히 규정하였다.

포상제도가 유효하게 시행되도록 하려면 객관성과 공정성이 지켜져야 하고, 과학적이고 공평한 기준으로서 검찰업무의 발전을 유도해 낼 수 있는 상벌기준을 제정 공포하여야 하며, 공개적이며 정당한 절차에 의거하여 대상자를 확정해야 한다.

검찰관의 업무상 특징을 고려하여 업무상 성적이 우수한 검찰관에 대해서는 연도평가와 연계하여 포상을 행하여야 한다. 특수한 환경, 특수한 임무 또는 돌발적인 사건의 처리 과정에서 공헌을 한 검찰관에 대해서는 즉시 포상해야 한다. 포상제도의 운용 전략에 관한 사항으로서, 검찰관의 직무상 특징을 충분히 고려하면 검찰관의 엄격한 법 집행에 포상의 초점을 맞추어야 한다.

2) 검찰관 징계제도

징계는 국가기관 또는 기타 권한을 가진 조직이 법률이나 내부 규정이 정하는 조건과 절차에 따라 직무에 반하거나 의무를 위반하는 구성원에 대하여 제재를 가하는 관리수단이다. 조직 구성원의 행위를 제재함으로써 직무에 반하는 행위를 제지하고 예방하는 것이다. 검찰관은 국가 검찰권의 행사자로서 전문능력을 갖추고 있고, 이로 인하여 검찰관으로 하여금 사회에 영향을 주는 강력한 권력을 장악토록 하고 있지만 검찰권이 사익을 추구하는 수단으로 이용되면 필연적으로 사회에 해악을 끼치게 된다. 검찰기관이 법에 의거하여 공정하게 검찰권을 행사할 수 있는가 여부는 검찰관이 법정 직무와 직업상 의무를 준수할 수 있는가에 달려 있다.

검찰관의 행위로 인하여 법제의 존엄성이 훼손되는 것을 막기 위하여, 검찰관법은 검찰관에 대한 징계제도를 규정하고 징계 대상이 되는 행위, 징계의 종류, 권한 및 절차에 대하여 명확한 규정을 하고 있다. 최고인민검찰원은 검찰관법 규정의 실현을 위하여 '검찰관기율처분잠정규정', '인민검찰원 오심사건책임규명조례', '검찰직원기율처분조례(시범시행)' 등의 규정을 제정하여 징계대상이 되는 행위와 상응하는 징계조치 및 절차를 명확히 규정하였다.

검찰관의 징계제도는 권한을 가진 기관이 법정조건과 절차에 따라 검찰관이 직무수행 과정에서 법률을 위반하거나 직업윤리 또는 직무기율에 위배되는 행위를 하는 경우에 해당자에 대한 제재를 가하는 제도이다. 이는 금지성행위규범과 징계조치의 설정을 통하여 검찰관이 기율을 준수하고 공정하게 법을 집행하며 직무를 신중하고 진지하게 수행하고 법에 따라 검찰권을 행사하도록 촉구하는 것이다. 또한 직무와 직업윤리에 반하는 행위에 대한 부정적 평가와 더불어 법적 제재를 통하여 검찰관의 행위를 규범화하고 구속하며, 법률과 기율의 준수에 대한 자각을 인식시켜 법을 엄격히 준수하여 사건을 해결하도록 경고하는 것이다. 검찰관 징계제도는 징계의 불가피성뿐만 아니라 그 위협적 기능을 통하여 검찰관이 법을 준수하면서 직무를 수행하도록 감독하는 것이다. 이는 검찰관 포상제도와 상호 보완적인 것으로서 각각 정과 반의 방향에서 검찰관이 모범적으로 직무를 수행하도록 하는 것이다.

검찰관이 법에 의거하여 부담하는 법정직무와 의무는 검찰관 징계제도의 존재를 전제로 하며 검찰관의 직무위반은 검찰관에 대하여 징계를 실시하기 위한 조건이다. 징계는 검찰관의 권익에 영향을 미치는 제재적 행위이다. 해고, 퇴직 등의 징계조치는 검찰관의 권익뿐만 아니라 검찰관 개인의 국민으로서의 권익에도 영향을 미칠 수 있다. 검찰관의 적법한 권익보장을 위하여 검찰관에 대한 징계는 반드시 법에 근거하여 진행하여야 하며, 구체적인 내용은 다음과 같다. 법정 권한을 가진 기관이 징계의 결정을 내리며, 징계조치는 법정 권한과 절차에 따라 부과한다. 검찰관이 맡은 절대 다수의 사건은 검찰장에 의하여 결정되기 때문에 일반 검찰관과 검찰기관 영도자는 책임의 추궁을 회피하기 위하여 법률 및 기율위반에 관한 조사를 방해할 가능성이 있다. 그러나 검찰관법은 검찰관의 징계기구와 그 업무절차에 대하여 명확한 규정을 두고 있지 않으며, 현실에서는 주로 검찰원의 기율검사 감독부서가 구체적인 집행을 하고 있다. 이는 징계제도의 역할에 커다란 장애요소가 되고 있다. 징계기구와 절차의 명확한 규정이 없기 때문에 국민의 고발 및 고소가 합리적으로 반영되거나 해결 경로가 미흡하게 되는 것이다. 또 다른 시각에서 보면 엄격한 징계절차가 없기 때문에 검찰관의 권익이 제대로 보장되지 않으며, 이로써 검찰관의 독립적인 판단에도 영향을 미치는 것이다.

검찰관 징벌제도가 효과적으로 작동하고 법정 직무를 수행하는 검찰관에게도 문제가 되지 않도록 검찰관 징계제도를 정비해야 한다. 이를 위하여 다음과 같은 사항을 중점적으로 해결할 필요가 있다. 첫째, 검찰관 징계제도의 법제화 정도를 제고하는 것이다. 검찰관에 대한 징계는 엄숙한 법 집행 활동이므로 반드시 법률에 의거하여 실시하여야 하며, 전국인민대표대회 상무위원회가 검찰관징계법을 제정하거나 검찰관법을 개정하여 징계기구, 조건, 종류 및 절차 등의 내용을 상세하게 규정할 것을 건의한다. 둘째, 공정한 절차규범의 확립이다. 검찰관 징계제도와 내실 있는 검찰관 직무보장제도를 결합하여 검찰관의 해명할 권리를 보장한다. 셋째, 부서차원의 징계를 국가차원의 징계로 바꾸는 것이다. 장관의 자의와 부처 보호주의를 방지하고 검찰관에 대한 징벌권과 임면권을 서로 일치시키고 검찰관의 징계 및 임면절차의 상호조화 등을 위하여 상대적으로 독립된 검찰관 징계기구의 설치를 논의할 필요가 있다. 넷째, 개방적인 검찰관 징계절차 개시 체제의 확립이다. 헌법이 부여한 국민의 고소 및 고발권을 보장하고 관련 기관에 의한 검찰관의 법률 및 기율위반에 대한 적발과 감독기능을 적절히 결합함으

—

로써 기율감찰과 민원의 연계 및 소통, 정보의 피드백을 비롯한 감독기능이 충분히 발휘되도록 해야 한다. 다섯째, 검찰관에 대한 징계절차와 검찰기관의 업무상 감독절차를 서로 연계함으로써 사건에 대한 착오를 발견하고 신속히 조사하며 책임질 자를 확정한다.

IV. 검찰관 승진제도

검찰관 승진제도란 권한을 가진 기관이 법률이 정한 조건, 권한 및 절차에 따라 성적이 우수한 검찰관에 대하여 그의 직책이나 등급을 상승시켜 주는 제도이다. 검찰관법은 검찰관의 직책 및 등급 서열을 명확히 하였다. 검찰관은 직무수행 과정에서 경험이 누적되고 경력이 풍부해짐에 따라 검찰계통 내에서의 지위도 상응하여 높아지게 된다. 공무원법 시행 이전에는 법률상 검찰관의 관리가 국가공무원잠정규정에 구속되지는 않았지만 사실상 모든 검찰관은 하나의 행정직급을 가지고 있었다. 법률과 관련 규정에 의하면 검찰관의 지위를 판단하는 기준에는 세 가지가 있다. 즉 검찰관의 직책, 검찰관의 등급 및 검찰관의 행정직급이다. 이 세 가지가 검찰관의 등급체계를 구성하고 있다. 공무원법은 검찰관을 국가공무원의 범위에 포함시키고 있으며 검찰관 관리의 일반원칙과 규칙은 공무원법을 원용하고 있다. 그 가운데 검찰관의 직책과 행정직급의 대응관계는 공무원법을 실현하기 위한 중요한 내용이다. 이하에서는 검찰관의 직책 및 등급의 승진을 주로 소개한다.

1. 검찰관의 직책상 승진

법률의 규정에 의하면 검찰관의 직책은 위에서부터 아래로 검찰장, 부검찰장, 검찰위원회 위원, 검찰원 및 보조검찰원으로 나누어진다. 검찰관의 직책상 승진은 검찰관이 검찰관의 직책 서열상 차지하는 위치가 높아지고 권한이 확대되며 책임의 범위가 넓어지고 임금 및 복리 등에서 대우가 개선되는 것이다. 검찰관법은 검찰관의 직책상 승진제도에 관하여 특별한 규정을 두고 있지 않다. 그러나 이 법에서 검찰장과 부검찰장은 반드시 검찰관 또는 기타 검찰관의 자격을 갖춘 자 중에서 우수한 자를 후보로 한다고 규정하고 있다. 현실에서 검찰관의 직책상 승진은 널리 존재하는 현상이다. 검찰관의 전문화 정도가 진행될수록 검찰관의 직책상 승진은 대다수 검찰관의 직업상 발전의 중요한 계기가 될 것이다. 검찰관의 직책상 승진제도는 검찰관 개인의 직업적 미래와 인생의 목표에 관련되고 있으며 검찰관의 임용경쟁에서도 자극제가 되고 있다. 검찰관의 직책상 승진제도가 갖는 장점은 유인작용에 있다. 이는 검찰작용의 발전을 촉진하고 검찰관의 직업적 만족감을 높일 수도 있지만 반면에 사적인 동기에 따른 욕망을 자극하기도 한다. 이러한 것은 과학적인 승진제도를 갖추고 있는지 여부와 관련이 있다. 검찰관의 직책상 승진은 검찰관 제도의 중요한 내용으로서 중국은 아직도 체계적인 제도를 형성하지 못하고 있으며 검찰관 제도의 연구와 논의에서 피할 수 없는 과제가 되고 있다.

법률과 정책의 규정에 의하면, 모든 검찰관은 그 직책과 대체로 상응하는 행정직급을 보유하고 있다. 검찰관의 직책과 해당 행정직급 사이에는 상호관계가 있다. 행정직급의 승진은 보통 검찰관 직책의 승진을 수반하며, 검찰관 직책의 승진도 대개 일정한 행정직급의 보유를 전제로 한다.[89] 검찰관의

---

89) 예를 들면 2004년 5월 31일의 '최고인민검찰원공개선발고급검찰원공고'의 규정은, 고급검찰원의 지원자는 "일반적으로 부처급(副處級)이상 검찰관 직책을 담당해야 하며, 특히 우수한 자의 경우는 정과급(正科級) 검찰관 직책도 가능하다"고 하였다.

임금, 복리 및 대우는 주로 해당 행정직급에 의하여 결정된다. 대다수 검찰관이 관심을 가지는 것은 행정직급상의 승진이며, 검찰관은 주로 이러한 고려 속에서 승진 목표를 세우고 있다. 이론상 세 가지 방식을 통하여 이를 실현한다. 첫째는, 소속 검찰원이나 동급 검찰원에서 검찰관의 직책을 승진시킨다. 둘째는, 상급 검찰원에서 검찰관 직책을 담당한다. 셋째는, 하급 검찰원에서 검찰장 또는 부검찰장의 직책을 수행한다. 넷째는, 인민검찰원조직법 및 검찰관법의 규정을 적용한다. 첫째 상황은 대다수 검찰관의 승진과정이다. 둘째 상황은 사회각계의 의견을 반영한 방식으로 상급 검찰관을 하급 검찰관 중에서 선발하는 것이다. 우수한 검찰 인재의 승진과정이다. 현재 첫째 및 셋째의 승진과정은 규범화 정도가 낮은 편이다.

최근 각급 검찰기관과 조직인사부문은 검찰관 직책의 승진과 관련하여 구체적이며 실효성 있는 조사 연구를 진행하였고 통일적이고 과학적인 검찰관 승진제도의 확립을 위한 경험을 축적하였다. 그러나 통일된 규범이 없기 때문에 검찰관의 직책상 승진은 여전히 투명성이 낮고 기준이 명확하지 않으며 절차가 미흡한 실정이다. 따라서 실무상 밀실조작에 대한 의심이나 억측을 피하기 어렵다.

검찰관은 중요한 국가권력을 행사하기 때문에 직업적 발전에 대한 보장이 없다면 법치의 정신에도 부합하지 않는다. 검찰관의 적극적이며 진취적인 업무수행 의욕을 고취시키고 소양의 제고를 촉진시키기 위해서는 공개, 평등, 경쟁, 우수한 검찰관을 선발하여 승진시키는 제도를 연구하고 확립할 필요가 있다. 구체적으로 다음과 같은 문제를 해결할 필요가 있다. 첫째, 각급 검찰원의 검찰관 직책에 대한 규범화와 검찰관의 직책상의 승진조건을 규범화 한다. 법률규정은 검찰관의 임직에 관한 최저한도의 기준을 정하고 있을 뿐이며 각 검찰관의 직책 유형은 각각 특정한 임직요건을 요구한다. 둘째, 영도직책과 비영도직책, 높은 직책과 낮은 직책의 승진기준과 승진방식을 제정해야 하고, 검찰관의 업무능력과 실적 및 조직상의 평가 등을 충분히 고려하여 공평하게 승진할 수 있도록 해야 한다. 셋째, 최소한의 투명성이 확보되는 한도에서 검찰관의 직책상 승진 절차를 정하여야 한다. 사전에 결원상황을 공개하고 직책상 요구되는 조건과 경쟁에 참여하기 위한 자격조건 등을 공개함으로써 신비화 또는 폐쇄적인 선발방식을 없애야 한다. '검찰관직책승진공시제'의 시행을 채택하여 직책상 승진후보자의 기본사항과 담당할 직책에 대하여 공시함으로써 사회적 감독을 받아야 한다.

2. 검찰관의 등급 승진

중국의 검찰관은 법률의 규정에 따라 등급제를 시행한다. 검찰관의 등급은 검찰관의 신분과 급별 칭호를 가리키며 이는 검찰관의 전문화 수준에 대한 국가의 인정이자 검찰관에게 부여하는 국가의 명예를 나타낸다. 중국은 각국의 검찰관 승진제도를 참고하고 현행 관리제도를 결합하여 검찰관법에서 '4등 12급'의 등급제를 규정하였다. 검찰관법은 검찰관의 등급과 승진제도를 규정하고 있다. 검찰관에 대한 등급의 확정은 검찰관이 맡은 직책, 능력의 표현, 업무수준, 업무실적과 근무기간을 근거로 하도록 규정하고 있다. 또한 검찰관 승급제도는 일반적으로 검찰관의 공적을 포상하고 전문화 수준에 대한 인정과 장려수단으로 간주되고 있으나 사실상 검찰관에 대한 등급은 검찰관 직책의 행정적 등급을 근거로 확정한다.[90]

검찰관 등급의 승진은 검찰관 등급의 일차 평정 이후 규정된 기간과 조건에 근거하여 권한을 가진 기관의 비준을 거쳐 상급 검찰관으로 승진하는 것을 의미한다. 검찰관 등급의 승진과 고과평정, 검찰관 시험 및 교육 등의 제도를 상호 결합하여 검찰관 등급제도를 마련하였다. 규정에 의하면 1급

---

90) 일부 인사는 검찰관의 행정직급을 폐지함으로써 검찰의 관리와 업무에 있어 행정적 특색을 감소시킬 것을 주장한다. 행정직급에 따라서 검찰관의 등급을 확정하면 검찰관 등급이 갖는 기능을 약화시킬 수 있지만 현실적으로 현재의 검찰관에 대한 관리와 업무상 존재하는 번거로운 심사 및 비준과 검찰관이 행정등급을 가지는가 여부는 필연적 관련성이 없다. 검찰관의 직업적 특수성으로 인하여 검찰관의 직무서열이 필요하게 된 것이다. 문제의 관건은, 독자적인 검찰관의 직책상 서열을 확립한다면 검찰관의 행정직급을 반드시 유지시킬 필요는 없다는 데 있다.

대검찰관, 2급 대검찰관, 1급 고급검찰관, 2급 고급검찰관과 최고인민검찰원의 기타 검찰관으로 진급하는 경우에는 최고인민검찰원의 검찰장이 비준한다. 성 이하 각급 인민검찰원의 3급 고급검찰관, 4급 고급검찰관, 1급 검찰관, 2급 검찰관 및 성급 인민검찰원의 기타 검찰관으로 진급하는 경우에는 성급 인민검찰원 검찰장이 비준한다. 성급 인민검찰원의 분원, 시급 내지 현급 인민검찰원의 3급 검찰관, 4급 검찰관 및 5급 검찰관은 성급 인민검찰원 분원과 시급 인민검찰원의 검찰장이 비준한다.

관련 규정에 의하면, 검찰관 등급의 승진은 직책의 승진에 따른 승급, 연한에 따른 승급, 우수자 선발에 따른 승급의 세 가지 상황으로 나눌 수 있다. ① 직책의 승진에 따른 승급이다. 검찰관은 직책이 높아지면 그 등급이 새로 맡은 직책의 편제등급 보다 하위에 있게 되기 때문에 새로 맡은 직책의 최저 편제등급으로 승급해야 한다. ② 연한에 따른 승급이다. 임직 중인 직책의 편제 등급 범위 내에서 규정된 연한에 따라 심사를 거쳐 승급한다. 이러한 방식은 하급 검찰관의 승급에 적용하며 연한에 따른 승급 범위 내에서 검찰관이 특별한 공적이 있다면 조기에 승급할 수도 있다. 그러나 조기 승급의 질적 수준을 보장하고 진급제도의 엄격성을 유지하기 위하여, 그 비준권한은 일반적인 일반적 등급의 승급과 달라야 하며 반드시 최고인민검찰원 검찰장이 비준해야 한다. ③ 우수자를 선발하여 승급시킨다. 규정이 정한 인원과 필요에 근거하여 우수한 자가 승급토록 한다. 우수한 자를 선발하여 승급토록 하는 것은 고급검찰관으로 승진하거나 고급검찰관이 승급하는 경우에 적용한다. 고급검찰관은 비교적 높은 검찰관 직책을 담당하였거나 장기간의 업무 경험이 있는 검찰관을 말하며 지위가 비교적 높다. 검찰관 직급의 명예와 위엄성을 지키기 위하여 고급검찰관은 조직구조상 일정한 비율로 유지해야 한다. 그러므로 고급검찰관의 승진은 공석이 있다는 전제 하에서 검찰관의 재능 및 업무실적에 따라 우수한 자를 선택하여 승진토록 한다. 이와 동시에 우수자 중에서 선발하여 진급시킨 검찰관에 대해서는 필요한 교육과 시험을 거쳐 진급하도록 한다.

V. 검찰관 교육제도

검찰관에 대한 교육은 검찰기관이 법률과 관련 규정을 근거로 검찰관의 임직 전 후에 진행하는 전문적인 교육과 훈련을 말한다. 이는 검찰관이 반드시 갖추어야 할 정치소양, 업무소양 및 업무능력에 초점을 맞춘 재직 중의 교육으로서 검찰관이 되는 자를 대상으로 우수한 검찰관으로 배양하기 위한 목적으로 한다. 또는 재직 중의 검찰관이 수시로 새로운 업무지식을 보완하고 이론적 소양을 부단히 제고하여 검찰작용의 발전적 요청에 부응할 수 있도록 하는 것이다. 검찰관의 교육은 국민교육이나 기타 업종에 재직하는 자의 교육과는 차이가 있다.

사회가 발전함에 따라 법 제도와 사법제도도 사회적 요청에 부응하여 끊임없이 변화되고 있다. 검찰관 역시 새로운 유형의 복잡한 사건에 직면하게 된다. 엄격한 임직조건 역시 검찰관이 재직기간 동안 업무에 전념하거나 능력을 유지하도록 보장하지 못하고 있다. 뿐만 아니라 검찰관은 장기간에 걸쳐 구체적 사건의 처리에 전념함으로써 전문이론을 연구하거나 학습할 시간을 확보하기 어렵다. 따라서 교육을 통해서 새로운 지식을 지속적으로 보충할 필요가 있다. 이로써 전문적 능력을 제고하고 나아가 나날이 발전하고 변화되는 검찰업무의 적응할 수 있게 된다.

우수한 검찰관을 배출하고 그 능력을 계발하기 위하여 많은 국가에서는 비교적 완비된 교육제도와 훈련기관을 마련하였다. 국제검찰관연합회에서 1999년 4월 23일 통과된 '검찰관 전문성 책임수칙과 주요 직무 및 권리에 관한 성명'에서, 검찰관은 반드시 "그 전문성 수준을 지속적으로 유지해야 하고, 법에 의거하여 사건을 처리하며, 그 수준은 전문성 관련 규칙에 부합해야 한다. 부단히 지식을 추구하여 법률전문가로서 최신의 발전 동향을 장악해야 한다"고 지적하였다. 검찰관을 임직하기 전과 후에 계획적인 교육을 시행하는 것은 검찰관의 소질을 제고하는 것뿐만 아니라 동시에 검찰기관이 법에 의거하여 공정하게 직무를 수행하도록 하기 위한 것이다. 물론 검찰관의 입장에서 교육에 참가하는 것은 일종의 권리이며 자신의 업무능력을 제고시키고 자아실현을 위하여 도움이 된다고 할 것이다.

1. 검찰관 교육의 필요성

법률의 규정과 사법의 현실에 비추어 볼 때 검찰관에 대한 교육은 검찰관이 그 직무를 수행하고 검찰권을 올바르게 행사토록 하기 위한 필요한 조치이다. 다음과 같은 이유가 그 원인이다.

첫째, 검찰관을 대상으로 하는 교육은 초임 검찰관이 필요한 검찰실무능력을 습득하도록 하기 위한 과정이다. 검찰활동은 일종의 전문적인 실천 활동으로서 검찰관의 직무를 수행하기 위해서는 풍부한 전문적 지식뿐만 아니라 일정한 수준 이상의 전문기술과 실천적 경험을 갖추어야 한다. 각국의 경우를 살펴보면 검찰관 자격을 획득하려는 경우에는 국가의 통일적인 사법시험을 거쳐야 하는 등 자격의 취득에 엄격한 조건을 두고 있다. 그러나 이는 검찰관 자격을 획득한 자가 법률적 기본지식과 사실판단에 관한 능력을 가지고 있음을 인정하는 것에 불과하며 그가 검찰관의 특수한 업무를 충분히 수행할 수 있다는 것을 의미하지는 않는다. 한 사람의 직업법률가로서 향후 복잡한 현실생활 속에서 복잡한 인간관계 및 사회관계에 관계되는 사건을 처리해야 하기 때문에 검찰관은 현실적인 문제를 처리하는 실질적 능력과 필요한 전문기술을 갖추어야만 한다. 이와 같이 검찰관의 직무수행에 필요한 능력과 기술을 갖추기 위해서는 일정한 기간 동안 전문적인 교육과 실습이 있어야 한다. 따라서 초임 검찰관에 대한 직무교육은 불가결한 것이다.

둘째, 검찰관에 대한 교육은 그가 직무수행에 필요한 새로운 지식을 습득하도록 하는 효과적인 조치이다. 최근 사회가 매우 급속하게 발전함에 따라 각국에서는 사회의 변화에 부응하기 위하여 사법개혁과 제도혁신을 진행하고 있다. 이러한 과정에서 검찰관이 이해하고 장악해야 하는 새로운 법률이론 및 규범이 끊임없이 등장하였다. 그러나 사법현실에 비추어 볼 때 끊임없이 증가하는 사건을 신속히 처리해야 하므로 검찰관은 사건해결이라는 실무에 몰두하게 되어, 전문이론이나 새로운 지식을 학습하고 제고하기 위한 시간을 확보하기가 어렵게 된다. 직무교육은 검찰관이 전문적 지식을 습득하고 고도의 업무능력을 유지하는 데 관련된다. 따라서 임직 중인 검찰관에 대하여 정기적 또는 부정기적으로 새로운 법률지식과 규범에 관한 교육을 행하는 것은 검찰관이 업무를 충분히 수행할 수 있도록 하기 위한 효과적인 조치이다.

셋째, 검찰관에 대한 교육은 종합적 능력을 갖춘 검찰인재를 배출하는 중요한 조치이다. 사회발전의 속도가 점점 빨라지면서 각 영역의 지식수준도 날로 새로워지고 새로운 기술과 수단도 끊임없이 나타나고 있다. 이는 물론 인간의 생활을 풍부하고 편리하게 하였지만 경우에 따라서는 범죄를 위한 좋은 조건이 되기도 한다. 그러므로 사이버 범죄, 증권 범죄, 돈 세탁 범죄 등의 지능형 범죄가 끊임없이 증가하는 등 범죄의 수단과 영역도 끊임없이 증가 확대되고 있다. 이는 검찰관의 업무수행에 있어 새로운 도전이 된다. 검찰관으로 하여금 새로운 지식과 기술을 신속히 장악하도록 하고 업무수행 중 검찰권을 올바르게 행사하도록 하려면 관련 전문지식에 관한 교육을 행하여 검찰관의 종합적 능력을 제고하여야 하고 사회적 발전에 부합하는 종합적 능력을 가진 전문가형 검찰인재를 배출하여야 한다.

2. 검찰관 교육의 원칙

검찰관법 규정에 의하면 검찰관에 대한 교육은 이론과 실무의 연계, 필요에 근거한 교육 및 실효성을 추구하는 원칙이 관철되어야 한다.

1) 이론과 실무의 연계 원칙
탁월한 업무능력과 함께 법 이론에 해박하고 깊이 있는 법률가로 육성하기 위하여 검찰관에 대한 교육은 언제나 이론과 실무의 연계 원칙에 따라야 한다. 정치이론과 법학이론의 교육과 동시에 검찰업무에 관한 기술적 훈련도 강조해야 한다. 교육의 현장에는 풍부한 실무경험을 가진 검찰관을 강사로 초빙할 수도 있고 좌담회나 토론회의 방식을 통하여 실무경험을 교류할 수도 있다.

2) 필요에 근거한 교육 원칙

필요에 근거한 교육만이 검찰관 조직의 균형 있는 발전과 수준의 향상을 도모할 수 있고 검찰관으로 하여금 직무수행에 필요한 자질을 갖게 할 수 있다. 검찰관에 대한 교육은 법률감독 임무를 수행하기 위한 필요에 의거하여 전체적 목표와 단계적인 목표를 세워야 한다. 검찰관이 담당하는 각종 업무에 따라 요구되는 자질도 다르므로 과학적인 방법으로 교육의 내용과 방식을 정해야 한다. 동시에 중국 검찰관의 전체적 자질을 고려하여 검찰관의 수준에 따라 상응하는 교육제도를 확립해야 한다. 장기간 검찰업무 또는 실무현장에서 종사한 검찰관에 대해서는 이론지식의 배양에 중점을 두어야 하고 수준 높은 법학교육을 받은 검찰관에 대해서는 기술적 능력과 실무능력의 제고에 중점을 두어야 한다.

3) 실효성을 추구하는 원칙

검찰관에 대한 교육은 형식주의를 배제하고 실효성을 추구하여야 하며 교육을 통하여 검찰관의 법학 이론수준과 실무기술은 충분히 제고하여야 한다. 이를 위해서는 현실에 부합하는 교육계획, 교육내용 및 양질의 교재를 채택하여야 한다. 엄격하고 명확하며 규범화된 관리제도가 확립되어야 한다. 유능한 교수진 등이 확보되어야 하며 엄격하고 과학적인 교육평가제도를 마련하여야 하고 교육의 성과와 검찰관에 대한 기타 관리제도가 잘 연계되어야 한다.

3. 검찰관 교육의 내용

검찰관에 대한 교육은 장기적인 측면에서는 검찰기관이 법에 의거하여 직무를 수행하도록 촉진하는 데 도움이 되도록 하고, 단기적인 측면에서는 검찰기관의 정상적인 업무에 지장을 초래하도록 해서는 아니 되며 검찰관의 직무수행을 통한 개인적 발전과정에서 적절한 교육을 받을 수 있도록 해야 한다. 검찰관의 전체적 자질을 부단히 제고하고 검찰업무의 전면적인 발전을 촉진하기 위하여, 검찰관법은 검찰관에 대한 계획적인 교육을 요구한다. 검찰관에 대한 교육은 특정한 재직자에 대한 교육의 형태이며 직위, 직무, 부서 등에 따라 그에 상응하는 교육목표와 교육수단을 채택하여야 한다.

역사적 원인으로 과거 중국의 검찰관은 교육, 이론 및 전문성에 있어 낮은 수준에 머물렀다. 검찰관에 대한 초기의 교육은 정치이론, 법학이론, 검찰이론 및 검찰업무를 포함하였다. 검찰관법 규정에 의하면 검찰관 교육의 기본적인 내용은 이론교육과 직무교육을 포함한다. 그 가운데 이론교육은 정치와 법학 관련 이론교육을 포함한다. 이론교육은 검찰관으로 하여금 당과 국가의 방침 및 정책을 정확히 이해하고 파악토록 하여, 이들 방침 및 정책을 집행하고 적용하는 능력을 제고토록 하는 데 있다. 사상교육을 통하여 검찰관의 정치 사상적 각성을 제고하고 진위와 영욕에 관한 올바른 인식을 가지도록 촉구한다. 직무교육은 검찰관의 법학이론에 관한 학습을 강화하여 검찰업무 수행능력을 제고하고자 하는 것이다. 국가가 통일적인 사법고시를 시행함으로써 자연히 검찰관의 법학이론 수준이 제고될 수 있다. 향후 국가의 교육사업 특히 법학교육의 진전에 따라 가까운 시기에 검찰관 자질이 대폭적으로 제고될 것이다. 검찰관의 교육은 점진적으로 학력 위주의 교육에서 직무 위주의 교육으로, 기초교육에서 수준 높은 직무교육으로, 지식 중심의 법률교육에서 능력 또는 자질 중심의 법률교육으로 전환해야 할 것이다. 법률이론 교육은 새로운 상황, 새로운 문제 및 새로운 제도를 주요 내용으로 할 것이다. 실무교육이 점차적으로 검찰관 교육의 중심이 되면서 검찰관의 사건해결을 위한 실무능력과 법률을 적용한 사건해결 능력을 직접적으로 제고시킬 것이다.

최고인민검찰원이 검찰관법에 근거하여 제정한 검찰관의 교육에 관한 규범성 문건에서는 검찰관에 대한 교육의 형식을 영도자자질교육, 임직자격교육, 특정직무교육 및 직무기술교육의 네 가지 유형으로 구분하고 있다. 그중 영도자자질교육은 재임 중인 검찰장과 부검찰장의 영도자자질교육 및 예비간부에 대한 영도자자질교육을 포함한다. 특정직무교육은 업무의 특성에 따라 업무상 예견되는 새로운 상황과 문제에 대처하도록 하기 위하여 적절한 시기에 시행하는 직무교육이다. 직무기술교육은 검찰기관의 직무상 필요에 따라 융통성 있고 다양한 방식을 취하고 있으며 주로 컴퓨터 응용기술, 공문의 작성, 외국어 등 통상적으로 필요한 기초적 기술을 중심으로 하는 교육을 말한다.

임직자격교육은 검찰관 교육의 중요한 부분으로 예비임직교육, 승진자격교육, 직무계속자격교육을 포함한다. 그중 예비임직교육은 검찰관 직무에 임직하기 위하여 대기 중인 사람이 임직 전에 받아야 하는 교육이며 이는 두 가지 상황으로 나눌 수 있다. 첫째는 새로 검찰기관에 배속되어서 지방 각급 검찰원 검찰장과 부검찰장에 임직 대기 중인 사람으로 반년을 기간으로 하는 자격교육을 받아야 한다. 이 교육은 법학이론, 검찰개론 및 검찰관리 등을 중심으로 한다. 둘째는 통일적인 사법고시를 통과하여 검찰관으로 임직 대기 중인 사람은 2개월을 기간으로 하는 임직자격교육을 받아야 한다. 이 교육은 법치이념, 검찰실무 및 검찰관직업규범을 중심으로 한다. 승진자격교육은 고급검찰관이 되는 자를 대상으로 3개월을 기한으로 하는 임직자격교육을 말한다. 이 교육은 선진법학이론, 검찰개혁이론, 고급검찰관 실무, 국외사법제도 및 실무를 중심으로 한다. 직무계속자격교육은 검찰관과 고급검찰관이 매 5년마다 한 차례씩 받아야 하는 교육으로서 검찰업무의 새로운 현상, 문제, 정책, 이론 및 검찰실무에 관계되는 새로운 법률 지식을 중심으로 한다.

4. 검찰관 교육의 제도적 보장

검찰관에 대한 교육은 검찰조직 건설의 장기계획에 관계되는 것이므로 전체적인 계획을 세우고 진지하게 실천해야 한다. 이론과 규범의 측면에서 보면 검찰관의 직무에 근거하여 검찰관 교육의 유형, 내용 및 기준을 통일하고 확정해야 하는 바, 이는 필요성뿐만 아니라 가능성이 인정된다. 그러나 운영의 측면에서 보면 과학적이고 내실 있는 검찰관 교육과 기준에 상응하는 교육경비가 뒷받침되어야 한다.

현행 체제 아래서 각급 검찰기관이 필요한 경비를 개별적으로 부담하고 있으며, 더욱이 검찰관의 수가 많은 등 여러 원인으로 인하여 검찰관에 대한 교육은 적지 않은 어려움에 직면하고 있다. 구체적으로 다음과 같이 설명된다. 첫째, 법제화 정도가 미흡하고 검찰관의 교육에 관련한 법 규정이 지나치게 원칙적이어서 융통성이 부족하다. 둘째, 교육과 임용 및 승진 사이에 연계가 부족하여 교육을 받으나 받지 않으나 차이가 없는 상황이 벌어져 교육에 대한 구속력이 부족하다. 셋째, 교육의 구체적 내용을 정하는 데 있어 자의성이 강하다. 넷째, 교육여건의 차이가 교육투자의 불균형을 초래한다. 경제가 발달한 지역에 소재한 검찰기관은 검찰관 교육에 상대적으로 많은 투자를 하지만 경제가 발달하지 못한 지역 소재의 검찰기관은 검찰관 교육제도를 제대로 시행하기 위한 경비가 부족한 상황이다.

이러한 문제를 해결하기 위해서는 검찰관의 교육에 필요한 경비와 기타 제도적 보장을 강화하고 교육자원의 합리적 배분을 촉진하여 검찰관 교육의 규범화를 점진적으로 실현해야 할 것이다. 또한 교육과 인사제도를 서로 연계하여 검찰관의 교육경력, 성적 및 평가결과를 규정에 근거하여 기록 보존하여 임직과 승진의 근거로 활용해야 한다. 교육과 평가를 거치지 아니하고 임용하거나 승진시켜서는 아니 된다. 각급 검찰기관은 최고인민검찰원의 통일적인 계획에 따라 검찰관이 교육에 참가할 수 있도록 합리적으로 배려하여야 하고 검찰관의 교육과 검찰업무 수행이 조화될 수 있도록 해야 한다.

VI. 검찰관의 직업보장제도

검찰관의 직업보장제도는 검찰관이 법에 따라 공정하게 직무를 수행할 수 있도록 검찰관의 권한 행사, 검찰관의 신분, 임금 보험 및 복리, 신체 및 재산, 퇴직 등에 관하여 설정한 보장제도이다. 이는 검찰관제도의 중요한 부분으로서 검찰관제도의 완비 여부를 나타내는 중요한 지표라고 할 수 있다. 중국 검찰기관의 법률감독적 기능은 검찰관이 법에 따라 공정하게 권한을 행사하고 직무를 수행하는 방식으로 구현된다. 검찰권의 정당한 권한 행사는 검찰관의 독립적 판단에 달려 있다. 그러므로 검찰관 직무수행은 반드시 법률을 근거로 하고, 사건을 처리할 경우 법률에 복종하며, 감독대상 또는 기타 외부적 요인에 의하여 좌우되지 않아야 한다. 법률감독이란 간단히 말하면 기타 국가기관과 그 소속 직원 또는 공공부문에 대한 감독을 의미한다. 검찰관 개인의 운명이 때로는 입법자에 의해 직접 좌우되지 아니하고 공공부문 관원의 수중에 놓이는 경우가 있다. 이로 인하여 사실상 검찰관의 직무수행이 각종 압력을 받기 쉽게 되고 심지어 보복을 당하는 경우도 있다. 공정하고 독립적인 권한행사로 인하여 검찰관이 신체, 재산 내지는 사회적 지위 등에서 피해를 보지 않도록 보장하고 법률감독의 실효성과 공정성을 유지하기 위해서 검찰관의 직무수행에 대한 충분하고 전면적인 직업적 보장이 필요하다. 여기서는 검찰관의 직무수행의 보장, 신분보장 및 경제적 보장을 다룬다.

1. 검찰관의 직무수행 보장

검찰관의 권한은 법률이 검찰기관에 부여한 권한을 재분배한 것으로서 검찰관의 직무에 근거하여 발생하며 검찰관이 처리하는 직무범위 내의 사무에 대한 지배력이다. 검찰관의 권한은 검찰관의 직무에 종속되는 권력으로서 직무를 수행할 경우에만 행사할 수 있다. 또한 검찰관의 권한은 포기, 월권 또는 남용되어서는 아니 된다. 검찰관법은, "검찰관은 법에 따라 직무를 수행하고, 법률의 보호를 받는다"고 규정하고 있다. 구체적으로 검찰관의 권한에 대한 보장은 다음의 두 가지 내용을 포함한다.

1) 검찰관의 직무수행 권한과 업무조건

검찰관이 검찰권한을 소유하는 것은 그 법률감독의 직무를 수행하기 위한 필요한 조건일 뿐 아니라 검찰기관이 법에 따라 독립적이고 공정하게 검찰권을 행사하는 데 필요한 기본적인 보장이다. 국가는 검찰관에게 직무수행에 필요한 권한을 부여하는 동시에 검찰관이 권한을 행사하는 데 필요한 조건을 제공해야 한다. 여기에는 직무수행을 위한 장소, 기술 장비, 교통통신장비, 복장 및 사무용품 등을 포함한다. 동시에 검찰관이 사건의 사실관계를 파악하고 사건의 증거를 분석하거나 법률적용에 관한 연구에 집중할 수 있도록 하기 위하여 사건 처리상의 기록, 통지, 복사 등의 사무는 반드시 검찰관 이외의 직원이 맡도록 해야 하며 이를 위하여 검찰관에게는 일정 수의 보조자가 있어야 한다.

2) 검찰관의 직무상 상대적 독립성

검찰관법은, "검찰관은 법에 의거하여 직무를 수행하며 행정기관, 사회단체 및 개인의 간섭을 받지 않는다"고 규정하고 있다. 이는 검찰기관이 법에 따라 독립적으로 검찰권을 행사한다는 헌법원칙이 검찰관법에서 구현된 것이다. 즉, 검찰관의 권한행사와 관련하여 헌법과 법률이 검찰관의 대외적 독립성 유지를 보장하기 위한 규정이다. 검찰관은 사회적으로 위법한 범죄현상과 맞설 책임이 있기 때문에 법률에 근거하여 위법한 행위자에게 법적 책임을 물어야 한다. 위법현상은 매우 복잡하고 일부 위법행위자는 권력과 권세를 지니고 있기 때문에 자신의 권세나 기타 수단을 동원하여 검찰에 대항할 수도 있다. 그리하여 위법행위의 발견과 위법한 행위자에 대한 책임의 추궁이 매우 험난한 과정이 되기도 한다. 그러므로 이러한 장애를 제거하고 검찰관의 검찰권 행사를 보장하기 위해서 검찰관의 대외적 독립성 확보는 매우 중요하다. 중국에서 검찰관이 검찰권을 행사하는 것은 검찰기관의 명의로 진행되는 것이며 검찰기관을 대표하여 검찰권을 행사하는 것이므로 행정기관, 사회단체 및 개인의 간섭이나 부당한 영향을 받지 않는다. 이에 따라 검찰관은 업무상 행정기관, 사회단체 및 개인의 어떠한 간섭도 거부할 권리가 있다. 검찰관법은 또한 행정기관, 사회단체 및 개인 등이 검찰관의 법정 직무수행에 간섭하면 반드시 법에 따라 그 책임을 추궁해야 한다고 규정하고 있다.

검찰관의 권한행사에 대한 전제는, 모든 검찰관의 권한행사는 법률상 한계가 명확하다는 것이다. 즉, 직무가 다른 검찰관 사이에는 서로 명확한 검찰권의 분담이 있어야 한다는 것이다. 그러나 검찰관의 권한에 관한 중국의 법률규정은 명확하거나 구체적이지 않다. 법률이 권한을 부여하는 주요 대상은 검찰기관 및 검찰직원이며, 검찰장의 권한에 관하여 일부 명확한 규정을 두고 있는 것을 제외하고는 일반 검찰관의 권한에 대한 명확하고 구체적인 규정이 없다. 이러한 상황에서는 검찰기관 내부에서 일정한 규칙을 정하여 검찰권의 분담을 행하여야 한다. 그러나 상응하는 규범이 결여되기 때문에 현실적으로 검찰기관은 행정명령으로써 검찰관의 업무를 분배하고, 사건처리 과정에서 복잡한 단계의 심사비준과 집단토론의 방식을 과도하게 이용하여 정책을 결정한다. 이로 인하여 검찰권의 행사에서 검찰관의 지위와 역할이 축소되고 검찰관의 직무에 대한 책임감이 약화되어 검찰기관의 효율적인 법 집행에 영향을 주게 된다. 검찰기관의 원활한 직무수행을 위하여 검찰관의 직무분배를 확실히 해야 하고 일반 검찰관에게 지위와 능력에 상응하는 권한을 부여할 필요가 있다.

이러한 전제하에, 검찰관 특히 일반 검찰관의 권한행사를 보장하고 검찰관이 검찰권을 행사하는 진정한 주체가 되도록 해야 한다. 물론 검찰동일체원칙의 요청과 현재 검찰관의 자질이 평균적으로 높지 않은 상황을 고려하면 일반 검찰관의 권한이 지나치게 확대되어서는 아니 되고 직무의 수행과정에서는 반드시 검찰장의 통일적인 영도를 받아야 한다.[91] 직무가 다른 검찰관 사이의 권한범위와 분업에 대해서는 업무의 현실에 근거한 심도 있는 분석과 논의가 필요하다.

2. 검찰관의 신분보장

검찰관의 신분보장은 검찰관이 엄격한 법 절차에 따라 임명되고 법정사유가 아니거나 법정절차를 거치지 아니하고는 면직, 강등, 퇴직 또는 처분되지 않음을 의미한다. 검찰관이 검찰기관의 면직, 강등, 퇴직 또는 처분의 결정에 불복하는 경우에는 법정 절차에 따라 이의신청이나 소청을 제기할 수 있다. 검찰관에게 특수한 신분적 보장을 하는 것은 검찰작용의 특수성 때문이다. 검찰관은 법률감독에 종사하는 사법관원으로서 진실과 정의를 추구하고 적법성과 객관성을 추구하는 의무를 관철해야 하는 바, 이는 상응하는 신분적 보장이 없다면 그것이 실현될 수 없다. 검찰관은 불고불리의 원칙에 따라 사건에 대한 조사를 실시하고 공소를 제기하거나 공소를 지지하며 또한 상소 등을 제기한다. 신분적 보장이 없다면 검찰권은 기타 권력에 의하여 조종당할 가능성이 있다.[92] 이를 위하여 유엔의 '검찰관의 역할에 관한 준칙'은 다음과 같이 지적하고 있다. 즉, 검찰관은 사법업무의 중요한

---

91) 검찰관의 권한 보장을 고려하든 검찰기관의 합리적 업무분담을 고려하든 검찰장이 기타 검찰관을 영도하는 방식에 대하여는 심도 있는 논의가 필요하다. 일부 학자는 다음과 같이 주장한다. 검찰관은 직무상 독립적이어야 하고 자기의 직무에 대하여 책임을 져야 한다. 검찰관이 명령과 지시에 따르지 않을 경우에는 검찰장이 스스로 당해 사건을 처리할 수 있도록 하거나 다른 검찰관을 파견하여 당해 사건을 처리할 수 있도록 해야 한다. 검찰관이 복잡하고 어려운 사건을 맡은 경우에는 능동적으로 검찰장의 의견을 구하도록 해야 한다.

92) 이뿐만 아니라 검찰관의 전문성 수준은 검찰관 양성에 관한 사회적 비용과 관계된다. 검찰관의 전문성 수준이 높아질수록 국가와 사회가 검찰관의 양성을 위해 지출해야 하는 비용 또한 높아질 것이다. 따라서 최저한도의 전문성 수준에 부합토록 한다는 전제하에서, 검찰관을 위한 필요한 신분적 보장을 하는 것은 검찰관의 직무수행을 위하여 필요한 것이고, 또한 인력자원의 절약이라는 측면에서도 부합하는 것이다.

행위자로서 항상 직무상의 영예와 존엄성을 지켜야 한다. 또한 각국은 검찰
관이 어떠한 협박, 방해, 침해, 부당한 간섭 또는 불합리한 민사, 형사 또는
기타 책임 없이 그 직무를 수행할 수 있도록 해야 한다. 만일 검찰관과 그
가족의 안전이 검찰기능의 수행으로 위협을 받는다면 관련 당국은 반드시
신체적 안전을 보장해야 한다.

과거의 경험에 의하면 검찰관의 법률 준수와 직무수행 과정에서 부당한
간섭을 받기도 하였고 자의적인 판단에 의하여 면직되거나 좌천당하는 사건
이 발생하기도 하였다. 이와 같은 이유로 검찰관법은 검찰관의 신분보장에
관한 제도를 확립하였으며, 그 구체적인 내용은 다음과 같다.

(1) 법정사유가 아니거나 법정절차를 거치지 아니하고는 면직, 강등, 퇴직
또는 처분되지 않는다.

검찰관법 규정에 의하면, 검찰관으로 임명되면 그 신분을 자의적으로 박
탈할 수 없다. 검찰관의 공정한 법 집행은 그 신분의 안정에 달려 있다. 검
찰관이 수시로 신분에 대한 박탈 위협을 받는다면 검찰관이 법을 집행하면
서 선후를 살피게 되고 각종 내재적 또는 외재적 요소에 쉽게 영향 받게
되어 결국 독립적이고 공정한 직무를 수행할 수 없게 된다. 이 때문에 검찰
관법은 검찰관의 임면, 퇴직 및 처분에 관한 조건과 절차에 대하여 명확한
규정을 두고 있다. 법정조건을 구비하지 못하였거나 법정절차를 거치지 않
은 경우에는 어떠한 단체 또는 개인도 자의적으로 검찰관의 신분을 박탈하
거나 변경할 수 없다.

검찰관의 권익을 확실히 보장하기 위해서는 현행의 검찰관 신분보장제도
가 개선되어야 한다. 검찰관 신분보장제도의 기본적인 요청은 검찰관의 파
면, 사퇴 및 처분사유는 법정사유에 해당하여야 하고 객관적이어야 한다는
것이다. 그러나 공무원법과 검찰관법의 "연도고과평정에서 2년 연속 부적합
판정을 받은 검찰관에 대한 해고" 규정과, 검찰관고과평정잠정규정의 "당해
연도 고과평정에서 부적합 등급을 받은 자는 현재의 직책을 박탈하고 행정
직급을 강등시킨다"는 규정은 주관적 판단에서 정해진 것이다. 구체적 운영

에서 검찰관의 파면, 사퇴 및 처분은 반드시 객관적인 사실을 근거로 해야 하며 단순히 일반 민중의 투표나 '최하위자 탈락'이라는 기준을 이유로 검찰관을 해고시키거나 강등시켜서는 아니 된다.

(2) 법정사유가 아니면 퇴직하지 않는다.

검찰관의 퇴직제도는 검찰관의 신분보장과 경제적 대우 모두에 관계되는 것으로서 검찰관의 사회적 지위와 직업적 명예에도 중요한 의미가 있다. 검찰관법에 의하면, 검찰관의 퇴직제도는 검찰의 업무상 특수성에 근거하여 국가가 따로 규정한다고 밝히고 있으며, 검찰관이 향유하는 퇴직에 관한 권리에 대하여 다음과 같이 명확히 규정하고 있다. 검찰관은 퇴직 후 국가가 정한 양로보험금과 기타의 대우를 누린다. 퇴직보장제도는 검찰관의 퇴직 후 걱정을 덜어 주어 검찰관으로 하여금 신분과 직무를 소중히 하도록 한다. 국가는 검찰관의 퇴직연령에 대하여 아무런 규정을 두지 않았다. 현실에서는 기본적으로 당정간부의 퇴직연령을 참고로 하였는데, 이 때문에 적지 않은 문제가 발생하였다. 지방 주도의 인사제도개혁에서 실무경험이 풍부하고 신체 건강하며 아직 법정 퇴직연령에 도달하지 않은 검찰관이 강제로 조기에 퇴직당하는 경우가 있었다. 이러한 현상은 검찰관의 퇴직제도에 대한 국가 차원의 전문규정이 필요함을 반영한다. 공무원법 역시 공무원의 퇴직연령에 대한 구체적 규정이 없다. 이후 검찰관의 업무현실과 신분보장을 연계하고 검찰관 퇴직제도의 특수성을 심도 있게 연구할 필요가 있다.

(3) 법정절차에 따라 소청을 제기할 권리를 가진다.

검찰관이 본인과 관련된 처분 및 처리에 불복하는 경우에는 소청을 제기할 권리가 있다. 소청은 검찰관이 가지는 법적 권리로서 검찰관의 신분이 자의적으로 박탈당하지 않도록 하기 위한 것이며 검찰관의 기타 권리를 실현하기 위해서도 필요한 것이다. 실제로 검찰관의 권리는 국가기관과 그 직원으로부터 침해받을 가능성이 가장 크며 심지어 검찰기관 내부로부터 침해를 받을 수 있다. 검찰관 본인으로서는 이러한 상황을 막기 어렵기 때문에 법률은 반드시 이에 대비하여 특별한 보호를 해야 한다. 검찰관은 조사를 받는 과정에서 해명과 항변을 할 권리가 있다. 처분결정이 내려진 이후 검찰관이 이에 동의하지 않을 경우, 처분을 결정하거나 결정을 처리한 기관 또는 상급기관에 소청을 제기할 권리가 있으며, 이를 접수한 기관은 반드시 규정에 근거하여 처리하여야 한다. 즉, 검찰관에 대한 처분 또는 처리에 잘못이 있으면 시정해야 한다. 명예를 훼손한 경우에는 명예회복과 동시에 그 영향을 제거하고 사과해야 한다. 경제적 손실에 대해서는 배상을 해야 한다. 보복을 가하는 직접 책임자에 대하여는 법에 따라 그 책임을 추궁해야 한다.

3. 검찰관에 대한 경제적 보장

검찰관에 대한 경제적 보장은 검찰관이 법에 따라 공정하게 권한을 행사할 수 있도록 하기 위하여 국가가 설정한 제도적 보장으로서, 검찰관의 재직 기간 및 퇴직 후에 얻게 되는 경제적 수입 및 물질적 측면의 보장이다. 검찰관 직무의 특성으로 인하여 검찰기관 이외의 기관과는 비교적 독립성을 갖게 되고 검찰관은 행정기관의 간섭을 받지 않는다. 또한 형사사건의 피해자로부터 독립되어 있기 때문에 어떠한 형식으로든 당사자가 지급하는 보수를 받을 수 없다. 그러나 검찰관의 경제적 지위가 법적인 보장을 받지 못하면 검찰관이 물욕에 흔들리고 부패하게 되어 사법의 공정성을 해치게 될 가능성이 있다. 그러므로 서방 국가들은 일반적으로 검찰관의 대우 향상에 관심을 가지고 있고, 상대적으로 높은 급여를 제공함으로써 청렴성의 유지와 검찰관의 공정한 법 집행을 유도하고 있다. 중국의 검찰관법은 '급여 보험 복리'라는 장을 두어 검찰관의 경제적 보장 제도를 확립하였다.

구체적으로는 다음과 같은 내용을 포함한다. 첫째, 검찰관의 급여제도와 급여기준에 대한 것으로서, 국가는 검찰업무의 특수성에 근거하여 이를 규정한다. 둘째, 검찰관의 급여가 정기적으로 인상되는 제도를 시행한다. 검찰관의 고과평정을 통하여 '우수'나 '적합'으로 판정되면 관련 규정에 따라 급여가 인상된다. 특별한 공헌이 있는 경우에는 조기에 급여가 인상될 수 있다. 셋째, 검찰관은 국가가 정한 검찰수당, 지역수당, 기타수당 및 보험과 복리에 관한 대우를 받는다.

검찰관법이 시행된 지 십여 년이 지났으며 그동안 각급 검찰원은 검찰관의 대우에 관한 문제를 중심으로 많은 노력을 해 왔다. 그러나 여러 가지 이유로 인하여 검찰관의 경제적 대우에 관한 법 규정은 아직 구체화되지 못하고 있다. 현재 검찰관의 진입 문턱이 높아지고 자질도 높아졌지만 그에 상응하는 대우의 향상은 없었다. 또한 중국은 각 검찰원의 사정에 따른 경비제도를 시행하기 때문에 경제적 사정이 좋지 못한 지역의 경우 검찰관에 대한 현실성 있는 대우가 어렵고, 이 때문에 우수한 인재에게 검찰관은 매력적인 직업이 되지 못하고 있다. 검찰조직의 합리적인 연령구조를 유지하기 위하여 검찰관의 대우에 관한 문제점을 조속히 해결해야 한다. 이를 위해서는 인내심을 가지고 세심하게 조율해야 한다. 검찰관의 역할에 상응하는 경비제도를 수립하는 것은 경제적 보장에 관한 문제를 해결하기 위한 근본적인 방법에 해당한다.

참고문헌

监察院监察制度编纂处编: ≪监察制度史要≫. 南京汉文正楷印书局 1935年版。

江伟, 刘家辉: ≪美国民事诉讼法≫. 法律出版社 1983年版。

≪检察日报≫ 2004年 4月 30日. 第三版。

敬大力: "浅议最高检察机关司法解释的若干问题." 载 ≪人民检察≫ 1990年 第5期。

郭立新: "检察官的职业特点." 载 ≪检察日报≫ 2004年 3月 2日。

金明焕: ≪比较检察制度概论≫. 中国检察出版社 1993年版。

童建明: "关于我国检察机关法律监督问题的若干思考." 载 ≪检察论丛≫ 第一卷. 法律出版社 2000年版。

林钰雄: ≪检察官论≫. (中国台湾)学林文化事业有限公司 1999年版。

≪反贪工作指导≫(总第16辑). 中国检察出版社 2003年版。

[法] 卡斯东·斯特法尼 等: ≪法国刑事诉讼法精义≫. 罗结珍译. 中国政法大学出版社 1999年版。

谢佑平, 万毅: "检察官当事人化与客观公正义务." 载 ≪人民检察≫ 2002年 第5期。

徐益初: "司法公正与检察官." 载 ≪法学研究≫ 2000年 第6期。

孙谦 主编: ≪检察理论研究综述(1979—1989)≫. 中国检察出版社 2000年版。

孙谦: "论检察管理的主体和客体." 载 ≪检察理论研究≫ 1994年 第3期。

孙谦: "维护司法的公平和正义是检察官的基本追求 — ≪检察官论≫评介(二)." 载 ≪人民检察≫2004年 第3期。

宋冰 编: ≪读本:美国与德国司法制度及司法程序≫. 中国政法大学出版社 1998年版。

叶青纯: "认真履行纪检监察职能. 加强内部执法办案监督 — 在检察机关加强内部执法办案监督座谈会上的讲话." 载 ≪检察机关内部执法办案监督经验材料汇编≫. 中国方正出版社 2004年版。

[英] A.J.米尔恩: ≪人权哲学≫. 王先恒等译. 东方出版社 1991年版。

[英] 威廉·韦德: ≪行政法≫. 中国大百科全书出版社 1997年版。

王桂五 主编: ≪中华人民共和国检察制度研究≫. 中国检察出版社 2008年版.

王桂五 主编: ≪中华人民共和国检察制度研究≫. 法律出版社 1991年版.

王以真 主编: ≪外国刑事诉讼法学≫. 北京大学出版社 1990年版.

龙宗智: ≪检察制度教程≫. 法律出版社 2002年版.

龙宗智 译: "英国检察机关." 载 ≪世界法学≫ 1987年 第4期.

由嵘: ≪外国法制史≫. 北京大学出版社 1987年版.

游伟, 赵剑峰: "论我国刑法司法解释权的归属问题." 载 ≪法学研究≫ 1993年 第1期.

刘立宪, 张智辉 等: "检察机关职权研究." 载 孙谦, 刘立宪 主编: ≪检察论丛≫ 第二卷. 法律出版社 2001年版.

刘向文, 宋雅芳: ≪俄罗斯联邦宪政制度≫. 法律出版社 1999年版.

李忠芳 等 主编: ≪民事检察学≫. 中国检察出版社 1996年版.

任允正, 于洪君: ≪独联体国家宪法比较研究≫. 中国社会科学出版社 2001年版.

张智辉: ≪检察权研究≫. 中国检察出版社 2008年版.

张智辉, 杨诚 主编: ≪检察官作用与准则比较研究≫. 中国检察出版社 2002年版.

张智辉: "论刑事公诉权的法治意义." 载 ≪人民检察≫ 2003年 第8期.

张晋藩: ≪中国法律的传统与近代转型≫. 法律出版社 1997年版.

张穹 主编: ≪公诉问题研究≫. 中国人民公安大学出版社 2000年版.

张穹: "刑事法律监督是中国刑事法制建设的重要保障." 载 ≪检察论丛≫ 第一卷. 法律出版社 2000年版.

中共中央文献研究室编: ≪江泽民论有中国特色社会主义≫. 中央文献出版社 2002年版.

陈光中, 沈国锋: ≪中国古代司法制度≫. 群众出版社 1984年版.

陈光中, 江伟 主编: ≪诉讼法论丛≫(第2卷). 法律出版社 1999年版.

最高人民检察院研究室: ≪中国检察制度史料汇编≫. 最高人民检察院研究室 1987年.

最高人民检察院研究室编: ≪检察制度参考资料≫(第一编新中国部分.

≪彭真文选≫. 人民出版社 1991年版.

韩大元 主编: ≪中国检察制度宪法基础研究≫. 中国检察出版社 2007年版.

胡建森: ≪十国行政法比较研究≫. 中国政法大学出版社 1993年版.

黄东熊: ≪中外检察制度之比较≫. 台湾文物供应社 1986年版.

Hall, Jerome. "Cases and Readings on Criminal Law and Procedure." 1949.

색인

지은이와 옮긴이 소개

지은이 ···

❖ **쑨 치엔(孫 謙)**

중국 길림대학 법학원 법학박사·교수·박사과정 지도교수
현재 중국 최고인민검찰원 부검찰장·대검찰관·검찰위원회 위원

저서 및 논문: 「검찰: 이념, 제도 및 개혁」, 「평화: 사법이념과 경계」,
「인민검찰제도의 역사적 변천」, 「국가공직자직무범죄연구」
등의 저서 외 발표논문 다수.

옮긴이 ···

❖ **정이근(鄭二根)**
중국인민대학 법학원 법학박사
중국 湘潭大學·中南大學 법학원 부교수 및 교수 역임
현재 영산대학교 법과대학 교수

❖ **이성연(李星燕)**
중국인민대학 법학원 법학박사
인천대학교 법과대학 강사

❖ **손한기(孫漢基)**
중국인민대학 법학원 법학박사